高等学校交通运输类专业新工科教材

Transportation Operations Research
交通运筹学

张文会　沈永俊　**主　编**
吴　彪　胡宝雨　王　岩　**副主编**

人民交通出版社股份有限公司
北　京

内 容 提 要

本书系统介绍了交通运筹学的基本理论和方法,特别注重运筹学在交通运输领域的实际应用。全书通过案例说明基本概念,各章附有习题,便于学生课后复习。本书主要内容包括:线性规划、线性规划的对偶理论和灵敏度分析、运输问题、目标规划、整数规划与指派问题、动态规划、图与网络模型、排队论、网络计划技术、存储论、决策论、博弈论以及这些基础知识在交通运输系统中的应用。

本书可作为高等学校交通工程、交通运输、物流管理等专业的本科生教材和研究生教学参考书,也可供行业相关领域从业人员阅读使用。

图书在版编目(CIP)数据

交通运筹学 / 张文会,沈永俊主编. — 北京:人民交通出版社股份有限公司,2024.1
ISBN 978-7-114-19118-3

Ⅰ.①交… Ⅱ.①张…②沈… Ⅲ.①运筹学—应用—交通运输管理—高等学校—教材 Ⅳ.①F502

中国国家版本馆 CIP 数据核字(2023)第 230733 号

Jiaotong Yunchcuxue

书　　名	交通运筹学
著 作 者	张文会　沈永俊
责任编辑	李　晴
责任校对	孙国靖　卢　弦
责任印制	刘高彤
出版发行	人民交通出版社股份有限公司
地　　址	(100011)北京市朝阳区安定门外外馆斜街 3 号
网　　址	http://www.ccpcl.com.cn
销售电话	(010)59757973
总 经 销	人民交通出版社股份有限公司发行部
经　　销	各地新华书店
印　　刷	北京虎彩文化传播有限公司
开　　本	787×1092　1/16
印　　张	19.75
字　　数	506 千
版　　次	2024 年 1 月　第 1 版
印　　次	2024 年 1 月　第 1 次印刷
书　　号	ISBN 978-7-114-19118-3
定　　价	56.00 元

(有印刷、装订质量问题的图书,由本公司负责调换)

前言

运筹学诞生于第二次世界大战期间。英国、美国在应对德国的空袭时发现，雷达作为防空系统的一部分，从技术上是可行的，但实际运用时却并不好用。为此，一些科学家开始研究如何合理运用雷达。因为它与研究技术问题不同，就称之为"运用研究"。除军事方面的应用研究以外，运筹学相继在工业、农业、经济和社会问题等领域得到应用，后来也有人把系统分析和运筹学这两个词放在一起叫作SA/OR。与此同时，运筹数学快速发展，并形成了运筹学的许多分支，如数学规划（线性规划、非线性规划、整数规划、目标规划、动态规划、随机规划等）、图论与网络、排队论（随机服务系统理论）、存储论、决策论、维修更新论、搜索论、可靠性和质量管理理论等。

最早建立运筹学会的国家是英国（1948年），接着是美国（1952年）、法国（1956年）、日本和印度（1957年）等，我国的运筹学会成立于1980年。运筹学在我国的发展与社会实践结合紧密。我国第一个运筹学研究小组成立后不久，运筹学方法就在"全国十二年科学技术发展远景规划"会议中应用于电力系统的规划设计。1956年，张钟俊及其助手完成了专业学术论文《电力系统中有功功率与无功功率的经济分布问题》，首次给出了发电厂补偿位置的选择及其配置容量的计算方法，这是我国最早涉及最优控制的论文之一。在"大跃进"时期，运筹学开始在我国大规模推广应用。数学家走向工厂、农村、铁路运输和公交公司等，利用运筹学的理论方法来解决生产、运输和选址等实际问题：万哲先和越民义对生产中摸索出的"图上作业法"和"表上作业法"分别给出了理论上的证明；管梅谷在对最短投递路线问题的研究中提出了"中国邮路问题"模型；曲阜师范学院师生将解决人民公社农业生产系列问题的数学知识和方法编写成小册子，称之为"公社数学"。

运筹学是一门应用科学，至今还没有统一且确切的定义。莫斯（P. M.

Morse)和金博尔(G. E. Kimball)曾给出运筹学的定义:"运筹学是为决策机构在对其控制下的业务活动进行决策时,提供定量材料的科学方法。"它首先强调的是科学方法,不单是某种研究方法的分散和偶然的应用,而是可用于一整类问题上。它强调以量化为基础,必然要用数学。但任何决策都包含定量和定性两方面,而定性方面又不能简单地用数学方法表示,如政治、社会等因素,只有综合多种因素的决策才是全面的。运筹学工作者的职责是为决策者提供定量方面的分析,指出那些定性因素的"力度"。运筹学的另一定义是:"运筹学是一门应用科学,它广泛应用现有的科学技术知识和数学方法,解决实际中提出的专门问题,为决策者选择最优决策提供量化依据。"这一定义表明运筹学具有多学科交叉的特点,如综合运用经济学、心理学、物理学、化学中的一些方法。运筹学强调最优决策,"最"有时是过分理想的,在实际生活中往往用次优、满意等概念代替最优。因此,运筹学的又一定义是:"运筹学是一种给出问题坏的答案的艺术,否则的话,问题的结果会更坏。"

运筹学和交通运输之间有着较为紧密的关系,从实际的理论研究内容来看,运筹学知识应用广泛,并在持续发展巩固。交通运输已成为运筹学应用的重要领域,为深入研究运筹学问题提供了比较丰富的案例背景。比如,运用运筹学解决网络流问题、车辆运行路径问题、运输规划选址问题等,均能产生可观的经济效益和社会价值。

"交通运筹学"是为交通运输管理决策提供定量依据的应用科学,其特点是将交通管理中出现的实际问题归纳为抽象的数学模型,综合运用数学方法或计算机工具对模型进行求解,得到解决问题的最优或满意方案。本课程主要研究交通运输系统运力优化、道路网络模型化、车辆合理调配、运输企业经济分析与决策、车辆及乘客排队模型分析等问题。"交通运筹学"一般是交通运输、交通工程等交通运输类本科专业的重要基础课,也是交通工程学、交通流理论、物流技术等课程的先修课程。实践证明,运筹学理论在某一系统或某一领域的成功应用,会为管理者提供科学合理的决策参考。因此,交通运筹学是交通管理人才必备的基本知识。

本书是编者在讲授"交通运筹学"课程的基础上,参照自编讲义以及相关教材编写而成的,所选例题更贴近交通运输工程实际,内容侧重点与一般管理类运筹学教材不同。同时,编者力求实现各章节内容间的有机联系,理顺和整合部分内容,构成符合教学大纲的理论体系和知识结构。每章末均编写了适当数量的习题,以便于学生课后复习,巩固所学知识,有的习题还对正文的教学内容作了适当的引申。

本书共分两部分,其中第一部分介绍运筹学基础知识,包括线性规划、线性规划的对偶理论和灵敏度分析、运输问题、目标规划、整数规划与指派问题、动态规划、图与网络模型、排队论、网络计划技术、存储论、决策论、博弈论,第二部分介绍运筹学在交通运输系统中的应用,包括线性规划理论在交通运输系统中的应用、动态规划模型在交通运输系统中的应用、图论模型与网络计划图在交通运输系统中的应用、存储模型和排队模型在交通系统中的应用、决策模型和博弈模型在交通运输系统中的应用。

张文会、沈永俊任本教材主编。编写分工:张文会(东北林业大学)编写了第一章、第二章和第十三章;胡宝雨(东北林业大学)编写了第三章、第四章、第五章和第十三章;沈永俊(东南大学)编写了第六章、第十一章、第十二章、第十四章和第十七章;王岩(东北林业大学)编写了第七章、第八章、第十五章第一节和第十六章第二节;吴彪(黑龙江工程学院)编写了第九章、第十章、第十五章第二节和第十六章第一节。

在本书编写过程中,编者参考了大量的国内外文献,不能逐一介绍,在此谨向所引文献的作者表示衷心的感谢。

限于编者水平,书中难免存在疏漏和不尽如人意之处,恳请广大读者批评指正。

编　者

2023 年 7 月 11 日

目录

第一章 线性规划 ·· 1
- 第一节 线性规划的数学模型 ··· 1
- 第二节 线性规划的图解法 ·· 4
- 第三节 线性规划的单纯形法 ··· 7
- 第四节 单纯形法的计算过程 ·· 17
- 第五节 单纯形法的进一步讨论 ·· 23
- 习题 ··· 29

第二章 线性规划的对偶理论和灵敏度分析 ································ 35
- 第一节 对偶问题的数学模型 ·· 35
- 第二节 对偶问题的基本性质 ·· 40
- 第三节 影子价格 ··· 45
- 第四节 对偶单纯形法 ·· 46
- 第五节 灵敏度分析 ··· 49
- 习题 ··· 61

第三章 运输问题 ·· 65
- 第一节 运输问题的数学模型 ·· 65
- 第二节 表上作业法 ··· 68
- 第三节 特殊形式的运输问题 ·· 79
- 习题 ··· 82

第四章 目标规划 ·· 85
- 第一节 目标规划及其数学模型 ·· 85
- 第二节 目标规划的图解法 ··· 88

1

第三节　目标规划的单纯形法 ··· 90
　　习题 ··· 93
第五章　整数规划与指派问题 ·· 95
　　第一节　整数规划的数学模型 ··· 95
　　第二节　分支定界法 ·· 98
　　第三节　割平面法 ··· 102
　　第四节　0-1 整数规划 ··· 105
　　第五节　指派问题 ··· 107
　　习题 ··· 112
第六章　动态规划 ·· 115
　　第一节　多阶段决策问题 ·· 115
　　第二节　动态规划的数学模型 ·· 116
　　第三节　离散确定型动态规划 ·· 120
　　第四节　离散随机型动态规划 ·· 125
　　第五节　其他动态规划模型 ··· 127
　　习题 ··· 130
第七章　图与网络模型 ·· 132
　　第一节　基本概念 ··· 132
　　第二节　最小树问题 ·· 135
　　第三节　最短路问题 ·· 138
　　第四节　最大流问题 ·· 143
　　第五节　最小费用最大流问题 ·· 148
　　习题 ··· 151
第八章　排队论 ·· 153
　　第一节　基本概念 ··· 153
　　第二节　排队系统的常用分布 ·· 156
　　第三节　$M/M/1/\infty/\infty/FCFS$ 排队模型 ··· 158
　　第四节　其他排队系统模型 ··· 164
　　习题 ··· 171
第九章　网络计划技术 ·· 173
　　第一节　网络计划图 ·· 173

	第二节	网络计划图的时间参数	177
	第三节	网络计划图的优化	184
	习题		188
第十章	存储论		190
	第一节	基本概念	190
	第二节	确定型存储模型	193
	第三节	动态存储模型	201
	习题		208
第十一章	决策论		210
	第一节	决策分析的基本问题	210
	第二节	不确定型决策问题	213
	第三节	风险型决策问题	216
	第四节	贝叶斯决策问题	220
	第五节	决策中的效用度量	223
	习题		226
第十二章	博弈论		229
	第一节	基本概念	230
	第二节	完全信息静态博弈（一）	231
	第三节	完全信息静态博弈（二）	246
	第四节	完全信息动态博弈	251
	习题		254
第十三章	线性规划理论在交通运输系统中的应用		256
第十四章	动态规划模型在交通运输系统中的应用		273
	第一节	离散确定型动态规划模型应用	273
	第二节	离散随机型动态规划模型应用	279
第十五章	图论模型与网络计划图在交通运输系统中的应用		283
	第一节	图论模型应用	283
	第二节	网络计划图应用	287
第十六章	存储模型和排队模型在交通运输系统中的应用		291
	第一节	存储模型应用	291
	第二节	排队模型应用	295

第十七章 决策模型和博弈模型在交通运输系统中的应用 ················· 300
 第一节 决策模型应用 ················· 300
 第二节 博弈模型应用 ················· 303
参考文献 ················· 306

第一章 线性规划

第一节 线性规划的数学模型

线性规划(Linear Programming,LP)是在一组约束条件(既定要求)下寻找一个目标函数(衡量指标)的极值,是运筹学中较为成熟和应用广泛的一个重要分支,计算方法较为成熟,借助计算机可求解众多变量和约束条件的线性规划问题,计算更为方便。下面用实例来说明什么是线性规划问题以及线性规划问题的数学表达式。

在生产管理和经营活动中,人们经常遇到一类问题,即在现有的资源条件下组织安排生产,以获得最大的经济效益(求极大化问题)。

【例1.1】 某工厂在计划期内要安排生产甲、乙两种产品。这些产品需要在设备 A 上加工,需要消耗材料 B、C,按工艺资料规定,生产单位产品所需的设备台时及 B、C 两种原材料的消耗如表1-1所示。已知在计划期内设备的加工能力为150台时,可供材料分别为300kg、320kg;每生产一件甲、乙产品,工厂可获得的利润分别为50元、40元。假定市场需求无限制,工厂决策者应如何安排生产计划,使工厂在计划期内总的利润最大?

产品资源消耗　　　　　　　　　　　　　　　表 1-1

参数	甲	乙	现有资源
设备 A(台时)	4	3	150
材料 B(kg)	7	5	300
材料 C(kg)	5	6	320
利润(元/件)	50	40	

解:这样一个规划问题可用数学语言来描述,即可以用数学模型表示。假设在计划期内生产这两种产品的产量为待定的未知数 x_1、x_2,称为决策变量。产品生产得越多,获利就越多,但产量要受到设备和生产能力的限制,这种能力的限制就是约束条件。计划期内设备 A 的有效台时是 150,这是一个限制产量的条件,在安排产品甲、乙产量时,要考虑不得超过设备 A 的有效台时,这个条件可用不等式 $4x_1+3x_2\leq150$ 来表示;材料消耗总量不得超过供应量,应有 $7x_1+5x_2\leq300$, $5x_1+6x_2\leq320$。生产的产量不能小于 0,即 $x_1\geq0$, $x_2\geq0$,这个条件称为决策变量的非负要求。用 Z 表示利润,则有 $Z=50x_1+40x_2$,这个式子就是目标函数。该工厂的目标是在不超过所有资源限量的条件下使利润达到最大,即目标函数达到最大值,用数学表达式描述为 $\max Z=50x_1+40x_2$。综上所述,这个问题的数学模型可归纳为

$$\max Z=50x_1+40x_2$$
$$\text{s. t.}\begin{cases}4x_1+3x_2\leq150\\7x_1+5x_2\leq300\\5x_1+6x_2\leq320\\x_1,x_2\geq0\end{cases}$$

【例 1.1】中,x_j 称为决策变量,不等式组称为约束条件,函数 Z 称为目标函数。随着讨论问题的要求不同,Z 可以是求最大值(如【例 1.1】)也可以是求最小值(如【例 1.3】),因为 Z 是 x_j 的线性函数,Z 的最大值亦是极大值,最小值亦是极小值,所以有时也将 $\max Z$ 与 $\min Z$ 说成求 Z 的极大值与极小值。

线性规划的数学模型由决策变量、目标函数与约束条件三个要素构成,其特征是:

①解决问题的目标函数是多个决策变量的线性函数,求最大值或最小值;
②解决问题的约束条件是一组多个决策变量的线性不等式或等式。

由【例 1.1】知,生产计划问题可用线性规划模型来描述。若求出 x_1、x_2 的最优解,使目标函数达到最大值,就得到一种最优生产计划方案。

此外,线性规划通常也被用于解决资源的最优利用、设备的最佳运行等问题,即在给定目标下统筹兼顾、合理安排,用最少的资源(如资金、设备、原材料、时间等)去实现这个目标(求极小化问题)。

【例 1.2】 靠近某河流有两个化工厂(图 1-1),流经第一个化工厂的河流流量为 400 万 m^3/d,在两个工厂之间有一条流量为 200 万 m^3/d 的支流。第一个化工厂每天排放含有硫酸的工业污水 2.5 万 m^3,第二个化工厂每天排放这种工业污水 1.6 万 m^3。已知从第一个化工厂排出的工业污水流到第二个化工厂以前有 25% 可自然净化。根据环保要求,河流中工业污水的含量应不超过 0.2%。因此,这两个工厂都需各自处理一部分工业污水。第一个化工厂处理

工业污水的成本是1000元/万 m^3，第二个化工厂处理工业污水的成本是800元/万 m^3。在满足环保要求的条件下，每厂各应处理多少工业污水，可使这两个工厂总的工业污水处理费用最少？

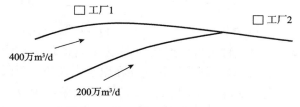

图1-1 化工厂和河流位置示意图

解：设 x_1、x_2 分别为第一个和第二个化工厂每天应处理的工业污水量。

根据河流中工业污水的含量应不大于0.2%的要求，可建立以下不等式：

$$(2.5 - x_1) \div 400 \leq 2/1000 \tag{1-1}$$

$$[0.75 \times (2.5 - x_1) + (1.6 - x_2)] \div 600 \leq 2/1000 \tag{1-2}$$

由于每个工厂每天处理的工业污水量不会大于每天的排放量，故有：

$$x_1 \leq 2.5, x_2 \leq 1.6$$

经整理，可得下列线性规划模型：

$$\min Z = 1000x_1 + 800x_2$$

$$\text{s.t.} \begin{cases} x_1 \geq 1.7 \\ 0.75x_1 + x_2 \geq 2.275 \\ x_1 \leq 2.5 \\ x_2 \leq 1.6 \\ x_1, x_2 \geq 0 \end{cases}$$

从以上两例可以看出，它们都是属于一类优化问题。它们的共同特征如下：

① 可以用一组决策变量 $x_1, x_2, \cdots, x_n$ 表示某一方案，这组决策变量的值就代表一个具体方案。一般这些变量取值是非负且连续的。

② 有建模需要的数据，如资源拥有量、消耗资源定额、创造新价值量等，并构成互不矛盾的约束条件，这些约束条件可以用一组线性等式或线性不等式来表示。

③ 有一个要求达到的目标，它可用决策变量及其有关的价值系数构成的线性函数（称为目标函数）来表示。按问题的不同，要求目标函数实现最大化或最小化。

满足以上三个条件的数学模型称为**线性规划的数学模型**。其一般形式为

$$\max(\min) Z = c_1 x_1 + c_2 x_2 + \cdots + c_n x_n \tag{1-3}$$

$$\text{s.t.} \begin{cases} a_{11} x_1 + a_{12} x_2 + \cdots + a_{1n} x_n \leq (\text{或} =, \geq) b_1 \\ a_{21} x_1 + a_{22} x_2 + \cdots + a_{2n} x_n \leq (\text{或} =, \geq) b_2 \\ \vdots \\ a_{m1} x_1 + a_{m2} x_2 + \cdots + a_{mn} x_n \leq (\text{或} =, \geq) b_m \\ x_j \geq 0 \quad (j = 1, 2, \cdots, n) \end{cases} \tag{1-4}$$

为了书写方便，上式也可写为

$$\max(\min) Z = \sum_{j=1}^{n} c_j x_j \tag{1-5}$$

$$\text{s.t.} \begin{cases} \sum_{j=1}^{n} a_{ij} x_j \leq (\text{或} =, \geq) b_i & (i=1,2,\cdots,m) \\ x_j \geq 0 & (j=1,2,\cdots,n) \end{cases} \tag{1-6}$$

在线性规划的数学模型中，c_j 称为价值系数，a_{ij} 称为工艺系数，b_i 称为资源限量。

一般情况下，$m < n$。线性规划问题模型是建立在以下隐含的重要假设基础上的：

①比例性。是指每个决策变量 $x_j(j=1,2,\cdots,n)$ 在约束条件中以及在目标函数中数值发生变化时，按 x_j 对应的工艺系数 a_{ij} 与价值系数 c_j 严格地成比例变化。如【例 1.1】，每生产 1 件产品甲，可获利 50 元；生产 10 件，获利 500 元。这里不考虑在实际经济活动中的边际效用递减效应。

②可加性。即目标函数的总值是各组成部分值 $c_j x_j$ 之和；第 i 个约束关系式中，各组成部分值 $a_{ij} x_j$ 之和就是第 i 项资源需求总值。决策变量是独立的，决策变量之间不发生关联，且不允许变量之间有交叉。如规划广告预期收益时，不能将看球赛的观众作为决策变量 x_1、看电影的观众作为决策变量 x_2 等。

③可分性。决策变量的值具有可分性，即允许非整数值。

④确定性。即 c_j、a_{ij}、b_i 都是确定的已知值。

可见，线性规划模型是实际经济管理问题的抽象与近似。

第二节 线性规划的图解法

为了便于建立 n 维空间中线性规划问题的概念及便于理解求解一般线性规划问题的单纯形法的思路，先介绍图解法。这种方法的优点是直观性强、计算方便，缺点是只适用于问题中有两个变量的情况。图解法的步骤是：建立直角坐标系，将约束条件在图上表示；确立满足约束条件的解的范围；绘制出目标函数的图形；确定最优解。用下面的例子来具体说明图解法的原理和步骤：

$$\max Z = 2x_1 + 3x_2$$

$$\text{s.t.} \begin{cases} 2x_1 + 2x_2 \leq 12 \\ 4x_1 \leq 16 \\ 5x_2 \leq 15 \\ x_1, x_2 \geq 0 \end{cases}$$

先分析约束条件是如何图示的。本例只有两个变量 x_1 和 x_2，以 x_1 和 x_2 为坐标轴做直角坐标系，因 $x_1 \geq 0, x_2 \geq 0$，所以只有在第一象限内及边界上的点才满足约束条件。

约束条件 $2x_1 + 2x_2 \leq 12$ 是一个不等式，先取 $2x_1 + 2x_2 = 12$，这是一条直线，在坐标系中画出这条直线。这条直线把第一象限的平面分为两部分，凡落在该直线右上方平面内的点均有 $2x_1 + 2x_2 > 12$，落在该直线左下方平面内的点均有 $2x_1 + 2x_2 < 12$。所以 $2x_1 + 2x_2 \leq 12$ 表示落在直线 $2x_1 + 2x_2 = 12$ 上的和这条直线左下方半平面内的所有点。于是可用 $\triangle OAB$ 及其边界上的所

有点表示满足 $x_1 \geq 0, x_2 \geq 0$ 及 $2x_1 + 2x_2 \leq 12$ 这三个约束条件的所有点,如图 1-2 所示。

同理,满足约束条件 $4x_1 \leq 16$ 的所有点位于 $4x_1 = 16$ 这条直线上及这条直线左半边平面内;满足 $5x_2 \leq 15$ 的所有点位于 $5x_2 = 15$ 这条直线上及这条直线下方半平面内。

同时满足这些约束条件的点必然落在由 x_1、x_2 两个坐标轴与上述三条直线所围成的多边形 $OQ_1Q_2Q_3Q_4$ 内及该多边形的边界上(图 1-3)。

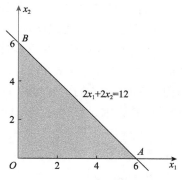

图 1-2 包含三个约束条件的坐标系　　图 1-3 包含五个约束条件的坐标系

从图 1-3 可以看到多边形 $OQ_1Q_2Q_3Q_4$ 是凸的,后面要证明,如果线性规划问题存在可行域,则可行域一定是一个凸集。

目标函数的几何意义如下:目标函数 $Z = 2x_1 + 3x_2$ 中,Z 是待定的值,将其改写为 $x_2 = -\dfrac{2}{3}x_1 + \dfrac{Z}{3}$,由解析几何可知,这是参量为 Z、斜率为 $-\dfrac{2}{3}$ 的一簇平行直线,如图 1-4 所示。

从图 1-4 可以看出,这簇平行线中,距离 O 点越远的直线 Z 值越大。若对 x_1、x_2 的取值无限制,Z 的值可以无限增大。但在线性规划问题中,对 x_1、x_2 的取值范围是有限制的,这就是图 1-2 中约束条件所包含的范围。

最优解必须满足约束条件要求,并使目标函数达到最优值。因此 x_1、x_2 的取值范围只能从凸多边形 $OQ_1Q_2Q_3Q_4$ 中去寻找。将图 1-3 和图 1-4 合并(图 1-5),可以看出,当代表目标函数的那条直线由 O 点开始向右上方移动时,Z 值逐渐增大,一直移动到目标函数的直线与约束条件包围成的凸多边形相切时为止,切点就是代表最优解的点。因为再继续向右上方移动,Z 值仍然可以增大,但在目标函数的直线上找不出一个点位于约束条件包围成的凸多边形内部或边界上。

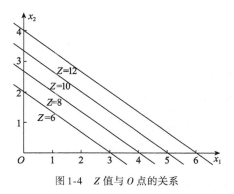
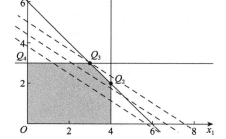

图 1-4 Z 值与 O 点的关系　　图 1-5 移动目标函数寻找最优解

本例中，目标函数直线与凸多边形的切点为Q_3，该点的坐标可由求解直线方程$5x_2 = 15$和$2x_1 + 2x_2 = 12$得到，为$(x_1, x_2) = (3,3)$，将其代入目标函数，得$Z = 15$。

本例中用图解法得到的问题的最优解是唯一的。但在线性规划问题的计算中，解的情况还可能出现下列几种：

①无穷多最优解。如将本例中的目标函数改变为$\max Z = 3x_1 + 3x_2$，则目标函数的图形恰好与约束条件$2x_1 + 2x_2 \leqslant 12$平行。当目标函数直线向右上方移动时，它与凸多边形不是相切于一个点，而是在整个线段Q_2Q_3上相切（图1-6）。这时点Q_2、Q_3及线段Q_2Q_3上的任意点都使目标函数值Z达到最大，即该线性规划问题有无穷多最优解，也称具有多重最优解。

②无界解（或无最优解）。如果例子中的约束条件只剩下$4x_1 \leqslant 16$和$x_1, x_2 \geqslant 0$，用图解法求解时，可以看到变量x_2的取值可以无限增大，因而目标函数Z的值也可以一直增大到无穷（图1-7）。这种情况下，称问题具有无界解或无最优解，其原因是在建立实际问题的数学模型时遗漏了某些必要的资源约束。

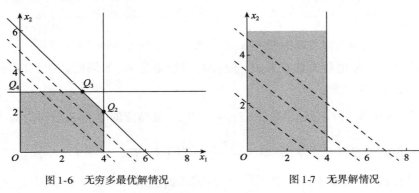

图1-6　无穷多最优解情况　　　　图1-7　无界解情况

③无可行解。如对于以下线性规划模型：

$$\max Z = 2x_1 + 3x_2$$
$$\text{s.t.} \begin{cases} 2x_1 + 2x_2 \leqslant 12 \\ x_1 + 2x_2 \geqslant 14 \\ x_1, x_2 \geqslant 0 \end{cases}$$

用图解法求解时找不到满足所有约束条件的公共范围（图1-8），这时问题无可行解。其原因是模型本身有错误，约束条件之间相互矛盾，应检查修正。

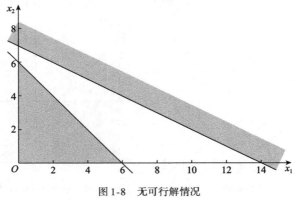

图1-8　无可行解情况

图解法虽然只能用来求解只有两个变量的线性规划问题,但它的解题思路和几何上直观得到的一些概念判断,对下面要讲的求解一般线性规划问题的单纯形法有很大启示:

①求解线性规划问题时,解的情况有唯一最优解、无穷多最优解、无界解、无可行解(表1-2)。

②若线性规划问题的可行域存在,则可行域是一个凸集。

③若线性规划问题的最优解存在,则最优解或最优解之一(如果有无穷多的话)一定能够在可行域(凸集)的某个顶点找到。

④解题思路是,先找出凸集的任一顶点,计算在顶点处的目标函数值;比较周围相邻顶点的目标函数值是否比这个值更优,如果为否,则该顶点就是最优解的点或最优解的点之一,否则转到比这个点的目标函数值更优的另一顶点;重复上述过程,一直到找出使目标函数值达到最优的顶点为止。

线性规划解的几种情况 表1-2

解的几种情况	约束条件图形特点	数学模型特点
唯一最优解	可行域有界,且只在一个顶点得到最优值	—
无穷多最优解	在可行域的边界上,至少两个顶点处得到最优值	目标函数和某一约束条件的系数成比例
无界解(无解)	可行域无界,且无有限最优值	缺乏必要的约束条件
无可行解(无解)	可行域为空集	有矛盾的约束条件

第三节 线性规划的单纯形法

1. 线性规划的标准型

线性规划问题有各种不同的形式。对目标函数,有的要求实现最大化,有的要求最小化;约束条件可以是"≥"形式的不等式,也可以是"≤"形式的不等式,也可以是等式;决策变量通常是非负约束,但也允许在$(-\infty,\infty)$范围内取值,即无约束。在用单纯形法求解线性规划问题时,为了讨论问题方便,需将线性规划模型化为统一的标准型。线性规划问题的标准型有以下特点:

①目标函数求最大值(或最小值);
②约束条件均为等式方程;
③变量x_j为非负;
④常数b_i都大于或等于0。

数学模型可表示为

$$\max(\min)Z = c_1x_1 + c_2x_2 + \cdots + c_nx_n \tag{1-7}$$

$$\text{s.t.} \begin{cases} a_{11}x_1 + a_{12}x_2 + \cdots + a_{1n}x_n = b_1 \\ a_{21}x_1 + a_{22}x_2 + \cdots + a_{2n}x_n = b_2 \\ \vdots \\ a_{m1}x_1 + a_{m2}x_2 + \cdots + a_{mn}x_n = b_m \\ x_j \geq 0, j=1,2,\cdots,n; b_i \geq 0, i=1,2,\cdots,m \end{cases} \tag{1-8}$$

或写为
$$\max Z = \sum_{j=1}^{n} c_j x_j \tag{1-9}$$

$$\text{s.t.} \begin{cases} \sum_{j=1}^{n} a_{ij} x_j = b_i \\ x_j \geq 0, j=1,2,\cdots,n; b_i \geq 0, i=1,2,\cdots,m \end{cases} \tag{1-10}$$

用向量和矩阵表示该线性规划问题,可以使数学模型更简洁,即

$$\max Z = CX \tag{1-11}$$

$$\text{s.t.} \begin{cases} AX = b \\ x_j \geq 0, j=1,2,\cdots,n; b_i \geq 0, i=1,2,\cdots,m \end{cases} \tag{1-12}$$

其中

$$A = \begin{bmatrix} a_{11} & a_{12} & \cdots & a_{1n} \\ a_{21} & a_{22} & \cdots & a_{2n} \\ \vdots & \vdots & \vdots & \vdots \\ a_{m1} & a_{m2} & \cdots & a_{mn} \end{bmatrix}; X = \begin{bmatrix} x_1 \\ x_2 \\ \vdots \\ x_n \end{bmatrix}; b = \begin{bmatrix} b_1 \\ b_2 \\ \vdots \\ b_m \end{bmatrix}; C = \begin{bmatrix} c_1 & c_2 & \cdots & c_n \end{bmatrix}$$

式中:A——约束方程的 $m \times n$ 维系数矩阵,一般 $m \leq n$,且 A 的秩为 m,记为 $r(A) = m$;

b——资源向量;

C——价值向量;

X——决策变量向量。

根据实际问题提出的线性规划问题的数学模型都应变换为标准型后求解。以下讨论如何变换为标准型的问题。

①若要求目标函数实现最小化,即 $\min Z = CX$,这时只需将目标函数最小化变换为目标函数最大化,即令 $Z' = -Z$,于是得到 $\max Z' = -CX$。

②若约束方程为不等式,这里有两种情况:一种是约束方程为"$\leq$"不等式,则可在不等式的左端加入非负松弛变量,把原不等式变为等式;另一种是约束方程为"$\geq$"不等式,则可在不等式的左端减去一个非负剩余变量(也称松弛变量),把原不等式变为等式。

③若变量不满足"$x_j \geq 0$",这里也有两种情况:一种是 $x_j \leq 0$,可令 $x_j = x_j'$,用 x_j' 代替 x_j;另一种是 x_j 无约束,可令 $x_j = x_j' - x_j''$,用 $x_j' - x_j''$ 代替 x_j,其中 $x_j' \geq 0, x_j'' \geq 0$。

④若 $b_i \leq 0$。这时只需将约束方程两边同时乘以 -1。

下面举例说明。

【例1.3】 将下述线性规划问题化为标准型:

$$\min Z = -x_1 + 2x_2 - 3x_3$$

$$\text{s.t.} \begin{cases} x_1 + x_2 + x_3 \leq 7 \\ x_1 - x_2 + x_3 \geq 2 \\ -3x_1 + x_2 + 2x_3 = 5 \\ x_1, x_2 \geq 0, x_3 \text{ 为无约束} \end{cases}$$

解:①用 $x_4 - x_5$ 替换 x_3,其中 $x_4, x_5 \geq 0$;

②在第一个约束不等式"$\leq$"的左端加入松弛变量 x_6;

③在第二个约束不等式"$\geq$"的左端减去剩余变量 x_7;

④令 $Z' = -Z$，把求 min Z 改为求 max Z'。得到该问题的标准型：

$$\max Z' = x_1 - 2x_2 + 3(x_4 - x_5) + 0x_6 + 0x_7$$

$$\text{s. t.} \begin{cases} x_1 + x_2 + (x_4 - x_5) + x_6 = 7 \\ x_1 - x_2 + (x_4 - x_5) - x_7 = 2 \\ -3x_1 + x_2 + 2(x_4 - x_5) = 5 \\ x_1, x_2, x_4, x_5, x_6, x_7 \geq 0 \end{cases}$$

2. 线性规划的有关概念

线性规划的标准型如下：

$$\max Z = CX$$

$$\text{s. t.} \begin{cases} AX = b \\ X \geq 0 \end{cases}$$

(1) 基

式中 A 是 $m \times n$ 矩阵，$m \leq n$ 且 $r(A) = m$，显然 A 中至少有一个 $m \times m$ 阶子矩阵 B，使得 $r(B) = m$。B 是矩阵 A 中 $m \times m$ 阶非奇异子矩阵 $(|B| \neq 0)$，则称 B 是线性规划的一个**基**(或**基矩阵**)。当 $m = n$ 时，基矩阵唯一，当 $m < n$ 时，基矩阵就可能有多个，但最多不超过 C_n^m 个。

【例1.4】 已知如下线性规划，求其所有基矩阵。

$$\max Z = 4x_1 - 2x_2 - x_3$$

$$\text{s. t.} \begin{cases} 5x_1 + x_2 - x_3 + x_4 = 3 \\ -10x_1 + 6x_2 + 2x_3 + x_5 = 2 \\ x_j \geq 0 \quad (j = 1, 2, \cdots, 5) \end{cases}$$

解：约束方程的系数矩阵 $A = \begin{bmatrix} 5 & 1 & -1 & 1 & 0 \\ -10 & 6 & 2 & 0 & 1 \end{bmatrix}$ 为 2×5 矩阵，$r(A) = 2$，则其子矩阵有 $C_5^2 = 10$ 个，其中第 1 列和第 3 列构成的 2 阶矩阵不是一个基，基矩阵为以下 9 个：

$$B_1 = \begin{bmatrix} 5 & 1 \\ -10 & 6 \end{bmatrix}, B_2 = \begin{bmatrix} 5 & 1 \\ -10 & 0 \end{bmatrix}, B_3 = \begin{bmatrix} 5 & 0 \\ -10 & 1 \end{bmatrix}, B_4 = \begin{bmatrix} 1 & -1 \\ 6 & 2 \end{bmatrix}, B_5 = \begin{bmatrix} 1 & -1 \\ 6 & 0 \end{bmatrix},$$

$$B_6 = \begin{bmatrix} 1 & 0 \\ 6 & 1 \end{bmatrix}, B_7 = \begin{bmatrix} -1 & 1 \\ 2 & 0 \end{bmatrix}, B_8 = \begin{bmatrix} -1 & 0 \\ 2 & 1 \end{bmatrix}, B_9 = \begin{bmatrix} 1 & 0 \\ 0 & 1 \end{bmatrix}$$

(2) 基向量、非基向量、基变量、非基变量

当确定某一子矩阵为基矩阵时，则基矩阵对应的列向量称为**基向量**，其余列向量称为**非基向量**，基向量对应的变量称为**基变量**，非基向量对应的变量称为**非基变量**。

基变量和非基变量是针对某一确定基而言的，不同的基对应的基变量和非基变量不同。【例1.4】中 B_1 的基向量是 A 中的第一列和第二列，其余列向量是非基向量，x_1、x_2 是基变量，x_3、x_4、x_5 是非基变量；B_2 的基向量是 A 中的第一列和第四列，其余列向量是非基向量，x_1、x_4 是基变量，x_2、x_3、x_5 是非基变量。

(3) 基本解

对某一确定基 B，令非基变量等于 0，利用约束条件 $AX = B$ 解出基变量，则这组解称为基 B 的基本解。【例1.4】中，对于 B_9 而言，$X = (0, 0, 0, 3, 2)$ 是其基本解。

（4）可行解

满足约束条件的解 $X=(x_1,x_2,\cdots,x_n)^T$ 称为可行解。

（5）最优解

满足目标函数的可行解称为最优解，即使得目标函数达到极值的可行解就是最优解。

（6）基本可行解

满足非负条件的基本解称为基本可行解（也称基可行解）。【例1.4】中，$X=(0,0,0,3,2)$ 既是基本解，又满足条件 $x_j \geq 0$，则其是一个基本可行解。

（7）基本最优解

最优解是基本解称为基本最优解。【例1.4】中 $X=\left(\dfrac{3}{5},0,0,0,8\right)$ 是最优解，同时又是 B_3 的基本解，因此它是基本最优解。

当最优解唯一时，最优解也是基本最优解；当最优解不唯一时，最优解不一定是基本最优解。

（8）可行基与最优基

基本可行解对应的基称为可行基，基本最优解对应的基称为最优基。最优基也是可行基。

基本解、可行解、最优解、基本可行解、基本最优解的关系如图1-9所示。箭尾的解一定是箭头的解，反之不一定成立。

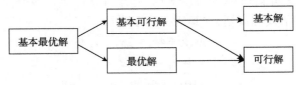

图1-9 多种解之间的关系

3. 线性规划的几何意义

从本章第二节的图解法已能直观看到可行域和最优解的几何意义，在此从理论上进一步讨论。

（1）凸集

设 K 是 n 维空间的一个点集，对任意两点 $X^{(1)},X^{(2)} \in K$，满足 $X=\alpha X^{(1)}+(1-\alpha)X^{(2)} \in K(0 \leq \alpha \leq 1)$ 时，称 K 为凸集。

从直观上讲，凸集没有凹入部分，其内部没有空洞。实心圆、实心球体、实心立方体等都是凸集，圆环不是凸集。如图1-10所示，分图a）是凸集，分图b）不是凸集。任何两个凸集的交集是凸集，如图1-10c）所示。

图1-10 凸集与非凸集

(2) 凸组合

设 $X, X^{(1)}, X^{(2)}, \cdots, X^{(k)}$ 是 $R^{(n)}$ 中的一点，若存在 $\lambda_1, \lambda_2, \cdots, \lambda_n$，且 $\lambda_i \geq 0$ 及 $\sum_{i=1}^{k} \lambda_i = 1$，使得 $X = \sum_{i=1}^{k} \lambda_i X_i$ 成立，则称 X 为 $X^{(1)}, X^{(2)}, \cdots, X^{(k)}$ 的凸组合。

(3) 极点

设 K 是凸集，$X \in K$，若 X 不能用 K 中两个不同的点 $X^{(1)}$、$X^{(2)}$ 的凸组合表示为
$$X = \alpha X^{(1)} + (1-\alpha) X^{(2)} \quad (0 < \alpha < 1) \tag{1-13}$$
则称 X 是 K 的一个极点(或顶点)。

X 是凸集 K 的极点，即 X 不可能是 K 中某一线段的内点，只能是 K 中某一线段的端点。

(4) 几个定理

【定理 1.1】 若线性规划可行解集合 K 非空，则 K 是凸集。

【定理 1.2】 线性规划可行解集合 K 中的点 X 是极点的充要条件为 X 是基本可行解。

【定理 1.3】 若线性规划有最优解，则最优解一定可以在可行解集合的某个极点上得到。

【定理 1.1】描述了可行解集的几何特征。

【定理 1.2】描述了可行解集的极点与基本可行解的对应关系。极点是基本可行解，基本可行解在极点上，但它们并非一一对应，可能有两个或几个基本可行解对应于同一个极点(退化基本可行解)。

【定理 1.3】描述了最优解在可行解集中的位置。若最优解唯一，则最优解只能在某一极点上达到；若具有多重最优解，则最优解是在某些极点上的凸组合。因此，最优解是可行解集的极点或界点，不可能是可行解集的内点。

由【定理 1.2】和【定理 1.3】可知，线性规划的最优解是在有限个基本可行解中求得的，这样可以找到一种解题方法：先求出可行域的所有顶点，然后计算这些顶点的目标函数值，取最大的为最优值，其相应的顶点坐标就是最优解。但当 m、n 较大时，这种方法是不可行的。

综上所述，若线性规划的可行解集非空且有界，则一定有最优解；若可行解集无界，则线性规划可能有最优解，也可能没有最优解。若线性规划具有无界解，则可行域一定无界。

4. 普通单纯形法

单纯形法是求解线性规划问题的最主要的一种方法。根据上述线性规划问题的基本定理可知，目标函数的最大值在可行域的某一个顶点达到，而且顶点个数有限。单纯形法的指导思想就是先任取一个顶点 $X^{(1)}$，代入目标函数得 Z_1，然后在顶点 $X^{(1)}$ 的基础上换一个顶点 $X^{(2)}$，使得 $Z_2 > Z_1$，这样一次次迭代，经有限个步骤就可求得使目标函数达到最大值的点，于是就得到线性规划问题的最优解，这种迭代过程就是从一个顶点移动到另一个邻近的顶点的过程。

【例 1.5】 用单纯形法求下列线性规划的最优解：
$$\max Z = 3x_1 + 4x_2$$
$$\text{s.t.} \begin{cases} 2x_1 + x_2 \leq 40 \\ x_1 + 3x_2 \leq 30 \\ x_1, x_2 \geq 0 \end{cases}$$

解：① 化为标准型。
$$\max Z = 3x_1 + 4x_2$$

$$\text{s.t.} \begin{cases} 2x_1 + x_2 + x_3 = 40 \\ x_1 + 3x_2 + x_4 = 30 \\ x_1, x_2, x_3, x_4 \geq 0 \end{cases}$$

②找初始基本可行解。

该问题的系数矩阵为

$$A = \begin{bmatrix} 2 & 1 & 1 & 0 \\ 1 & 3 & 0 & 1 \end{bmatrix}$$

A 中第 3 列和第 4 列组成二阶单位矩阵 $B_1 = \begin{bmatrix} 1 & 0 \\ 0 & 1 \end{bmatrix}$,$r(B_1) = 2$,则 B_1 是一个初始基,由此得到一个初始基本可行解为 $X^{(1)} = (0, 0, 40, 30)^{\text{T}}$。

③检验 $X^{(1)}$ 是否为最优解。

分析目标函数 $\max Z = 3x_1 + 4x_2$ 可知,非基变量 x_1、x_2 的系数都是正数,若 x_1、x_2 为正数,则 Z 值就会增加。所以 $X^{(1)}$ 不是该问题的最优解。因此,只要在目标函数的表达式中还存在有正系数的非基变量,目标函数值就有增加的可能,就需要将非基变量与基变量进行对换,即可行解必须从该顶点移到另一个顶点。判别线性规划问题是否达到最优解的数称为检验数,记为 $\lambda_j (j = 1, 2, \cdots, n)$。本例中 $\lambda_1 = 3, \lambda_2 = 4, \lambda_3 = 0, \lambda_4 = 0$。目标函数用非基变量表示,其变量的系数为检验数。

④第一次换基迭代。

在此需要选择一个 $\lambda_k > 0$ 的非基变量 x_k 换成基变量,称为进基变量,同时选择一个能使所有变量非负的基变量 x_l 换成非基变量,称为出基变量。

一般选择 $\lambda_k = \max\{\lambda_j \mid \lambda_j > 0\}$ 对应的 x_k 进基,本例中 x_2 进基,表 1-3 对应的列为进基列。由于 x_2 进基,必须要从原基变量 x_3、x_4 中选择一个换出作为非基变量,并且使得新的基本解仍然可行。由约束条件

$$\begin{cases} 2x_1 + x_2 + x_3 = 40 \\ x_1 + 3x_2 + x_4 = 30 \\ x_1, x_2, x_3, x_4 \geq 0 \end{cases}$$

可知,当 $x_1 = 0$ 时,可得到如下不等式组:

$$\begin{cases} x_3 = 40 - x_2 \geq 0 \\ x_4 = 30 - 3x_2 \geq 0 \end{cases}$$

因此,x_2 只有选择 $x_2 = \min\{40, 10\} = 10$ 时,才能使上述不等式组成立。又因为非基变量等于 0,当 $x_2 = 0$ 时,$x_4 = 0$,即 x_4 为出基变量(表 1-3 中 x_4 所在的行为出基行)。

用线性方程组的消元法(初等行变换),将基变量 x_2、x_3 解出得:

$$\begin{cases} \dfrac{5}{3}x_1 + x_3 - \dfrac{1}{3}x_4 = 30 \\ \dfrac{1}{3}x_1 + x_2 + \dfrac{1}{3}x_4 = 10 \end{cases}$$

由此解得另一个基本可行解为

$$X^{(2)} = (0, 10, 30, 0)^{\text{T}}$$

⑤检验 $X^{(2)}$ 是否为最优解。

$X^{(2)}$ 是不是最优解仍要看检验数的符号。由 $\frac{1}{3}x_1 + x_2 + \frac{1}{3}x_4 = 10$ 得 $x_2 = 10 - \frac{1}{3}x_1 - \frac{1}{3}x_4$，代入目标函数得：

$$Z = 3x_1 + 4\left(10 - \frac{1}{3}x_1 - \frac{1}{3}x_4\right) = 40 + \frac{5}{3}x_1 - \frac{4}{3}x_4$$

目标函数中非基变量的检验数 $\lambda_1 = \frac{5}{3}, \lambda_2 = -\frac{4}{3}$。因为 $\lambda_1 > 0$，所以 $X^{(2)}$ 不是最优解。

⑥第二次换基迭代。

迭代方法与前面相同，x_1 为进基变量，用最小比值规则选择出基变量，即常数向量与进基变量的系数列向量的正数求比值，最小比值对应的变量出基。本例 $\theta = \min\left\{\frac{30}{5/3}, \frac{10}{1/3}\right\} = 18$，第一行的比值最小，$x_3$ 为出基变量。因此 $x_1、x_2$ 为基变量，$x_3、x_4$ 为非基变量。

将 $x_1、x_2$ 的系数矩阵用初等变换的方法变换为单位矩阵（或消元法解出 $x_1、x_2$）得：

$$\begin{cases} x_1 + \frac{3}{5}x_3 - \frac{1}{5}x_4 = 18 \\ x_2 - \frac{1}{5}x_3 + \frac{2}{5}x_4 = 4 \end{cases}$$

解得另一个基本可行解为

$$X^{(3)} = (18, 4, 4, 4)^T$$

⑦检验 $X^{(3)}$ 是否为最优解。

由 $x_1 + \frac{3}{5}x_3 - \frac{1}{5}x_4 = 18$ 知，$x_1 = 18 - \frac{3}{5}x_3 + \frac{1}{5}x_4$，将其代入目标函数

$$Z = 40 + \frac{5}{3}\left(18 - \frac{3}{5}x_3 + \frac{1}{5}x_4\right) - \frac{4}{3}x_4 = 70 - x_3 - x_4$$

因为 $\lambda_j < 0$，所以 $X^{(3)} = (18, 4, 0, 0)^T$ 是最优解，最优值 $Z = 70$。

通过分析上述例题可知，如何通过观察得到一个基本可行解并判断其是否为最优解，关键看模型是不是典则形式（或典式）。

所谓典式就是：①约束条件系数矩阵存在 m 个不相关的单位向量；②目标函数中不含有基变量。满足条件①时，立即可以写出基本可行解，满足条件②时，马上就可以得到检验数。

以上全过程计算方法就是单纯形法，用列表的方法计算更为简洁，这种表格称为单纯形表，如表1-3所示。

单纯形表　　　　　　　　　　　表1-3

序号		c_j	3	4	0	0	b	θ_i
	C_B	X_B	x_1	x_2	x_3	x_4		
(a)	0	x_3	2	1	1	0	40	40
	0	x_4	1	[3]	0	1	30→	10
		λ_j	3	4↑	0	0	0	

（进基列、主元素、出基行）

续上表

序号	c_j		3	4	0	0	b	θ_i
	C_B	X_B	x_1	x_2	x_3	x_4		
(b)	0	x_3	$\left[\dfrac{5}{3}\right]$	0	1	$-\dfrac{1}{3}$	30→	18
	4	x_2	$\dfrac{1}{3}$	1	0	$\dfrac{1}{3}$	10	30
	λ_j		$\dfrac{5}{3}\uparrow$	0	0	$-\dfrac{4}{3}$	-40	
(c)	3	x_1	1	0	$\dfrac{3}{5}$	$-\dfrac{1}{5}$	18	
	4	x_2	0	1	$-\dfrac{1}{5}$	$\dfrac{2}{5}$	4	
	λ_j		0	0	-1	-1	-70	

注：C_B 列为基变量的价值系数；X_B 列为基变量；b 为约束方程组右端的常数；θ_i 为 $\left|\dfrac{b_i}{a_{ik}}\right|$，$a_{ik}>0$。

综上所述，可将普通单纯形法的计算步骤归纳如下：

①将原问题化为标准型。

②找到初始可行基，建立单纯形表，求出检验数。

通常在标准型的系数矩阵 A 中选择一个 m 阶单位矩阵或 m 个线性无关的单位向量作为初始可行基，如表1-3(a)中 x_3、x_4 列对应的 2 个线性无关的单位向量，从而可以求得初始基本可行解。若不存在 m 阶单位矩阵，则要通过观察或试算寻找可行基，一般采用下面将要介绍的大 M 法或两阶段单纯形法。

需要说明的是：基变量的检验数必为0。

③最优性检验。

求最大值时 $\lambda_j<0$ 得到最优解，求最小值时 $\lambda_j\geq 0$ 得到最优解；某个 $\lambda_j\geq 0$（极大化问题），或某个 $\lambda_j\leq 0$（极小化问题），且 $a_{ik}\leq 0(i=1,2,\cdots,m)$，则线性规划具有无界解；存在 $\lambda_j\geq 0$（极大化问题），或 $\lambda_j\leq 0$（极小化问题），且 $a_{ik}(i=1,2,\cdots,m)$ 不完全非正，则进行换基。

④换基迭代。

在选进基变量时，设 $\lambda_k=\max\{\lambda_j|\lambda_j>0\}$（极大化问题），或 $\lambda_k=\max\{|\lambda_j||\lambda_j<0\}$（极小化问题），则应选 k 列的变量 x_k 为进基变量，如表1-3(a)中的 x_2。

在选出基变量时，设 $\theta_l=\min\left\{\dfrac{b_i}{a_{ik}}\bigg|a_{ik}>0\right\}$，表明第 l 行的比值最小，则应选 l 行对应基变量作为出基变量，如表1-3(a)中的 x_4。a_{lk} 为主元素。

需要注意的是：选出基变量时，a_{ik} 必须大于0，小于或等于0没有比值（比值视为无穷大）；若有两个以上相同最小比值，任选一个最小比值对应的基变量出基，这时下一基本可行解中存在为0的基变量，称为退化基本可行解。

换基后找到新的可行基（化为新的典式）。用初等行变换方法将 a_{lk} 化为1，k 列其他元素化为0（包括检验数行），得到新的可行基及基本可行解，再判断其是否是最优解。

【例 1.6】 用单纯形法求解以下问题：

$$\max Z = 8x_1 + 6x_2$$

$$\text{s. t.} \begin{cases} 4x_1 + 2x_2 \leq 60 \\ 2x_1 + 4x_2 \leq 48 \\ x_1, x_2 \geq 0 \end{cases}$$

解：将数学模型化为标准型

$$\max Z = 8x_1 + 6x_2$$

$$\text{s. t.} \begin{cases} 4x_1 + 2x_2 + x_3 = 60 \\ 2x_1 + 4x_2 + x_4 = 48 \\ x_1, x_2, x_3, x_4 \geq 0 \end{cases}$$

容易看出 x_3、x_4 可作为初始基变量，单纯形法计算结果见表 1-4。表的上方增加一行，填写目标函数的系数，目的是用来求非基变量的检验数。检验数可用公式

$$\lambda_j = c_j - C_B P_j$$

计算。见表 1-4，初始表中 x_1 的检验数为

$$\lambda_1 = c_1 - C_B P_1 = 8 - (0,0)\begin{bmatrix} 4 \\ 2 \end{bmatrix} = 8 - (0 \times 4 + 0 \times 2) = 8$$

当 $\lambda_j \leq 0$ 时，得到最优解为 $X = (12, 6)^T$，$\max Z = 8 \times 12 + 6 \times 6 = 132$。

单纯形法计算结果　　　　　　　　　　　表 1-4

	c_j	8	6	0	0	b	θ
C_B	X_B	x_1	x_2	x_3	x_4		
0	x_3	[4]	2	1	0	60→	15
0	x_4	2	4	0	1	48	24
	λ_j	8↑	6	0	0	0	
0	x_1	1	$\frac{1}{2}$	$\frac{1}{4}$	0	15	30
10	x_4	0	[3]	$-\frac{1}{2}$	1	18→	6
	λ_j	0	2↑	-2	0	-120	
5	x_1	1	0	$\frac{1}{3}$	$-\frac{1}{6}$	12	
10	x_2	0	1	$-\frac{1}{6}$	$\frac{1}{3}$	6	
	λ_j	0	0	$-\frac{5}{14}$	$-\frac{25}{14}$		

【例 1.7】 用单纯形法求解以下问题：

$$\max Z = -x_1 + x_2$$

$$\text{s.t.} \begin{cases} 3x_1 - 2x_2 \leq 1 \\ -2x_1 + x_2 \geq -4 \\ x_1, x_2 \geq 0 \end{cases}$$

解：将数学模型化为标准型

$$\max Z = -x_1 + x_2$$

$$\text{s.t.} \begin{cases} 3x_1 - 2x_2 + x_3 = 1 \\ 2x_1 - x_2 + x_4 = 4 \\ x_1, x_2, x_3, x_4 \geq 0 \end{cases}$$

单纯形法计算该问题的初始单纯形表，见表 1-5。

单纯形表　　　　　　　　　　　　　　　　　　　　　　表 1-5

X_B	x_1	x_2	x_3	x_4	b
x_3	3	-2	1	0	1
x_4	2	-1	0	1	4
λ_j	-1	1	0	0	

因为 $\lambda_2 = 1 > 0$，x_2 进基。但是 $a_{12} < 0$，$a_{22} < 0$，没有比值，说明只要 $x_2 \geq 0$ 就能保证 x_3、x_4 非负，即当固定 x_1 使 $x_2 \to +\infty$ 时，$Z \to +\infty$ 且满足约束条件，因而原问题具有无界解。

【例 1.8】 用单纯形法求解以下问题：

$$\max Z = x_1 - 2x_2 + x_3$$

$$\text{s.t.} \begin{cases} x_1 - 2x_2 + 2x_3 \leq 1 \\ x_1 + x_2 - x_3 \leq 6 \\ x_1, x_2, x_3 \geq 0 \end{cases}$$

解：将数学模型化为标准型

$$\max Z = x_1 - 2x_2 + x_3$$

$$\text{s.t.} \begin{cases} x_1 - 2x_2 + 2x_3 + x_4 = 1 \\ x_1 + x_2 - x_3 + x_5 = 6 \\ x_j \geq 0 \quad (j = 1, 2, \cdots, 5) \end{cases}$$

单纯形法计算结果见表 1-6。

单纯形法计算结果　　　　　　　　　　　　　　　　　　表 1-6

序号	c_j		1	-2	1	0	0	b	θ
	C_B	X_B	x_1	x_2	x_3	x_4	x_5		
(1)	0	x_4	1	-2	2	1	0	1→	1
	0	x_5	1	1	-1	0	1	6	6
		λ_j	1↑	-2	1	0	0		

续上表

序号	c_j		1	-2	1	0	0	b	θ
	C_B	X_B	x_1	x_2	x_3	x_4	x_5		
(2)	1	x_1	1	-2	2	1	0	1	-
	0	x_5	0	3	-3	-1	1	5	$\frac{5}{3}\to$
	λ_j		0	0↑	-1	-1	0		
(3)	1	x_1	1	0	0	$\frac{1}{3}$	$\frac{2}{3}$	$\frac{13}{3}$	
	-2	x_2	0	1	-1	$-\frac{1}{3}$	$\frac{1}{3}$	$\frac{5}{3}$	
	λ_j		0	0	-1	-1	0		

表 1-6(2) 中 λ_j 已经全部非正,得到最优解 $X^{(1)} = (1,0,0,0,5)^T$,最优值 $Z = 1$。

表 1-6(2) 中非基变量 x_2 的检验数 $\lambda_2 = 0$,表明若 x_2 增加,目标函数值不变,即当 x_2 进基时,目标值仍等于 1。令 x_2 进基,x_5 出基,继续迭代可得到表 1-6(3) 的另一个基本最优解 $X^{(2)} = \left(\frac{13}{3}, \frac{5}{3}, 0, 0, 0\right)^T$。

$X^{(1)}$、$X^{(2)}$ 是原线性规划的两个最优解,它的凸组合 $X = \alpha X^{(1)} + (1-\alpha) X^{(2)}$ 仍是最优解,即原线性规划问题有多重最优解。

综上所述,单纯形法求解线性规划问题的解的特点如下:
① 若最优表中所有非基变量的检验数非零,则线性规划具有唯一最优解;
② 若某个 $\lambda_k > 0$(极大化问题),或某个 $\lambda_k < 0$(极小化问题),且 $a_{ik} \leq 0 (1,2,\cdots,m)$,则线性规划具有无界解;
③ 若最优表中存在非基变量的检验数为 0,则线性规划具有多重最优解。

线性规划最优解的形式

第四节 单纯形法的计算过程

1. 单纯形法计算步骤

根据上节讲述,单纯形法的计算步骤可以归结如下。

第一步:求出线性规划的初始基可行解,列出初始单纯形表。

对非标准形式的线性规划问题首先要化成标准形式。由于总可以设法使约束方程的系数矩阵中包含一个单位矩阵,不妨设这个单位矩阵是 $(P_1, P_2, \cdots, P_m)$,以此作为基,即可求得问题的一个初始基可行解 $X = (b_1, \cdots, b_m, 0, \cdots, 0)$。

要检验这个初始基可行解是否最优,需要将其目标函数值与可行域中相邻顶点的目标函数值比较。为了计算上的方便和规格化,对单纯形法计算设计了一种专门表格,称为单纯形表(表 1-7)。迭代计算中每找出一个新的基可行解,就要重新画一张单纯形表。含初始基可行解的单纯形表称初始单纯形表,含最优解的单纯形表称最终单纯形表。

单纯形表 表 1-7

$c_j \rightarrow$			c_1	...	c_m	...	c_j	...	c_n
C_B	基	b	x_1	...	x_m	...	x_j	...	x_n
c_1	x_1	b_1	1	...	0	...	a_{1j}	...	a_{1n}
c_2	x_2	b_2	0	...	0	...	a_{2j}	...	a_{2n}
⋮	⋮	⋮	⋮		⋮		⋮		⋮
c_m	x_m	b_m	0	...	1	...	a_{mj}	...	a_{mn}
$c_j - z_j$			0	...	0	...	$c_j - \sum_{i=1}^{m} c_i a_{ij}$	...	$c_n - \sum_{i=1}^{m} c_i a_{in}$

单纯形表第 2 列和第 3 列为某个基可行解中的基变量及它们的取值,接下来列出问题中的所有变量。基变量下面的各列数字分别是对应的基向量数字。表 1-7 中变量 $x_1, x_2, \cdots, x_m$ 下面各列组成的单位矩阵就是初始基可行解对应的基。

每个非基变量 x_j 下面的数字,是该变量在约束方程的系数向量 P_j 表达为基向量线性组合时的系数,因为有:

$$P_j = \begin{bmatrix} a_{1j} \\ a_{2j} \\ \vdots \\ a_{mj} \end{bmatrix}$$

表 1-7 中基向量 $P_1, P_2, \cdots, P_m$ 都是单位向量,故有:

$$P_j = a_{1j}P_1 + a_{2j}P_2 + \cdots + a_{mj}P_m \tag{1-14}$$

初始单纯形表中 x_j 下面这一列数字恰好就是 P_j 中各元素的值。

表 1-7 最上端的一行数是各变量的目标函数中的系数值,最左端一列数是与各基变量对应的目标函数中的系数值 C_B。

对 x_j,只要将它下面这一列数字与 C_B 中同行的数字分别相乘,再用它上端的 c_j 值减去上述乘积之和,就有:

$$c_j - (c_1 a_{1j} + c_2 a_{2j} + \cdots + c_m a_{mj}) = c_j - \sum_{i=1}^{m} c_i a_{ij} \tag{1-15}$$

上式就是本章第三节中讲到的对应变量 x_j 的检验数 λ_j。对 $j = 1, 2, \cdots, n$,将分别求得的检验数记入表的最下面一行。

第二步:进行最优性检验。

如果表 1-7 中所有检验数 $\lambda_j \leq 0$,则表中的基可行解就是问题的最优解,计算到此结束,否则转至下一步。

第三步:从一个基可行解转换到另一个目标函数值更大的基可行解,列出新的单纯形表。

(1)确定进基变量。只要有检验数 $\lambda_j > 0$,对应的变量 x_j 就可作为进基变量,当有一个以上检验数大于 0 时,一般从中找出最大的一个 λ_k,即

$$\lambda_k = \max_j \{\lambda_j | \lambda_j > 0\} \tag{1-16}$$

其对应的变量 x_k 作为进基变量。

(2)确定出基变量。根据本章第三节中确定 θ 的规则,对 P_k 列计算得到:

$$\theta = \min\left\{\frac{b_i}{a_{ik}} \,\Big|\, a_{ik} > 0\right\} = \frac{b_l}{a_{lk}} \qquad (1\text{-}17)$$

确定 x_l 是出基变量。元素 a_{lk} 决定了从一个基可行解到另一个基可行解的转移去向,称为主元素。

(3)用进基变量 x_k 替换基变量中的出基变量,得到一个新的基($P_1, P_2, \cdots, P_{l-1}, P_k, P_{l+1}, \cdots, P_m$)。对应这个基可以找出一个新的基可行解,相应地可以画出一个新的单纯形表(表 1-8)。

单纯形表 表 1-8

C_B	基	b	$c_j \rightarrow$ x_1	$\cdots$	c_l x_l	$\cdots$	c_m x_m	$\cdots$	c_j x_j	$\cdots$	c_k x_k	$\cdots$	c_n x_n
c_1	x_1	b'_1	1	$\cdots$	$-\dfrac{a_{1k}}{a_{lk}}$	$\cdots$	0	$\cdots$	a'_{1j}	$\cdots$	0	$\cdots$	a'_{1n}
$\vdots$	$\vdots$	$\vdots$	$\vdots$		$\vdots$		$\vdots$		$\vdots$		$\vdots$		$\vdots$
c_k	x_k	$\dfrac{b_l}{a_{lk}}$	0	$\cdots$	$\dfrac{1}{a_{lk}}$	$\cdots$	0	$\cdots$	a'_{lj}	$\cdots$	1	$\cdots$	a'_{ln}
$\vdots$	$\vdots$	$\vdots$	$\vdots$		$\vdots$		$\vdots$		$\vdots$		$\vdots$		$\vdots$
c_m	x_m	b'_m	0	$\cdots$	$-\dfrac{a_{mk}}{a_{lk}}$	$\cdots$	1	$\cdots$	a'_{mj}	$\cdots$	0	$\cdots$	a'_{mn}
		$c_j - z_j$	0	$\cdots$	$(c_l - z_l)'$	$\cdots$	0	$\cdots$	$(c_j - z_j)'$	$\cdots$	0	$\cdots$	$(c_n - z_n)'$

这个新表中的基仍应是单位矩阵,即 P_k 应变换成单位向量。为此,对表 1-7 进行下列运算,并将运算结果填入表 1-8 相应的格中。

① 将主元素所在 l 行数字除以主元素 a_{lk},即有:

$$b'_l = \frac{b_l}{a_{lk}}$$

$$a'_{lj} = \frac{a_{lj}}{a_{lk}}$$

② 为使 P_k 列变换成单位向量,将表 1-7 中的第 l 行数字乘 $-\dfrac{a_{ik}}{a_{lk}}$ 加到表 1-7 的第 i 行数字上,记入表 1-8 的相应行。即有:

$$b'_i = b_i - \frac{b_l}{a_{lk}} \cdot a_{ik} \qquad (i \neq l)$$

$$a'_{ij} = a_{ij} - \frac{a_{lj}}{a_{lk}} \cdot a_{ik} \qquad (i \neq l)$$

③ 表 1-8 中各检验数的计算,由式 $c_j - (c_1 a_{1j} + c_2 a_{2j} + \cdots + c_m a_{mj}) = c_j - \sum\limits_{i=1}^{m} c_i a_{ij}$ 可知:

$$(c_l - z_l)' = c_l - \frac{1}{a_{lk}}\left(-\sum_{i=1}^{l-1} c_i a_{ik} + c_k - \sum_{i=l+1}^{m} c_i a_{ik}\right) = -\frac{c_k}{a_{lk}} + \frac{1}{a_{lk}}\sum_{i=1}^{m} c_i a_{ik} = -\frac{1}{a_{lk}}(c_k - z_k)$$

$$(c_j - z_j)' = c_j - \left(\sum_{i=1}^{l-1} c_i a_{ij} + \sum_{i=l+1}^{m} c_i a_{ij}\right) - \frac{a_{lj}}{a_{lk}}\left(-\sum_{i=1}^{l-1} c_i a_{ik} + c_k - \sum_{i=l+1}^{m} c_i a_{ik}\right)$$

$$= \left(c_j - \sum_{i=1}^{m} c_i a_{ij}\right) - \frac{a_{ij}}{a_{lk}}\left(c_k - \sum_{i=1}^{m} c_i a_{ik}\right) = (c_j - z_j) - \frac{a_{lj}}{a_{lk}}(c_k - z_k)$$

由上式看出，x_k 变为基变量后，其检验数 $(c_k - z_k)$ 应为 0，故将表 1-7 中第 l 行数字乘 $-(c_k - z_k)/a_{lk}$ 加到该表的检验数上，得表 1-8 中各变量的检验数。

④重复②③一直到计算终止。

2. 单纯形法计算公式

设线性规划为

$$\max Z = CX$$
$$\text{s.t.} \begin{cases} AX = b \\ X \geq 0 \end{cases}$$

其中，$A_{m \times n}$ 且 $r(A) = m$。

假设 $A = (P_1, P_2, \cdots, P_n)$ 中前 m 个列向量构成一个可行基，记为 $B = (P_1, P_2, \cdots, P_m)$，后 $n - m$ 列构成的矩阵记为 $N = (P_{m+1}, P_{m+2}, \cdots, P_n)$，则 A 可以写成分块矩阵 $A = (B, N)$。

对于基 B，基变量 $X_B = (x_1, x_2, \cdots, x_m)^T$，非基变量 $X_N = (x_{m+1}, x_{m+2}, \cdots, x_n)^T$。则 X 可写为 $X = \begin{bmatrix} X_B \\ X_N \end{bmatrix}$。同理，$C$ 可写为 $C = (C_B, C_N)$，$C_B = (c_1, c_2, \cdots, c_m)$，$C_N = (c_{m+1}, c_{m+2}, \cdots, c_n)$。因此 $AX = B$ 可写成

$$AX = (B, N) \begin{bmatrix} X_B \\ X_N \end{bmatrix} = BX_B + NX_N = b$$

又因 $r(B) = m$，即 $|B| \neq 0$，所以存在 B^{-1}，则有：

$$BX_B = b - NX_N$$
$$X_B = B^{-1}(b - NX_N) = B^{-1}b - B^{-1}NX_N$$

令非基变量 $X_N = 0$，则 $X_B = B^{-1}b$。因此可得到原问题的基本可行解为

$$X = (B^{-1}b, 0)^T$$

此外，$Z = CX$ 可写成

$$Z = (C_B, C_N) \begin{bmatrix} X_B \\ X_N \end{bmatrix}$$
$$= C_B X_B + C_N X_N$$
$$= C_B(B^{-1}b - B^{-1}NX_N) + C_N X_N$$
$$= C_B B^{-1} b + (C_N - C_B B^{-1} N) X_N$$

令非基变量 $X_N = 0$，Z 的值为

$$Z_0 = C_B B^{-1} b$$

非基变量的检验数 λ_N 为

$$\lambda_N = C_N - C_B B^{-1} N = C_N - Z_N$$

$C_B B^{-1}$ 称为单纯形乘子，记为

$$\pi = C_B B^{-1}$$

因此当已知线性规划的可行基 B 时,求得 B^{-1},根据上述矩阵运算公式就可求得单纯形法所要求的结果。

上述公式可用简单的矩阵表格运算得到,见表1-9。

用 B^{-1} 左乘表1-9的第二行,将基矩阵 B 化为 E(m 阶单位矩阵),便可得到基本可行解,见表1-10。由表1-9和表1-10的第二行可知,$B^{-1}N$ 是 N 通过初等行变换后得到的,记为 $\overline{N} = B^{-1}N$。

矩阵表格(1)　　　　表1-9

X	X_B	X_N	b
X_B	B	N	b
λ	C_B	C_N	0

矩阵表格(2)　　　　表1-10

X	X_B	X_N	b
X_B	E	$B^{-1}N$	$B^{-1}b$
λ	C_B	C_N	0

将目标函数中基变量的系数 C_B 化为0,将表1-10的第二行左乘 $-C_B$ 后加到第三行,就可求得检验数和目标值,见表1-11。

矩阵表格(3)　　　　表1-11

X	X_B	X_N	b
X_B	E	$B^{-1}N$	$B^{-1}b$
λ	0	$C_N - C_B B^{-1} N$	$-C_B B^{-1} b$

将上述常用公式总结如下:

$$\begin{cases} X_B = B^{-1}b \\ Z_0 = C_B B^{-1} b \\ \lambda_N = C_N - C_B B^{-1} N \\ \pi = C_B B^{-1} \\ \overline{N} = B^{-1} N \end{cases}$$

λ_N 是 $n-m$ 个非基变量的检验数,应用 $\lambda = C - C_B B^{-1} A$ 表示全部变量的检验数。同理,λ_N 中第 j 个分量的检验数为

$$\begin{aligned} \lambda_j &= c_j - C_B B^{-1} P_j \\ &= c_j - C_B \overline{N}_j \\ &= c_j - \sum_{i=1}^{m} c_i \overline{a}_{ij} \\ &= c_j - z_j \end{aligned}$$

上面是假设可行基在前 m 列，在实际应用中，可行基 B 由 A 中任意 m 列组成时，上述所有公式仍然有效。值得注意的是，在 $z_j = \sum_{i=1}^{m} c_i a_{ij}$ 中，c_i 不一定按 $c_1, c_2, \cdots, c_m$ 的顺序，下标的顺序要与基变量的下标一致。

【例1.9】 用公式计算下列线性规划的有关结果：

$$\max Z = x_1 + 2x_2 + x_3$$

$$\text{s.t.} \begin{cases} 2x_1 - 3x_2 + 2x_3 \leq 15 \\ \dfrac{1}{3}x_1 + x_2 + 5x_3 \leq 20 \\ x_j \geq 0 \quad (j=1,2,3) \end{cases}$$

已知可行基 $B_1 = \begin{bmatrix} 2 & -3 \\ \dfrac{1}{3} & 1 \end{bmatrix}$，求：

① 基本可行解和目标值。
② 单纯形乘子 π。
③ B_1 是否是最优基，为什么？

解：标准型为

$$\max Z = x_1 + 2x_2 + x_3$$

$$\text{s.t.} \begin{cases} 2x_1 - 3x_2 + 2x_3 + x_4 = 15 \\ \dfrac{1}{3}x_1 + x_2 + 5x_3 + x_5 = 20 \\ x_j \geq 0 \quad (j=1,2,\cdots,5) \end{cases}$$

B_1 由 A 中第一列、第二列组成，x_1, x_2 为基变量，x_3, x_4, x_5 为非基变量。故有 $C_{B_1} = (c_1, c_2) = (1,2)$，$C_N = (c_3, c_4, c_5) = (1,0,0)$，$B_1^{-1} = \begin{bmatrix} \dfrac{1}{3} & 1 \\ -\dfrac{1}{9} & \dfrac{2}{3} \end{bmatrix}$。

a. 基变量的解为

$$X_{B_1} = \begin{bmatrix} x_1 \\ x_2 \end{bmatrix} = B_1^{-1} b = \begin{bmatrix} \dfrac{1}{3} & 1 \\ -\dfrac{1}{9} & \dfrac{2}{3} \end{bmatrix} \begin{bmatrix} 15 \\ 20 \end{bmatrix} = \begin{bmatrix} 25 \\ \dfrac{35}{3} \end{bmatrix}$$

基本可行解为 $X = \left(25, \dfrac{25}{3}, 0, 0, 0\right)^T$，$Z_0 = C_{B_1} B_1^{-1} b = C_{B_1} X_{B_1} = (1,2) \begin{bmatrix} 25 \\ \dfrac{35}{3} \end{bmatrix} = \dfrac{145}{3}$。

b. $\pi = C_{B_1} B_1^{-1} = (1,2) \begin{bmatrix} \dfrac{1}{3} & 1 \\ -\dfrac{1}{9} & \dfrac{2}{3} \end{bmatrix} = \left(\dfrac{1}{9}, \dfrac{7}{3}\right)$。

c. 判断 B_1 是否是最优基，就要求出所有的检验数是否满足 $\lambda_j \leq 0 (j=1,2,\cdots,5)$。由于 x_1、

x_2是基变量,故$\lambda_1=0,\lambda_2=0$。由λ_N计算公式得:

$$(\lambda_3,\lambda_4,\lambda_5)=(c_3,c_4,c_5)-C_{B_1}B_1^{-1}(P_3,P_4,P_5)$$
$$=(1,0,0)-\left(\frac{1}{9},\frac{7}{3}\right)\begin{bmatrix}2&1&0\\5&0&1\end{bmatrix}$$
$$=\left(-\frac{98}{9},-\frac{1}{9},-\frac{7}{3}\right)$$

由于$\lambda_j\leq 0(j=1,2,\cdots,5)$,故$B_1$是最优基。

第五节　单纯形法的进一步讨论

1. 人工变量法

线性规划问题的约束条件若为

$$\sum_{j=1}^{n}a_{ij}x_j\leq b_i \quad (i=1,2,\cdots,m) \tag{1-18}$$

化成标准形式时,应在每个不等式左端添加一个松弛变量,由此在约束方程的系数矩阵中包含一个单位矩阵。选这个单位矩阵作为初始基,可使求初始基可行解和建立初始单纯形表都十分方便。当线性规划的约束条件都是等式,而系数矩阵中又不包含单位矩阵时,往往采用添加人工变量的方法来人为构造一个单位矩阵。在约束条件是"$\geq$"的情况下,可以先在不等式左端减去一个大于或等于0的剩余变量(也可称为松弛变量)化为等式,然后再添加一个人工变量。

【例1.10】 用单纯形法求解下列线性规划:

$$\min Z=-3x_1+x_2+x_3$$
$$\text{s.t.}\begin{cases}x_1-2x_2+x_3\leq 11\\-4x_1+x_2+2x_3\geq 3\\-2x_1+x_3=1\\x_1,x_2,x_3\geq 0\end{cases}$$

解:将数学模型化为标准型

$$\min Z=-3x_1+x_2+x_3$$
$$\text{s.t.}\begin{cases}x_1-2x_2+x_3+x_4=11\\-4x_1+x_2+2x_3-x_5=3\\-2x_1+x_3=1\\x_j\geq 0 \quad (j=1,2,\cdots,5)\end{cases}$$

从等式约束条件可见,不管用哪些变量作为基变量,都不能构成单位系数矩阵,故需在第二、三约束中分别加入人工变量x_6、x_7,目标函数中加入$(+Mx_6+Mx_7)$一项,可得到以下人工变量法数学模型:

$$\min Z=-3x_1+x_2+x_3+Mx_6+Mx_7$$

$$\text{s.t.} \begin{cases} x_1 - 2x_2 + x_3 + x_4 = 11 \\ -4x_1 + x_2 + 2x_3 - x_5 + x_6 = 3 \\ -2x_1 + x_3 + x_7 = 1 \\ x_j \geq 0 \quad (j=1,2,\cdots,7) \end{cases}$$

接下来用前面介绍的单纯形法求解,见表 1-12。

单纯形表　　　　　　　　　表 1-12

c_j		-3	1	1	0	0	M	M	b	θ
C_B	X_B	x_1	x_2	x_3	x_4	x_5	x_6	x_7		
0	x_4	1	-2	1	1	0	0	0	11	11
M	x_6	-4	1	2	0	-1	1	0	3	$\frac{3}{2}$
M	x_7	-2	0	$[1]$	0	0	0	1	$1\rightarrow$	1
λ_j		$-3+6M$	$1-M$	$1-3M\uparrow$	0	M	0	0		
0	x_4	3	-2	0	1	0	0		10	—
M	x_6	0	$[1]$	0	0	-1	1		$1\rightarrow$	1
1	x_3	-2	0	1	0	0	0		1	—
λ_j		-1	$1-M\uparrow$	0	0	M	0			
0	x_4	$[3]$	0	0	1	-2			$12\rightarrow$	4
1	x_2	0	1	0	0	-1			1	—
1	x_3	-2	0	1	0	0			1	—
λ_j		$-1\uparrow$	0	0	0	1				
-3	x_1	1	0	0	$\frac{1}{3}$	$-\frac{2}{3}$			4	
1	x_2	0	1	0	0	-1			1	
1	x_3	0	0	1	$\frac{2}{3}$	$-\frac{4}{3}$			9	
λ_j		0	0	0	$\frac{1}{3}$	$\frac{1}{3}$				

因为本例是求最小值,所以当 $\lambda_j \geq 0$ 且 x_6、x_7 为非基变量时,可求得最优解为 $X=(4,1,9,0,0)^T$,最优值 $Z=-2$。

观察表 1-12 可知,人工变量有助于寻求原问题的可行基,第三张表就找到了原问题的一组基变量 x_4、x_2、x_3。在迭代过程中,为了实现目标函数的最大化或者最小化,必须把人工变量从基变量换出,即 R_i 要出基。表 1-12 的第三张表中,原问题的一组基变量为 x_4、x_2、x_3,此时人工变量从模型中退出,也说明原问题具有可行解,但不一定具有最优解。如果用大 M 单纯形法计算得到最优解中存在 $R_i > 0$,则表明原线性规划问题无可行解。

需要注意的是:约束条件加入人工变量后,求极大值时,将目标函数变为 $\max Z = \sum_{j=1}^{n} c_j x_j - M\sum_{i=1}^{m} R_i$;求极小值时,将目标函数变为 $\min Z = \sum_{j=1}^{n} c_j x_j + M\sum_{i=1}^{m} R_i$。为了使人工变量不影响目标函数的取值,式中 M 为任意大的正数。

【例 1.11】 求解以下线性规划问题：

$$\min Z = 5x_1 - 8x_2$$

$$\begin{cases} 3x_1 + x_2 \leq 6 \\ x_1 - 2x_2 \geq 4 \\ x_1, x_2 \geq 0 \end{cases}$$

解：将数学模型化为标准型

$$\min Z = 5x_1 - 8x_2$$

$$\text{s.t.} \begin{cases} 3x_1 + x_2 + x_3 = 6 \\ x_1 - 2x_2 - x_4 = 4 \\ x_j \geq 0 \quad (j=1,2,\cdots,4) \end{cases}$$

由于该标准型中系数矩阵没有 2×2 阶单位矩阵，因此需要在第二个方程中加入人工变量 x_5，目标函数中加上 Mx_5，得到：

$$\min Z = 5x_1 - 8x_2 + Mx_5$$

$$\text{s.t.} \begin{cases} 3x_1 + x_2 + x_3 = 6 \\ x_1 - 2x_2 - x_4 + x_5 = 4 \\ x_j \geq 0 \quad (j=1,2,\cdots,5) \end{cases}$$

用单纯形法计算如表 1-13 所示。

单纯形表　　　　　　　　　　　　　　　　　　　　　表 1-13

	c_j	5	-8	0	0	M	b
C_B	X_B	x_1	x_2	x_3	x_4	x_5	
0	x_3	3	1	1	0	0	6
M	x_5	1	-2	0	-1	1	4
	λ_j	$5-M$	$-8+2M$	0	M	0	
5	x_1	1	$\frac{1}{3}$	$\frac{1}{3}$	0	0	2
M	x_5	0	$-\frac{7}{3}$	$-\frac{1}{3}$	-1	1	2
	λ_j	0	$-\frac{29}{3}+\frac{7}{3}M$	$-\frac{5}{3}+\frac{1}{3}M$	M	0	

因此该问题的最优解 $X = (2,0,0,0,2)^T$，最优值 $Z = 10 + 2M$。由于最优解中含有人工变量 $x_5 \neq 0$，说明这个解是伪最优解，是不可行的，也即原问题无可行解。

2. 两阶段法

下面介绍求解加入人工变量的线性规划问题的两阶段法。

第一阶段：不考虑原问题是否存在基可行解；给原线性规划问题加入人工变量，构造仅含人工变量的目标函数并要求实现最小化，如：

$$\min w = x_{n+1} + \cdots + x_{n+m} + 0x_1 + \cdots + 0x_n \tag{1-19}$$

人工变量法

$$\begin{cases} a_{11}x_1 + \cdots + a_{1n}x_n + x_{n+1} = b_1 \\ a_{21}x_1 + \cdots + a_{2n}x_n + x_{n+2} = b_2 \\ \vdots \\ a_{m1}x_1 + \cdots + a_{mn}x_n + x_{n+m} = b_m \\ x_1, x_2, \cdots, x_{n+m} \geq 0 \end{cases} \quad (1\text{-}20)$$

然后用单纯形法求解上述模型,若得到 $w=0$,说明原问题存在基可行解,可以进行第二阶段计算。否则原问题无可行解,应终止计算。

第二阶段:将第一阶段计算得到的最终表,除去人工变量。将目标函数行的系数,换为原问题的目标函数系数,作为第二阶段计算的初始表。

各阶段的计算方法及步骤与单纯形法相同,下面举例说明。

【例 1.12】 用两阶段单纯形法求解【例 1.10】的线性规划。

解:标准型为

$$\min Z = -3x_1 + x_2 + x_3$$

$$\text{s.t.} \begin{cases} x_1 - 2x_2 + x_3 + x_4 = 11 \\ -4x_1 + x_2 + 2x_3 - x_5 = 3 \\ -2x_1 + x_3 = 1 \\ x_j \geq 0 \quad (j = 1, 2, \cdots, 5) \end{cases}$$

在第二、三约束中分别加入人工变量 x_6、x_7 后,构造第一阶段问题:

$$\min w = x_6 + x_7$$

$$\text{s.t.} \begin{cases} x_1 - 2x_2 + x_3 + x_4 = 11 \\ -4x_1 + x_2 + 2x_3 - x_5 + x_6 = 3 \\ -2x_1 + x_3 + x_7 = 1 \\ x_j \geq 0 \quad (j = 1, 2, \cdots, 7) \end{cases}$$

用单纯形法求解,得到第一阶段问题的计算表,见表 1-14。

单纯形表第一阶段　　　　　　　　　表 1-14

C_B	X_B	c_j	0	0	0	0	0	1	1	b	θ
			x_1	x_2	x_3	x_4	x_5	x_6	x_7		
0	x_4		1	-2	1	1	0	0	0	11	11
1	x_6		-4	1	2	0	-1	1	0	3	$\frac{3}{2}$
1	x_7		-2	0	[1]	0	0	0	1	1→	1
	λ_j		6	-1	-3↑	0	1	0	0		
0	x_4		3	-2	0	1	0	0	0	10	—
1	x_6		0	[1]	0	0	-1	1	0	1→	1
0	x_3		-2	0	1	0	0	0	0	1	—
	λ_j		0	-1↑	0	0	1	0	0		

续上表

c_j		0	0	0	0	0	1	1	b	θ
C_B	X_B	x_1	x_2	x_3	x_4	x_5	x_6	x_7		
0	x_4	3	0	0	1	-2			12	
0	x_2	0	1	0	0	-1			1	
0	x_3	-2	0	1	0	0			1	
λ_j		0	0	0	0	0				

最优解为 $X=(0,1,1,2,0)^T$，最优值 $w=0$。第一阶段最后一张最优表说明找到了原问题的一组基本可行解，将它作为初始基本可行解，进行第二阶段的计算，见表 1-15。

单纯形表第二阶段　　　　表 1-15

c_j		-3	1	1	0	0	b	θ
C_B	X_B	x_1	x_2	x_3	x_4	x_5		
0	x_4	[3]	0	0	1	-2	12→	4
1	x_2	0	1	0	0	-1	1	—
1	x_3	-2	0	1	0	0	1	—
λ_j		$-1\uparrow$	0	0	0	1		
-3	x_1	1	0	0	$\frac{1}{3}$	$-\frac{2}{3}$	4	
1	x_2	0	1	0	0	-1	1	
1	x_3	0	0	1	$\frac{2}{3}$	$-\frac{4}{3}$	9	
λ_j		0	0	0	$\frac{1}{3}$	$\frac{1}{3}$		

最优解为 $X=(4,1,9,0,0)^T$，最优值 $Z=-2$。

在第二阶段计算时，初始表中的检验数不能引用第一阶段最优表的检验数，必须换成原问题的检验数，可用公式计算。此外，即使第一阶段最优值 $w=0$，也只能说明原问题有可行解，第二阶段问题不一定有最优解，即原问题可能有无界解。

从【例 1.10】和【例 1.12】可以看出，大 M 单纯形法和两阶段单纯形法每一步迭代的方法类似，最后结果相同。

【例 1.13】 用两阶段法求解【例 1.10】的线性规划。

解：第一阶段为

$$\min w = x_5$$
$$\text{s.t.} \begin{cases} 3x_1 + x_2 + x_3 = 6 \\ x_1 - 2x_2 - x_4 + x_5 = 4 \\ x_j \geq 0 \quad (j=1,2,\cdots,5) \end{cases}$$

用单纯形法求解见表 1-16。

单纯形表　　　　　　　　　　表1-16

c_j		0	0	0	0	1	b
C_B	X_B	x_1	x_2	x_3	x_4	x_5	
0	x_3	[3]	1	1	0	0	6→
1	x_5	1	-2	0	-1	1	4
	λ_j	-1↑	2	0	1	0	
0	x_1	1	$\frac{1}{3}$	$\frac{1}{3}$	0	0	2
1	x_5	0	$-\frac{7}{3}$	$-\frac{1}{3}$	-1	1	2
	λ_j	0	$\frac{7}{3}$	$\frac{1}{3}$	1	0	

最优解为 $X=(2,0,0,0,2)^T$，最优值 $w=2\neq 0$，x_5 在基变量中，则原问题无可行解。

综上所述，当出现以下两种情况，原问题无可行解：

①用大 M 法求解时，最优解中含有不为 0 的人工变量；

②两阶段法计算时，第一阶段的最优值 $w\neq 0$。

3. 退化与循环

单纯形法计算中用 θ 规则确定出基变量时，有时存在两个以上相同的最小比值，这样在下一次迭代中就有一个或几个基变量等于 0，这就出现了退化解。这时出基变量 $x_l=0$，迭代后目标函数值不变，这时不同基表示为同一顶点。有人构造了一个特例，当出现退化时，进行多次迭代，而基从 B_1、B_2……又返回到 B_1，即出现计算过程的循环，便永远达不到最优解。

尽管计算过程的循环现象极少出现，但还是有可能的。如何解决这一问题？先后有人提出了摄动法、字典序法。1974 年，布兰德（Bland）提出一种简便的规则，简称布兰德规则：

(1) 选取 $c_j-z_j>0$ 中下标最小的非基变量 x_k 为进基变量，即

$$k=\min\{j|c_j-z_j>0\}\tag{1-21}$$

(2) 当按 θ 规则计算存在两个和两个以上最小比值时，选取下标最小的基变量为出基变量。

按布兰德规则计算时，一定能避免出现循环。

【例 1.14】 求解以下线性规划问题：

$$\min Z=x_1+2x_2+x_3$$

$$\text{s.t.}\begin{cases}x_1-2x_2+4x_3=4\\ 4x_1-9x_2+14x_3=16\\ x_j\geq 0\quad(j=1,2,3)\end{cases}$$

解：采用大 M 单纯形法，加入人工变量 x_4、x_5 得到数学模型

$$\min Z=x_1+2x_2+x_3+Mx_4+Mx_5$$

$$\text{s.t.}\begin{cases}x_1-2x_2+4x_3+x_4=4\\ 4x_1-9x_2+14x_3+x_5=16\\ x_j\geq 0\quad(j=1,2,\cdots,5)\end{cases}$$

用单纯形法求解见表 1-17。

单纯形表 表 1-17

序号	c_j		1	2	1	M	M	b	θ
	C_B	X_B	x_1	x_2	x_3	x_4	x_5		
(1)	M	x_4	1	-2	$[4]$	1	0	$4\to$	1
	M	x_5	4	-9	14	0	1	16	$\frac{8}{7}$
	λ_j		$1-5M$	$2+11M$	$1-18M\uparrow$	0	0		
(2)	1	x_3	$[\frac{1}{4}]$	$-\frac{1}{2}$	1	$1/4$	0	$1\to$	4
	M	x_5	$\frac{1}{2}$	-2	0	$-7/2$	1	2	4
	λ_j		$\frac{3}{4}-\frac{1}{2}M\uparrow$	$\frac{5}{2}+2M$	0	$-\frac{1}{4}+\frac{9}{2}M$	0		
(3)	1	x_1	1	-2	4	1	0	4	
	M	x_5	0	$[-1]$	-2	-4	1	$0\to$	
	λ_j		0	$4+M\uparrow$	$-3+2M$	$-1+5M$	0		
(4)	1	x_1	1	0	8	9	-2	4	
	2	x_2	0	1	$[2]$	4	-1	$0\to$	
	λ_j		0	0	$-11\uparrow$	$M-17$	$M-4$		
(5)	1	x_1	1	-4	0	1	2	4	
	1	x_3	0	$\frac{1}{2}$	1	2	$-\frac{1}{2}$	0	
	λ_j		0	$\frac{15}{2}$	0	$M-17$	$M-\frac{3}{2}$		

由表 1-17(3) 和 (5) 得到退化基本最优解为 $X=(4,0,0)^T$，最优值 $Z=4$。

观察表 1-17 可知，表 1-17(2) 中的最小比值相同，导致出现退化。若选择表 1-17(2) 中的 x_5 出基，则可直接得到表 1-17(5)。虽然表 1-17(3) 和 (5) 的最优解从数值上看相同，但它们是两个不同的基本可行解，对应于同一个极点。

习题

1.1 某车间生产 A 和 B 两种产品，每种产品各有两道工序，其工时见表 1-18，每台机器每周至多工作 40h，产品 A 的售价为 200 元，产品 B 的售价为 500 元。问：每种产品应各生产多少件，才能使产值为最高(仅建立数学模型)？

工序工时   表1-18

产品	第一道工序工时(h)	第二道工序工时(h)	产品售价(元)
A	1.5	2	200
B	5	4	500

1.2 某人每天需要食用A_1、A_2和A_3三种营养成分,需要从甲、乙两种食物中摄取,其资料见表1-19。问:两种食物各食用多少,才能既满足需求,又使总费用最少(仅建立数学模型)?

食物成分含量   表1-19

成分	甲	乙	最低需要量
A_1	0.1	0.15	1.0
A_2	1.7	0.75	7.5
A_3	1.1	1.30	10.0
原料单价(元)	2	1.5	

1.3 用图解法求解下列线性规划并指出解的形式:

(1) $\max Z = 2x_1 + 3x_2$

s.t. $\begin{cases} x_1 + x_2 \leq 6 \\ x_1 + 2x_2 \leq 8 \\ 4x_1 \leq 16 \\ 4x_2 \leq 12 \\ x_1, x_2 \geq 0 \end{cases}$

(2) $\min Z = x_1 + 2x_2$

s.t. $\begin{cases} x_1 + 2x_2 \leq 6 \\ 3x_1 + 2x_2 \leq 12 \\ x_2 \leq 2 \\ x_1, x_2 \geq 0 \end{cases}$

(3) $\min Z = x_1 + x_2$

s.t. $\begin{cases} x_1 + 2x_2 \geq 2 \\ x_1 - x_2 \geq -1 \\ x_1, x_2 \geq 0 \end{cases}$

(4) $\max Z = 4x_1 + 8x_2$

s.t. $\begin{cases} 2x_1 + 2x_2 \leq 10 \\ -x_1 + x_2 \geq 8 \\ x_1, x_2 \geq 0 \end{cases}$

(5) $\max Z = x_1 + 3x_2$

s.t. $\begin{cases} 5x_1 + 10x_2 \leq 50 \\ x_1 + x_2 \geq 1 \\ x_2 \leq 4 \\ x_1, x_2 \geq 0 \end{cases}$

(6) $\min Z = x_1 + 1.5x_2$

s.t. $\begin{cases} x_1 + 3x_2 \geq 3 \\ x_1 + x_2 \geq 2 \\ x_1, x_2 \geq 0 \end{cases}$

(7) $\max Z = 2x_1 + 2x_2$

s.t. $\begin{cases} x_1 - x_2 \geq -1 \\ -0.5x_1 + x_2 \leq 2 \\ x_1, x_2 \geq 0 \end{cases}$

(8) $\max Z = x_1 + x_2$

s.t. $\begin{cases} x_1 - x_2 \geq 0 \\ 3x_1 - x_2 \leq -3 \\ x_1, x_2 \geq 0 \end{cases}$

1.4 将下列线性规划化为标准型。

(1) $\min Z = -3x_1 + 4x_2 - 2x_3 + 5x_4$

s.t. $\begin{cases} 2x_1 - x_2 + 2x_3 - x_4 = -2 \\ x_1 + x_2 - x_3 + 2x_4 \leq 14 \\ -2x_1 + 3x_2 + x_3 - x_4 \geq 12 \\ x_1, x_2, x_3 \geq 0, x_4 \text{无约束} \end{cases}$

(2) $\min Z = 9x_1 - 3x_2 + 5x_3$

s.t. $\begin{cases} |6x_1 + 7x_2 - 4x_3| \leq 20 \\ x_1 \geq 5 \\ x_1 + 8x_2 = -8 \\ x_1, x_2, x_3 \geq 0 \end{cases}$

(3) $\min Z = -3x_1 + 4x_2 - 2x_3 + 5x_4$

s.t. $\begin{cases} 4x_1 - x_2 + 2x_3 - x_4 = -2 \\ x_1 + x_2 + 3x_3 - x_4 \leq 14 \\ -2x_1 + 3x_2 - x_3 + 2x_4 \geq 2 \\ x_1, x_2, x_3 \geq 0, x_4 \text{无约束} \end{cases}$

(4) $\max S = \dfrac{x_k}{p_k}$

s.t. $\begin{cases} z_k = \sum\limits_{i=1}^{n}\sum\limits_{k=1}^{m}\alpha_{ik}x_{ik} \\ \sum\limits_{k=1}^{m} -x_{ik} = -1 \\ x_{ik} \geq 0 \quad (i=1,\cdots,n; k=1,\cdots,m) \end{cases}$

1.5 已知线性规划

$$\max Z = 2x_1 + x_2$$

s.t. $\begin{cases} 3x_1 + 5x_2 + x_3 = 15 \\ 6x_1 + 2x_2 + x_4 = 24 \\ x_j \geq 0 \quad (j=1,2,3,4) \end{cases}$

取 $B_1 = (P_2, P_3) = \begin{bmatrix} 5 & 1 \\ 2 & 0 \end{bmatrix}$, $B_2 = (P_2, P_4) = \begin{bmatrix} 5 & 0 \\ 2 & 1 \end{bmatrix}$，分别指出 B_1 和 B_2 对应的基变量和非基变量，求出基本解，并说明 B_1、B_2 是否是可行基。

1.6 分别用图解法和单纯形法求解下列线性规划，并指出单纯形法每一步迭代得到的基本可行解对应于图形上的哪一个极点。

(1) $\max Z = 10x_1 + 5x_2$

s.t. $\begin{cases} 3x_1 + 4x_2 \leq 9 \\ 5x_1 + 2x_2 \leq 8 \\ x_1, x_2 \geq 0 \end{cases}$

(2) $\min Z = -x_1 - 3x_2$

s.t. $\begin{cases} 2x_1 - x_2 \geq -2 \\ 2x_1 + 3x_2 \leq 12 \\ x_1, x_2 \geq 0 \end{cases}$

1.7 用单纯形法求解下列线性规划：

(1) $\max Z = 5x_1 + 3x_2$

s.t. $\begin{cases} 3x_1 + 5x_2 \leq 15 \\ 5x_1 + 2x_2 \leq 10 \\ x_1, x_2 \geq 0 \end{cases}$

(2) $\min Z = -2x_1 - x_2 - 4x_3 + x_4$

s.t. $\begin{cases} x_1 + 2x_2 + x_3 - 3x_4 \leq 8 \\ -x_2 + x_3 + 2x_4 \leq 10 \\ 2x_1 + 7x_2 - 5x_3 - 10x_4 \leq 20 \\ x_j \geq 0 \quad (j=1,2,3,4) \end{cases}$

1.8 用大 M 法和两阶段法求解下列线性规划：

(1) $\max Z = 2x_1 + 3x_2 - 5x_3$

s.t. $\begin{cases} x_1 + x_2 + x_3 = 7 \\ 2x_1 - 5x_2 + x_3 \geq 10 \\ x_1, x_2, x_3 \geq 0 \end{cases}$

(2) $\min Z = 4x_1 + 3x_2 + 8x_3$

s.t. $\begin{cases} x_1 + x_3 \leq 2 \\ x_2 + 2x_3 \geq 5 \\ x_1, x_2, x_3 \geq 0 \end{cases}$

(3) $\min Z = 4x_1 + x_2$

s.t. $\begin{cases} x_1 + x_2 = 3 \\ 4x_1 + 3x_2 - x_3 = 6 \\ x_1 + 2x_2 + x_4 = 4 \\ x_j \geq 0 \quad (j=1,2,3,4) \end{cases}$

(4) $\max Z = 2x_1 - x_2 + 2x_3$

s.t. $\begin{cases} x_1 + x_2 + x_3 \geq 6 \\ -2x_1 + x_3 \geq 2 \\ 2x_2 - x_3 \geq 0 \\ x_1, x_2, x_3 \geq 0 \end{cases}$

1.9 已知线性规划

$$\min Z = 2x_1 - 2x_2 - x_4$$

s.t. $\begin{cases} x_1 + x_2 + x_3 = 5 \\ -x_1 + x_2 + x_4 = 6 \\ 6x_1 + 2x_2 + x_5 = 21 \\ x_j \geq 0 \quad (j=1,2,\cdots,5) \end{cases}$

的最优基 $B = \begin{bmatrix} 1 & 0 & 0 \\ 1 & 1 & 0 \\ 2 & 0 & 1 \end{bmatrix}$,试用矩阵公式求:

(1) 最优解及最优值;

(2) λ_2、λ_4、λ_5;

(3) 单纯形乘子。

1.10 某一求目标函数极大值的线性规划问题的单纯形表见表1-20,其中常数a_1、a_2、a_3、d和λ_1、λ_2未知,且不含人工变量,问:应如何限制这些参数,使得下列结论成立?

(1) 表中解是唯一最优解;

(2) 表中解是最优解,但存在无穷多最优解;

(3) 该线性规划问题具有无界解;

(4) 表中解非最优,为对解改进,需使x_1进基,x_6出基。

单纯形表　　　　　表1-20

X_B	x_1	x_2	x_3	x_4	x_5	x_6	b
x_3	4	a_1	1	0	a_2	0	d
x_4	-1	-3	0	1	-1	0	2
x_6	a_3	-5	0	0	-4	1	3
λ_j	λ_1	λ_2	0	0	-3	0	

1.11 设某种集合料的成分含量要求为砂不少于30%,碎石不大于60%,黏土不大于10%。拟从三种材料源取料,三种材料源的原材料含量及运费如表1-21所示。问:如何配料才能使运费最少(仅建立数学模型)?

原材料含量及运费　　　　表1-21

成分	A	B	C
砂(%)	5	30	100
碎石(%)	60	70	0
黏土(%)	35	0	0
运费(元/m³)	2	10	8

1.12 某桥梁工地需要用甲、乙、丙三种规格的角钢短料制造钢桁架,这些角钢短料的规格分别为1.5m、1m、0.7m,这些角钢短料需要用同一种角钢来做,该角钢的长度为4m。现甲、乙、丙三种规格的角钢短料各需要1200根。问:怎样截料才能使用料最少?

1.13 设某仓库要搬迁,仓库内有三种物质,用B_1、B_2、B_3表示,它们的数量分别为$B_1=2$万t,$B_2=3$万t,$B_3=4$万t;有三种运输工具可利用,这三种运输工具运送各种物质的运输效果也不同,每种运输工具各种物质的运输效率及各种运输工具的数量如表1-22所示。问:如何确定运输方案,可使得在最短的时间内完成运输任务?

运输工具数量及运输效率 表1-22

运输工具	工具数量(个)	运输工具的运输效率(100t/工作日)		
		B_1	B_2	B_3
A_1	40	0.5	0.6	1.5
A_2	1	10	30	36
A_3	5	8	3	4
物资数量(万t)		2	3	4

1.14 某昼夜服务的公交线路每天各时间区段内所需司机和乘务人员数见表1-23。

公交线路信息表 表1-23

班次	时间	所需人数(人)
1	6:00—10:00	60
2	10:00—14:00	70
3	14:00—18:00	60
4	18:00—22:00	50
5	22:00—2:00	20
6	2:00—6:00	30

设司机和乘务人员分别在各时间区段一开始时上班,并连续工作8h,问:该公交线路至少需配备多少名司机和乘务人员?列出这个问题的线性规划模型。

1.15 某糖果厂用原料A、B、C加工成三种不同牌号的糖果甲、乙、丙。已知各种牌号糖果中A、B、C的含量,原料成本,各种原料的每月限制用量,三种牌号糖果的单位加工费及售价,如表1-24所示。

糖果成本及售价 表1-24

原料	甲	乙	丙	原料成本(元/kg)	每月限制用量(kg)
A	≥60%	≥15%		2	2000
B				1.5	2500
C	≤20%	≤60%	≤50%	1	1200
加工费(元/kg)	0.5	0.4	0.3		
售价(元/kg)	3.4	2.85	2.25		

问:该厂每月应生产这三种牌号糖果各多少,可使该厂获利最大?试建立这个问题的线性规划数学模型。

1.16 某厂生产三种产品Ⅰ、Ⅱ、Ⅲ。每种产品要经过 A、B 两道工序加工。设该厂有两种规格的设备能完成 A 工序，它们以 A_1、A_2 表示；有三种规格的设备能完成 B 工序，它们以 B_1、B_2、B_3 表示。产品Ⅰ可在 A、B 任何一种规格设备上加工。产品Ⅱ可在任何规格的 A 设备上加工，但完成 B 工序时，只能在 B_1 设备上加工；产品Ⅲ只能在 A_2 与 B_2 设备上加工。已知各产品单件工时、原材料费、产品销售价格、各种设备有效台时以及满负荷操作时的设备费用(表1-25)，问：如何安排生产计划，可使该厂利润最大？

机器费用　　　　　　　　　　　　　　　表1-25

设备	产品单件工时(h)			设备有效台时（台时）	满负荷操作时的设备费用（元）
	Ⅰ	Ⅱ	Ⅲ		
A_1	5	10		6000	300
A_2	7	9	12	10000	321
B_1	6	8		4000	250
B_2	4		11	7000	783
B_3	7			4000	200
原料费(元/件)	0.25	0.35	0.5		
单价(元/件)	1.25	2	2.8		

第二章
线性规划的对偶理论和灵敏度分析

第一节 对偶问题的数学模型

1. 对偶问题的提出

我们在第一章【例1.1】中讨论了工厂生产计划模型及其解法,现在从另一个角度来考虑企业决策问题。假设该工厂决定自己不生产甲、乙这两种产品,而将其现有的资源出租或外售。这时工厂的决策者就要考虑给资源定价的问题,价格太高对方不接受,价格太低该厂的单位利润又太少,因此合理的价格应该同时满足以下两个条件:①对方用最少的资金购买该工厂的全部资源;②该工厂所获得的利润不应低于将资源用于生产时所获得的利润。

设 y_1、y_2、y_3 分别表示出租单位设备台时的租金和两种资源的单位增值价格(售价=成本+增值),则可用

$$\min w = 150y_1 + 300y_2 + 320y_3$$

满足条件①。

为了使设备台时和原材料的出租或出售所得收入,不低于生产一件产品的利润,则对产品甲有:

$$4y_1 + 7y_2 + 5y_3 \geq 50$$

对产品乙有：
$$3y_1 + 5y_2 + 6y_3 \geq 40$$
出租价格和增值价格不可能小于0，即有 $y_i \geq 0 (i=1,2,3)$，从而该工厂的资源价格模型为
$$\min w = 150y_1 + 300y_2 + 320y_3$$
$$\text{s.t.} \begin{cases} 4y_1 + 7y_2 + 5y_3 \geq 50 \\ 3y_1 + 5y_2 + 6y_3 \geq 40 \\ y_i \geq 0 \quad (i=1,2,3) \end{cases}$$

称这个线性规划问题为【例1.1】线性规划问题的对偶线性规划问题或对偶问题（Dual Problem，DP）。【例1.1】的线性规划问题称为原始线性规划问题或原问题。

2. 数学模型

(1) 线性规划的规范形式

求解原线性规划问题的对偶问题时，需要将原线性规划问题化为规范形式。规范形式（canonical form）又称对称形式，线性规划的规范形式为

① 目标函数求极大值时，所有约束条件为≤号，变量非负；
② 目标函数求极小值时，所有约束条件为≥号，变量非负。

数学模型可表示为

$$\max Z = CX$$
$$\text{s.t.} \begin{cases} AX \leq b \\ X \geq 0 \end{cases} \tag{2-1}$$

$$\min Z = CX$$
$$\text{s.t.} \begin{cases} AX \geq b \\ X \geq 0 \end{cases} \tag{2-2}$$

(2) 对称型对偶问题

设线性规划模型是如式(2-1)所示的规范形式。当检验数
$$C - C_B B^{-1} A \leq 0$$
$$-C_B B^{-1} \leq 0$$

时得到最优解。

令 $Y = C_B B^{-1}$，可得到：
$$Y \geq 0$$

由 $C - C_B B^{-1} A \leq 0$，可得到：
$$YA \geq C$$

在 $Y = C_B B^{-1}$ 两边右乘 b，可得到：
$$Yb = C_B B^{-1} b = z$$

因为 Y 的上界为无限大，所以 $Yb = C_B B^{-1} b = z$ 只存在最小值，得到另一个线性规划问题为

$$\min w = Yb$$
$$\text{s.t.} \begin{cases} YA \geq C \\ Y \geq 0 \end{cases} \tag{2-3}$$

称其为原线性规划问题[式(2-1)]的对偶线性规划问题。

原问题和对偶问题是互为对偶的两个线性规划问题,规范形式的线性规划的对偶问题仍然是规范形式。根据原规范形式的线性规划问题中的系数矩阵 A、C、B,就可以求出它的对偶问题。

【例 2.1】 写出下列线性规划的对偶问题。

$$\max Z = 2x_1 - 3x_2 + 4x_3$$
$$\text{s.t.} \begin{cases} -2x_1 - 3x_2 + 5x_3 \leq -2 \\ 3x_1 + x_2 + 7x_3 \leq 3 \\ x_1 - 4x_2 - 6x_3 \leq -5 \\ x_1, x_2, x_3 \geq 0 \end{cases}$$

解:这是一个规范形式的线性规划,设 $Y = (y_1, y_2, y_3)$,则有:

$$\min w = Yb = (y_1, y_2, y_3) \begin{bmatrix} -2 \\ 3 \\ -5 \end{bmatrix} = -2y_1 + 3y_2 - 5y_3$$

$$YA = (y_1, y_2, y_3) \begin{bmatrix} -2 & -3 & 5 \\ 3 & 1 & 7 \\ 1 & -4 & -6 \end{bmatrix}$$
$$= (-2y_1 + 3y_2 + y_3, -3y_1 + y_2 - 4y_3, 5y_1 + 7y_2 - 6y_3) \geq (2, -3, 4)$$

从而对偶问题为

$$\min w = -2y_1 + 3y_2 - 5y_3$$
$$\text{s.t.} \begin{cases} -2y_1 + 3y_2 + y_3 \geq 2 \\ -3y_1 + y_2 - 4y_3 \geq -3 \\ 5y_1 + 7y_2 - 6y_3 \geq 4 \\ y_1, y_2, y_3 \geq 0 \end{cases}$$

(3)非对称型对偶问题

以上给出的问题的形式是规范形式,若给出的线性规划问题不是规范形式,可以先化成规范形式再写对偶问题。以原问题求最大值为例,非规范形式可能出现以下三种情况:

① 原问题第 i 个约束是"$\geq$"约束,即 $\sum_{j=1}^{n} a_{ij} x_j \geq b_i$。

第一步:将该不等式两边同乘以 -1 得到:

$$-\sum_{j=1}^{n} a_{ij} x_j \leq -b_i$$

第二步:设该不等式对应的对偶变量为 $y_i (y_i \geq 0)$,则按对称形式变换关系可写出原问题的对偶问题为

$$\min w = \sum_{i=1}^{m} -b_i y_i$$

$$\text{s. t.} \begin{cases} \sum_{i=1}^{m} -a_{ij}y_i \geq c_j & (j=1,2,\cdots,n) \\ y_i \geq 0 \end{cases}$$

令 $y_i' = -y_i (y_i' \leq 0)$，将 y_i' 代入便可得到以下对偶问题：

$$\min w = \sum_{i=1}^{m} b_i y_i'$$

$$\text{s. t.} \begin{cases} \sum_{i=1}^{m} a_{ij}y_i' \geq c_j & (j=1,2,\cdots,n) \\ y_i' \leq 0 \end{cases}$$

因此，当第 i 个约束为"$\geq$"约束时，对应的第 i 个对偶变量 $y_i' \leq 0$。

②原问题第 i 个约束中含有等式约束条件，即 $\sum_{j=1}^{n} a_{ij}x_j = b_i$。

第一步：将该等式写成两个"$\leq$"不等式即

$$\sum_{j=1}^{n} a_{ij}x_j \leq b_i, \; -\sum_{j=1}^{n} a_{ij}x_j \leq -b_i$$

第二步：设不等式对应的对偶变量分别为 y_i' 和 $y_i''(y_i', y_i'' \geq 0)$，则按对称形式变换关系可写出原问题的对偶问题为

$$\min w = \sum_{i=1}^{m} b_i y_i' + \sum_{i=1}^{m} -b_i y_i''$$

$$\text{s. t.} \begin{cases} \sum_{i=1}^{m} a_{ij}y_i' + \sum_{i=1}^{m} (-a_{ij}y_i'') \geq c_j & (j=1,2,\cdots,m) \\ y_i', y_i'' \geq 0 \end{cases}$$

整理上述线性规划问题后可得到：

$$\min w = \sum_{i=1}^{m} b_i (y_i' - y_i'')$$

$$\text{s. t.} \begin{cases} \sum_{i=1}^{m} a_{ij}(y_i' - y_i'') \geq c_j & (j=1,2,\cdots,n) \\ y_i', y_i'' \geq 0 \end{cases}$$

令 $y_i = y_i' - y_i''$，由此可见 y_i 无符号限制，将 y_i 代入便可得到以下对偶问题：

$$\min w = \sum_{i=1}^{m} b_i y_i$$

$$\text{s. t.} \begin{cases} \sum_{i=1}^{m} a_{ij}y_i \geq c_j & (j=1,2,\cdots,n) \\ y_i \text{无约束} \end{cases}$$

因此，当第 i 个约束为"$=$"约束时，对应的第 i 个对偶变量 y_i 无符号约束。

③原问题中 $x_j \leq 0$ 及 x_j 无约束的情况。

当 $x_j \leq 0$ 时，设对偶问题的变量为 $y_i(y_i \geq 0)$，令 $x_j = -x_j', x_j' \geq 0$，则对偶问题的第 j 约束条件为

$$\sum_{i=1}^{m} -a_{ij}y_i \geq -c_j$$

将该不等式两边同乘以 -1,可得:

$$\sum_{i=1}^{m} a_{ij}y_i \leq c_j$$

因此,当第 j 个变量 $x_j \leq 0$ 时,对应的第 j 个对偶约束为"$\leq$"号。

当 x_j 无约束时,设对偶问题的变量为 $y_i(y_i \geq 0)$,令 $x_j = x_j' - x_j''(x_j', x_j'' \geq 0)$,则 x_j' 和 x_j'' 对应的对偶约束为

$$\sum_{i=1}^{m} a_{ij}y_i \geq c_j$$

$$\sum_{i=1}^{m} a_{ij}y_i \leq c_j$$

$$\sum_{i=1}^{m} a_{ij}y_i = c_j$$

因此,当第 j 个变量 x_j 无约束时,对应的第 j 个对偶约束为"$=$"号。

同理,原问题求最小值时,原问题和对偶问题的对应关系如下:

①第 i 个约束为"$\leq$"约束时,对应的第 i 个对偶变量 $y_i \leq 0$;
②第 i 个约束为"$=$"约束时,对应的第 i 个对偶变量 y_i 无符号约束;
③当 $x_j \leq 0$ 时,对应的第 j 个对偶约束为"$\geq$"约束;当 x_j 无约束时,对应的第 j 个对偶约束为"$=$"约束。

综上所述,原问题与对偶问题的对应关系见表 2-1。

原问题与对偶问题的对应关系　　　　表 2-1

原问题(或对偶问题)			对偶问题(或原问题)	
目标函数 max			目标函数 min	
约束		m 个约束	变量	m 个变量
		第 i 个约束为 $\leq$		第 i 个变量 ≥ 0
		第 i 个约束为 $\geq$		第 i 个变量 ≤ 0
		第 i 个约束为 $=$		第 i 个变量无约束
变量		n 个变量	约束	n 个约束
		第 j 个变量 ≥ 0		第 j 个约束为 $\geq$
		第 j 个变量 ≤ 0		第 j 个约束为 $\leq$
		第 j 个变量无约束		第 j 个约束为 $=$
目标函数系数(资源限量)			资源限量(目标函数系数)	
约束条件系数矩阵 $A(A^T)$			约束条件系数矩阵 $A^T(A)$	

因此,写线性规划的对偶问题时,要点可归纳如下:
①两个问题,一个求极大化,一个求极小化;
②两个问题的约束数和变量数互换;
③两个问题的价值系数和资源限量互换;
④两个问题的约束系数矩阵有互为转置的关系;
⑤一个问题等式约束与另一个问题变量无约束相互对应;
⑥一个问题约束(变量)的不等式符号与它的规范形式符号相反时,另一个问题变量(约束)的不等式符号与它的规范形式符号相反;

⑦规范形式的线性规划的对偶仍然是规范形式。

【例 2.2】 写出下列线性规划的对偶问题。

$$\max Z = x_1 + 2x_2 + 3x_3 + 4x_4$$

$$\text{s.t.} \begin{cases} -x_1 + x_2 - x_3 - 3x_4 = 5 \\ 6x_1 + 7x_2 + 3x_3 - 5x_4 \geqslant 8 \\ 12x_1 - 9x_2 - 9x_3 + 9x_4 \leqslant 20 \\ x_1, x_2 \geqslant 0, x_3 \leqslant 0, x_4 \text{无约束} \end{cases}$$

解:原问题目标函数求极大值,则对偶问题应求极小值,且有 3 个变量、4 个约束,对照表 2-1 的对应关系,对偶问题为

$$\min w = 5y_1 + 8y_2 + 20y_3$$

$$\text{s.t.} \begin{cases} -y_1 + 6y_2 + 12y_3 \geqslant 1 \\ y_1 + 7y_2 - 9y_3 \geqslant 2 \\ -y_1 + 3y_2 - 9y_3 \leqslant 3 \\ -3y_1 - 5y_2 + 9y_3 = 4 \\ y_1 \text{无约束}, y_2 \leqslant 0, y_3 \geqslant 0 \end{cases}$$

原问题与对偶问题

第二节 对偶问题的基本性质

为了讨论方便,设原问题与对偶问题都是规范形式,分别记为(LP)和(DP):

$$\max Z = CX \qquad \min w = Yb$$

$$(\text{LP}) \begin{cases} AX \leqslant b \\ X \geqslant 0 \end{cases} \qquad (\text{DP}) \begin{cases} YA \geqslant C \\ Y \geqslant 0 \end{cases}$$

【性质 2.1】 对称性:对偶问题的对偶是原问题。

证:设原问题是

$$\max Z = CX, AX \leqslant b, X \geqslant 0$$

根据表 2-1 可写出它的对偶问题为

$$\min w = Yb, YA \geqslant C, Y \geqslant 0$$

该问题等价于

$$\max(-w) = -Yb, -YA \leqslant -C, Y \geqslant 0$$

根据表 2-1 写出它的对偶问题为

$$\min w' = -CX, -AX \geqslant -b, X \geqslant 0$$

该问题又等价于

$$\max Z = CX, AX \leqslant b, X \geqslant 0$$

即对偶问题的对偶是原问题得证。

【性质 2.2】 弱对偶性:若 X^*、Y^* 分别为(LP)和(DP)的可行解,则存在 $CX^* \leqslant Y^*b$。

证:因为 X^* 是(LP)的可行解,故有:

$$AX^* \leqslant b$$

将该不等式两边左乘 Y^* 可得：
$$Y^*AX^* \leq Y^*b$$

又因 Y^* 是(DP)的可行解，则有：
$$Y^*A \geq C$$

将该不等式两边右乘 X^* 可得：
$$Y^*AX^* \geq CX^*$$

于是得到：
$$CX^* \leq Y^*AX^* \leq Y^*b$$

由该性质可得到下面几个结论：

（1）(LP)的任一可行解的目标值是(DP)的目标值的下限，(DP)的任一可行解的目标值是(LP)目标值的上限；

（2）如果一个问题有无界解，则其对偶问题无可行解；

（3）如果原问题有可行解且其对偶问题无可行解，则原问题具有无界解。

注意，当一个问题无可行解时，其对偶问题可能有无界解，也可能无可行解。

【例2.3】 已知原问题(LP)和其对偶问题(DP)分别为

$$\max Z = x_1 + 2x_2$$

$$(LP)\begin{cases} -x_1 + x_2 + x_3 \leq 2 \\ -2x_1 + x_2 - x_3 \leq 1 \\ x_1, x_2, x_3 \geq 0 \end{cases}$$

$$\min w = 2y_1 + y_2$$

$$(DP)\begin{cases} -y_1 - 2y_2 \geq 1 \\ y_1 + y_2 \geq 2 \\ y_1 - y_2 \geq 0 \\ y_1, y_2 \geq 0 \end{cases}$$

试用对偶理论证明原问题无界。

解：因为 $y_1, y_2 \geq 0$，则(DP)中的第一个约束条件不能成立，因此对偶问题无可行解。

通过观察可知 $X^* = (0,0,0)$ 是(LP)的一个可行解，即原问题可行，则由结论(3)可知原问题无界。

【性质2.3】 最优性：设 X^*、Y^* 分别为(LP)和(DP)的可行解，则 X^*、Y^* 是最优解，当且仅当 $CX^* = Y^*b$。

证：设 B 是(LP)的最优基，若 X^*、Y^* 是最优解，则有：
$$Y^* = C_B B^{-1} \text{且} CX^* = C_B B^{-1} b = Y^* b$$

若 $CX^* = Y^*b$，根据【性质2.1】，对任意可行解 $\overline{X}$、$\overline{Y}$ 都有：
$$C\overline{X} \leq Y^*b = CX^* \leq \overline{Y}b$$

即 CX^* 是(LP)中任一可行解的目标值的上限，Y^*B 是(DP)中任一可行解的目标值的下限，所以 X^*、Y^* 是最优解。

【性质2.4】 对偶定理：若(LP)有最优解，则(DP)也有最优解（反之亦然），且其最优值相等。

证：设 B 是(LP)的最优基，X^* 是其最优解，则有：
$$C - C_B B^{-1} A \leq 0, -C_B B^{-1} \leq 0$$

令 $Y^* = C_B B^{-1}$，则有 $Y^*A \geq C$ 且 $Y^* \geq 0$，即 Y^* 是(DP)的可行解，所以对目标函数有：

$$CX^* = C_B X_B = C_B B^{-1} b = Y^* b$$

由【性质 2.3】可知，Y^* 是(DP)的最优解。

由这个性质可得到结论：若(LP)和(DP)都有可行解，则两者都有最优解，若一个问题无最优解，则另一个问题也无最优解。

【性质 2.5】 互补松弛性：设 X^*、Y^* 分别为(LP)和(DP)的可行解，X_S、Y_S 是松弛变量的可行解，则 X^*、Y^* 是最优解，当且仅当 $Y_S X^* = 0$ 和 $Y^* X_S = 0$。

证：若 X^*、Y^* 分别为(LP)和(DP)的最优解，X_S、Y_S 是松弛变量，则有：

$$AX^* + X_S = b$$
$$Y^* A - Y_S = C$$

将第一式左乘 Y^*，第二式右乘 X^* 得：

$$Y^* A X^* + Y^* X_S = Y^* b$$
$$Y^* A X^* - Y_S X^* = C X^*$$

由【性质 2.3】可知，$CX^* = Y^* b$，得：

$$Y^* X_S = - Y_S X^*$$

由于 $X^*, Y^*, X_S, Y_S \geq 0$，所以有：

$$Y_S X^* = 0 \text{ 和 } Y^* X_S = 0$$

反之，当 $Y_S X^* = 0$ 和 $Y^* X_S = 0$ 时有：

$$CX^* = Y^* A X^* = Y^* b$$

由【性质 2.3】可知，X^*、Y^* 是(LP)和(DP)的最优解。

通过该性质可知，已知 Y^* 可求 X^*，已知 X^* 也可求 Y^*。

$Y_S X^* = 0$ 和 $Y^* X_S = 0$ 两式称为互补松弛条件，可将其改写成

$$\sum_{i=1}^{m} y_i^* x_{si} = 0 \text{ 和 } \sum_{j=1}^{n} y_{sj} x_j^* = 0$$

由于变量非负，要使上述等式成立，必定每一个分量都为 0，则有：

(1) 当 $y_i^* > 0$ 时，$x_{si} = 0$；当 $x_{si} > 0$ 时，$y_i^* = 0$。

(2) 当 $y_{sj} > 0$ 时，$x_j^* = 0$；当 $x_j^* > 0$ 时，$y_{sj} = 0$。

利用上述关系，可建立对偶问题(或原问题)的约束线性方程组，方程组的解即为最优解。对于非规范形式，【性质 2.5】仍然有效。

【例 2.4】 已知线性规划

$$\max Z = x_1 + 4x_2 + 3x_3$$

$$\text{s. t.} \begin{cases} 2x_1 + 3x_2 - 5x_3 \leq 2 \\ 3x_1 - x_2 + 6x_3 \geq 1 \\ x_1 + x_2 + x_3 = 4 \\ x_1 \geq 0, x_2 \leq 0, x_3 \text{无约束} \end{cases}$$

的最优解为 $X = (0,0,4)^T$，试求对偶问题的最优解。

解:对偶问题为

$$\min w = 2y_1 + y_2 + 4y_3$$
$$\text{s. t.} \begin{cases} 2y_1 + 3y_2 + y_3 \geq 1 \\ 3y_1 - y_2 + y_3 \leq 4 \\ -5y_1 + 6y_2 + y_3 = 3 \\ y_1 \geq 0, y_2 \leq 0, y_3 \text{无约束} \end{cases}$$

将 $X = (0,0,4)^T$ 代入原问题的约束中可知 $x_{S1} \neq 0, x_{S2} \neq 0$。由互补松弛条件可得 $y_1 = y_2 = 0$,将其代入对偶问题的约束中可得 $y_3 = 3$。因此对偶问题的最优解 $Y = (0,0,3)^T$。

【例 2.5】 已知线性规划

$$\min w = 2x_1 - x_2 + 2x_3$$
$$\text{s. t.} \begin{cases} -x_1 + x_2 + x_3 = 4 \\ -x_1 + x_2 - x_3 \leq 6 \\ x_1 \leq 0, x_2 \geq 0, x_3 \text{无约束} \end{cases}$$

的对偶问题的最优解是 $Y^* = (0,-2)$,求其原问题最优解。

解:给出了对偶问题最优解 $Y^* = (0,-2)$,其对应原问题的松弛变量 $X_S = \begin{bmatrix} x_4 \\ x_5 \end{bmatrix}$;根据公式有 $(0,-2)\begin{bmatrix} x_4 \\ x_5 \end{bmatrix} = 0, 0x_4 - 2x_5 = 0, -2x_5 = 0$,即 $x_5 = 0$。

原问题的最优解满足 $\begin{cases} -x_1 + x_2 + x_3 = 4 \\ -x_1 + x_2 - x_3 = 6 \end{cases}$ 方程,该方程组有 2 个等式、3 个变量,如果再得到一个方程,就可以得到三个方程。

根据对偶理论中的强对偶性,如果原问题与对偶问题都有可行解,只要有一个问题有最优解,则两个问题都有最优解,二者的最优解的目标函数值相等。

对偶问题的目标函数是 $\max Z = 4y_1 + 6y_2 = 4 \times 0 - 2 \times 6 = -12$,因此原问题的目标函数值也是 12,可得到 $\min w = 2x_1 - x_2 + 2x_3 = -12$。所以有:

$$\begin{cases} -x_1 + x_2 + x_3 = 4 \\ -x_1 + x_2 - x_3 = 6 \\ 2x_1 - x_2 + 2x_3 = -12 \end{cases}$$

最终,方程组的解是

$$\begin{cases} x_1 = -5 \\ x_2 = 0 \\ x_3 = -1 \end{cases}$$

即原方程的最优解是 $(-5,0,-1)$,目标函数值是 -12。

【性质 2.6】 (LP)的检验数的相反数对应于(DP)的一组基本解,第 j 个决策变量 x_j 的检验数的相反数对应于(DP)中第 j 个松弛变量 y_{Sj} 的解,第 i 个松弛变量 x_{Si} 的检验数的相反数对应于第 i 个对偶变量 y_i 的解。反之(DP)的检验数(不乘负号)对应于(LP)的一组基本解。

证:将原问题(LP)加入松弛变量 X_S 化为标准型。假设可行基 B 是矩阵 A 中的前 m 列,将

变量和参数矩阵按基变量和非基变量对应分块,则有:

$$\max Z = C_B X_B + C_N X_N$$

$$\text{s.t.} \begin{cases} BX_B + NX_N + EX_S = b \\ X_B, X_N, X_S \geq 0 \end{cases}$$

其对偶问题(DP)为

$$\min w = Yb$$

$$\text{s.t.} \begin{cases} YB - Y_{S_1} = C_B \\ YN - Y_{S_2} = C_N \\ Y, Y_{S_1}, Y_{S_2} \geq 0 \end{cases}$$

上述(LP)模型可用下面较简单的形式(表2-2)表达。用 B^{-1} 左乘表2-2第二行得到表2-3第二行,用 $-C_B$ 左乘表2-3第二行再加上表2-2第三行得到表2-3第三行,即可求出该模型的基本可行解、检验数、目标函数值和单纯形乘子。

原问题模型　　　　　　　　　　　　　　　　　　　　表2-2

X	X_B	X_N	X_S	b
X_B	B	N	E	b
C	C_B	C_N	0	0

表2-3为迭代后的单纯形表,由该表可知,对于任意可行基 B,初始表中单位矩阵的位置经过迭代运算后,就是 B^{-1} 的位置。

迭代后的单纯形表　　　　　　　　　　　　　　　　　表2-3

X	X_B	X_N	X_S	b
X_B	E	$B^{-1}N$	B^{-1}	$B^{-1}b$
λ_N	0	$C_N - C_B B^{-1} N$	$-C_B B^{-1}$	$-C_B B^{-1} b$

观察表2-3,当求得(LP)的一个可行解时,相应的检验数为0、$C_N - C_B B^{-1} N$ 和 $-C_B B^{-1}$,将 $Y = C_B B^{-1}$ 代入对偶问题(DP)的约束条件中可得到:

$$Y_{S_1} = 0$$

$$-Y_{S_2} = C_N - C_B B^{-1} N$$

反之也用该方法证明。

【性质 2.6】只适用于线性规划为规范形式的情况,【性质 2.1】~【性质 2.5】适用于所有线性规划问题。

【例 2.6】 已知以下线性规划:

$$\max Z = 6x_1 - 2x_2 + x_3$$

$$\text{s.t.} \begin{cases} 2x_1 - x_2 + 2x_3 \leq 2 \\ x_1 + 4x_3 \leq 4 \\ x_1, x_2, x_3 \geq 0 \end{cases}$$

(1)求该问题的最优解。
(2)从最优表中写出对偶问题的最优解。

(3)用公式 $Y = C_B B^{-1}$ 求对偶问题的最优解。

解:(1)加入松弛变量 x_4、x_5 后,用单纯形法求解见表2-4,最优解 $X = (4,6,0)^T$。

单纯形表   表2-4

序号	C_B	X_B	6 x_1	-2 x_2	1 x_3	0 x_4	0 x_5	b
(1)	0	x_4	[2]	-1	2	1	0	2
	0	x_5	1	0	4	0	1	4
		λ_j	6	-2	1	0	0	
(2)	6	x_1	1	$-\frac{1}{2}$	1	$\frac{1}{2}$	0	1
	0	x_5	0	$[\frac{1}{2}]$	3	$-\frac{1}{2}$	1	3
		λ_j	0	1	-5	-3	0	
(3)	6	x_1	1	0	4	0	1	4
	-2	x_2	0	1	6	-1	2	6
		λ_j	0	0	-11	-2	-2	

(2)设对偶变量为 y_1、y_2,松弛变量为 y_3、y_4、y_5,则 $Y = (y_1, y_2, y_3, y_4, y_5)$。由【**性质2.6**】可知对偶问题的基本解 $(y_1, y_2, y_3, y_4, y_5) = (-\lambda_4, -\lambda_5, -\lambda_1, -\lambda_2, -\lambda_3)$。因为表2-4(3)为最优解,所以 $Y^{(3)} = (2, 2, 0, 0, 11)$ 为对偶问题的最优解。

(3)最优基为 $B = \begin{bmatrix} 2 & -1 \\ 1 & 0 \end{bmatrix}$,$B^{-1}$ 为表2-4(3)中 x_4、x_5 两列的系数,即 $B^{-1} = \begin{bmatrix} 0 & 1 \\ -1 & 2 \end{bmatrix}$,并且 $C_B = (6, -2)$,所以对偶问题的最优解为

$$Y = (y_1, y_2) = C_B B^{-1} = (6, -2) \begin{bmatrix} 0 & 1 \\ -1 & 2 \end{bmatrix} = (2, 2)$$

第三节 影子价格

由上节对偶问题的基本性质可以看出,在单纯形法的每步迭代中都有目标函数。

$$z = \sum_{j=1}^{n} c_j x_j = \sum_{i=1}^{m} b_i y_i$$

式中,b_i 是线性规划原问题第 i 个约束条件的右端项,它表明第 i 种资源的拥有量;对偶变量 y_i 是对一个单位第 i 种资源的估价,即当线性规划问题求得最优解时,y_i 的值代表第 i 种资源增加一个单位给目标函数带来的增加值,称其为影子价格(shadow price)。

(1)资源的市场价格主要随市场供求变化,而它的影子价格则有赖于资源的利用情况。企业生产任务、产品结构等情况发生变化,资源的影子价格也随之改变。

(2)影子价格是一种边际价格,在上式中将 z 对 b_i 求偏导数可得 $\frac{\delta z}{\delta b_i} = y_i$。

(3)资源的影子价格是一种机会成本,反映了企业为增加一单位额外资源愿意付出的最大费用。相反,当市场价格高于影子价格时,企业就会卖出这种资源。但注意,随着资源数量

变化,影子价格也将会发生变化。

(4) 在本章第二节对偶问题的互补松弛性质中有 $\sum_{j=1}^{n} a_{ij}\hat{x}_j < b_i$ 时, $\hat{y}_i = 0$;当 $\hat{y}_i > 0$ 时,有 $\sum_{j=1}^{n} a_{ij}\hat{x}_j = b_i$,这表明生产过程中如果某种资源 b_i 未得到充分利用,则该种资源的影子价格为 0;当资源的影子价格不为 0 时,表明该种资源在生产中已耗费完毕。

(5) 从影子价格的含义上再来考察单纯形法的计算。因为有 $\sigma_i = c_j - C_B B^{-1} P_j = c_j - \sum_{i=1}^{m} a_{ij} y_i$。式中,$c_j$ 代表第 j 种产品的产值;$\sum_{i=1}^{m} a_{ij} y_i$ 是生产一个单位该种产品所消耗各项资源的影子价格的总和,即产品的机会成本。当产品产值大于机会成本时,表明生产该项产品有利,可在计划中安排,否则用这些资源来生产别的产品更为有利,就不在生产计划中安排。这就是单纯形法中检验数 λ_i 的经济意义。

(6) 一般来讲,对线性规划问题的求解是确定资源的最优分配方案,而对于对偶问题的求解则是确定对资源的恰当估价,这种估价直接涉及资源的最有效利用。设想在一个大型企业内部,可借助资源的影子价格确定一些内部结算价格,以便控制有限资源的使用和考核下属企业经营的好坏。对一些国家或地区范围紧缺的资源,可借助影子价格规定使用这种资源一单位时必须上交的利润额,以控制一些经济效益低的企业自觉地节约使用紧缺资源,使有限资源产生更大的经济效益。

第四节 对偶单纯形法

由【性质 2.6】和【例 2.6】可知,在单纯形表迭代过程中,在 b 列得到的是原问题的基可行解,在检验数行得到的是对偶问题的基本解,因此(LP)和(DP)在求解迭代过程中有下列三种情况:

(1)(LP)的资源限量 $b_i \geq 0$,且全部检验数 $\lambda_j = c_j - C_B B^{-1} P_j \leq 0$,则(DP)的检验数 $\lambda_i \geq 0$,且 $y_j \geq 0$。这时(LP)与(DP)均达到最优解。

(2)(LP)的资源限量 $b_i \geq 0$,某个检验数 $\lambda_j \geq 0$,则有(DP)的某个变量 $y_j < 0$。这时(LP)可行,(DP)不可行。

(3)(LP)中某个资源限量 $b_i < 0$,全部检验数 $\lambda_j \leq 0$,则有(DP)的检验数 $\lambda_i < 0$,且全部 $y_j \geq 0$。这时(LP)不可行,(DP)可行。

若线性规划出现第(2)种情况,可用第一章介绍的单纯形法求解原问题。若线性规划出现第(3)种情况,可保持对偶问题可行,即 $\lambda_j \leq 0$,然后通过逐步迭代使原问题由不可行达到可行,这样就由情况(3)变为情况(1),也即得到了最优解。这种方法就是对偶单纯形法。

对偶单纯形法是求解线性规划的一种方法,而不是专门求解对偶问题的方法。它是根据对偶原理和单纯形法的原理而设计的,因而称为对偶单纯形法。

对偶单纯形法的条件是:

(1)初始表中对偶问题可行,即极大化问题时 $\lambda_j \leq 0$,极小化问题时 $\lambda_j \geq 0$。

(2)原问题不可行,即某个资源限量 $b_i < 0$。

由对偶单纯形法的条件可知,并不是所有的线性规划都适用这种方法求解。从运算次数和速度看,该方法最适合于下列线性规划:

$$\min Z = \sum_{j=1}^{n} c_j x_j$$

$$\text{s.t.} \begin{cases} \sum_{j=1}^{n} a_{ij} x_j \geq b_i & (i=1,2,\cdots,m) \\ x_j \geq 0 & (j=1,2,\cdots,n) \\ c_j \geq 0 \end{cases}$$

对偶单纯形法的计算步骤如下：

(1)将线性规划的约束化为等式,列出初始单纯形表。由于对偶问题可行,即 $\lambda_j \leq 0$,当 $b_i \geq 0$ 时,已得到最优解;若某个 $b_i < 0$,则进行迭代换基计算。

(2)确定出基变量。

按 $b_l = \min\{b_i | b_i < 0\}$ 确定出基变量,即 l 行对应的变量 x_l 出基。

若不遵循 $b_l = \min\{b_i | b_i < 0\}$ 规则,任选一个小于 0 的 b 对应的变量出基,不影响计算结果,只是迭代次数可能不一样。

(3)确定进基变量。

若 x_l 所在行的系数 a_{lj} 都非负,即全部 $a_{lj} \geq 0$,说明原问题无可行解。若存在 $a_{lj} < 0$,则按

$$\theta_k = \min\left\{\left|\frac{\lambda_j}{a_{lj}}\right| \middle| a_{lj} < 0\right\}$$

确定进基变量,选最小比值 θ_k 列对应的变量 x_k 进基。式中,λ_j 为非基变量的检验数;a_{lj} 为出基变量 x_l 所在行的行系数。

普通单纯形法的最小比值是 $\min\left\{\dfrac{b_i}{a_{ik}} \middle| a_{ik} > 0\right\}$,其目的是保证下一个原问题的基本解可行;

对偶单纯形法的最小比值是 $\min\left\{\left|\dfrac{\lambda_j}{a_{lj}}\right| \middle| a_{lj} < 0\right\}$,其目的是保证下一个对偶问题的基本解可行。

(4)求新的基本解。

以 a_{lk} 为主元素,按普通单纯形法在表中进行迭代运算,得到新的基本解,转到第(1)步重复运算。

【例 2.7】 求解线性规划

$$\min Z = 9x_1 + 12x_2 + 15x_3$$

$$\text{s.t.} \begin{cases} 2x_1 + 2x_2 + x_3 \geq 10 \\ 2x_1 + 3x_2 + x_3 \geq 12 \\ x_1 + x_2 + 5x_3 \geq 14 \\ x_1, x_2, x_3 \geq 0 \end{cases}$$

解:将约束不等式化为等式,两边同乘以 -1,可得到:

$$\min Z = 9x_1 + 12x_2 + 15x_3$$

$$\text{s.t.} \begin{cases} -2x_1 - 2x_2 - x_3 + x_4 = -10 \\ -2x_1 - 3x_2 - x_3 + x_5 = -12 \\ -x_1 - x_2 - 5x_3 + x_6 = -14 \\ x_j \geq 0 \quad (j=1,2,\cdots,6) \end{cases}$$

用单纯形法求解该问题时,由表2-5(1)中$\lambda_j \geq 0$可以看出该问题的对偶问题是可行的,由于$b_i < 0$,所以原问题不可行。因此,要用对偶单纯形法求解该问题,见表2-5。

对偶单纯形表　　　　　表2-5

序号	C_B	X_B	c_j						b
			9	12	15	0	0	0	
			x_1	x_2	x_3	x_4	x_5	x_6	
(1)	0	x_4	-2	-2	-1	1	0	0	-10
	0	x_5	-2	-3	-1	0	1	0	-12
	0	x_6	-1	-1	$[-5]$	0	0	1	$-14\rightarrow$
		λ_j	9	12	$15\uparrow$	0	0	0	
(2)	0	x_4	$-\frac{9}{5}$	$-\frac{9}{5}$	0	1	0	$-\frac{1}{5}$	$-\frac{36}{5}$
	0	x_5	$-\frac{9}{5}$	$[-\frac{14}{5}]$	0	0	1	$-\frac{1}{5}$	$-\frac{46}{5}\rightarrow$
	15	x_3	$\frac{1}{5}$	$\frac{1}{5}$	1	0	0	$-\frac{1}{5}$	$\frac{14}{5}$
		λ_j	6	$9\uparrow$	0	0	0	3	
(3)	0	x_4	$[-\frac{9}{14}]$	0	0	1	$-\frac{9}{14}$	$-\frac{1}{14}$	$-\frac{7}{9}\rightarrow$
	12	x_2	$\frac{9}{14}$	1	0	0	$-\frac{5}{14}$	$\frac{1}{14}$	$\frac{23}{7}$
	15	x_3	$\frac{1}{14}$	0	1	0	$\frac{1}{14}$	$-\frac{3}{14}$	$\frac{15}{7}$
		λ_j	$\frac{3}{14}\uparrow$	0	0	0	$\frac{45}{14}$	$\frac{33}{14}$	
(4)	9	x_1	1	0	0	$-\frac{14}{9}$	1	$\frac{1}{9}$	2
	12	x_2	0	1	0	1	-1	0	2
	15	x_3	0	0	1	$\frac{1}{9}$	0	$-\frac{2}{9}$	2
		λ_j	0	0	0	$\frac{1}{3}$	3	$\frac{7}{3}$	

【例2.8】 用单纯形法求解线性规划

$$\max Z = -2x_1 - x_2$$

$$\text{s.t.} \begin{cases} -x_1 - 2x_2 + x_3 = -8 \\ 1.5x_1 + x_2 + x_4 = 3 \\ x_j \geq 0 \quad (j=1,2,\cdots,4) \end{cases}$$

如表2-6(2)所示,$x_4 = -1$,但第二行的系数全部大于等于0,原问题无可行解。

单纯形表　　　　　　　　　　　　　　　　　表2-6

序号	C_B	X_B	x_1	x_2	x_3	x_4	b
(1)	0	x_3	-1	[-2]	1	0	-8
	0	x_4	1.5	1	0	1	3
	λ_j		-2	-1	0	0	
(2)	-1	x_2	$\frac{1}{2}$	1	$-\frac{1}{2}$	0	4
	0	x_4	1	0	$\frac{1}{2}$	1	-1
	λ_j		$-\frac{3}{2}$	0	$-\frac{1}{2}$	0	

可以通过图2-1将单纯形法和对偶单纯形法计算和求解结果的关系进行对照。

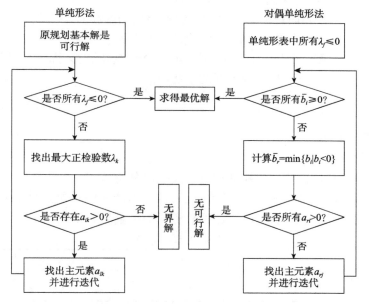

对偶单纯形法

图2-1　单纯形法和对偶单纯形法计算和求解结果的关系对照

第五节　灵敏度分析

1. 问题的提出

前面我们讨论了线性规划问题

$$\max Z = CX$$
$$\text{s.t.} \begin{cases} AX = b \\ X \geq 0 \end{cases}$$

的求解方法,都是在假定 A、b、C 是已知的条件下,求线性规划问题的最优解。可是,在应用线性规划的方法解决实际问题时,根据实际问题建立起来的数学模型,A、b、C 中的某些系数不可能是非常准确或者一成不变的。有些系数是用统计、预测或凭经验估计而得到的;有些系数原来可能是准确的,但是由于某种原因,会随着时间的推移而发生变化,如市场上原料或产品价格的变化、工艺的改进、企业人力和物力的变化、设备的更新等。因此,在实际应用中,仅仅求出线性规划问题的最优解,有时不能完全满足实际要求,还需要进一步解决以下几个问题:

(1)当一个或者几个系数发生变化时,原来求得的最优解有什么样的变化?

(2)当系数在什么样的范围内变化时,原来求得的最优解或最优基不变?

(3)当系数的变化已经引起最优解变化时,如何用最简单的方法求得新的最优解?

实际上假定已经求得以上问题的最优解,最优基为 B,可以来分析最终单纯形表上的系数和原始数据之间的关系:

(1)基本可行解 $X = \begin{bmatrix} B^{-1}b \\ 0 \end{bmatrix}$ 与 C 无关。

(2)检验数向量 $\lambda_N = C_N - C_B B^{-1} N$ 与 b 无关。

(3)最终表中的系数列向量是矩阵 $B^{-1}A$ 的列向量,与 b 和 C 均无关。

(4)X 对应的目标函数值 $Z = C_B B^{-1} b$ 与 b、C、A 均无关。

由此可知,当某些系数发生变化时,并不一定要全部重新计算,而可以从原最终单纯形表出发,进行适当的修改和运算以后,求得新的最优解。

接下来将分别讨论 3 种情况:

(1)C 中的系数变化。

(2)b 中的系数变化。

(3)A 中的系数变化。

下面结合一个具体的例子来说明如何进行灵敏度分析。

【例 2.9】 某厂计划生产 A、B、C 三种产品,这三种产品的单位产品的利润,生产单位产品所需要的甲、乙两种资源的量以及甲、乙两种资源的限量见表 2-7。

生产单位产品的利润   表 2-7

项目	A	B	C	资源限量(单位)
甲	$\frac{1}{3}$	$\frac{1}{3}$	$\frac{1}{3}$	1
乙	$\frac{1}{3}$	$\frac{4}{3}$	$\frac{7}{3}$	3
单位产品的利润(千元)	2	3	1	

试确定总利润最大的生产计划。

解:设计划生产 A、B、C 三种产品的数量分别为 x_1、x_2、x_3 个单位,总利润为 Z,则可得到该问题的线性规划数学模型

$$\max Z = 2x_1 + 3x_2 + x_3$$

$$\text{s.t.} \begin{cases} \frac{1}{3}x_1 + \frac{1}{3}x_2 + \frac{1}{3}x_3 \leq 1 \\ \frac{1}{3}x_1 + \frac{4}{3}x_2 + \frac{7}{3}x_3 \leq 3 \\ x_1, x_2, x_3 \geq 0 \end{cases}$$

引入松弛变量 x_4 和 x_5，用单纯形法求解，得单纯形表，见表2-8。

单纯形表　　　　　　　　表2-8

c_j		2	3	1	0	0	
C_B	X_B	x_1	x_2	x_3	x_4	x_5	b
0	x_4	$\frac{1}{3}$	$\frac{1}{3}$	$\frac{1}{3}$	1	0	1
0	x_5	$\frac{1}{3}$	$\left[\frac{4}{3}\right]$	$\frac{7}{3}$	0	1	3
	λ_j	2	3	1	0	0	0
0	x_4	$\left[\frac{1}{4}\right]$	0	$-\frac{1}{4}$	1	$-\frac{1}{4}$	$\frac{1}{4}$
3	x_2	$\frac{1}{4}$	1	$\frac{7}{4}$	0	$\frac{3}{4}$	$\frac{9}{4}$
	λ_j	$\frac{5}{4}$	0	$-\frac{17}{4}$	0	$-\frac{9}{4}$	$\frac{27}{4}$
2	x_1	1	0	-1	4	-1	1
3	x_2	0	1	2	-1	1	2
	λ_j	0	0	-3	-5	-1	8

最后，得最优解 $X^* = (1,2,0,0)^T$，最优值为8。也就是说，使总利润最大的生产计划是生产 A 产品 1 个单位、B 产品 2 个单位，不生产产品 C，资源甲和乙恰好用完，总利润为 8000 元。

下面将进一步讨论当客观情况发生变化，而引起上述线性规划问题中的某些系数发生变化时，应如何作出相应的决策。

2. 目标函数中系数的灵敏度分析

目标函数中变量系数发生改变，反映在上述例题中，也就是单位产品利润的改变。设目标函数中某一个变量 x_k 的系数由原来的 c_k 变为 $c_k' = c_k + \Delta c_k$（Δc_k 可以是正的，也可以是负的），其余的系数保持不变。现在分析由这一变化产生的影响。

由于 c_k 对应的变量 x_k 在最优解中可能是基变量或非基变量，因此分两种情况来讨论。

（1）x_k 为非基变量

这时 c_k 的变化只影响变量 x_k 的检验数，而不影响其他变量的检验数。x_k 的检验数由原来的

$$\lambda_k = c_k - C_B B^{-1} P_K$$

变为

$$\lambda_k' = c_k' - C_B B^{-1} P_K = c_k + \Delta c_k - C_B B^{-1} P_K = \lambda_k + \Delta c_k$$

故只要

$$\lambda_k' = \lambda_k + \Delta c_k \leq 0$$

或

$$\Delta c_k \leq -\lambda_k$$

原最优解

$$X^* = \begin{bmatrix} B^{-1}b \\ 0 \end{bmatrix}$$

和最优值

$$Z = C_B B^{-1} b$$

保持不变。

【例 2.10】 在【例 2.9】中的最优解是生产 A 产品 1 个单位、B 产品 2 个单位,不生产 C 产品。该厂决策者希望知道当单位产品 C 的利润增加多少时,可以生产产品 C。

解: 由式 $\Delta c_k \leq -\lambda_k$ 知,当单位产品 C 的利润的增量

$$\Delta c_3 \leq -\lambda_3 = -(-3) = 3$$

时,最优解保持不变。即当单位产品 C 的利润从 1000 元增加到 4000 元以上时,原来的最优解就要发生变化。

现假设单位产品 C 的利润 $c_3' = 5$,这时由式 $\lambda_k' = \lambda_k + \Delta c_k \leq 0$ 可知

$$\lambda_3' = \lambda_3 + \Delta c_3 = -3 + 4 = 1 > 0$$

最优解就要发生变化。

为了求得新的最优解,只要将原来最终表中的 $c_3 = 1$ 改为 $c_3' = 5$,相应地 $\lambda_3 = -3$ 改为 $\lambda_3' = 1$,继续进行迭代,即可求得新的最优解,见表 2-9。

一次迭代后的单纯形表　　　　　表 2-9

C_j		2	3	5	0	0	
C_B	X_B	x_1	x_2	x_3	x_4	x_5	b
2	x_1	1	0	-1	4	-1	1
3	x_2	0	1	[2]	-1	1	2
λ_j		0	0	1	-5	-1	8
2	x_1	1	$\frac{1}{2}$	0	$\frac{7}{2}$	$-\frac{1}{2}$	2
5	x_3	0	$\frac{1}{2}$	1	$-\frac{1}{2}$	$\frac{1}{2}$	1
λ_j		0	$-\frac{1}{2}$	0	$-\frac{9}{2}$	$-\frac{3}{2}$	9

这时,应生产 A 产品 2 个单位、C 产品 1 个单位,不生产 B 产品。最大总利润为 9000 元。

(2) x_k 为基变量

这时,c_k 的变化将会引起 C_B 的变化,当 c_k 变为 c_k' 时,C_B 变为 C_B',从而引起所有非基变量的检验数发生变化,即

$$\lambda_N = C_N - C_B B^{-1} N$$

变为

$$\lambda_N' = C_N - C_B' B^{-1} N$$

如果

$$\lambda_N' = C_N - C_B' B^{-1} N \leq 0$$

则最优解保持不变。否则,将原最终表中的 c_k 改为 c'_k,λ_N 改为 λ'_N,然后继续用单纯形法进行迭代,求得新的最优解。

【例2.11】 在【例2.9】中,若单位产品 A 的利润发生变化,即 c_1 发生变化,问:c_1 在什么范围内发生变化时,原来的最优解保持不变?

解:设 c_1 变为 c'_1,则 $C_B = (2,3)$ 变为 $C'_B = (c'_1, 3)$,λ_N 变为

$$\lambda'_N = C_N - C'_B B^{-1} N = (1,0,0) - (c'_1, 3) \begin{bmatrix} 4 & -1 \\ -1 & 1 \end{bmatrix} \begin{bmatrix} \frac{1}{3} & 1 & 0 \\ \frac{7}{3} & 0 & 1 \end{bmatrix}$$

$$= (1,0,0) - (4c'_1 - 3, -c'_1 + 3) \begin{bmatrix} \frac{1}{3} & 1 & 0 \\ \frac{7}{3} & 0 & 1 \end{bmatrix}$$

$$= (1,0,0) - (-c'_1 + 6, 4c'_1 - 3, -c'_1 + 3)$$

$$= (c'_1 - 5, -4c'_1 + 3, c'_1 - 3)$$

由式 $\lambda'_N = C_N - C'_B B^{-1} N \leq 0$ 知,若要使原来的最优解保持不变,只要 $\lambda'_N \leq 0$,即要求:

$$\begin{cases} c'_1 - 5 \leq 0 \\ -4c'_1 + 3 \leq 0 \\ c'_1 - 3 \leq 0 \end{cases}$$

解以上不等式组,可得:

$$\frac{3}{4} \leq c'_1 \leq 3$$

如果 c'_1 在上述范围内变化,原来的最优解不会改变;否则,如果 c'_1 的变化超出这个范围,最优解就要发生变化。

例如,当 $c'_1 = 4$ 时,最优解就会改变。为了求得新的最优解,要在【例2.9】的最终表的基础上,将原来的 $c_1 = 2$ 改为 $c'_1 = 4$,并修改相应的检验数,然后用单纯形法继续迭代,得到的结果见表 2-10。

二次迭代后的单纯形表 表 2-10

C_B	X_B	c_j	4	3	1	0	0	b
			x_1	x_2	x_3	x_4	x_5	
4	x_1		1	0	-1	4	-1	1
3	x_2		0	1	2	-1	[1]	2
	λ_j		0	0	-1	-13	1	10
4	x_1		1	1	1	3	0	3
0	x_5		0	1	2	-1	1	2
	λ_j		0	-1	-3	-12	0	12

得最优解 $x_1 = 3, x_2 = 0, x_3 = 0, x_4 = 0, x_5 = 2$。对应的目标函数值为 $Z = 12$。即生产 A 产品 3 个单位,不生产 B 产品和 C 产品,资源乙还余 2 个单位。最大利润为 12000 元。

3. 常数项的灵敏度分析

约束方程右端常数项发生改变,反映在【例2.9】中,就是资源限量的改变。设 b 变为 $b' = b + \Delta b$,其他系数不变。由于 b 的改变不会影响检验数向量

$$\lambda_N = C_N - C_B B^{-1} N$$

但是会影响最优解中基变量的取值,从而可能会影响原最优解的可行性。因此,下面分两种情况来讨论。

(1) 若 $B^{-1}b' \geq 0$,则 b 的改变不影响原最优解的可行性,因而 B 仍为最优基,新的最优解为

$$X^* = \begin{bmatrix} B^{-1}b' \\ 0 \end{bmatrix}$$

相应的最优值为

$$Z = C_B B^{-1} b'$$

$$\Delta z = C_B B^{-1} b' - C_B B^{-1} b = C_B B^{-1}(b' - b) = C_B B^{-1} \Delta b$$

【例2.12】 在【例2.9】中,如果资源甲的限量由原来的 1 变为 2,问:
(1) 资源甲的限量改变以后,最优基是否改变,最优解是否改变?
(2) 资源甲的限量在什么范围内变化,可以保持原来的最优基不变?

解:(1)

$$b = \begin{bmatrix} 1 \\ 3 \end{bmatrix} \quad b' = \begin{bmatrix} 2 \\ 3 \end{bmatrix}$$

$$B^{-1}b' = \begin{bmatrix} 4 & -1 \\ -1 & 1 \end{bmatrix} \begin{bmatrix} 2 \\ 3 \end{bmatrix} = \begin{bmatrix} 5 \\ 1 \end{bmatrix}$$

由于 b 的变化不影响检验数,且 $B^{-1}b' \geq 0$,因此最优基不变,仍为

$$B = \begin{bmatrix} \dfrac{1}{3} & \dfrac{1}{3} \\ \dfrac{1}{3} & \dfrac{4}{3} \end{bmatrix}$$

而最优解为

$$X^* = \begin{bmatrix} B^{-1}b' \\ 0 \end{bmatrix} = (5,1,0,0,0)^T$$

最优值为

$$Z = C_B B^{-1} b' = 13$$

即生产 A 产品 5 个单位、B 产品 1 个单位,不生产 C 产品,资源甲和乙恰好用完。相应的利润为 13000 元。

(2) 设

$$b' = \begin{bmatrix} b_1 \\ 3 \end{bmatrix}$$

要使最优基不变,只要

$$B^{-1}b' \geq 0$$

即

$$\begin{bmatrix} 4 & -1 \\ -1 & 1 \end{bmatrix} \begin{bmatrix} b_1 \\ 3 \end{bmatrix} = \begin{bmatrix} 4b_1 - 3 \\ -b_1 + 3 \end{bmatrix} \geq 0$$

或

$$\begin{cases} 4b_1 - 3 \geq 0 \\ -b_1 + 3 \geq 0 \end{cases}$$

解上述不等式得：

$$\frac{3}{4} \leq b_1 \leq 3$$

即当资源甲的限量 b_1 在上述范围内变化时，原来的最优基不会改变。

若 $B^{-1}b' \geq 0$ 不满足，则 b 的改变影响了原最优解的可行性。这时，可用 $B^{-1}b'$ 替换原最终表的 b 列，再用对偶单纯形法继续求解。

【例 2.13】 在【例 2.9】中，资源甲的限量由原来的 1 变为 5，试求新的最优解。

解：由于

$$b' = \begin{bmatrix} 5 \\ 3 \end{bmatrix}$$

因此

$$B^{-1}b' = \begin{bmatrix} 4 & -1 \\ -1 & 1 \end{bmatrix} \begin{bmatrix} 5 \\ 3 \end{bmatrix} = \begin{bmatrix} 17 \\ -2 \end{bmatrix}$$

不满足 $B^{-1}b' \geq 0$。为了求得新的最优解，只要将原来最终表的 b 列改为

$$\begin{bmatrix} 17 \\ -2 \end{bmatrix}$$

并用对偶单纯形法继续迭代，即可得新的最优解为

$$X^* = (1, 0, 0, 2, 0)^T$$

最优值为

$$Z = 18000 \, 元$$

具体计算过程如表 2-11 所示。

对偶单纯形表　　　　　　　　　　　　　　　　表 2-11

	c_j	2	3	1	0	0	
C_B	X_B	x_1	x_2	x_3	x_4	x_5	b
2	x_1	1	0	-1	4	-1	17
3	x_2	0	1	2	[-1]	1	-2
	λ_j	0	0	-3	-5	-1	
2	x_1	1	4	7	0	3	9
0	x_4	0	-1	-2	1	-1	2
	λ_j	0	-5	-13	0	-6	

4. 约束方程中系数的灵敏度分析

约束方程中系数 a_{ij} 发生变化，反映在【例 2.9】中，就是生产产品所消耗的资源限量的变

化。设第 i 个约束方程中变量 x_j 的系数 a_{ij} 变为
$$a'_{ij} = a_{ij} + \Delta a_{ij}$$
相应地，系数矩阵 A 中的第 j 列 P_j 变为 P'_j。

分两种情况来讨论。

（1）x_j 为非基变量

这时，a_{ij} 的变化只影响变量 x_j 的检验数以及最终表的 j 列。变量 x_j 的检验数变为
$$\lambda'_j = c_j - C_B B^{-1} P'_j$$

①若 $\lambda'_j \leq 0$，则最优解不变；

②若 $\lambda'_j > 0$，则用 $B^{-1}P'_j$ 替换原最终表中的第 j 列 $B^{-1}P_j$，λ_j 改为 λ'_j，再用单纯形法继续迭代求解。

【例2.14】 在【例2.9】中，由于技术革新，单位产品 C 对资源乙的消耗量有所减少，试确定在保持最优解不变的条件下，该消耗量的允许变化范围。

解：单位产品 C 对资源乙的原消耗量为 $a_{23} = \dfrac{7}{3}$，假设改变后的消耗量为
$$a'_{23} = a_{23} + \Delta a_{23} = \frac{7}{3} + \Delta a_{23}$$

由于在原最优解中，x_3 为非基变量，因此 a_{23} 的改变只影响 x_3 的检验数，即

$$\lambda'_3 = c_3 - C_B B^{-1} P'_3 = 1 - (2,3)\begin{bmatrix} 4 & -1 \\ -1 & 1 \end{bmatrix}\begin{bmatrix} \dfrac{1}{3} \\ \dfrac{7}{3} + \Delta a_{23} \end{bmatrix}$$

$$\lambda'_3 = 1 - (5,1)\begin{bmatrix} \dfrac{1}{3} \\ \dfrac{7}{3} + \Delta a_{23} \end{bmatrix} = -3 - \Delta a_{23}$$

若要保持原最优解不变，则要求
$$\lambda'_3 = -3 - \Delta a_{23} \leq 0$$
即
$$\Delta a_{23} \geq -3$$

事实上，由于单位产品 C 对资源乙的消耗量只有 $\dfrac{7}{3}$，不可能减少 3 个单位。因此，我们可以肯定，任意减少单位产品 C 对资源乙的消耗量，不会影响原来的最优解。

（2）x_j 为基变量

这时，当 a_{ij} 变为 a'_{ij}，P_j 变为 P'_j 时，就会影响最优基 B，从而可能影响所有非基变量的检验数，影响最优解中基变量的取值 $B^{-1}b$ 以及最终表的每一列。因此，情况比较复杂，应根据各种具体情况来处理，现举例说明之。

【例2.15】 在【例2.9】中，设单位产品 B 对资源乙的消耗量 $a_{22} = \dfrac{4}{3}$ 变为 $a'_{22} = 2$，问：原最优解是否会改变？

解：当 $a_{22} = \dfrac{4}{3}$ 变为 $a'_{22} = 2$ 时，

$$P_2 = \begin{bmatrix} \frac{1}{3} \\ \frac{4}{3} \end{bmatrix} \text{变为} P_2' = \begin{bmatrix} \frac{1}{3} \\ 2 \end{bmatrix}$$

由于在原最优解中，x_2 为基变量，因此 a_{22} 的变化会影响整个最终单纯形表，情况很复杂，可以采用以下方法来处理。

首先，将原最终表的第 2 列单位向量

$$B^{-1}P_2 = \begin{bmatrix} 4 & -1 \\ -1 & 1 \end{bmatrix} \begin{bmatrix} \frac{1}{3} \\ \frac{4}{3} \end{bmatrix} = \begin{bmatrix} 0 \\ 1 \end{bmatrix}$$

改为

$$B^{-1}P_2' = \begin{bmatrix} 4 & -1 \\ -1 & 1 \end{bmatrix} \begin{bmatrix} \frac{1}{3} \\ 2 \end{bmatrix} = \begin{bmatrix} -\frac{2}{3} \\ \frac{5}{3} \end{bmatrix}$$

得到的结果见表 2-12。

不标准单纯形表　　　　　　　　　　　　　表 2-12

c_j		2	3	1	0	0	
C_B	X_B	x_1	x_2	x_3	x_4	x_5	b
2	x_1	1	$-\frac{2}{3}$	-1	4	-1	1
3	x_2	0	$\frac{5}{3}$	2	-1	1	2

上述表格中所代表的约束方程组已经不是规范形式，不能成为单纯形表，需要利用初等行变换将表 2-12 中第 2 列

$$B^{-1}P_2' = \begin{bmatrix} -\frac{2}{3} \\ \frac{5}{3} \end{bmatrix}$$

变为单位向量，上述表格就化为规范形式，并可求出新的检验数，得到的结果见表 2-13。

单纯形表　　　　　　　　　　　　　　表 2-13

c_j		2	3	1	0	0	
C_B	X_B	x_1	x_2	x_3	x_4	x_5	b
2	x_1	1	0	$-\frac{1}{5}$	$\frac{18}{5}$	$-\frac{3}{5}$	$\frac{9}{5}$
3	x_2	0	1	$\frac{6}{5}$	$-\frac{3}{5}$	$\frac{3}{5}$	$\frac{6}{5}$
λ_j		0	0	$-\frac{11}{5}$	$-\frac{27}{5}$	$-\frac{3}{5}$	$\frac{36}{5}$

得新的最优解为

$$X^* = \left(\frac{9}{5}, \frac{6}{5}, 0, 0, 0 \right)^T$$

最优值为
$$Z = \frac{36}{5}$$

即生产 A 产品 $\frac{9}{5}$ 个单位、B 产品 $\frac{6}{5}$ 个单位,不生产 C 产品,资源甲和乙恰好用完。最大利润为 7200 元。

一般来说,初等行变换以后,可能出现以下 4 种情形:

(1) 检验数满足最优解条件,且 b 列的元素均为非负,则已得到新的最优解。【例 2.15】就属于这种情形。

(2) 检验数满足最优解条件,但 b 列的元素中有负数,则用对偶单纯形法继续迭代。

(3) 检验数不满足最优解条件,b 列的元素均为非负,则用单纯形法继续迭代。

(4) 检验数不满足最优解条件,b 列的元素中有负数,则用人工变量法求解。

约束方程中系数的灵敏度分析

5. 增加新变量或增加新约束的灵敏度分析

(1) 增加新变量

增加一个新变量,反映在【例 2.9】中就是增加一种新的产品。

设原有变量 $x_1, x_2, \cdots, x_n$,现增加一个新变量 x_{n+1}。同其他变量一样,x_{n+1} 也满足非负条件,即 $x_{n+1} \geq 0$。变量 x_{a+1} 对应的系数列向量为 P_{n+1},目标函数中变量 x_{n+1} 的系数为 c_{n+1}。并假设原最优基为 B,最优解为

$$X^* = \begin{bmatrix} B^{-1}b \\ 0 \end{bmatrix}$$

由于原来的所有系数都没有改变,所以增加一个新变量 x_{n+1} 以后,只需在原最优解 X^* 中增加一个取值为 0 的分量 x_{n+1},也就是把 x_{n+1} 作为非基变量来处理。这样得到的一个基本解 $\overline{X}^*$ 一定是可行解,但这时变量 x_{n+1} 的检验数

$$\lambda_{n+1} = c_{n+1} - C_B B^{-1} P_{n+1}$$

不一定满足最优解的条件,因而 $\overline{X}^*$ 不一定是最优解。以下分两种情况来讨论:

① 变量 x_{n+1} 的检验数 λ_{n+1} 满足最优解的条件,则原最优基 B 不变,$\overline{X}^*$ 就是新的最优解。

② 若变量 x_{n+1} 的检验数 λ_{n+1} 不满足最优解的条件,则 $\overline{X}^*$ 已经不是最优解。这时只需把列向量 $B^{-1}P_{n+1}$ 加到原最终表中,并以 x_{n+1} 作为进基变量继续求解。

【例 2.16】 在【例 2.9】中,除原有产品 A、B、C 外,增加新产品 D。单位产品 D 需要消耗资源甲和乙的量分别为 $\frac{1}{2}$ 和 $\frac{1}{2}$ 个单位,单位产品 D 的利润为 4000 元。问:应如何调整生产计划,使总的利润最大?

解:设单位产品 D 的产量为 x_6,有:

$$c_6 = 4$$

$$P_6 = \begin{bmatrix} \frac{1}{2} \\ \frac{1}{2} \end{bmatrix}$$

$$\lambda_6 = c_6 - C_B B^{-1} P_6 = 4 - (2,3)\begin{bmatrix} 4 & -1 \\ -1 & 1 \end{bmatrix}\begin{bmatrix} \frac{1}{2} \\ \frac{1}{2} \end{bmatrix} = 1 > 0$$

因为 x_6 的检验数 $\lambda_6 > 0$，所以原最优解不再是最优的了。这时可将

$$B^{-1} P_6 = \begin{bmatrix} 4 & -1 \\ -1 & 1 \end{bmatrix}\begin{bmatrix} \frac{1}{2} \\ \frac{1}{2} \end{bmatrix} = \begin{bmatrix} \frac{3}{2} \\ 0 \end{bmatrix}$$

加到原来的最终表中，并以 x_6 为进基变量继续迭代，见表 2-14。

迭代后的单纯形表　　表 2-14

c_j		2	3	1	0	0	4	
C_B	X_B	x_1	x_2	x_3	x_4	x_5	x_6	b
2	x_1	1	0	-1	4	-1	$\left[\frac{3}{2}\right]$	1
3	x_2	0	1	2	-1	1	0	2
	λ_j	0	0	-3	-5	-1	1	8
4	x_6	$\frac{2}{3}$	0	$-\frac{2}{3}$	$\frac{8}{3}$	$-\frac{2}{3}$	1	$\frac{2}{3}$
3	x_2	0	1	2	-1	1	0	2
	λ_j	$-\frac{2}{3}$	0	$-\frac{7}{3}$	$-\frac{23}{3}$	$-\frac{1}{3}$	0	$\frac{26}{3}$

得新的最优解为

$$x_1 = 0, x_2 = 2, x_3 = x_4 = x_5 = 0, x_6 = \frac{2}{3}$$

最优值为

$$Z = \frac{26}{3}$$

即生产 B 产品 2 个单位、D 产品 $\frac{2}{3}$ 个单位，不生产产品 A 和 C。资源甲和乙恰好用完。最大总利润为 $\frac{26}{3}$ 千元。

(2) 增加新约束

增加一个新约束，反映在【例 2.9】中，就是增加一种新资源。

一般情况下，增加一个新约束时，首先要考虑原最优解是否满足该新约束。如果满足，则原最优解显然不会改变；反之，原最优解不再是最优。为了求得新的最优解，这时可采取以下步骤：

①在原最终表上增加一行，该行对应增加的新约束。

②在原最终表上增加一个单位列向量，该列向量对应新约束的松弛变量或人工变量。

③在原最终表上增加一行以后，所有列向量的维数均增加 1。因此，原来的单位列向量可能不是单位向量了，需要通过初等行变换化为单位向量。

④求出检验数。

通过以上步骤,可能出现本章第四节中所讲的4种情况,可按不同情况分别进行处理。

【例 2.17】 在【例 2.9】中,增加资源丙,其总量为 3 个单位。单位产品 A、B、C 需要资源丙的量分别为 1、2、1 个单位。问:应如何调整生产计划,使总利润达到最大?

解:增加新约束

$$x_1 + 2x_2 + x_3 \leq 3$$

原最优解

$$x_1 = 1, x_2 = 2, x_3 = 0$$

不满足以上新约束,因此需要重新再求最优解。

将新约束加到原来的最终表上,并取新约束的松弛变量为 x_6,得到的结果见表 2-15。

新约束表　　　　　　　　　　　　　表 2-15

c_j		2	3	1	0	0	0	b
C_B	X_B	x_1	x_2	x_3	x_4	x_5	x_6	
2	x_1	1	0	−1	4	−1	0	1
3	x_2	0	1	2	−1	1	0	2
0	x_6	1	2	1	0	0	1	3

然后,利用初等行变换,将第 1 列和第 2 列化为单位列向量,并求出新的检验数,见表 2-16。

初等变换后的表　　　　　　　　　　　表 2-16

c_j		2	3	1	0	0	0	b
C_B	X_B	x_1	x_2	x_3	x_4	x_5	x_6	
2	x_1	1	0	−1	4	−1	0	1
3	x_2	0	1	2	−1	1	0	2
0	x_6	0	0	−2	−2	[−1]	1	−2
	λ_j	0	0	−3	−5	−1	0	

由表 2-16 可知,所有检验数不大于 0,满足最优解的条件,但是 b 列出现负数,因此需要用对偶单纯形法进行迭代,见表 2-17。

最终表　　　　　　　　　　　　　　　表 2-17

c_j		2	3	1	0	0	0	b
C_B	X_B	x_1	x_2	x_3	x_4	x_5	x_6	
2	x_1	1	0	1	6	0	−1	3
3	x_2	0	1	0	−3	0	1	0
0	x_5	0	0	2	2	1	−1	2
	λ_j	0	0	−3	−5	−1	0	6

得新的最优解

$$X^* = (3, 0, 0, 0, 2, 0)^T$$

最优值为
$$Z = 6$$
即生产 A 产品 3 个单位,不生产 B 产品和 C 产品。资源乙还剩余 2 个单位,资源甲和丙恰好用完。

习题

2.1 写出下列线性规划的对偶问题:

(1) $\max Z = 3x_1 + 2x_2 + x_3$

s.t. $\begin{cases} x_1 + x_2 + 2x_3 \leq 5 \\ 4x_1 + 2x_2 - x_3 \leq 7 \\ 3x_1 + 2x_2 + x_3 \leq 9 \\ x_1, x_2, x_3 \geq 0 \end{cases}$

(2) $\max Z = 5x_1 + 6x_2$

s.t. $\begin{cases} x_1 + 2x_2 = 5 \\ -x_1 - 5x_2 \geq 3 \\ 4x_1 + 7x_2 \leq 8 \\ x_1 \text{无约束}, x_2, x_3 \geq 0 \end{cases}$

(3) $\max Z = 2x_1 + 3x_2 - 5x_3 + x_4$

s.t. $\begin{cases} 4x_1 + x_2 - 3x_3 + 2x_4 \geq 5 \\ 3x_1 - 2x_2 + 7x_4 \leq 4 \\ -2x_1 + 3x_2 + 4x_3 + x_4 = 6 \\ x_1 \leq 0, x_2, x_3 \geq 0, x_4 \text{无约束} \end{cases}$

(4) $\min Z = 2x_1 + 2x_2 + 4x_3$

s.t. $\begin{cases} 2x_1 + 3x_2 + 5x_3 \geq 2 \\ 3x_1 + x_2 + 7x_3 \leq 3 \\ x_1 + 4x_2 + 6x_3 \leq 5 \\ x_1, x_2, x_3 \geq 0 \end{cases}$

2.2 判断下列说法是否正确,并说明原因。

(1) 如果线性规划的原问题存在可行解,则其对偶问题也一定存在可行解。

(2) 如果线性规划的对偶问题无可行解,则原问题也一定无可行解。

(3) 在互为对偶的一对原问题与对偶问题中,不管原问题是求极大值还是求极小值,原问题可行解的目标函数值一定不超过其对偶问题可行解的目标函数值。

(4) 任何线性规划问题具有唯一的对偶问题。

2.3 证明线性规划

$$\max Z = x_1 + x_2$$

s.t. $\begin{cases} -x_1 + x_2 + x_3 \leq 2 \\ -2x_1 + x_2 - x_3 \leq 1 \\ x_1, x_2, x_3 \geq 0 \end{cases}$

可行但无最优解。

2.4 已知线性规划

$$\max Z = 2x_1 + x_2 + 5x_3 + 6x_4$$

s.t. $\begin{cases} 2x_1 + x_3 + x_4 \leq 8 \\ 2x_1 + 2x_2 + x_3 + 2x_4 \leq 12 \\ x_1, x_2, x_3, x_4 \geq 0 \end{cases}$

其对偶问题的最优解 $Y=(4,1)^T$，根据对偶理论直接求原问题的最优解。

2.5 利用互补松弛性质找出下述线性规划问题及其对偶问题的最优解：

$$\max Z = 3x_1 + 4x_2 + x_3 + 5x_4$$

$$\text{s.t.} \begin{cases} x_1 + 2x_2 + x_3 + 2x_4 \leq 5 \\ 2x_1 + 3x_2 + x_3 + 3x_4 \leq 8 \\ x_j \geq 0 \quad (j=1,2,3,4) \end{cases}$$

2.6 考虑以下线性规划：

$$\max Z = 2x_1 - x_2 + x_3$$

$$\text{s.t.} \begin{cases} x_1 + x_2 + x_3 \leq 6 \\ -x_1 + 2x_2 \leq 4 \\ x_1, x_2, x_3 \geq 0 \end{cases}$$

(1) 证明原问题和对偶问题都有最优解。
(2) 通过解对偶问题，从最优表中观察出原问题的最优解。
(3) 利用公式 $C_B B^{-1}$ 求原问题的最优解。

2.7 用对偶单纯形法求解下列线性规划：

(1) $\min Z = x_1 + x_2$

$$\text{s.t.} \begin{cases} 2x_1 + x_2 \geq 4 \\ x_1 + 7x_2 \geq 7 \\ x_1, x_2 \geq 0 \end{cases}$$

(2) $\min Z = 3x_1 + 2x_2 + x_3 + 4x_4$

$$\text{s.t.} \begin{cases} 2x_1 + 4x_2 + 5x_3 + x_4 \geq 0 \\ 3x_1 - x_2 + 7x_3 - 2x_4 \geq 2 \\ 5x_1 + 2x_2 + x_3 + 6x_4 \geq 15 \\ x_1, x_2, x_3, x_4 \geq 0 \end{cases}$$

2.8 已知线性规划问题：

(1) $\max Z = 2x_1 + 4x_2 + x_3 + x_4$

$$\text{s.t.} \begin{cases} x_1 + 3x_2 + x_4 \leq 8 \\ 2x_1 + x_2 \leq 6 \\ x_2 + x_3 + x_4 \leq 6 \\ x_1 + x_2 + x_3 \leq 9 \\ x_j \geq 0 \quad (j=1,2,3,4) \end{cases}$$

(2) $\max Z = 6x_1 + 10x_2 + 9x_3 + 20x_4$

$$\text{s.t.} \begin{cases} 4x_1 + 9x_2 + 7x_3 + 10x_4 \leq 600 \\ x_1 + x_2 + 3x_3 + 40x_4 \leq 400 \\ 3x_1 + 4x_2 + 2x_3 + x_4 \leq 500 \\ x_j \geq 0 \quad (j=1,2,3,4) \end{cases}$$

首先分别写出其对偶问题；然后，已知原问题(1)的最优解为 $X^* = (2,2,4,0)$，原问题(2)的最优解为 $X^* = \left(\dfrac{400}{3}, 0, 0, \dfrac{20}{3}\right)$，试根据对偶理论，分别求出对偶问题的最优解。

2.9 对线性规划问题

$$\max Z = 2x_1 - x_2 + x_3$$

$$\text{s.t.} \begin{cases} x_1 + x_2 + x_3 \leq 6 \\ -x_1 + 2x_2 \leq 4 \\ x_1, x_2, x_3 \geq 0 \end{cases}$$

先用单纯形法求出最优解，再分别就下列情形进行分析：

(1) 目标函数中变量 x_1、x_2、x_3 的系数分别在什么范围内变化，问题的最优解不变？

(2)两个约束的右端项分别在什么范围内变化,问题的最优基不变?

(3)增添一个新的约束条件 $-x_1+2x_3\geq 2$,寻找新的最优解。

2.10 现某公司要往 A、B、C 三个城市供应货物,需要货车和劳动力两种资源,有关数据见表 2-18。

货车和劳动力资源单位消耗　　　　　　　　表 2-18

项目	A	B	C	资源限量
货车	6	3	5	45(辆)
劳动力	3	4	5	30(人)
单位利润(千元)	3	1	5	

(1)用单纯形法确定总利润最大的生产计划。

(2)分析运往 A、C 城市的货物的单位利润在何范围变化,最优生产计划不变。

(3)分析原料可减少多少而不改变原最优计划。

(4)现需要增加燃油约束条件 $2x_1+x_2+3x_3\leq 10$,试求新的最优生产方案。

2.11 对下列线性规划进行参数分析:

(1) $\max Z = 2x_1 + x_2$

s.t. $\begin{cases} x_1 \leq 10+2u \\ x_1+x_2 \leq 25-u \\ x_2 \leq 10+2u \\ x_1,x_2 \geq 0, 0\leq u \leq 25 \end{cases}$

(2) $\max Z = (7+2u)x_1 + (12+u)x_2 + (10-u)x_3$

s.t. $\begin{cases} x_1+x_2+x_3 \leq 20 \\ 2x_1+2x_2+x_3 \leq 30 \\ x_1,x_2,x_3 \geq 0, u \geq 0 \end{cases}$

2.12 某企业生产三种产品 A_1、A_2、A_3,它们在 B_1、B_2 两种设备上加工,并耗用 C_1、C_2 两种原材料。生产单位产品耗用的工时和原材料,以及设备和原材料的每天最多可使用量见表 2-19。

生产单位产品耗用的工时和原材料　　　　　　　　表 2-19

项目	产品耗用的工时和原材料			每天最多可使用量
	A_1	A_2	A_3	
设备 B_1(min)	1	2	1	430
设备 B_2(min)	3	0	2	460
原材料 C_1(kg)	1	4	0	420
原材料 C_2(kg)	1	1	1	300
每件利润(元)	30	20	50	

已知对产品 A_2 的需求每天不低于 70 件,对产品 A_3 的需求每天不超过 240 件。为增加公司收入,相关部门提出了以下建议:

(1)产品 A_3 提价,使每件利润增至 60 元,但市场销量将下降为每天不超过 210 件;

(2)原材料 C_2 是限制产量增加的因素,可通过别的供应商提供补充,但每千克价格将比原供应商高 20 元;

(3)设备 B_1 和 B_2 每天各增加 40min 的使用时间,但相应需支付额外费用各 350 元;

(4) 产品 A_2 的需求增加到每天 100 件;

(5) 产品 A_1 在设备 B_2 上的加工时间缩短到每件 2min,但每天需额外支出 40 元。

分别讨论上述各条建议的可行性。

2.13 某筑路工地同时对 A、B 两条公路开展压实工作,这两条路的宽度相同。A 路采用静力碾压式压实机,B 路采用振动式压实机,运行费用见表 2-20。因为受机器碾压能力的限制,施工量不能超过 $5000m^2/d$,为了保证施工进度,要求 A 路每天的施工量 $\geq 800m^2$,B 路每天的施工量 $\geq 1500m^2$。该工地有 12 名机械手可操作两种压实机。问:如何分配这几名机械手,才能使每天的运行费用最低?

运行费用　　　　　　　　　　　　　　　　　表 2-20

机具	运行费用(元)	碾压能力(m^2)
静力碾压式压实机	400	100(路 A)
振动式压实机	1000	500(路 B)

第三章 运输问题

第一节 运输问题的数学模型

运输问题是一种特殊的线性规划问题,可以描述为某时期把某种产品从若干个产地调运到若干个销地,运输模型约束方程组的系数矩阵具有特殊的结构,因此其求解方法独特。

在交通与物流工程中经常遇到运输问题这种特殊类型的线性规划模型,在已知各地的生产量和需求量及各地之间的运输费用的前提下,要求制定总的运输费用最少的运输方案。运输问题属于特殊类型的线性规划,是线性规划在交通运输工程领域的实际应用,下面以实例说明。

【例3.1】 现从两个产地 A_1、A_2 将物品运往 B_1、B_2、B_3 三个地区。各产地的产量、各需求地(销地)的需求量及产地到需求地的运价(千元/t)如表3-1所示。问:如何安排运输计划,可使总的运输费用最少?

产地到需求地的运价(单位:千元/t)　　　　表3-1

产地	需求地			供给量(t)
	B_1	B_2	B_3	
A_1	6	4	6	200
A_2	6	5	5	300
需求量(t)	150	150	200	合计:500

解：设 $x_{ij}(i=1,2;j=1,2,3)$ 为从第 i 个产地运往第 j 个需求地的运量，得到运输问题的以下数学模型。

（1）目标函数为总的运费最小，即
$$\min Z = 6x_{11} + 4x_{12} + 6x_{13} + 6x_{21} + 5x_{22} + 5x_{23}$$

（2）各产地的供给量与运出量应平衡，即
$$\begin{cases} x_{11} + x_{12} + x_{13} = 200 \\ x_{21} + x_{22} + x_{23} = 300 \end{cases}$$

（3）各需求地的供给量与需求量应平衡，即
$$\begin{cases} x_{11} + x_{21} = 150 \\ x_{12} + x_{22} = 150 \\ x_{13} + x_{23} = 200 \end{cases}$$

（4）运量应大于或等于0，即
$$x_{ij} \geq 0 \quad (i=1,2;j=1,2,3)$$

需要注意的是，有些问题表面上与运输问题没有多大关系，但其数学模型的结构与运输问题相同，我们把这类模型也称为运输模型。

已知有 m 个产地 A_i 可供应某种物资，其供应量分别为 $a_i(i=1,2,\cdots,m)$；有 n 个销地 B_j，其需求量分别为 $b_j(j=1,2,\cdots,n)$；从第 i 个产地到第 j 个销地的单位运费（运价）为 c_{ij}；假设 x_{ij} 为在产销平衡 $\sum_{i=1}^{m} a_i = \sum_{j=1}^{n} b_j$ 的前提下第 i 个产地到第 j 个销地的运量，则使总运输费用最少的运输问题的数学模型如式(3-1)所示：

$$\min Z = \sum_{i=1}^{m} \sum_{j=1}^{n} c_{ij} x_{ij} \tag{3-1a}$$

$$\text{s.t.} \begin{cases} \sum_{j=1}^{n} x_{ij} = a_i & (i=1,2,\cdots,m) \\ \sum_{i=1}^{m} x_{ij} = b_j & (j=1,2,\cdots,n) \end{cases} \tag{3-1b} \tag{3-1c}$$

运输问题的
数学模型

当目标是利润时，式(3-1a)改为求最大值；当总供应量大于总需求量时，式(3-1b)改为"$\leq$"约束；当总供应量小于总需求量时，式(3-1c)改为"$\leq$"约束。

通过上述线性规划模型可知，在供需平衡条件下，有 $m+n$ 个等式约束和 mn 个变量，约束条件的系数矩阵 A 有 $m+n$ 行、mn 列。

为了在 mn 个变量中找出一组基变量，下面引用闭回路的概念。

称集合 $\{x_{i_1 j_1}, x_{i_1 j_2}, x_{i_2 j_2}, x_{i_2 j_3}, \cdots, x_{i_s j_s}, x_{i_s j_1}\}$ $(i_1, i_2, \cdots, i_s; j_1, j_2, \cdots, j_s)$ 互不相同为一个**闭回路**，集合中的变量称为**闭回路的顶点**，相邻两个变量的连线为**闭回路的边**，例如 $\{x_{13}, x_{16}, x_{36}, x_{34}, x_{24}, x_{23}\}$ 以及 $\{x_{11}, x_{12}, x_{34}, x_{31}\}$ 等都是闭回路。一条闭回路中的顶点数一定是偶数，回路遇到顶点必须转90°才能与另一个顶点连接。

若变量组 $\{x_{i_1 j_1}, x_{i_2 j_2}, \cdots, x_{i_r j_r}\}$ 中某一个变量是它所在行或列中出现的唯一变量，称这个变量是关于变量组的**孤立点**。很显然，若一个变量组不包含任何闭回路，则变量组必有**孤立点**；一条闭回路中一定没有孤立点；有孤立点的变量组中不一定没有闭回路。

由于运输问题的数学模型有其独特性，所以它也有一些特殊的性质。

【定理3.1】 有 m 个产地与 n 个销地且产销平衡的运输问题，则基变量数为 $m+n-1$。

证：记系数矩阵 A 中 x_{ij} 对应的列向量为 $P_{ij}=e_i+e_{m+j}$，由于每个变量在前 m 个约束和后 n 个约束中各出现一次，因此根据系数矩阵 A 的特征可知，第 i 个分量及第 $m+j$ 个分量等于 1，其余分量等于 0，即

$$P_{ij} = \begin{bmatrix} 0 \\ \vdots \\ 1 \\ \vdots \\ 1 \\ \vdots \\ 0 \end{bmatrix} \begin{matrix} \\ \\ i\text{ 行} \\ \\ m+j\text{ 行} \\ \\ \end{matrix}$$

于是有：

$$A = \begin{matrix} & x_{11}\ x_{12}\ \cdots\ x_{1n}\ x_{21}\ x_{22}\ \cdots\ x_{2n}\ \cdots\ x_{m1}\ x_{m2}\ \cdots\ x_{mn} \\ & \begin{bmatrix} 1 & 1 & \cdots & 1 & & & & & & & & & \\ & & & & 1 & 1 & \cdots & 1 & & & & & \\ & & & & & & & & \ddots & & & & \\ & & & & & & & & & 1 & 1 & \cdots & 1 \\ 1 & & & & 1 & & & & & 1 & & & \\ & 1 & & & & 1 & & & & & 1 & & \\ & & \ddots & & & & \ddots & & & & & \ddots & \\ & & & 1 & & & & 1 & & & & & 1 \end{bmatrix} \end{matrix}$$

将式 (3-1b) 的 m 个约束方程两边相加得：

$$\sum_{i=1}^{m}\sum_{j=1}^{n}x_{ij}=\sum_{i=1}^{m}a_i$$

将式 (3-1c) 的 n 个约束方程两边相加得：

$$\sum_{j=1}^{n}\sum_{i=1}^{m}x_{ij}=\sum_{j=1}^{n}b_j$$

由 $\sum_{i=1}^{m}a_i=\sum_{j=1}^{n}b_j$ 可知，前 m 个约束方程之和等于后 n 个约束方程之和，$m+n$ 个约束方程是相关的，系数矩阵 A 中任意 $m+n$ 阶子式等于 0，第一行到第 $m+n-1$ 行与 $x_{1n},x_{2n},\cdots,x_{mn},x_{11},x_{12},\cdots,x_{1n-1}$ 对应的列 (共 $m+n-1$ 列) 组成的 $m+n-1$ 阶子式

$$\begin{matrix} & x_{1n}\ x_{2n}\ \cdots\ x_{mn}\ \cdots\ x_{11}\ x_{12}\ \cdots\ x_{1n-1} \\ & \begin{vmatrix} 1 & & & & \vdots & 1 & 1 & \cdots & 1 \\ & 1 & & & \vdots & & & & \\ & & \ddots & & \vdots & & & & \\ & & & 1 & \vdots & & & & \\ \cdots & \cdots & \cdots & \cdots & \cdots & \cdots & \cdots & \cdots & \cdots \\ & & & & \vdots & 1 & & & \\ & & & & \vdots & & 1 & & \\ & & & & \vdots & & & \ddots & \\ & & & & \vdots & & & & 1 \end{vmatrix} \end{matrix} \begin{matrix} \left.\begin{matrix}\\ \\ \\ \\ \end{matrix}\right\} m \text{ 行} \\ \\ \left.\begin{matrix}\\ \\ \\ \\ \end{matrix}\right\} n-1 \text{ 行} \end{matrix}$$

不等于0,故$r(A)=m+n-1$,所以产销平衡运输问题有$m+n-1$个基变量。

【定理3.2】 若变量组$\{x_{ij}\}$包含有闭回路$C=\{x_{i_1j_1},x_{i_1j_2},\cdots,x_{i_sj_1}\}$,则$\{x_{ij}\}$中的变量对应的列向量线性相关。

证:设变量组$\{x_{ij}\}$对应的列向量组为p_{ij},且$p_{ij}=e_i+e_{m+j}$。若变量组$\{x_{ij}\}$包含闭回路$C=\{x_{i_1j_1},x_{i_1j_2},\cdots,x_{i_sj_1}\}$,则:

$$p_{i_1j_1}-p_{i_1j_2}+p_{i_2j_2}-\cdots+p_{i_sj_s}-p_{i_sj_1}$$
$$=(e_{i_1}+e_{m+j_1})-(e_{i_1}+e_{m+j_2})+(e_{i_2}+e_{m+j_2})-\cdots+(e_{i_s}+e_{m+j_s})-(e_{i_s}+e_{m+j_1})$$
$$=0$$

因而,$p_{i_1j_1},p_{i_1j_2},p_{i_2j_2},\cdots,p_{i_sj_s},p_{i_sj_1}$线性相关。由线性代数知,向量组中部分向量组线性相关,则该向量组线性相关,所以$\{x_{ij}\}$中列向量线性相关。

【定理3.3】 $m+n-1$个变量组$\{x_{ij}\}$构成基变量的充要条件是它不包含任何闭回路。

证:设$m+n-1$个变量组$\{x_{ij}\}$对应的列向量组为$\{P_{ij}\}$,因变量组构成基变量,故列向量组$\{P_{ij}\}$线性无关。

先证必要性。假设列向量组$\{P_{ij}\}$线性无关,若变量组$\{x_{ij}\}$包含闭回路$C=\{x_{i_1j_1},x_{i_1j_2},\cdots,x_{i_sj_1}\}$,则根据**【定理3.2】**,$\{P_{ij}\}$线性相关,矛盾。因此,若$m+n-1$个变量组$\{x_{ij}\}$构成基变量,则变量组$\{x_{ij}\}$不能包含闭回路。

再证明充分性。令$V^{(1)}=\{x_{ij}\}$,列向量组$\{P_{ij}\}$的线性表达式为$\sum\lambda_{ij}p_{ij}=0$。

(1)若变量组$\{x_{ij}\}$不包含闭回路,则必然存在$x_{ij}^{(1)}\in V^{(1)}$,在运输表中它所在的第i行或第j列没有$V^{(1)}$中的变量,即该变量为孤立点。由于在系数矩阵中列向量p_{ij}的第i行和第$m+j$行都是1,其余行都是0,因此$x_{ij}^{(1)}$所对应的列向量p_{ij}在$\sum\lambda_{ij}p_{ij}=0$中的系数$\lambda_{ij}^{(1)}=0$。

(2)记$V^{(2)}=V^{(1)}\{x_{ij}^{(1)}\}$,因变量组$\{x_{ij}\}$不包含闭回路,则$V^{(2)}$中仍不包含闭回路,因此存在$x_{ij}^{(2)}\in V^{(2)}$,在运输表中它的同行或者同列没有$V^{(2)}$中的变量,即该变量也为孤立点,由此可知$\lambda_{ij}^{(2)}=0$。

(3)重复步骤(2),得出$\sum\lambda_{ij}p_{ij}=0$中所有的$\lambda_{ij}=0$,故p_{ij}线性无关。因此,若$m+n-1$个变量组$\{x_{ij}\}$中不包含闭回路,则其对应的列向量组$\{P_{ij}\}$线性无关,此时可以构成基向量。

综上,$m+n-1$个变量组$\{x_{ij}\}$构成基变量的充要条件是它不包含任何闭回路,得证。

由**【定理3.3】**可知,判断一组变量是否为基变量,只需看这组变量个数是否为$m+n-1$,且是否构成闭回路。对于运输问题,只要$m+n-1$个变量中不包含闭回路,就可找到一组基变量。由于运输问题具有以上特征,所以求解运输问题时,可用比较简单的计算方法——表上作业法(运输单纯形法)求解。

第二节 表上作业法

表上作业法(运输单纯形法)求运输问题的最优解要比用普通单纯形法求解简单,其求解运输问题的条件是:问题求最小值、产销平衡和运价非负。它是直接在运价表上求解最优解的一种方法,基本求解步骤为:

(1)求初始基本可行解(初始调运方案)。常用的方法有最小元素法、元素差额法(Vogel

近似法)、左上角法(西北角法)等。

(2)求检验数并判断其是否为最优解。最优性判别准则与第一章介绍的单纯形法一样,常用的求检验数的方法有闭回路法和位势法。

(3)调整运量。调整运量即为换基,选一个变量出基,对原运量进行调整得到新的基本可行解,转到步骤(2)。

1. 确定初始基本可行解

与一般线性规划问题不同,任何运输问题都有基本可行解,也有最优解,根据具体情况,可能有唯一最优解也可能有多重最优解,如果供应量和需求量都是整数,则一定可以得到整数最优解。下面介绍几种常用的确定初始基本可行解的方法。

(1)最小元素法

这种方法的基本思想是就近优先供应,即对单位运价表中最小运价 c_{ij} 对应的变量 x_{ij} 优先赋值,令 $x_{ij} = \min\{a_i, b_j\}$,然后对次小运价对应的变量赋值并使之满足约束,依次进行下去,直到最后得到一个初始基本可行解。

【例 3.2】 某建筑公司拟从 A_1、A_2、A_3 三个管桩厂购买管桩,供应 B_1、B_2、B_3、B_4 四个工地使用。各管桩厂可供应管桩的数量(百根),各工地需要的数量(百根)及从各管桩厂到各工地的运输单价(千元/百根)见表 3-2。试用最小元素法求解该运输问题。

运输表 表 3-2

产地	需求地				产量
	B_1	B_2	B_3	B_4	
A_1	3	11	3	10	7
A_2	1	9	2	8	4
A_3	7	4	10	5	9
需求量	3	6	5	6	20

解:表 3-2 中最小元素是 $c_{21} = 1$,令 $x_{21} = \min\{a_2, b_1\} = \min\{4, 3\} = 3$,将 3 填在 $c_{21} = 1$ 的下方,并在 x_{11} 和 x_{31} 的位置分别打上"×",表示 A_2 供应 3 个单位给 B_1,且 B_1 已经满足需求,如表 3-3 所示。

最小元素法寻找初始基本可行解(1) 表 3-3

产地	需求地				产量
	B_1	B_2	B_3	B_4	
A_1	3 ×	11	3	10	7
A_2	1 3	9	2	8	4
A_3	7 ×	4	10	5	9
需求量	3	6	5	6	20

在表 3-3 没有分配的元素中,最小元素是 $c_{23}=2$,令 $x_{23}=\min\{4-3,5\}=1$,将 1 填在 c_{23} 的下方,在 x_{22} 和 x_{24} 处打上"×"表示 A_2 供应 1 个单位给 B_3,且 A_2 已经没有剩余量,B_3 还差 4 个单位没有达到需求量,如表 3-4 所示。

最小元素法寻找初始基本可行解(2) 表 3-4

产地	需求地				产量
	B_1	B_2	B_3	B_4	
A_1	3 ×	11	3	10	7
A_2	1 3	9 ×	2 1	8 ×	4
A_3	7 ×	4	10	5	9
需求量	3	6	5	6	20

按照上述步骤依次进行下去,结果见表 3-5。

最小元素法寻找初始基本可行解(3) 表 3-5

产地	需求地				产量
	B_1	B_2	B_3	B_4	
A_1	3 ×	11 × 4	3	10 3	7
A_2	1 3	9 ×	2 1	8 ×	4
A_3	7 ×	4 6	10 ×	5 3	9
需求量	3	6	5	6	20

表 3-5 中未打"×"的变量共有 $m+n-1=3+4-1=6$(个),且不构成闭回路,因此 $\{x_{13}, x_{14}, x_{21}, x_{23}, x_{32}, x_{34}\}$ 是一组基变量,打"×"的变量是非基变量。得到一组基本可行解为

$$x = \begin{bmatrix} & & 4 & 3 \\ 3 & & 1 & \\ & 6 & & 3 \end{bmatrix}$$

则最小值

$$Z = 3 \times 4 + 10 \times 3 + 1 \times 3 + 2 \times 1 + 4 \times 6 + 5 \times 3 = 86$$

①用最小元素法给出的初始解,是从表中逐次挑选运价最小的元素,并比较产量和销量。当产大于销时,划去该元素所在列。当产小于销时,划去该元素所在行。然后在未划去的元素中再找最小元素,再确定供应关系。这样在表中每填入一个数字,就划去该数字格对应的一行或一列。表中共有 m 行 n 列,总共可在 $n+m$ 个行或列打"×"。但当表中只剩一个元素并在表中填上这个数字时,需要同时在对应行和列打"×"。此时表中所有的运价均被划掉,相应地在表中填了 $m+n-1$ 个数字,即给出了 $m+n-1$ 个基变量的值。

②这 $m+n-1$ 个基变量对应的系数列向量是线性独立的。

证:若表中确定的第一个基变量为 $x_{i_1 j_1}$,则它对应的系数列向量为

$$P_{i_1 j_1} = e_{i_1} + e_{m+j_1}$$

因当给定 $x_{i_1 j_1}$ 的值后,将划去第 i_1 行或第 j_1 列,即其后的系数列向量中不再出现 e_{i_1} 或 e_{m+j_1},

因而 $P_{i_1j_1}$ 不可能用解中的其他向量的线性组合表示。类似地给出第二个……第 $m+n-1$ 个。这 $m+n-1$ 个向量都不可能用解中的其他向量的线性组合表示。故这 $m+n-1$ 个向量是线性独立的。

（2）元素差额法（Vogel 近似法）

最小元素法的缺点是可能开始时节省一处的费用，但随后在其他处要多花几倍的运费。元素差额法对最小元素法进行了改进。如果不能按最小运费就近供应，就考虑次小运费，这就有一个差额，差额越大，说明不能按最小运费调运时，运费增加就越多，因此对差额最大处就应当采用最小运费调运。基于此，元素差额法的步骤如下：

①求出每行和每列次小运价和最小运价之差，分别记为 $u_i(i=1,2,\cdots,m)$ 和 $v_j(j=1,2,\cdots,n)$；

②找出所有行或列差额的最大值 $L=\max\{u_i,v_j\}$，并且安排差额 L 处对应最小运价优先调运；

③在剩下的运价中重复进行步骤①②，直到最后全部调运完毕。

【例 3.3】 某市区交通愿望图有三个始点和四个终点，始点发生的出行交通量 a_i，终点吸引的交通量 b_j 及始终点之间的旅行费用见表 3-6。问：如何安排出行交通量，可使总的旅行费用最少？

运输表　　　　　　　　　　　　　　　　　　表 3-6

始点	终点				a_i
	B_1	B_2	B_3	B_4	
A_1	5	8	9	12	15
A_2	1	7	2	4	25
A_3	6	10	13	8	20
b_j	20	10	5	25	60

解：求行差额 $u_i=(3,1,2)$，求列差额 $v_j=(4,1,7,4)$，$\max\{u_i,v_j\}=\max\{3,1,2;4,1,7,4\}=7$，即 $v_3=7$ 最大，第三列的最小运价 $c_{23}=2$，先调运。令 $x_{23}=\min\{a_2,b_3\}=\min\{25,5\}=5$，在 x_{13} 及 x_{33} 处打"×"，结果如表 3-7 所示。

元素差额法寻找初始基本可行解（1）　　　　　　表 3-7

A_i	B_j				供应量	u_i
	B_1	B_2	B_3	B_4		
A_1	5	8	9 ×	12	15	3
A_2	1	7	2　5	4	25	1
A_3	6	10	13 ×	8	20	2
需求量	20	10	5	25	60	
v_j	4	1	[7]	4		

在表 3-7 中，因为 B_3 已经满足需求，所以只求 u_1、u_2、u_3 以及 v_1、v_2、v_4 即可。这时发现有两个最大差额，即 v_1、v_4 任选一个，如选 $v_1=4$（若选择 $v_4=4$，初始解的结果会不同），第一列的最小

运价 $c_{21} = 1$,故 $x_{21} = \min\{25-5, 20\} = 20$,这时 A_2 与 B_1 同时满足约束,若同时将 x_{11}、x_{31}、x_{22} 及 x_{24} 都打上"×",最后基变量 x_{11} 的个数必定小于 $3+4-1=6$(个),因而应在 x_{11}、x_{31}、x_{22} 及 x_{24} 中任选一个变量作为基变量,运量为 0,这里选 $x_{11}=0$,计算结果见表 3-8。

元素差额法寻找初始基本可行解(2) 表 3-8

A_i	B_j				供应量	u_i
	B_1	B_2	B_3	B_4		
A_1	5 0	8 ×	9	12	15	3
A_2	1 20	7 ×	2 5	4	25	3
A_3	6 ×	10 ×	13	8	20	2
需求量	20	10	5	25	60	
v_j	[4]	1	—	4		

按照上述步骤依次进行下去,结果见表 3-9。

元素差额法寻找初始基本可行解(3) 表 3-9

A_i	B_j				供应量	u_i
	B_1	B_2	B_3	B_4		
A_1	5 0	8 10	9 ×	12 5	15	[4]
A_2	1 20	7 ×	2 5	4	25	—
A_3	6 ×	10 ×	13 ×	8 20	20	2
需求量	20	10	5	25	60	
v_j	—	2	—	4		

表 3-9 的基变量正好为 $m+n-1 = 3+4-1 = 6$(个)且不包含闭回路,基本可行解为

$$X = \begin{bmatrix} 0 & 10 & & 5 \\ 20 & & 5 & \\ & & & 20 \end{bmatrix}$$

则最小值

$$Z = 8 \times 10 + 12 \times 5 + 1 \times 20 + 2 \times 5 + 8 \times 20 = 330$$

(3)左上角法(西北角法)

左上角法的基本思想是优先产销平衡表的左上角(西北角)的供应关系,即对单位运价表中左上角处的运价 c_{ij} 对应的变量 x_{ij} 优先赋值 $x_{ij} = \min\{a_i, b_j\}$,当行或列分配完毕后,再对表中余下部分的左上角赋值,依次下去,直到右下角的元素分配完毕。

【例 3.4】 试用西北角法求解【例 3.2】的初始基本可行解。

解:左上角的元素是 x_{11},则 $x_{11} = \min\{7, 3\} = 3$ 且在 x_{21}、x_{31} 处打"×",如表 3-10 所示。

左上角法寻找初始可行解(1)　　　　　　　　　　　　　　表 3-10

产地	需求地				产量
	B_1	B_2	B_3	B_4	
A_1	[3]　3	[11]	[3]	[10]	7
A_2	[1]　×	[9]	[2]	[8]	4
A_3	[7]　×	[4]	[10]	[5]	9
需求量	3	6	5	6	20

在表 3-10 余下第一、二、三行及第二、三、四列中,左上角元素为 x_{12}, $x_{12} = \min\{7-3, 6\} = 4$, 在 x_{13}、x_{14} 处打"×"。依次向右下角安排运量,结果如表 3-11 所示。

左上角法寻找初始可行解(2)　　　　　　　　　　　　　　表 3-11

产地	需求地				产量
	B_1	B_2	B_3	B_4	
A_1	[3]　3	[11]　4	[3]　×	[10]　×	7
A_2	[1]　×	[9]　2	[2]　2	[8]　×	4
A_3	[7]　×	[4]　×	[10]　3	[5]　6	9
需求量	3	6	5	6	20

表 3-11 给出的变量恰好是 6 个,且没有闭回路,基本可行解为

$$X = \begin{bmatrix} 3 & 4 & & \\ & 2 & 2 & \\ & & 3 & 6 \end{bmatrix}$$

则最小值

$$Z = 3 \times 3 + 11 \times 4 + 9 \times 2 + 2 \times 2 + 10 \times 3 + 5 \times 6 = 135$$

从左上角法的基本思想可以看出,求运输问题的初始基本可行解的方法很多,如左下角、右上角、逐行(列)最小元素法等,只要得到的解满足约束条件,满足基变量个数是 $m+n-1$ 个且不包含闭回路,就可得到一个基本可行解。

一般来说,元素差额法(Vogel 近似法)得出的初始解较最小元素法和西北角法更接近最优解,常用来确定运输问题的初始解。

2. 最优性判别

初始运输方案是否为最优方案,仍然是用检验数来判别。因为运输问题的目标函数都是求最小值,所以当所有检验数 $\lambda_{ij} \geq 0$ 时,运输方案最优;否则需改进当前的运输方案。下面介绍求检验数的两种方法:闭回路法和位势法。

(1)闭回路法

闭回路法求非基变量检验数的步骤如下:

①在基本可行解矩阵中,以该非基变量为起点,以基变量为其他顶点,找一条闭回路;

②由起点开始,分别在顶点上交替标上代数符号 +、−、+、−、⋯、+、−;
③用代数符号乘以相应的运价,代数和即为检验数。

【例3.5】 求下列运输问题的一个初始基本可行解及其检验数。矩阵中的元素为运价,右边的元素为产量,下方的元素为销量。

$$\begin{bmatrix} 9 & 12 & 9 & 6 \\ 7 & 3 & 7 & 7 \\ 6 & 5 & 9 & 11 \end{bmatrix} \begin{matrix} 50 \\ 60 \\ 50 \end{matrix}$$
$$\quad 40 \quad 40 \quad 60 \quad 20$$

解:用最小元素法得到下列一组基本可行解为

$$x = \begin{bmatrix} \times & \times & 30 & 20 \\ \times & 40 & 20 & \times \\ 40 & \times & 10 & \times \end{bmatrix}$$

矩阵中打"×"的位置是非基变量,其余是基变量,这里只求非基变量的检验数。

求 λ_{11} 时,找出 x_{11} 的闭回路 $\{x_{11}, x_{31}, x_{33}, x_{13}\}$,对应的运价为 $\{c_{11}, c_{31}, c_{33}, c_{13}\}$,将正负号交替标在各个运价处得到 $\{+c_{11}, -c_{31}, +c_{33}, -c_{13}\}$,求和得到:

$$\lambda_{11} = 9 - 6 + 9 - 9 = 3$$

同理可求出其他非基变量的检验数为

$$\lambda_{12} = 12 - 3 + 7 - 9 = 7$$
$$\lambda_{21} = 7 - 6 + 9 - 7 = 3$$
$$\lambda_{24} = 7 - 6 + 9 - 7 = 3$$
$$\lambda_{32} = 5 - 9 + 7 - 3 = 0$$
$$\lambda_{34} = 11 - 6 + 9 - 9 = 5$$

所有的 $\lambda_{ij} \geq 0 (i=1,2,3; j=1,2,3,4)$,说明这组基本可行解是最优解。由于 $\lambda_{32}=0$,由第一章可知该问题具有多重最优解。

下面介绍一下检验数的经济含义。假设给出初始基本可行解的表 3-5 中的 x_{11} 不是非基变量,将 x_{11} 增加一个单位变为 $x_{11}=1$,为了保持产销平衡,应该使 x_{13} 减少一个单位,x_{23} 增加一个单位,x_{21} 减少一个单位,即构成以非基变量 x_{11} 为起点,以基变量 x_{13}、x_{23}、x_{21} 为其他顶点的闭回路。总运费的变化量 $\Delta Z = 3-3+2-1=1=\lambda_{11}$,所以 λ_{11} 的含义就是当 x_{11} 增加一个单位后总运费的变化量 ΔZ。

由检验数的经济含义可知,当所有非基变量的检验数都大于 0 时,说明不能增加任何非基变量的值,即不能将非基变量换入基变量,否则总费用增加,这时的基本可行解就是最优解;当某个非基变量的检验数 $\lambda_{lk} < 0$ 时,说明 x_{lk} 可以增加相应的值使总运费下降,这时的基本可行解不是最优解,需要对运输方案进行调整。

只要求得的基变量是正确的,且为 $m+n-1$ 个,则某个非基变量的闭回路存在且唯一,相应的检验数也就唯一。

(2)位势法

闭回路法计算各个空格检验数时需要找出对应的闭回路,这使得在运输问题比较大时计算量很大。下面介绍较为简便的方法——位势法。

这种方法求检验数是根据对偶理论推导出来的,设平衡运输问题为

$$\min Z = \sum_{i=1}^{m}\sum_{j=1}^{n} c_{ij} x_{ij}$$

$$\begin{cases} \sum_{j=1}^{n} x_{ij} = a_i & (i=1,2,\cdots,m) \\ \sum_{i=1}^{m} x_{ij} = b_j & (j=1,2,\cdots,n) \\ x_{ij} \geq 0 \end{cases}$$

设前 m 个约束对应的对偶变量为 $u_i(i=1,2,\cdots,m)$,后 n 个约束对应的对偶变量为 $v_j(j=1,2,\cdots,n)$,则对偶问题为

$$\max Z = \sum_{i=1}^{m} a_i u_i + \sum_{j=1}^{n} b_j v_j$$

$$\begin{cases} u_i + v_j \leq c_{ij} & (i=1,2,\cdots,m; j=1,2,\cdots,n) \\ u_i, v_j & (\text{无约束}) \end{cases}$$

当原运输问题取得最优解时,设 B 为其最优基,从线性规划的对偶理论可知

$$C_B B^{-1} = (u_1, u_2, \cdots, u_m; v_1, v_2, \cdots, v_n)$$

而每个决策变量 x_{ij} 的系数向量 $P_{ij} = e_i + e_{m+j}$,所以 $C_B B^{-1} P_{ij} = u_i + v_j$。此时检验数为

$$\lambda_{ij} = c_{ij} - (u_i + v_j) \geq 0 \tag{3-2}$$

由单纯形法可知所有基变量的检验数等于 0,所以

$$u_i + v_j = c_{ij} \qquad (i \in B, j \in B) \tag{3-3}$$

一般令 $u_1 = 0$,先利用式(3-3)求得 u_i 和 v_j 的一组解,再利用式(3-2)求得非基变量检验数进行最优性判别。u_i 和 v_j 为运输问题关于基变量组 $\{x_{ij}\}$ 的对偶解,或称位势(u_i 为行位势,v_j 为列位势)。不同基变量组 $\{x_{ij}\}$ 的取值不同,可得到不同的位势,u_i 和 v_j 具有无穷多组解,但对同一组基变量来说,所得的检验数是唯一的且与闭回路法求得的检验数相同。

【例 3.6】 用位势法求【例 3.5】给出的初始基本可行解的检验数。

解:①求位势 u_1、u_2、u_3 及 v_1、v_2、v_3、v_4,其中 c_{ij} 是基变量对应的运价,基变量共有 6 个,因此有 6 个等式方程,分别为

$$u_1 + v_3 = c_{13} = 9$$

$$u_1 + v_4 = c_{14} = 6$$

$$u_2 + v_2 = c_{22} = 3$$

$$u_2 + v_3 = c_{23} = 7$$

$$u_3 + v_1 = c_{31} = 6$$

$$u_3 + v_3 = c_{33} = 9$$

②令 $u_1 = 0$，得到位势的解：

$$\begin{cases} u_1 = 0 \\ u_2 = -2 \\ u_3 = 0 \end{cases}, \begin{cases} v_1 = 6 \\ v_2 = 5 \\ v_3 = 9 \\ v_4 = 6 \end{cases}$$

③由公式 $\lambda_{ij} = c_{ij} - (u_i + v_j)$ 求出非基变量的检验数：

$$\lambda_{11} = c_{11} - (u_1 + v_1) = 9 - (0 + 6) = 3$$
$$\lambda_{12} = c_{12} - (u_1 + v_2) = 12 - (0 + 5) = 7$$
$$\lambda_{21} = c_{21} - (u_2 + v_1) = 7 - (-2 + 6) = 3$$
$$\lambda_{24} = c_{24} - (u_2 + v_4) = 7 - (-2 + 6) = 3$$
$$\lambda_{32} = c_{32} - (u_3 + v_2) = 5 - (0 + 5) = 0$$
$$\lambda_{34} = c_{34} - (u_3 + v_4) = 11 - (0 + 6) = 5$$

计算结果与【例3.5】相同。

3. 解的改进

当某个检验数小于0时，需要调整运量从而改进运输方案，改进方法为闭回路法，其步骤如下：

(1) 确定进基变量

选 $\lambda_{lk} = \min\{\lambda_{ij} | \lambda_{ij} < 0\}$ 对应的变量 x_{lk} 进基。

(2) 确定出基变量

在进基变量 x_{lk} 的闭回路中，标有负号的最小运量 θ 对应的基变量为出基变量，打上"×"表示其为非基变量。

(3) 调整运量

在进基变量的闭回路中将标有负号的最小运量作为调整运量 θ，标有正号的变量加上 θ，标有负号的变量减去 θ，其余变量不变；然后求新的基本可行解中非基变量的检验数，若全部检验数大于0，停止运算，若存在某个检验数 $\lambda_{lk} < 0$，则重复步骤(1)(2)。

在确定出基变量时，当出现两个或两个以上最小运量 θ 时，在其中任选一个作为非基变量，其他 θ 对应的变量仍为基变量，运量为0，得到退化基本可行解。在【例3.3】中求初始基本可行解时，如果同时划去一行一列，导致最后基变量个数少于 $m+n-1$，则需要在同时划去的一行一列对应打"×"的位置上标上一个"0"，此时也出现退化解。

注：在运输单纯形法计算过程中，运量调整后必须将所有非基变量的检验数重新计算一次。

【例3.7】 求下列运输问题的最小运输费用的最优解。

$$\begin{bmatrix} 5 & 8 & 9 & 2 & | & 70 \\ 3 & 6 & 4 & 7 & | & 80 \\ 10 & 12 & 14 & 5 & | & 40 \end{bmatrix}$$
$$45 \quad 65 \quad 50 \quad 30$$

解：用最小元素法求得初始基本可行解，见表3-12。

最小元素法得到的初始基本可行解　　　　　　　　　　表 3-12

A_i	B_j				a_i
	B_1	B_2	B_3	B_4	
A_1	5 ×	8 40	9 ×	2 30	70
A_2	3 45	6 ×	4 35	7 ×	80
A_3	10 ×	12 25	14 15	5 ×	40
b_j	45	65	50	30	190

用闭回路法求非基变量的检验数为

$$\lambda_{11} = 5 - 3 + 4 - 14 + 12 - 8 = -4$$
$$\lambda_{13} = 9 - 8 + 12 - 14 = -1$$
$$\lambda_{22} = 6 - 12 + 14 - 4 = 4$$
$$\lambda_{24} = 7 - 4 + 14 - 12 + 8 - 2 = 11$$
$$\lambda_{31} = 10 - 14 + 4 - 3 = -3$$
$$\lambda_{34} = 5 - 2 + 8 - 12 = -1$$

因为有 4 个检验数小于 0，所以这组基本可行解不是最优解。$\lambda_{11} = \min\{\lambda_{11}, \lambda_{13}, \lambda_{31}, \lambda_{34}\} = -4$，故选 x_{11} 进基，调整运量。x_{11} 的闭回路是 $\{x_{11}, x_{21}, x_{23}, x_{33}, x_{32}, x_{12}\}$，标负号的变量是 x_{12}、x_{33}、x_{21}，取最小运量

$$\theta = \min\{x_{12}, x_{33}, x_{21}\} = \min\{40, 15, 45\} = 15$$

x_{33} 最小，故 x_{33} 出基，调整量 $\theta = 15$，在 x_{11} 的闭回路上 x_{11}、x_{32}、x_{23} 分别加上 15，x_{12}、x_{33}、x_{21} 分别减去 15，并且在 x_{33} 处打上记号"×"，使其作为非基变量，其余量的值不变，调整后得到一组新的基本可行解，如表 3-13 所示。

换基迭代之后的运输方案（1）　　　　　　　　　　表 3-13

A_i	B_j				a_i
	B_1	B_2	B_3	B_4	
A_1	5 15	8 25	9 ×	2 30	70
A_2	3 30	6 ×	4 50	7 ×	80
A_3	10 ×	12 40	14 ×	5 ×	40
b_j	45	65	50	30	190

重新求所有非基变量的检验数得：

$$\lambda_{13} = 3, \lambda_{22} = 0, \lambda_{24} = 7, \lambda_{31} = 1, \lambda_{33} = 4, \lambda_{34} = -1$$

$\lambda_{34} = -1 < 0$，说明还没有得到最优解，x_{34} 进基，在 x_{34} 的闭回路中，标负号的变量是 x_{14} 和 x_{32}，调整量为

$$\theta = \min\{x_{14}, x_{32}\} = \min\{30, 40\} = 30$$

x_{14} 出基。x_{12} 和 x_{34} 分别加上 30,x_{14} 和 x_{32} 减去 30,其余变量不变,得到一组新的基本可行解,如表 3-14 所示。

换基迭代之后的运输方案(2) 表 3-14

A_i	B_j				a_i
	B_1	B_2	B_3	B_4	
A_1	5 15	8 55	9 ×	2 ×	70
A_2	3 30	6 ×	4 50	7 ×	80
A_3	10 ×	12 10	14 ×	5 30	40
b_j	45	65	50	30	190

求所有非基变量的检验数得:

$$\lambda_{13}=3,\lambda_{14}=1,\lambda_{22}=0,\lambda_{24}=8,\lambda_{31}=1,\lambda_{33}=4$$

所有检验数 $\lambda_{ij} \geqslant 0$,所以得到最优解为

$$X = \begin{bmatrix} 15 & 55 & & \\ 30 & & 50 & \\ & 10 & & 30 \end{bmatrix}$$

最小运费为

$$Z = 5 \times 15 + 8 \times 55 + 3 \times 30 + 4 \times 50 + 12 \times 10 + 5 \times 30 = 1075$$

4. 表上作业法计算中的问题

(1)无穷多最优解

产销平衡问题必存在最优解。有唯一最优解,还是无穷多最优解? 判别依据是某个非基变量(空格)的检验数为 0 时,该问题有无穷多个最优解。由表 3-14 中 $\lambda_{22}=0$ 可知,该问题具有多重最优解。求另一个最优解的方法是在 x_{22} 的闭回路 $\{x_{22},x_{21},x_{11},x_{12}\}$ 上任意调整(保持可行),目标值不变,但只能得到一个基本最优解,其他解都不是基本最优解,例如 $x_{22}=30$ 调整后得到最优解

$$X^{(1)} = \begin{bmatrix} 45 & 25 & & \\ & 30 & 50 & \\ & 10 & & 30 \end{bmatrix}$$

(2)退化

用表上作业法求解运输问题,当出现退化时,在相应的格中必须填一个 0,以表示此格为数字格。有以下两种情况:

①确定初始解过程。若在 (i,j) 格填入数字后,出现 A_i 处的余量等于 B_j 处的需求量,要在产销平衡表上填一个数,并在单位运价表上相应划去一行和一列。为了使在产销平衡表上有 $m+n-1$ 个数字格,需在同时划去的那行或那列的任意空格处添加一个 0。为了减少调整次数,可将 0 添加到对应最小运价的空格位置。

②闭回路调整过程。闭回路调整时,若出现两个或者两个以上具有 -1 标记的相等最小

值,除去一个变为空格外,其他最小值处的数字格必须填入 0 以表明它是基变量,调整后的解为退化解。当出现退化解时,若再改进调整,可使在闭回路上标有 −1 标记的数字格取值为 0,此时的调整量 $\theta = 0$。

第三节　特殊形式的运输问题

1. 最大值问题

当运输问题的目标函数求最大值时,有两种求解方法。

(1) 求解初始运输方案可采用最大元素法、西北角法或改进的元素差额法,当所有非基变量的检验数 $\lambda_{ij} \leq 0$ 时,运输方案最优,调整运量仍采用闭回路法。

(2) 将极大化问题转化为极小化问题。设极大化问题的运价表为 $C = (c_{ij})_{m \times n}$,用一个较大的数 M(一般令 $M = \max\{c_{ij}\}$)减每一个 c_{ij} 得到矩阵 $C' = (c'_{ij})_{m \times n}$,其中 $c'_{ij} = M - c_{ij} \geq 0$。将 C' 作为极小化问题的运价表,目标函数值 $Z = \sum_{i=1}^{m}\sum_{j=1}^{n} c'_{ij} x_{ij}$,用前面介绍的运输单纯形法就可求出最优解。

【例 3.8】　矩阵 C 是 A_i 到 B_j 的货物运输单位利润,问:运输部门如何安排运输方案,可使总利润最大?

$$C = \begin{bmatrix} 2 & 5 & 8 \\ 9 & 10 & 7 \\ 6 & 5 & 4 \end{bmatrix} \begin{matrix} 9 \\ 10 \\ 12 \end{matrix}$$
$$\,\,8 \quad 14 \quad 9$$

解:取 $M = \max\{c_{ij}\} = c_{22} = 10$,则有 $c'_{ij} = 10 - c_{ij}$,C' 为

$$C' = \begin{bmatrix} 8 & 5 & 2 \\ 1 & 0 & 3 \\ 4 & 5 & 6 \end{bmatrix} \begin{matrix} 9 \\ 10 \\ 12 \end{matrix}$$
$$\,\,8 \quad 14 \quad 9$$

用最小元素法求初始方案为

$$X = \begin{bmatrix} \times & \times & 9 \\ \times & 10 & \times \\ 8 & 4 & 0 \end{bmatrix}$$

用闭回路法求得各非基变量的检验数为

$$\lambda_{11} = 8, \lambda_{12} = 4, \lambda_{21} = 2, \lambda_{23} = 2$$

所以该方案即为最优运输方案,最大利润为

$$Z = 8 \times 9 + 10 \times 10 + 6 \times 8 + 5 \times 4 = 240$$

极大化运输问题

2. 不平衡运输问题

在实际问题中,常常会遇到总产量和总销量不相等的情况,即产销不平衡,这时就需要把产销不平衡问题转化成产销平衡问题。

(1)产大于销时,即 $\sum_{i=1}^{m} a_i > \sum_{j=1}^{n} b_j$,数学模型为

$$\min Z = \sum_{i=1}^{m}\sum_{j=1}^{n} c_{ij} x_{ij}$$

$$\text{s.t.} \begin{cases} \sum_{j=1}^{n} x_{ij} \leq a_i & (i=1,2,\cdots,m) \\ \sum_{i=1}^{m} x_{ij} = b_j & (j=1,2,\cdots,n) \\ x_{ij} \geq 0 \end{cases}$$

由于总产量大于总销量,必有部分剩余产量就地储存,即每个产地虚设一个储存,库存量为 $x_{i,n+1}(i=1,2,\cdots,m)$,则总的库存量为

$$b_{n+1} = x_{1,n+1} + x_{2,n+1} + \cdots + x_{m,n+1} = \sum_{i=1}^{m} a_i - \sum_{j=1}^{n} b_j$$

假设 b_{n+1} 是一个虚设的销地 B_{n+1} 的销量,令各产地到 B_{n+1} 的运价为0,则不平衡运输问题等价于运输平衡问题

$$\min Z = \sum_{i=1}^{m}\sum_{j=1}^{n} c_{ij} x_{ij}$$

$$\text{s.t.} \begin{cases} \sum_{j=1}^{n} x_{ij} = a_i & (i=1,2,\cdots,m) \\ \sum_{i=1}^{m} x_{ij} = b_j & (j=1,2,\cdots,n+1) \\ x_{ij} \geq 0 \end{cases}$$

(2)当销大于产时,根据上述分析方法,由于总销量大于总产量,这时可虚设一个产地 A_{m+1},产量为

$$a_{m+1} = x_{m+1,1} + x_{m+1,2} + \cdots + x_{m+1,n} = \sum_{j=1}^{n} b_j - \sum_{i=1}^{m} a_i$$

a_{m+1} 是 A_{m+1} 到 B_j 的运量,令 A_{m+1} 到各销地的运价为0,则不平衡运输问题等价于运输平衡问题

$$\min Z = \sum_{i=1}^{m}\sum_{j=1}^{n} c_{ij} x_{ij}$$

$$\text{s.t.} \begin{cases} \sum_{j=1}^{n} x_{ij} = a_i & (i=1,2,\cdots,m+1) \\ \sum_{i=1}^{m} x_{ij} = b_j & (j=1,2,\cdots,n) \\ x_{ij} \geq 0 \end{cases}$$

【例3.9】 设有 A_1 和 A_2 两个化肥厂供应 B_1、B_2 和 B_3 三个地区。假定等量的化肥在这些地区使用效果相同。各地化肥年产量、各地区的需求量及从化肥厂到各地区运送单位化肥的运价(百元/t)见表3-15。试求出总的运费最节省的化肥调拨方案。

初始产销表   表 3-15

产地	需求地			a_i
	B_1	B_2	B_3	
A_1	6	4	6	200
A_2	6	5	5	300
b_j	250	200	200	

解：由于 $\sum_{i=1}^{2}a_i=500<\sum_{j=1}^{3}b_j=650$，即销大于产，虚设一个产地 A_3，产量 $a_3=650-500=150$，$c_{3j}=0(j=1,2,3)$，得到表 3-16。

虚设产地后的产销平衡表   表 3-16

产地	需求地			a_i
	B_1	B_2	B_3	
A_1	6	4	6	200
A_2	6	5	5	300
A_3	0	0	0	150
b_j	250	200	200	650

用元素差额法求初始基本可行解，见表 3-17。

元素差额法寻找初始基本可行解   表 3-17

产地	需求地			a_i
	B_1	B_2	B_3	
A_1	0	200		200
A_2	100		200	300
A_3	150			150
b_j	250	200	200	650

由闭回路法求得所有检验数 $\lambda_{ij}>0$，得到表 3-17 的运输方案最优，最小运费为
$$Z=0\times6+4\times200+6\times100+5\times200+0\times150=2400$$

3. 需求量不确定的运输问题

不平衡运输问题

【**例 3.10**】 已知由 A_1、A_2、A_3 和 A_4 四个煤矿供应 B_1、B_2、B_3 和 B_4 四个城市用煤，可供应量分别为 60、40、30 和 50。现将煤运往四个城市，其中 B_1 的需求量为 $20\leq b_1\leq 60$，B_2 的需求量为 $50\leq b_2\leq 70$，B_3 和 B_4 的需求量分别为 $b_3=35$ 和 $b_4=35$。初始产销表见表 3-18。

初始产销表   表 3-18

产地	需求地				a_i
	B_1	B_2	B_3	B_4	
A_1	5	9	2	3	60
A_2	—	4	7	8	40
A_3	3	6	4	2	30
A_4	4	8	10	11	50
b_j	20~60	50~70	35	45	

解：(1)总产量为 180，B_1、B_2、B_3、B_4 的最低需求量为 $20+50+35+45=150$，这时产大于销；最高需求量为 $60+70+35+45=210$，这时销大于产。

(2)虚设一个产地 A_5，产量为 $210-180=30$，A_5 的产量只能供应 B_1 和 B_2。

(3)将 B_1 和 B_2 各分成 B_1^1、B_1^2 和 B_2^1、B_2^2 两部分，B_1^1 与 B_2^1 的需求量分别为 20 和 40，B_1^2 与 B_2^2 的需求量分别为 50 和 20，因此 B_1^1 与 B_2^1 必须由 A_1、A_2、A_3、A_4 供应，B_1^2 与 B_2^2 可由 A_1、A_2、A_3、A_4、A_5 供应。

(4)上述 A_5 不能供应某需求地的运价用 M 表示，A_5 到 B_1^2、B_2^2 的运价为 0，得到表 3-19。

变换之后的产销平衡表　　　　　　　　　　表 3-19

产地	需求地						a_i
	B_1^1	B_1^2	B_2^1	B_2^2	B_3	B_4	
A_1	5	5	9	9	2	3	60
A_2	M	M	4	4	7	8	40
A_3	3	3	6	6	4	2	30
A_4	4	4	8	8	10	11	50
A_5	M	0	M	0	M	M	30
b_j	20	40	50	20	35	45	210

用运输单纯形法求得最优解

$$X = \begin{bmatrix} & & & & 35 & 25 \\ & & 40 & & & \\ 0 & 10 & & & & 20 \\ 20 & 30 & & & & \\ & & 10 & 20 & & \end{bmatrix}$$

最优解中 $x_{31}^1 = 0$，说明这组解是退化基本可行解。B_1、B_2、B_3、B_4 实际收到的产品数量分别为 50、50、35 和 45 个单位。

习题

3.1 讨论下列各题。

(1)如何运用 Vogel 近似法求极大化运输问题的初始解？

(2)如果运输问题单位运价表的某一行(或某一列)元素分别加上一个常数 k，最优调运方案是否发生变化？

3.2 用表上作业法求解以下运输问题，要求：

(1)要用最小元素法和元素差额法分别求初始基本可行解，并比较不同的求解方法对应的目标值；

(2)对表3-20用闭回路法求检验数,对表3-21用位势法求检验数。

运输表(1)　　　　　　　　　　　　表3-20

产地	需求地				a_i
	A	B	C	D	
甲	10	6	7	12	4
乙	16	10	5	9	9
丙	5	4	10	10	4
b_j	5	2	4	6	

运输表(2)　　　　　　　　　　　　表3-21

产地	需求地				a_i
	A	B	C	D	
甲	5	3	8	6	16
乙	10	7	12	15	24
丙	17	4	8	9	30
b_j	20	25	10	15	

3.3 某蔬菜公司计划从产地甲、乙、丙、丁分别调出白菜$5t$、$6t$、$2t$、$9t$,供应城市A、B、C、D、E的量分别为4t、4t、6t、2t、4t,从产地到各城市之间的运费(百元/t)见表3-22。

运输表　　　　　　　　　　　　　　表3-22

产地	需求地					a_i
	A	B	C	D	E	
甲	10	20	5	9	10	5
乙	2	10	8	30	6	6
丙	1	20	7	10	4	2
丁	8	6	3	7	5	9
b_j	4	4	6	2	4	

(1)试求使总费用最少的运输方案。

(2)如果把C城市的需求量改为4t,且表3-22改为各蔬菜公司将白菜运往各城市每吨所获得的利润,试求使总利润最大的运输方案。

3.4 对以下运输问题目标函数求最小值,B_1的需求量为$0 \leq b_1 \leq 300$,B_2的需求量为250,B_3的需求量为$b_3 \geq 270$。

$$\begin{bmatrix} 15 & 18 & 22 \\ 21 & 25 & 16 \end{bmatrix} \begin{matrix} 400 \\ 450 \end{matrix}$$

3.5 汽车客运公司的豪华、中档和普通三种型号的客车分别有5辆、10辆和15辆,每辆车上均载客40人,汽运公司每天要送400人到B_1城市,送600人到B_2城市。每辆客车每天只能送一次,从客运公司到B_1和B_2城市的票价见表3-23。

(1)试建立总收入最大的车辆调度方案数学模型。

(2)写出平衡运价表。
(3)求最优调运方案。

票价表 表3-23

线路	车型		
	甲(豪华)	乙(中档)	丙(普通)
到B_1城市(元/人)	80	60	50
到B_2城市(元/人)	65	50	40

3.6 某运输公司有5辆汽车,分别承担5条运输线的运输任务,由于车辆性能、道路等级及驾驶员水平不同,不同车辆在不同运输线上所需的运输费用是不一样的,如表3-24所示。问:如何分配这5辆汽车,可使总的运输费用最少?

运输费用表 表3-24

车辆	运输线				
	A_1	A_2	A_3	A_4	A_5
甲	5	6	9	3	4
乙	7	4	6	3	5
丙	3	4	5	3	6
丁	6	7	4	9	7
戊	7	9	8	10	5

3.7 已知有A、B、C、D、E五项运输任务,现由甲、乙、丙、丁、戊五个人负责完成,每个人完成每项运输任务的劳务费(百元)见表3-25。问:如何分配运输任务,可使这五个人的劳务费最高?

劳务费用表 表3-25

人员	任务				
	A	B	C	D	E
甲	4	8	7	15	12
乙	12	9	2	14	10
丙	6	9	12	8	7
丁	11	7	17	6	10
戊	6	9	12	10	6

第四章 目标规划

第一节 目标规划及其数学模型

线性规划求解最优解问题在实践中得到了广泛应用,但是它不能处理多目标优化问题,且其约束条件过于刚性化,约束资源不允许超过设定的限制范围。在生产过程中,没有绝对意义下的最优,只有相对意义下的满意,为了解决上述问题,本章提出**目标规划**。

1. 目标规划问题的提出

【**例 4.1**】 某工厂生产甲、乙两种产品,有关数据见表 4-1。试求获利最大的生产方案。

生产数据表　　　　　　　　　　　表 4-1

项目	甲	乙	现有量
原材料(kg)	2	1	11
设备生产能力(h)	1	2	10
利润(元/件)	8	10	

解：设生产甲和乙的产量分别为 x_1、x_2，使总利润最大的线性规划模型为

$$\max Z = 8x_1 + 10x_2$$

$$\text{s. t.} \begin{cases} 2x_1 + x_2 \leq 11 \\ x_1 + 2x_2 \leq 10 \\ x_1, x_2 \geq 0 \end{cases}$$

实际上，工厂在做决策时，考虑到市场等一系列其他条件，需要重新制定以下经营目标：
① 根据市场信息，产品甲的销售量有下降的趋势，故考虑产品甲的产量不大于产品乙。
② 应尽可能充分利用设备台时，但不希望加班。
③ 应尽可能达到并超过计划利润指标 56 元。
④ 超出计划的原材料需要高价采购，会使成本大幅度增加。

这样的决策问题便为多目标决策问题。目标规划是解决这类问题的方法之一，就是在考虑现有资源的条件下，按事先制定的目标顺序逐项检查，在多个经营目标中寻求满意解。下面引入与建立目标规划数学模型有关的概念。

(1) 正、负偏差变量 d^+, d^-

设 x_1、x_2 为决策变量，此外，引进正偏差变量 d^+ 表示决策值超过目标值的部分，负偏差变量 d^- 表示决策值未达到目标值的部分。因决策值不可能既超过目标值又未达到目标值，即恒有 $d^+ \cdot d^- = 0$。

(2) 绝对约束和目标约束

绝对约束是指必须严格满足的等式约束和不等式约束。如线性规划问题的所有约束条件，不能满足这些约束条件的解称为非可行解，所以它们是硬约束，也称为系统约束。目标约束是目标规划特有的，可把约束右端项看作要追求的目标值。在达到此目标值时允许发生正或负偏差，因此在这些约束中加入正、负偏差变量，它们是软约束。线性规划问题的目标函数在给定目标值和加入正、负偏差变量后可变换为目标约束，也可根据问题的需要将绝对约束变换为目标约束。例如，【例 4.1】的目标函数 $Z = 8x_1 + 10x_2$ 可变换为目标约束 $8x_1 + 10x_2 + d_1^- - d_1^+ = 56$。约束条件 $2x_1 + x_2 \leq 11$ 可变换为目标约束 $2x_1 + x_2 + d_2^- - d_2^+ = 11$。

(3) 优先因子（优先等级）和权系数

一个规划问题常常有若干目标，但决策者对于达到这些目标有主次或轻重缓急的不同。要求第一位达到的目标赋予优先因子 P_1，次位的目标赋予优先因子 P_2……第 k 位的目标赋予优先因子 P_k，并规定 $P_k \gg P_{k+1}(k=1,2,\cdots,K)$，表示 P_k 比 P_{k+1} 有更大的优先权，即首先保证 P_1 级目标的实现，这时可不考虑次级目标；而 P_2 级目标是在实现 P_1 级目标的基础上考虑的；以此类推。若要区别具有相同优先因子的两个目标，这时可分别赋予它们不同的权系数 w_j，这些都由决策者按具体情况而定。

(4) 目标规划的目标函数

目标规划的目标函数（准则函数）是按各目标约束的正、负偏差变量和优先因子及权系数而构造的。当每一目标值确定后，决策者的要求是尽可能缩小偏离目标值。因此目标规划的目标函数只能是 $\min Z = f(d^+, d^-)$。其基本形式有三种：

① 要求恰好达到目标值，即正、负偏差变量都要尽可能小，这时

$$\min Z = f(d^+, d^-)$$

②要求不超过目标值,即允许达不到目标值,就是正偏差变量要尽可能小,这时

$$\min Z = f(d^+)$$

③要求超过目标值,即超过量不限,但负偏差变量要尽可能小,这时

$$\min Z = f(d^-)$$

2. 目标规划的数学模型

引入 d^+、d^-,分别为正、负偏差变量。d^+ 表示决策值超过目标值的部分,d^- 表示决策值未达到目标值的部分,$d^+ \geq 0, d^- \geq 0$。因为决策值不可能既超过目标值又未达到目标值,所以 $d^+ \cdot d^- = 0$。

目标规划数学模型的特征

【例 4.2】 求【例 4.1】的目标规划模型。

解:首先按照决策要求,分别赋予这三个目标 P_1、P_2、P_3 优先因子。

(1)设 d_1^+ 为甲的产量超出乙的产量的部分,d_1^- 为甲的产量未达到乙产量的部分,于是有:

甲的产量高于乙的产量时,$d_1^+ > 0$ 且 $d_1^- = 0$,则有 $x_1 - x_2 - d_1^+ = 0$;

甲的产量低于乙的产量时,$d_1^+ = 0$ 且 $d_1^- > 0$,则有 $x_1 - x_2 + d_1^- = 0$;

甲的产量等于乙的产量时,$d_1^+ = 0$ 且 $d_1^- = 0$,则有 $x_1 - x_2 = 0$。

在实际中,上述三种情形只能发生一种,因而可将三个等式写成一个等式

$$x_1 - x_2 + d_1^- - d_1^+ = 0$$

要使甲的产量不大于乙的产量,目标函数中甲的产量超出乙的产量的部分 d_1^+ 要尽可能小,即

$$\begin{cases} \min Z = P_1 d_1^+ \\ x_1 - x_2 + d_1^- - d_1^+ = 0 \end{cases}$$

(2)设 d_2^+ 和 d_2^- 分别为超过和未达到设备台时的偏差变量,则有:

$$\begin{cases} \min Z = P_2(d_2^- + d_2^+) \\ x_1 + 2x_2 + d_2^- - d_2^+ = 10 \end{cases}$$

(3)同理设 d_3^+ 和 d_3^- 分别为超过和未达到 56 元利润的偏差变量,则有:

$$\begin{cases} \min Z = P_3 d_3^- \\ 8x_1 + 10x_2 + d_3^- - d_3^+ = 56 \end{cases}$$

(4)需要注意的是,还有一个变量要求为原材料不能超过现有量,不能有正负偏差,即

$$2x_1 + x_2 \leq 11$$

综上所述,该问题的目标规划数学模型如式(4-1)所示:

$$\min Z = P_1 d_1^+ + P_2(d_2^- + d_2^+) + P_3 d_3^-$$

$$\text{s.t.} \begin{cases} 2x_1 + x_2 \leq 11 \\ x_1 - x_2 + d_1^- - d_1^+ = 0 \\ x_1 + 2x_2 + d_2^- - d_2^+ = 10 \\ 8x_1 + 10x_2 + d_3^- - d_3^+ = 56 \\ x_1, x_2, d_i^-, d_i^+ \geq 0 \quad (i = 1, 2, 3) \end{cases} \quad (4-1)$$

应当注意的是,决策者对于具有相同重要性的目标可以赋予相同的优先因子,若要区别具有相同优先因子的两个目标,可以分别赋予它们不同的权系数 w_j,如 $\min Z = d_1^- + 2d_2^-$ 等价于 $\min Z = P_1 d_2^- + P_2 d_1^-$。而权系数的确定方法有两两比较法、专家评分法等,可依据权系数的大小区分它们的重要性,权系数越大越重要。

综上所述,目标规划的一般模型如式(4-2)所示:

$$\min Z = \sum_{k=1}^{K} P_k \left(\sum_{l=1}^{L} w_{kl}^- d_l^- + w_{kl}^+ d_l^+ \right)$$

$$\text{s. t.} \begin{cases} \sum_{j=1}^{n} a_{ij} x_j \leq (=, \geq) b_i & (i = 1, 2, \cdots, m) \\ \sum_{j=1}^{n} c_{lj} x_j + d_l^- - d_l^+ = g_l & (l = 1, 2, \cdots, L) \\ x_j \geq 0 & (j = 1, 2, \cdots, n) \\ d_l^-, d_l^+ \geq 0 \end{cases} \tag{4-2}$$

式中,w_{kl}^-, w_{kl}^+ 分别为第 l 个目标约束的正负偏差变量的**权系数**;g_l 为目标的**期望值**。第一个约束为系统约束,第二个约束为目标约束。

第二节　目标规划的图解法

和线性规划一样,对于只有两个决策变量(不包含偏差变量)的目标规划的数学模型,可以用图解法来分析求解。

在用图解法解目标规划时,首先必须满足所有绝对约束。在此基础上,再按照优先级从高到低的顺序,逐个考虑各个目标约束。一般地,若优先因子 P_j 对应的解空间为 R_j,则优先因子 P_{j+1} 对应的解空间只能在 R_j 中考虑,即 $R_{j+1} \subseteq R_j$。若 $R_j \neq \phi$,而 $R_{j+1} = \phi$,则 R_j 中的解为目标规划的满意解,它只能保证 $P_1 \sim P_j$ 级目标,而不保证满足其后的各级目标。

【例 4.3】 用图解法求解目标规划问题

$$\min Z = P_1 d_1^- + P_2 d_2^+ + P_3 d_3^-$$

$$\text{s. t.} \begin{cases} 5x_1 + 10x_2 \leq 60 & \text{(4-3a)} \\ x_1 - 2x_2 + d_1^- - d_1^+ = 0 & \text{(4-3b)} \\ 4x_1 + 4x_2 + d_2^- - d_2^+ = 36 & \text{(4-3c)} \\ 6x_1 + 8x_2 + d_3^- - d_3^+ = 48 & \text{(4-3d)} \\ x_1, x_2, d_i^-, d_i^+ \geq 0 \quad (i = 1, 2, 3) \end{cases}$$

解:第一步,画出平面直角坐标系。系统约束的作图与线性规划相同,本例中满足第一个系统约束的可行域为三角形 OAB,如图 4-1 所示。

第二步,做目标约束时,先令 $d_i^- = 0, d_i^+ = 0$,做相应的直线,然后标明正负偏差变量大于 0 时点 (x_1, x_2) 所在的区域。例如,第三个约束中,当 (x_1, x_2) 在该直线的右上方时 $d_2^+ > 0, d_2^- = 0$;当 (x_1, x_2) 在该直线的左下方时 $d_2^- > 0, d_2^+ = 0$。

第三步,根据目标函数中的优先因子求解函数的最小值。首先考虑 P_1,此时要求 $\min d_1^-$,因而解空间 R_1 在直线(4-3b)的右下方(三角形 OAC 区域);再考虑 P_2,此时要求 $\min d_2^+$,因而解空间 R_2 在直线(4-3c)的左下方(三角形 ODC 区域);最后考虑 P_3,此时要求 $\min d_3^-$,因而解空间 R_3 在直线(4-3d)的右上方(四边形 $EDCF$ 区域)。容易求得 E、D、C、F 四点的坐标分别为 $(8,0)$、$(9,0)$、$(6,3)$、$(4.8,2.4)$,故问题的解可表示为

$$\alpha_1(8,0)+\alpha_2(9,0)+\alpha_3(6,3)+\alpha_4(4.8,2.4)$$
$$=(8\alpha_1+9\alpha_2+6\alpha_3+4.8\alpha_4,3\alpha_3+2.4\alpha_4)$$

式中,$\alpha_1,\alpha_2,\alpha_3,\alpha_4 \geq 0,\alpha_1+\alpha_2+\alpha_3+\alpha_4=1$。

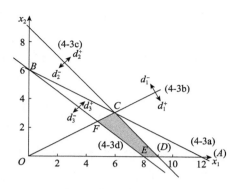

图 4-1 图解法求解目标规划

【例 4.4】 用图解法求解目标规划

$$\min Z = P_1 d_1^- + P_2 d_2^+ + P_3(5d_3^- + 3d_4^-) + P_4 d_1^+$$

$$\text{s.t.} \begin{cases} x_1 + 2x_2 + d_1^- - d_1^+ = 6 & (4\text{-}4a) \\ x_1 + 2x_2 + d_2^- - d_2^+ = 9 & (4\text{-}4b) \\ x_1 - 2x_2 + d_3^- - d_3^+ = 4 & (4\text{-}4c) \\ x_2 + d_4^- - d_4^+ = 2 & (4\text{-}4d) \\ x_1,x_2,d_i^-,d_i^+ \geq 0 \quad (i=1,2,3,4) \end{cases}$$

解:第一步,做目标约束时,先令 $d_i^-=0,d_i^+=0$,做相应的直线;然后标明正负偏差变量大于 0 时点 (x_1,x_2) 所在的区域。四个约束的直线如图 4-2 所示。

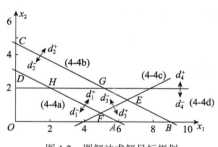

图 4-2 图解法求解目标规划

第二步,根据目标函数中的优先因子求函数的最小值。在考虑 P_1 和 P_2 的目标后,解空间 R_2 为四边形 $ABCD$ 区域。在考虑 P_3 的目标时,首先要求 $\min 5d_3^-$,解空间 R_{31} 为四边形 $ABEF$,然后要求 $\min 3d_4^-$,解空间 R_{32} 应在直线 GH 上方(四边形 $HGCD$ 区域),但与解空间 R_{31} 交集为空,此时无法满足 $d_4^-=0$,只能使 $3d_4^-$ 尽可能小,解空间 R_{31} 中点 E 满足要求,其坐标为 $(6.5,1.25)$。P_4 的目标无须再考虑,所以问题的满意解为 $x_1=6.5,x_2=1.25$。

在用图解法解目标规划时,可能会遇到下面两种情况。

一种情况是像【例 4.3】那样,最后一级目标的解空间非空,这时得到的解能满足所有目标的要求。当解不唯一时(如【例 4.3】,解空间 R_3 为四边形 $EDCF$ 区域),决策者在做实际决策时究竟选择哪一个解,完全取决于决策者自身的考虑。

另一种情况是像【例 4.4】那样,得到的解不能满足所有目标。这时我们要做的是寻找满意解,使它尽可能满足高级别的目标,同时使它对那些不能满足的较低级别目标的偏离程度尽可能小。例如,在【例 4.4】中,解空间 $R_3=\phi$,于是我们在解空间 R_2(四边形 $ABCD$ 区域)中选择 E 点,它满足 P_1 和 P_2 目标。对于 P_3 目标,它只满足 $d_3^-=0$,而 $d_4^-=0$ 未能满足(可计算 $d_4^-=0.75$)。至于更低级别的 P_4 目标 $d_1^+=0$,它也不能满足(可计算 $d_1^+=3$)。必须注意的是,

在考虑低级别目标时,不能破坏已经满足的高级别目标,这是目标规划的基本原则。但是,也不能因此认为,当高级别目标不能满足时,其后的低级别目标也一定不能被满足。事实上,在有些目标规划中,当某一优先级的目标不能满足时,其后的某些低级别目标仍有可能被满足。

第三节　目标规划的单纯形法

目标规划的数学模型结构与线性规划的数学模型结构在形式上没有本质的区别,也可以用单纯形法求解,只是针对目标规划数学模型自身的一些特点,会有以下不同:

(1)目标规划问题的目标函数是求最小化,因此,以 $\lambda_j \geq 0(j=1,2,\cdots,n)$ 为最优准则。

(2)因非基变量的检验数中含有不同等级的优先因子,即

$$c_j - z_j = \sum a_{kj} P_k \qquad (j=1,2,\cdots,n;k=1,2,\cdots,K)$$

而 $P_1 \gg P_2 \gg \cdots \gg P_K$,从每个检验数的整体来看,检验数的正、负首先取决于 P_1 的系数 a_{1j} 的正、负。若 $a_{1j}=0$,这时此检验数的正、负就取决于 P_2 的系数 a_{2j} 的正、负,以此类推。

解目标规划问题的单纯形法步骤如下:

(1)建立初始单纯形表,在表中将检验数行按优先因子个数分别列成 K 行,置 $k=1$,即对应优先因子行中的第 1 行开始计数。

(2)检查该行中是否存在负数,且对应列的前 $k-1$ 行的系数是 0。若有负数,取其中最小者对应的变量为换入变量,转到步骤(3);若无负数,转到步骤(5)。

目标规划的
单纯形法

(3)按最小比值规则确定换出变量,当存在两个或两个以上相同的最小比值时,选取具有较高优先级别的变量为换出变量。

(4)按单纯形法进行基变换运算,建立新的计算表,返回步骤(2)。

(5)当 $k=K$ 时,计算结束。表中的解即为满意解,否则置 $k=k+1$,返回步骤(2)。

【例 4.5】 用单纯形法求解目标规划问题

$$\min Z = P_1 d_1^+ + P_2(d_2^- + d_2^+) + P_3 d_3^-$$

$$\text{s.t.} \begin{cases} 2x_1 + x_2 \leq 11 \\ x_1 - x_2 + d_1^- - d_1^+ = 0 \\ x_1 + 2x_2 + d_2^- - d_2^+ = 10 \\ 8x_1 + 10x_2 + d_3^- - d_3^+ = 56 \\ x_1, x_2 \geq 0, d_i^-, d_i^+ \geq 0 \qquad (i=1,2,3) \end{cases}$$

解:将原数学模型化为标准型,即在第一个约束中加入松弛变量 x_3。以 x_3、d_1^-、d_2^-、d_3^- 为初始基变量,列初始单纯形表,见表 4-2。

初始单纯形表　　　表 4-2

c_j		0	0	0	0	P_1	P_2	P_2	P_3	0	b	θ
C_B	X_B	x_1	x_2	x_3	d_1^-	d_1^+	d_2^-	d_2^+	d_3^-	d_3^+		
0	x_3	2	1	1							11	11
0	d_1^-	1	-1		1	-1					0	

续上表

c_j		0	0	0	0	P_1	P_2	P_2	P_3	0	b	θ
C_B	X_B	x_1	x_2	x_3	d_1^-	d_1^+	d_2^-	d_2^+	d_3^-	d_3^+		
P_2	d_2^-	1	[2]				1	-1			10	5
P_3	d_3^-	8	10						1	-1	56	28/5
λ_j	P_1					1						
	P_2	-1	-2					2				
	P_3	-8	-10							1		

表中 P_1 行的系数均为非负,说明第一目标已经得到优化。P_2 行中 -2 最小,则 x_2 进基,由最小比值规则可知 d_2^- 出基,进行换基迭代得到表 4-3。

换基迭代后的单纯形表(1) 表 4-3

c_j		0	0	0	0	P_1	P_2	P_2	P_3	0	b	θ
C_B	X_B	x_1	x_2	x_3	d_1^-	d_1^+	d_2^-	d_2^+	d_3^-	d_3^+		
0	x_3	3/2		1			-1/2	1/2			6	4
0	d_1^-	3/2			1	-1	1/2	-1/2			5	10/3
0	x_2	1/2	1				1/2	-1/2			5	10
P_3	d_3^-	[3]					-5	5	1	-1	6	2
λ_j	P_1					1						
	P_2						1	1				
	P_3	-3					5	-5		1		

继续重复步骤(2),表中 P_3 行 x_1、d_2^+ 列对应的系数为负数,由于 P_2 行 x_1 列的系数非正,所以 x_1 进基,d_3^- 出基,进一步换基迭代得到表 4-4。

换基迭代后的单纯形表(2) 表 4-4

c_j		0	0	0	0	P_1	P_2	P_2	P_3	0	b	θ
C_B	X_B	x_1	x_2	x_3	d_1^-	d_1^+	d_2^-	d_2^+	d_3^-	d_3^+		
0	x_3			1			2	-2	-1/2	1/2	3	
0	d_1^-				1	-1	3	-3	-1/2	1/2	2	
0	x_2		1				4/3	-4/3	-1/6	1/6	4	
0	x_1	1					-5/3	5/3	1/3	-1/3	2	
λ_j	P_1					1						
	P_2						1	1				
	P_3									1		

满意解为 $x_1 = 2, x_2 = 4$。由于非基变量 d_3^+ 的检验数为 0,所以该问题有无穷多最优解。故以 d_3^+ 为进基变量、d_1^- 为出基变量进行换基迭代,得到最优解,见表 4-5。

换基迭代后的单纯形表(3)　　　　　表 4-5

c_j		0	0	0	0	P_1	P_2	P_2	P_3	0	b	θ
C_B	X_B	x_1	x_2	x_3	d_1^-	d_1^+	d_2^-	d_2^+	d_3^-	d_3^+		
0	x_3			1	-1	1	-1	1			1	
0	d_3^+				2	-2	6	-6	-1	1	4	
0	x_2		1		$-1/3$	1/3	1/3	$-1/3$			10/3	
0	x_1	1			2/3	$-2/3$	1/3	$-1/3$			10/3	
λ_j	P_1					1						
	P_2						1	1				
	P_3								1			

另一个满意解为 $x_1 = \dfrac{10}{3}, x_2 = \dfrac{10}{3}$。

【例 4.6】 将【例 4.5】的目标函数变为 $\min Z = P_1(d_1^- + d_1^+) + P_2(d_2^- + 2d_3^+)$，求满意解。

解：本例是在原问题中做了部分改动后再求解，等价于第二章介绍的灵敏度分析，求解原理基本相同。以表 4-4 为基础，将变化了的优先等级直接反映到该表中，然后用单纯形法进行换基迭代，直到求得新的满意解，见表 4-6。

最终单纯形表　　　　　表 4-6

c_j		0	0	0	P_1	P_1	P_2	0	0	$2P_2$	b	θ
C_B	X_B	x_1	x_2	x_3	d_1^-	d_1^+	d_2^-	d_2^+	d_3^-	d_3^+		
0	x_3			1			2	-2	$-1/2$	1/2	3	3/2
P_1	d_1^+				1	-1	[3]	-3	$-1/2$	1/2	2	2/3
0	x_2		1				4/3	$-4/3$	$-1/6$	1/6	4	3
0	x_1	1					$-5/3$	5/3	1/3	$-1/3$	2	
λ_j	P_1					2	-3	3	1/2	$-1/2$		
	P_2						1			2		
	P_3											
0	x_3			1	$-2/3$	2/3			$-1/6$	1/6	5/3	
P_2	d_2^-				1/3	$-1/3$	1	-1	$-1/6$	1/6	2/3	
0	x_2		1		$-4/9$	4/9			1/18	$-1/18$	28/9	
0	x_1	1			5/9	$-5/9$			1/18	$-1/18$	28/9	
λ_j	P_1				1	1						
	P_2				$-1/3$	1/3		1	1/6	11/6		
	P_3											

满意解 $x_1 = \dfrac{28}{9}, x_2 = \dfrac{28}{9}$。

习题

4.1 某企业生产甲、乙两种产品,受到原材料供应和设备工时的限制,具体参数见表4-7。

生产数据表　　　　　　　　　　　　　　　　　　　　　　　　　　表4-7

参数	甲	乙	现有资源
原材料 A(kg)	3	0	12
原材料 B(kg)	0	4	16
设备 C(h)	1	1	6
设备 D(h)	5	3	15
利润(元/件)	10	20	

求总利润最大的数学模型。考虑实际情况,重新制定以下经营目标:
(1)材料不能超用;
(2)利润不少于40元;
(3)产品甲和产品乙的产量比例保持1∶1;
(4)应尽可能充分利用设备C,但不希望加班;
(5)设备D加工能力不足时可以加班解决,但能不加班最好。
试求相应的目标规划模型。

4.2 用图解法求解下列目标规划问题的满意解。

(1) $\min Z = P_1(d_1^- + d_1^+) + P_2(2d_2^+ + d_3^+)$

s.t. $\begin{cases} x_1 - 10x_2 + d_1^- - d_1^+ = 50 \\ 3x_1 + 5x_2 + d_2^- - d_2^+ = 20 \\ 8x_1 + 6x_2 + d_3^- - d_3^+ = 100 \\ x_1, x_2, d_i^-, d_i^+ \geq 0 \quad (i=1,2,3) \end{cases}$

(2) $\min Z = P_1 d_1^- + P_2(d_2^- + d_2^+)$

s.t. $\begin{cases} x_1 + x_2 + d_1^- - d_1^+ = 4 \\ x_1 + 4x_2 + d_2^- - d_2^+ = 8 \\ x_1, x_2, d_i^-, d_i^+ \geq 0 \quad (i=1,2,3) \end{cases}$

4.3 用单纯形法求解下列目标规划问题的满意解。

(1) $\min Z = P_1(d_3^+ + d_4^+) + P_2 d_1^+ + P_3 d_2^- + P_4(d_3^- + 1.5 d_4^-)$

s.t. $\begin{cases} x_1 + x_2 + d_1^- - d_1^+ = 40 \\ x_1 + x_2 + d_2^- - d_2^+ = 100 \\ x_1 + d_3^- - d_3^+ = 30 \\ x_2 + d_4^- - d_4^+ = 15 \\ x_1, x_2, d_i^-, d_i^+ \geq 0 \quad (i=1,2,3,4) \end{cases}$

(2) $\min Z = P_1(2d_1^+ + d_2^-) + P_2 d_3^-$

s.t. $\begin{cases} x_1 + 2x_2 \leq 6 \\ x_1 - x_2 + d_1^- - d_1^+ = 2 \\ -x_1 + 2x_2 + d_2^- - d_2^+ = 2 \\ x_2 + d_3^- - d_3^+ = 4 \\ x_1, x_2 \geq 0, d_i^-, d_i^+ \geq 0 \quad (i=1,2,3) \end{cases}$

4.4 已知目标规划

$$\min Z = P_1(2d_1^+ + 3d_2^+) + P_2 d_3^- + P_3 d_4^+$$

$$\text{s.t.} \begin{cases} x_1 + x_2 + d_1^- - d_1^+ = 10 \\ x_1 + d_2^- - d_2^+ = 4 \\ 5x_1 + 3x_2 + d_3^- - d_3^+ = 56 \\ x_1 + x_2 + d_4^- - d_4^+ = 12 \\ x_1, x_2 \geq 0, d_i^-, d_i^+ \geq 0 \quad (i = 1, 2, \cdots, 4) \end{cases}$$

（1）分别用图解法和单纯形法求解；
（2）分析目标函数分别变为以下两种情况时解的变化：

$$\min Z = P_1(2d_1^+ + 3d_2^+) + P_2 d_4^+ + P_3 d_3^-$$
$$\min Z = P_1 d_3^- + P_2 (2d_1^+ + 3d_2^+) + P_3 d_4^+$$

4.5 有三个产地向四个销地供应物资。产地 $A_i(i=1,2,3)$ 的供应量 a_i、销地 $B_j(j=1,2,3,4)$ 的需要量 b_j、各产销地之间的单位物资运费 C_{ij} 见表 4-8。表中 a_i 和 b_j 的单位为 t，C_{ij} 的单位为元/t。编制调运方案时要求按照相应的优先级依次考虑下列 6 个目标：

目标 1：B_4 是重点保证单位，其需要量应尽可能全部满足。
目标 2：A_3 向 B_1 提供的物资不少于 100t。
目标 3：每个销地得到的物资数量不少于其需求量的 80%。
目标 4：实际的总运费不超过当不考虑目标 1 至目标 6 各目标时的最小总运费的 110%。
目标 5：因路况原因，尽量避免安排 A_2 的物资运往 B_4。
目标 6：对 B_1 和 B_3 的供应率要尽可能相同。
试建立该问题的目标规划模型。

供需及运价表　　　　表 4-8

A_i	B_j				a_i
	B_1	B_2	B_3	B_4	
A_1	5	2	6	7	300
A_2	3	5	4	6	200
A_3	4	5	2	3	400
b_j	200	100	450	250	

第五章
整数规划与指派问题

第一节 整数规划的数学模型

在前两章讨论的一般线性规划问题中,变量都是取实数值。但实际问题中,有些变量必须取整数值,例如在公交规划中对于公交车辆的分配、建筑设备的合理分配等问题,都要求其中的车辆数、机械设备数和产品件数为整数。这种要求部分或全部决策变量是整数的规划问题称为整数规划,简记为 IP。整数线性规划数学模型的一般形式为

$$\max(\text{或 min})Z = \sum_{j=1}^{n} c_j x_j$$
$$\text{s.t.} \begin{cases} a_1 x_1 + a_2 x_2 + \cdots + a_n x_n = L \\ x_1, x_2, \cdots, x_n \geq 0 \text{ 且为整数} \end{cases}$$

整数线性规划问题可以分为以下几类:

(1)纯整数线性规划,指全部决策变量都必须取整数值的整数线性规划。

(2)混合整数线性规划,指决策变量中有一部分必须取整数值,另一部分可以不取整数值的整数线性规划。

(3)0-1 型整数线性规划,指决策变量只能取值 0 或 1 的整数线性规划。

整数规划在道路交通问题中的应用极为广泛,下面以实例介绍。

【例 5.1】 某公交车队规定驾驶员每周连续工作 5d 后,连续休息 2d,轮流休息。根据统计,车队每天需要的驾驶员人数见表 5-1。应如何安排每天上班的驾驶员人数,使车队总的驾驶员最少?

驾驶员人数统计表　　表 5-1

日别	需要人数	日别	需要人数
星期一	139	星期五	132
星期二	132	星期六	120
星期三	138	星期日	121
星期四	133		

解: 设 $x_j(j=1,2,\cdots,7)$ 为休息 2d 后星期一到星期日开始上班的驾驶员数量,则这个问题的线性规划模型为

$$\min Z = x_1 + x_2 + x_3 + x_4 + x_5 + x_6 + x_7$$

$$\text{s.t.} \begin{cases} x_1 + x_4 + x_5 + x_6 + x_7 \geq 139 \\ x_1 + x_2 + x_5 + x_6 + x_7 \geq 132 \\ x_1 + x_2 + x_3 + x_6 + x_7 \geq 138 \\ x_1 + x_2 + x_3 + x_4 + x_7 \geq 133 \\ x_1 + x_2 + x_3 + x_4 + x_5 \geq 132 \\ x_2 + x_3 + x_4 + x_5 + x_6 \geq 120 \\ x_3 + x_4 + x_5 + x_6 + x_7 \geq 121 \\ x_j \geq 0 \quad (j=1,2,\cdots,7 \text{ 且为整数}) \end{cases}$$

【例 5.2】 某桥梁工地为了制作桁架,需在长度为 L 的角钢上截取长度分别为 $a_1,a_2,\cdots,a_n$ 的单件。应怎样截取才能使得角钢的残料最少?

解: 设 x_i 为在长度 L 的角钢上截取长度为 a_i 单件的根数,$i=1,2,\cdots,n$。Z 是截取后的残料长度,则问题就是求 $x_i(i=1,2,\cdots,n)$ 和 Z,这是一个混合整数线性规划,用数学式可表示为

$$\min Z$$

$$\text{s.t.} \begin{cases} a_1x_1 + a_2x_2 + \cdots + a_nx_n + Z = L \\ x_1,x_2,\cdots,x_n \geq 0 \text{ 且为整数} \\ Z \geq 0 \end{cases}$$

【例 5.3】 某厂拟托运甲、乙两种货物,托运总量不超过 24m^3、1300kg,每箱甲、乙的体积、质量、可获利润见表 5-2。应如何安排使获得利润最大?

货物明细表　　表 5-2

货物	体积(m^3/箱)	质量(100kg/箱)	利润(百元/箱)
甲	5	2	20
乙	4	5	10

解: 设 x_1、x_2 分别为甲、乙两种货物的托运箱数。这是一个纯整数规划问题,用数学式可表示为

$$\max Z = 20x_1 + 10x_2$$

$$\text{s.t.} \begin{cases} 5x_1 + 4x_2 \leq 24 \\ 2x_1 + 5x_2 \leq 13 \\ x_1, x_2 \geq 0 \text{ 且为整数} \end{cases}$$

对于求解整数规划问题,为了满足整数解的要求,似乎对线性规划最优解"舍入化整"可以求得解,但这常常得不到可行的解,即使得到可行的解,也不一定是最优解,如【例 5.4】。

【例 5.4】 求以下整数规划问题的最优解。

$$\max Z = 3x_1 + 2x_2$$

$$\text{s.t.} \begin{cases} x_1 + 0.5x_2 \leq 4.5 \\ 2x_1 + 3x_2 \leq 14 \\ x_1, x_2 \geq 0 \text{ 且为整数} \end{cases}$$

解:用图解法求解该线性规划问题,见图 5-1。

如果不考虑 x_1、x_2 取整数的约束,用图解法求得最优解为 $X = (3.25, 2.5)^\mathrm{T}$,图解法如图 5-1 所示。由于 x_1、x_2 必须取整数值,实际上问题的可行解集只是图中可行域内的那些整数点。用凑整法来解时,需要比较四种组合,但 $X = (4,3)^\mathrm{T}$、$X = (4,2)^\mathrm{T}$、$X = (3,3)^\mathrm{T}$ 都不是可行解,$X = (3,2)^\mathrm{T}$ 虽然属可行解,但是代入目标函数得 $Z = 13$,并非最优。实际上问题的最优解应该是 $X = (4,1)^\mathrm{T}$,$Z^* = 14$。这里可以注意到,$(4,1)$ 不是可行域的顶点,直接用图解法或单纯形法都无法找出整数规划问题的最优解,因此整数规划的求解方法需要另行研究。

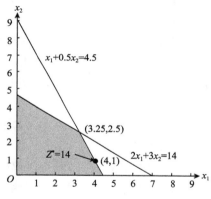

图 5-1 图解法求解线性规划

不考虑整数条件,由余下的目标函数和约束条件构成的规划问题称为该整数规划问题的松弛问题。整数线性规划及其松弛问题,从解的特点上来说,二者之间既有密切的联系,又有本质的区别。

松弛问题作为一个线性规划问题,其可行解的集合是一个凸集,任意两个可行解的凸组合仍为可行解。整数规划问题的可行解集合是它的松弛问题可行解集合的一个子集,任意两个可行解的凸组合不一定满足整数约束条件,因而不一定仍为可行解。由于整数规划问题的可行解一定也是它的松弛问题的可行解(反之则不一定),所以,前者最优解的目标函数值不会优于后者最优解的目标函数值。

在一般情况下,松弛问题的最优解不会刚好满足变量的整数约束条件,因而不是整数规划的可行解,自然就不是整数规划的最优解。此时,若对松弛问题的这个最优解中不符合整数要求的分量简单地取整,所得到的解不一定是整数规划问题的最优解,甚至也不一定是整数规划问题的可行解。

求解整数规划的常用方法有完全枚举法、分支定界法、割平面法和隐枚举法。对于复杂的模型,完全枚举法不是有效的算法,后面几种方法用得比较多。

第二节　分支定界法

分支定界法在20世纪60年代初由Land Doig和Dakin等提出,用于求解纯整数或者混合整数规划问题。现在大部分整数规划商业软件,如CPLEX和BARON等都是基于分支定界法的框架。

分支定界法的解题思路为设有最大化的整数规划问题A,与它相应的线性规划问题为B,从解问题B开始,若其最优解不符合A的整数条件,那么B的最优目标函数值必是A的最优目标函数值z^*的上界,记作$\bar{z}$;而A的任意可行解的目标函数值将是z^*的一个下界$\underline{z}$。分支定界法就是将B的可行域分成子区域(称为分支)的方法,逐步减小$\bar{z}$和增大$\underline{z}$,最终求得z^*。其求解最大化问题的步骤如下:

(1)解问题B,可能得到以下情况之一:

①B没有可行解,这时A也没有可行解,则停止。

②B有最优解,并符合问题A的整数条件,B的最优解即为A的最优解,则停止。

③B有最优解,但不符合问题A的整数条件,记它的目标函数值为$\bar{z}_0$。

(2)用观察法寻找问题A的一个整数可行解,如可取$x_j = 0(j = 1, \cdots, n)$试探,求得其目标函数值,并记作$\underline{z}$。以$z^*$表示问题$A$的最优目标函数值,这时有:

$$\underline{z} \leq z^* \leq \bar{z}$$

其中,$\underline{z}$和$\bar{z}$分别为z^*的下界和上界,初始上界即$\bar{z}_0$。

(3)迭代。

第一步:分支,在B的最优解中任选一个不符合整数条件的变量x_j,其值为b_j,以$\lfloor b_j \rfloor$表示小于b_j的最大整数。构造以下两个约束条件:

$$x_j \leq \lfloor b_j \rfloor, x_j \geq \lfloor b_j \rfloor + 1$$

将这两个约束条件分别加入问题B,形成两个后继规划问题B_1和B_2。不考虑整数条件,求解这两个后继问题。两个后继问题的可行域中包含问题A的所有整数可行解,因为在问题B的可行域中,舍去$\lfloor b_j \rfloor < x_j < \lfloor b_j \rfloor + 1$的区域不含有问题$A$的任何整数可行解。

定界,以每个后继问题为一分支标明求解的结果,与其他问题的解比较,找出最优目标函数值最大者作为新的上界$\bar{z}$。从已符合整数条件的各分支中,找出目标函数值最大者作为新的下界$\underline{z}$,若无可行解,$\underline{z} = 0$。

第二步:比较与剪枝,各分支的最优目标函数值中若有小于$\underline{z}$者,则剪掉这支(用打×表示),即以后不再考虑。若大于$\underline{z}$,且不符合整数条件,则重复第一步。一直到最后得到$z^* = \underline{z}$为止,得最优整数解$x_j^*(j = 1, \cdots, n)$。

用分支定界法可解纯整数规划问题和混合整数规划问题,它比穷举法优越,因为它仅在一部分可行解的整数解中寻求最优解,计算量比穷举法小。若变量数目很大,其计算工作量也是相当大的。

【例5.5】　求解整数规划

$$A: \max\ Z = 4x_1 + 3x_2$$

$$\text{s.t.} \begin{cases} 1.2x_1 + 0.8x_2 \leq 10 \\ 2x_1 + 2.5x_2 \leq 25 \\ x_1, x_2 \geq 0 \text{ 且为整数} \end{cases}$$

解:第一步:求解松弛问题 B 的最优解。

$$B: \max Z = 4x_1 + 3x_2$$

$$\text{s.t.} \begin{cases} 1.2x_1 + 0.8x_2 \leq 10 \\ 2x_1 + 2.5x_2 \leq 25 \\ x_1, x_2 \geq 0 \end{cases}$$

用图解法(图 5-2)得到 B 的最优解为 $x_1^* = 3.57, x_2^* = 7.14, \bar{z}_0 = 35.7$。由于此最优解不满足整数条件,这时 $\bar{z}_0$ 是原整数规划 A 的最优目标函数值 z^* 的上界,记作 $\bar{z}_0 = \bar{z}$。

第二步:通过观察法发现 $x_1 = 0, x_2 = 0$ 显然是问题 A 的一个整数可行解,这时 $z = 0$ 是 z^* 的一个下界,记作 $\underline{z} = 0$,即 $0 \leq z^* \leq 35.7$。

第三步:迭代。

(1)第一次迭代

①分支。

问题 B 的解中有一个非整数变量 $x_1 = 3.57$,则在原问题中分别增加两个约束条件:$x_1 \leq 3$, $x_1 \geq 4$,将问题 B 分解为 B_1 和 B_2,分支过程如图 5-3 所示。

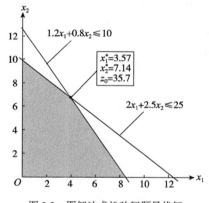

图 5-2 图解法求松弛问题最优解

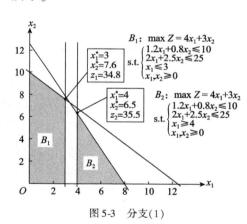

图 5-3 分支(1)

仍然不考虑整数条件约束,解问题 B_1 和 B_2,其中 B_1 最优解为 $x_1^* = 3$ 和 $x_2^* = 7.6$,最优值为 $z_1 = 34.8$;B_2 最优解为 $x_1^* = 4$ 和 $x_2^* = 6.5$,最优值为 $z_2 = 35.5$。

②定界。

显然未得到全部最优解,因为 $z_2 > z_1$,所以 $\underline{z} = 35.5$,那么必存在最优整数解,且 $0 \leq z^* \leq 35.5$。

(2)第二次迭代

①分支。

因为 $z_2 > z_1$,所以先分解 B_2。增加两个约束条件:$x_2 \leq 6, x_2 \geq 7$,将 B_2 分解为 B_{21} 和 B_{22},分支过程如图 5-4 所示。

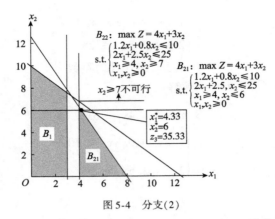

图 5-4 分支(2)

求解问题 B_{21} 和 B_{22},其中 B_{21} 最优解为 $x_1^* = 4.33$ 和 $x_2^* = 6$,最优值为 $z_3 = 35.33$;B_{22} 无可行解。

②定界。

由于 B_{21} 的最优解非整数,故 $\underline{z} = 0$ 不变;最优值取值范围仍为 $0 \leqslant z^* \leqslant 35.33$,继续分支。

(3) 第三次迭代

①分支。

由于 B_{22} 无可行解,分支停止。对 B_{21} 分别增加两个约束条件:$x_1 \leqslant 4$,$x_1 \geqslant 5$,将 B_{21} 分解为 B_{211} 和 B_{212},分支过程如图 5-5 所示。

$$B_{211}: \max Z = 4x_1 + 3x_2$$

$$\text{s.t.} \begin{cases} 1.2x_1 + 0.8x_2 \leqslant 10 \\ 2x_1 + 2.5x_2 \leqslant 25 \\ x_1 \geqslant 4, x_2 \leqslant 6, x_1 \leqslant 4 \\ x_1, x_2 \geqslant 0 \end{cases}$$

$$B_{212}: \max Z = 4x_1 + 3x_2$$

$$\text{s.t.} \begin{cases} 1.2x_1 + 0.8x_2 \leqslant 10 \\ 2x_1 + 2.5x_2 \leqslant 25 \\ x_1 \geqslant 5, x_2 \leqslant 6 \\ x_1, x_2 \geqslant 0 \end{cases}$$

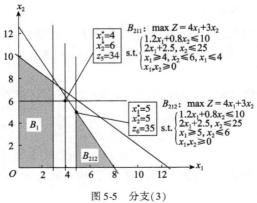

图 5-5 分支(3)

求解问题 B_{211} 和 B_{212},其中 B_{211} 最优解为 $x_1^* = 4$ 和 $x_2^* = 6$,最优值为 $z_5 = 34$;B_{212} 最优解为 $x_1^* = 5$ 和 $x_2^* = 5$,最优值为 $z_6 = 35$。

②定界。

显然问题 B_{211} 和 B_{212} 均已得到整数解,由于 $z_6 > z_5$,$z_6 = 35$,所以 $\underline{z} = 35$,此时,$\bar{z}$ 也等于 35。因此,必存在最优整数解 z^* 使得 $35 \leq z^* \leq 35$ 即 $z^* = 35$。由于 $z_1 = 34.8 < 35$,故不再对 B_1 进行分支。

综上所述,最优解为 $x_1 = 5$ 和 $x_2 = 5$,最优值为 $z^* = 35$。上述分支定界过程如图 5-6 所示。

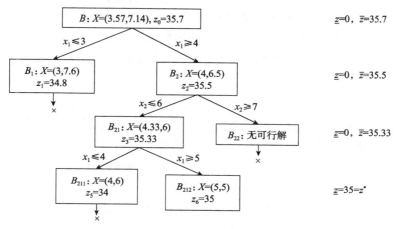

图 5-6　分支定界过程(1)

由于问题 B 的解中还有非整数变量 $x_2 = 7.14$,也可以先对 x_2 分支,最优解相同,分支定界过程如图 5-7 所示。

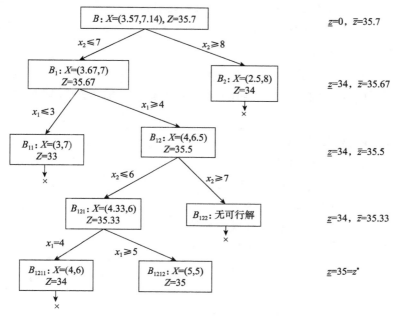

图 5-7　分支定界过程(2)　　　　　　　　　　分支定界法

第三节 割平面法

割平面法由高莫雷于1958年提出，其基本思路是先不考虑变量 x_i 为整数这一条件，对原问题求解，若得到非整数的最优解，则增加割去非整数解的线性约束条件，使得原可行域中切割掉一部分，切割掉的部分只包含非整数解，即不切割掉任何整数可行解。这个方法就是通过找到这样的割平面（不见得一次就找到），使切割后最终得到的可行域出现一个整数坐标极点，恰好是最优解。以下只讨论纯整数规划的情形。

现将上述求一个割平面方程的过程一般化描述如下。

(1) 设 x_i 是整数规划的松弛问题最优解中取值为非整数的一个基变量，x_k 为非基变量，由单纯形表的最优表可得：

$$x_i + \sum_k a'_{ik} x_k = b'_i \tag{5-1}$$

式中，$i \in Q$（Q 指构成基变量号码的集合）；$k \in K$（K 指构成非基变量号码的集合）。

(2) 将 b'_i 和 a'_{ik} 都分解成整数部分 N 与一个非负真分数之和，有：

$$\begin{cases} b'_i = N_i + f_i & (0 < f_i < 1) \\ a'_{ik} = N_{ik} + f_{ik} & (0 \leq f_{ik} < 1) \end{cases} \tag{5-2}$$

而 N_i、N_{ik} 分别表示不超过 b'_i、a'_{ik} 的最大整数，例如，若 $b'_i = 2.35$，则 $N_i = 2$，$f_i = 0.35$；若 $b'_i = -0.45$，则 $N_i = -1$，$f_i = 0.55$。

代入(5-1)式得：

$$x_i + \sum_k N_{ik} x_k - N_i = f_i - \sum_k f_{ik} x_k \tag{5-3}$$

式(5-3)中，左边是一个整数，右边是一个小于1的数，因此有：

$$f_i - \sum_k f_{ik} x_k \leq 0 \tag{5-4}$$

加入松弛变量 X_s，得到割平面方程：

$$-\sum_k f_{ik} x_k + x_s = -f_i \tag{5-5}$$

式(5-5)就是割平面方程的最基本形式，增加的新约束称为割平面方程或高莫雷约束方程。

【例5.6】 用割平面法解整数规划问题

$$\max Z = x_1 + x_2$$

$$\text{s.t.} \begin{cases} -x_1 + x_2 \leq 1 \\ 3x_1 + x_2 \leq 4 \\ x_1, x_2 \geq 0 \text{ 且为整数} \end{cases}$$

解：首先放宽约束变量，原问题对应的松弛问题为

$$\max Z = x_1 + x_2$$

$$\text{s.t.} \begin{cases} -x_1 + x_2 \leq 1 \\ 3x_1 + x_2 \leq 4 \\ x_1, x_2 \geq 0 \end{cases}$$

用图解法求松弛问题,图5-8中域 R 的极点 A 为最优解,但不符合整数条件。现设想,如果能找到像 CD 那样的直线去切割域 R(图5-9),去掉三角形域 ACD,那么具有整数坐标的点 $C(1,1)$ 就是域 R' 的一个极点,如果在域 R' 上求解松弛问题,而得到的最优解又恰巧在 C 点,就得到原问题的整数解,所以,图解法的关键就是构造一个这样的"割平面" CD,尽管它可能不是唯一的,也可能不是一步能求到的。下面就本例进行说明。

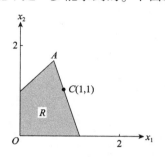

图5-8 图解法求解松弛问题　　图5-9 图解法寻找割平面

在松弛问题的前两个不等式中增加非负松弛变量 x_3、x_4,使两式变成等式约束:

$$\begin{cases} -x_1 + x_2 + x_3 = 1 & ① \\ 3x_1 + x_2 + x_4 = 4 & ② \end{cases}$$

用单纯形法求解松弛问题,得到最优单纯形表,如表5-3所示。

原松弛问题的最优单纯形表　　表5-3

c_j			1	1	0	0	$\bar{b}$
C_B	X_B		x_1	x_2	x_3	x_4	
1	x_2		0	1	3/4	1/4	7/4
1	x_1		1	0	-1/4	1/4	3/4
λ_j			0	0	-1/2	-1/2	

在松弛问题最优表上,任选一个含有不满足整数条件基变量的约束方程。这里选 x_1,则含 x_1 的约束方程为

$$x_1 - \frac{1}{4}x_3 + \frac{1}{4}x_4 = \frac{3}{4}$$

将所选的约束方程中非基变量的系数及常数均拆成一个整数加一个非负的真分数之和,则上式变为

$$x_1 + \left(-1 + \frac{3}{4}\right)x_3 + \left(0 + \frac{1}{4}\right)x_4 = 0 + \frac{3}{4}$$

将上式中的非基变量系数及常数项中的非负真分数部分移到等号左端,将其他部分移到等式右端,得:

$$\frac{3}{4}x_3 + \frac{1}{4}x_4 - \frac{3}{4} = 0 - x_1 + x_3 + 0x_4$$

上式等式的右端由三部分组成,即常数项的整数部分、基变量及非基变量(含松弛变量或剩余变量),前两部分都是整数或应取整数,而松弛变量根据约束方程来看也应取非负整数(对于这一点,当原整数规划问题的约束方程组中的系数或常数项中有非整数时,要求将该约

束方程先化成整数系数及整数常数项,然后再标准化,就可满足)。因此,上式右端应为整数,同时由于等式左端的特殊性,右端的整数应是大于或等于0的整数。这时可将上式改写为

$$\frac{3}{4}x_3 + \frac{1}{4}x_4 = \frac{3}{4} + (0 - x_1 + x_3 + 0x_4)$$

上式左端是非负数,右端第一项是一个真分数,如果第二项为负整数(即≤ -1的整数),则不能保证左端为非负数。因此,左端应大于或等于0,即

$$\frac{3}{4}x_3 + \frac{1}{4}x_4 - \frac{3}{4} \geq 0$$

$$-\frac{3}{4}x_3 - \frac{1}{4}x_4 \leq -\frac{3}{4}$$

加入松弛变量 x_5,得到高莫雷约束方程

$$-\frac{3}{4}x_3 - \frac{1}{4}x_4 + x_5 = -\frac{3}{4}$$

将高莫雷约束方程加到松弛问题的最优表中,用对偶单纯形法继续求解,如表5-4所示。

对偶单纯形法求解新松弛问题　　　　表5-4

c_j		1	1	0	0	0	$\bar{b}$
C_B	X_B	x_1	x_2	x_3	x_4	x_5	
1	x_2	0	1	3/4	1/4	0	7/4
1	x_1	1	0	-1/4	1/4	0	3/4
0	x_5	0	0	[-3/4]	-1/4	1	-3/4
λ_j		0	0	-1/2	-1/2	0	
1	x_2	0	1	0	0	1	1
1	x_1	1	0	0	1/3	-1/3	1
0	x_3	0	0	1	1/3	-4/3	1
λ_j		0	0	0	-1/3	-2/3	

由表5-4可以看出,最优解为 $X = (1,1)^T$,最优值为 $Z = 2$。

由于 x_1、x_2 的值已都是整数,解题已完成。

注意:新得到的约束条件 $\frac{3}{4}x_3 + \frac{1}{4}x_4 - \frac{3}{4} \geq 0$ 即 $-3x_3 - x_4 \leq -3$,如用 x_1、x_2 表示,可由【例5.6】中的①②得:

$$3(1 + x_1 - x_2) + (4 - 3x_1 - x_2) \geq 3$$
$$x_2 \leq 1$$

这就是 (x_1, x_2) 平面内形成的新可行域,即包括平行于 x_1 轴的直线 $x_2 = 1$ 和这条直线下的可行区域,整数点也在其中,没有被切割掉(图5-10)。但从解题过程来看,这一步是非必要的。

如果在增加了一个高莫雷约束方程的情况下,还没有得到整数最优解,则继续做割平面,重复上述计算过程,直到得到整数最优解。

综上所述,用割平面法求解整数规划的步骤如下:

(1) 利用单纯形法求解整数规划的松弛问题。

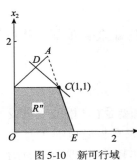

图5-10 新可行域

（2）若松弛问题没有可行解，则整数规划也没有可行解，停止运算，否则转步骤（3）。

（3）若松弛问题有最优解，且是整数解，则松弛问题的最优解即为整数规划的最优解，停止运算；若松弛问题有最优解，但不是整数解，则构造割平面方程 $-\sum_{k} f_{ik} x_k + x_s = -f_i$，并将其添加到松弛问题的最优单纯形表中，继续利用对偶单纯形表法求解，转步骤（2）。

割平面法

第四节 0-1 整数规划

0-1 整数规划是整数规划中的特殊情形，它的变量仅可取值 0 或 1，这时的变量 x_i 称为 0-1 变量，或称为二进制变量。0-1 型整数规划中，0-1 变量作为逻辑变量，常被用来表示系统是否处于某一特定状态，或者决策时是否取某个方案，即

$$x_i = \begin{cases} 1 & （决策 i 为是或有） \\ 0 & （决策 i 为否或无） \end{cases}$$

下面通过实例来认识 0-1 规划在实际道路交通问题中的应用。

【例 5.7】 某道路修筑公司在同一时间内可参加 A_1、A_2、A_3、A_4 四项道路工程的投标。这些项目要求的工期相同。公司根据招标文件和本公司的技术水平对每项工程进行了仔细的研究和计算，将各项工程的预期利润、主要程序的工程量及本企业的施工能力列于表 5-5。试建立使总利润最大的数学模型。

施工能力表　　　　　　　　　　　　　　　　表 5-5

工程项目	预期利润（万元）	砂（m³）	砾（m³）	黏土（m³）
A_1	5	4200	280	2500
A_2	8	2300	880	480
A_3	7.5	4800	300	1500
A_4	9	2300	900	5200
施工能力		12000	1600	9000

解：设

$$x_i = \begin{cases} 1 & （对项目 A_i 投资, i = 1,2,3,4） \\ 0 & （其他） \end{cases}$$

则该问题可以描述成线性规划

$$\max Z = 5x_1 + 8x_2 + 7.5x_3 + 9x_4$$

$$\text{s.t.} \begin{cases} 4200x_1 + 2300x_2 + 4800x_3 + 2300x_4 \leq 12000 \\ 280x_1 + 880x_2 + 300x_3 + 900x_4 \leq 1600 \\ 2500x_1 + 480x_2 + 1500x_3 + 5200x_4 \leq 9000 \\ x_i = 0 \text{ 或 } 1 \quad (i = 1,2,3,4) \end{cases}$$

对 0-1 规划求解，将 0-1 规划的变量改为 $0 \leq x_j \leq 1$ 并且为整数，就可以用分支定界法或割平面法求解。由于 0-1 规划的特殊性，用隐枚举法更为简便。其求解步骤如下：

（1）寻找一个初始可行解 x_0，得到目标函数值的下界 Z_0（最小值问题则为上界）。

(2) 按照目标函数取值的大小(顺序)列出 2^n 个变量取值的组合,当组合解 x_j 对应的目标值 Z_j 小于 $Z_0(\max)$ 时,认为不可行;当 Z_j 大于或等于 $Z_0(\max)$ 时,再检验是否满足约束条件,得到 0-1 规划的可行解。

(3) 依据 Z_j 的值确定最优解。

这里的下界 Z_0 可以动态移动,当某个 Z_j 大于 Z_0 时,则将 Z_j 作为新的下界。

【例 5.8】 用隐枚举法求解 0-1 整数规划问题

$$\max Z = 3x_1 - 2x_2 + 5x_3$$

$$\text{s.t.} \begin{cases} x_1 + 2x_2 - x_3 \leq 2 \\ x_1 + 4x_2 + x_3 \leq 4 \\ x_1 + x_2 \leq 3 \\ 4x_2 + x_3 \leq 6 \\ x_1, x_2, x_3 = 0 \text{ 或 } 1 \end{cases}$$

解:(1) 首先通过观察法找到一个初始可行解,例如 $X_0 = (1,0,0)^T$,则目标函数值 $Z_0 = 3$ 为 0-1 规划问题的下界。

(2) 根据下界 Z_0,构造一个新的约束条件(称为过滤条件)$3x_1 - 2x_2 + 5x_3 \geq 3$,增加到原来的约束条件中,并且把它放到第一个约束条件的位置,原 0-1 规划问题就可以写为

$$\max Z = 3x_1 - 2x_2 + 5x_3$$

$$\text{s.t.} \begin{cases} 3x_1 - 2x_2 + 5x_3 \geq 3 \\ x_1 + 2x_2 - x_3 \leq 2 \\ x_1 + 4x_2 + x_3 \leq 4 \\ x_1 + x_2 \leq 3 \\ 4x_2 + x_3 \leq 6 \\ x_1, x_2, x_3 = 0 \text{ 或 } 1 \end{cases}$$

(3) 列出变量取 0 和 1 的组合共 8 个,依次检查各种变量组合是否满足新增加的约束条件,如果满足,则继续检查是否满足其他约束条件,如果约束条件都满足,则找到一个新的可行解,求出它的目标函数 Z_j。继续检查其余变量组合,直到所有变量组合都被检查完毕,得到最优解。

如果变量组合不满足新增加的约束条件,则其后面的约束条件不需要再进行计算。

求解过程见表 5-6,其中(1)为新增加的约束条件,而(2)(3)(4)(5)为原问题的约束条件,"×"代表不满足约束,"√"代表满足条件,空格代表不需要计算。由表 5-6 可知,0-1 规划问题的最优解为 $X = (1,0,1)^T$,最优值为 $Z = 8$。

隐枚举法求解 0-1 整数规划问题 表 5-6

X_j	过滤条件	约束条件				满足条件 是(√)否(×)	Z_j
		(1)	(2)	(3)	(4)		
(0,0,0)	0					×	
(0,0,1)	5	−1	1	0	1	√	5
(0,1,0)	−2					×	

续上表

X_j	过滤条件	约束条件				满足条件 是(√)否(×)	Z_j
		(1)	(2)	(3)	(4)		
(0,1,1)	3	1	5			×	
(1,0,0)	3	1	1	1	0	√	3
(1,0,1)	8	0	2	1	1	√	8
(1,1,0)	1					×	
(1,1,1)	6	2	6			×	

第五节 指派问题

1. 指派问题的数学模型

在生活中经常遇到这样的问题,需要完成 n 项任务,恰好有 n 个人可承担这些任务。由于每个人的专长不同,完成每项任务的效率也就不同,于是就产生了应指派哪个人去完成哪项任务可使完成 n 项任务的总效率最高的问题,这类问题称为指派问题或分派问题(assignment problem)。

在工程项目管理、资源利用和劳动力分配等实际工作中,指派问题比较常见。例如,在工程运输中 n 个工程公司对 n 个工程项目的投标问题,公交客运公司对运营车辆与运营路线的分配问题等。

【例5.9】 设某运输队有 4 辆货车,需分派驶往 4 个不同的目的地,由于各辆货车的性能、消耗和效率不同,因而驶往各目的地的运输费用也不同,见表5-7。试求使总成本最低的车辆分派方案。

运输费用表(单位:百元)   表 5-7

车辆	目的地			
	A	B	C	D
甲	37	43	33	29
乙	33	33	29	25
丙	34	42	38	30
丁	37	35	30	29

解:此工作分配问题可以采用枚举法求解,分配方法有 $4!=4\times3\times2\times1=24$(种)。由于分配方案是目的地数的阶乘,计算量会很大。考虑到上述情况,可用 0-1 规划模型描述该问题。设

$$X_{ij} = \begin{cases} 1 & (分配第\ i\ 号车辆驶往第\ j\ 个目的地, i,j=1,2,\cdots,4) \\ 0 & (其他) \end{cases}$$

其中 $i,j=1,2,3,4$,则目标函数为

$$\min Z = 37x_{11} + 43x_{12} + 33x_{13} + 29x_{14} + 33x_{21} + 33x_{22} + 29x_{23} + 25x_{24} + 34x_{31} +$$
$$42x_{32} + 38x_{33} + 30x_{34} + 37x_{41} + 35x_{42} + 30x_{43} + 29x_{44}$$

要求每人完成一项工作的约束条件为

$$\begin{cases} x_{11} + x_{12} + x_{13} + x_{14} = 1 \\ x_{21} + x_{22} + x_{23} + x_{24} = 1 \\ x_{31} + x_{32} + x_{33} + x_{34} = 1 \\ x_{41} + x_{42} + x_{43} + x_{44} = 1 \end{cases}$$

要求每项工作只能安排一个人的约束条件为

$$\begin{cases} x_{11} + x_{21} + x_{31} + x_{41} = 1 \\ x_{12} + x_{22} + x_{32} + x_{42} = 1 \\ x_{13} + x_{23} + x_{33} + x_{43} = 1 \\ x_{14} + x_{24} + x_{34} + x_{44} = 1 \end{cases}$$

表 5-7 称为效率表。假设 m 个人恰好做 m 项工作,第 i 个人做第 j 项工作的效率为 $c_{ij} \geq 0$,效率矩阵为 (c_{ij}),如何分配工作使效率最佳(min 或 max)的指派问题的数学模型为

$$\min(\max) Z = \sum_{i=1}^{m}\sum_{j=1}^{n} c_{ij} x_{ij}$$

$$\text{s.t.} \begin{cases} \sum_{j=1}^{m} x_{ij} = 1 & (i = 1, 2, \cdots, m) \\ \sum_{i=1}^{m} x_{ij} = 1 & (j = 1, 2, \cdots, m) \\ x_{ij} = 0 \text{ 或 } 1 \end{cases}$$

观察上述例题可知,指派问题既属于本章的 0-1 规划模型,又是运输模型的特例。当然可用整数规划、0-1 规划或运输问题的解法去求解,但这就如同用单纯形法求解运输问题一样不方便,根据指派问题的特点,可有更简便的解法——匈牙利算法。

2. 匈牙利算法

匈牙利数学家克尼格(D. Konig)证明了【定理 5.1】和【定理 5.2】,基于这两个定理,解分配问题的计算方法被称为匈牙利算法。

匈牙利算法求指派问题的条件是问题求最小值、人数和工作数相等以及效率非负。

【定理 5.1】 如果从分配问题效率矩阵 (c_{ij}) 的每一行(列)元素中分别减去(或加上)一个常数 $u_i(v_j)$,得到一个新的效率矩阵 (b_{ij}),其中 $b_{ij} = c_{ij} - u_i - v_j$,则 (b_{ij}) 的最优解等价于 (c_{ij}) 的最优解,其中 c_{ij} 及 b_{ij} 均非负。

【定理 5.2】 若矩阵 A 的元素可分成"0"与非"0"两部分,则覆盖零元素的最小直线数等于位于不同行不同列的零元素(称为独立元素)的最大个数。

(1)由【定理 5.2】可知,如果最少直线数等于 m,则存在 m 个独立的零元素,令这些零元素对应的 x_{ij} 等于 1,其余变量等于 0,这时目标函数值等于 0,得到最优解。

通过【定理 5.1】,可将效率表中的某些元素转换为 m 个独立的零元素,通过【定理 5.2】,可以判别出效率表中有多少个独立的零元素。

(2)若覆盖零元素,直线数小于 m,则从矩阵未被直线覆盖的数字中找出一个最小数 k 并且减去 k;直线相交处的元素加上 k,被直线覆盖而没有相交的元素不变,此时最少直线数等于

m,按照(1)的方式求解。

匈牙利方法求解指派问题的步骤如下:

第一步:将效率矩阵(c_{ij})每行的各元素减去该行的最小元素,再将所得矩阵每列的各元素减去该列的最小元素,所得矩阵的每一行和每一列都有零元素。

第二步:在第一步所得的矩阵中找出所有位于不同行不同列的零元素,并用最少条数的直线覆盖全部的零元素。画线及寻找独立零元素的方法如下:

(1)检查效率矩阵的每行、每列,在零元素最少的行(列)中任选一个零元素并对其打上括号,将该"0"所在行、列其他零元素全部打上"×",同时对打括号及"×"的零元素所在行或列画一条直线。

(2)重复步骤(1),在剩下的没有被直线覆盖的行、列中再找最少的零元素,打上括号、"×"及画线,直到所有的零元素被直线覆盖。如果效率矩阵每行(或列)都有一个打括号的零元素,则上述步骤得到的打括号的零元素都位于不同行、不同列,令对应打括号零元素的变量x_{ij}等于1,就得到了问题的最优解;如果效率矩阵中打括号的零元素个数少于m,转入第三步。

第三步:利用**【定理5.1】**对矩阵进行变换,增加独立零元素的个数。

【例5.10】 已知有A、B、C、D四项运输任务,现由甲、乙、丙、丁四人负责完成,每人完成每项运输任务的费用见表5-8,试求使总费用最小的指派方案。

运输费用表(单位:百元) 表5-8

人员	任务			
	A	B	C	D
甲	58	69	180	260
乙	75	50	150	230
丙	65	70	170	250
丁	82	55	200	280

解:第一步:变换系数矩阵。

找出效率矩阵中每行的最小元素,每行分别减去最小元素,得:

$$\begin{bmatrix} 58 & 69 & 180 & 260 \\ 75 & 50 & 150 & 230 \\ 65 & 70 & 170 & 250 \\ 82 & 55 & 200 & 280 \end{bmatrix} \begin{matrix} \min \\ 58 \\ 50 \\ 65 \\ 55 \end{matrix} \Rightarrow \begin{bmatrix} 0 & 11 & 122 & 202 \\ 25 & 0 & 100 & 180 \\ 0 & 5 & 105 & 185 \\ 27 & 0 & 145 & 225 \end{bmatrix}$$

找出矩阵每列的最小元素,每列分别减去该最小元素,得:

$$\begin{bmatrix} 0 & 11 & 122 & 202 \\ 25 & 0 & 100 & 180 \\ 0 & 5 & 105 & 185 \\ 27 & 0 & 145 & 225 \end{bmatrix} \Rightarrow \begin{bmatrix} 0 & 11 & 22 & 22 \\ 25 & 0 & 0 & 0 \\ 0 & 5 & 5 & 5 \\ 27 & 0 & 45 & 45 \end{bmatrix}$$

$\min \quad 0 \quad 0 \quad 100 \quad 180$

第二步:用最少的直线覆盖所有"0",得:

$$\begin{bmatrix} 0 & 11 & 22 & 22 \\ 25 & 0 & 0 & 0 \\ 0 & 5 & 5 & 5 \\ 27 & 0 & 45 & 45 \end{bmatrix}$$

第三步:直线数 $3 < m = 4$,未被直线覆盖的最小数字 $k = 5$,重新画线,得:

$$\begin{bmatrix} 0 & 6 & 17 & 17 \\ 30 & 0 & 0 & 0 \\ 0 & 0 & 0 & 0 \\ 32 & 0 & 45 & 45 \end{bmatrix}$$

表明矩阵中存在 4 个不同行不同列的零元素。令这些零元素对应的变量 x_{ij} 等于 1,其余变量等于 0,得到两个最优解

$$X^{(1)} = \begin{bmatrix} 1 & & & \\ & & 1 & \\ & & & 1 \\ & 1 & & \end{bmatrix}, X^{(2)} = \begin{bmatrix} 1 & & & \\ & & & 1 \\ & & 1 & \\ & 1 & & \end{bmatrix}$$

即最优方案有两个:第一种方案为甲完成任务 A,乙完成任务 C,丙完成任务 D,丁完成任务 B;第二种方案为甲完成任务 A,乙完成任务 D,丙完成任务 C,丁完成任务 B。最小费用为
$$Z = 58 + 150 + 250 + 55 = 513(百元)$$

3. 特殊指派问题

在实际应用中,常常会遇到求最大值、人数与任务数不相等以及配置不可接受(如某个人不能完成某项任务)等特殊指派问题,处理方法是将它们进行适当变换,使其满足使用匈牙利算法的条件,然后再求解。

对于指派问题求最大值的情况,设极大化问题的效率矩阵 $C = (c_{ij})$,令矩阵 $B = (b_{ij}) = (M - c_{ij})$(通常令 M 等于效率矩阵 C 中的最大元素),则以 B 为系数矩阵的极小化指派问题和以 C 为系数矩阵的极大化指派问题有相同的最优解。

对于指派问题的人数和任务数不相等的情况,设分配问题中人数为 m,任务数为 n,当 $m > n$ 时,虚拟 $m - n$ 项任务,对应的效率为 0;当 $m < n$ 时,虚拟 $n - m$ 个人,对应的效率为 0,将原问题化为人数与任务数相等的平衡问题再求解。

某人一定不能完成某项任务时,若原问题求最小值,令对应的效率为一个大 M 即可;若原问题求最大值,令对应的效率为 0 即可。

【例 5.11】 某企业根据地域的需求计划在四个区域设立四个专业卖场,考虑售卖的商品有电器、服装、食品、家具及计算机 5 个类别。通过市场调查,家具卖场不宜设在丙处,计算机卖场不宜设在丁处,不同商品投资到各点的年利润预测值见表 5-9。问:该企业如何做出投资决策才能使年利润最大?

年利润预测表（单位：万元） 表5-9

商品	地点			
	甲	乙	丙	丁
电器	120	300	360	400
服装	80	350	420	260
食品	150	160	380	300
家具	90	200		180
计算机	220	260	270	

解：(1) 令 $c_{43} = c_{54} = 0$；

(2) 令 $M = 420$，转换成求最小值问题；

(3) 虚拟一个地点戊，转换成平衡指派问题。

转换后得到表5-10。

转换后的效率表（单位：万元） 表5-10

商品	地点				
	甲	乙	丙	丁	戊
电器	300	120	60	20	0
服装	340	70	0	160	0
食品	270	260	40	120	0
家具	330	220	420	240	0
计算机	200	160	150	420	0

用匈牙利算法求得最优解为

$$X = \begin{bmatrix} & & & 1 & \\ & 1 & & & \\ & & 1 & & \\ & & & & 1 \\ 1 & & & & \end{bmatrix}, Z = 1350 \text{ 万元}$$

即最优投资方案为在地点甲投资计算机卖场，在地点乙投资服装卖场，在地点丙投资食品卖场，在地点丁投资电器卖场，年利润总额预测值为1350万元。

【**例5.12**】 现有5个道路工程工地需要由3家砂石料公司供应所需的材料，每个公司到这5个工地的运输费用见表5-11，求使总运费最少的指派方案。

运输费用表（单位：百万元） 表5-11

公司	工程工地				
	甲	乙	丙	丁	戊
A_1	4	8	7	15	12
A_2	7	9	17	14	10
A_3	6	9	12	8	7

解：由于每家建筑公司最多可以承建 2 项工程，因此可把每家建筑公司看成两家建筑公司，其系数矩阵为

$$\begin{bmatrix} 4 & 8 & 7 & 15 & 12 \\ 4 & 8 & 7 & 15 & 12 \\ 7 & 9 & 17 & 14 & 10 \\ 7 & 9 & 17 & 14 & 10 \\ 6 & 9 & 12 & 8 & 7 \\ 6 & 9 & 12 & 8 & 7 \end{bmatrix}$$

系数矩阵有 6 行 5 列，为了使"人"和"事"数目相同，引入一个虚拟的项目乙，使之成为标准指派问题的系数矩阵

$$\begin{bmatrix} 4 & 8 & 7 & 15 & 12 & 0 \\ 4 & 8 & 7 & 15 & 12 & 0 \\ 7 & 9 & 17 & 14 & 10 & 0 \\ 7 & 9 & 17 & 14 & 10 & 0 \\ 6 & 9 & 12 & 8 & 7 & 0 \\ 6 & 9 & 12 & 8 & 7 & 0 \end{bmatrix}$$

用匈牙利方法求解，得最小费用为

$$Z = 4 + 7 + 9 + 8 + 7 = 35(百万元)$$

习题

5.1 某厂拟托运甲、乙两种货物，托运总量不超过 $20m^3$、8t，每箱甲、乙的体积、质量、可获利润见表 5-12。问：两种货物各托运多少箱时，可使获得利润最大？试建立数学模型。

货物明细表　　　　　　　　　　　　　　表 5-12

集装箱	体积(m^3)	质量(t)	利润(百元/箱)
甲	4	2	12
乙	5	1	9
托运限制	20	8	

5.2 一辆货车的有效载质量是 20t，载货有效空间是 $8m \times 3.5m \times 2m$。现有 6 件不同的货物可选择运输，每件货物的质量、体积及运输收入见表 5-13。另外，货物 4 和货物 5 应先运输货物 5，货物 1 和货物 2 不能混装，为使货物运输收入最大，建立数学规划模型。

运输明细表　　　　　　　　　　　　　　表 5-13

货物号	1	2	3	4	5	6
质量(t)	6	5	3	4	7	2
体积(m^3)	3	7	4	5	6	2
运输收入(百元)	5	8	4	6	7	3

5.3 对于下列整数规划问题,说明能否用先求解相应的线性规划问题然后凑整的办法,求得该整数规划的一个可行解。

$$\max Z = 20x_1 + 10x_2 + 10x_3$$

$$\text{s.t.} \begin{cases} 2x_1 + 20x_2 + 4x_3 \leq 15 \\ 6x_1 + 20x_2 + 4x_3 = 20 \\ x_1, x_2, x_3 \geq 0 \text{ 且为整数} \end{cases}$$

5.4 用分支定界法求解下列问题。

(1) $\max Z = -3x_1 - 4x_2$

$$\text{s.t.} \begin{cases} 2x_1 + 3x_2 \leq 14 \\ x_1 + 0.5x_2 \leq 4.5 \\ x_1, x_2 \geq 0 \text{ 且为整数} \end{cases}$$

(2) $\max Z = 3x_1 + 2x_2$

$$\text{s.t.} \begin{cases} 2x_1 + 5x_2 \leq 15 \\ 2x_1 - 2x_2 \leq 5 \\ x_1, x_2 \geq 0 \text{ 且为整数} \end{cases}$$

5.5 用割平面法求解下列问题。

(1) $\max Z = x_1 + x_2$

$$\text{s.t.} \begin{cases} -x_1 + x_2 \leq 1 \\ 3x_1 + x_2 \leq 4 \\ x_1, x_2 \geq 0 \text{ 且为整数} \end{cases}$$

(2) $\min Z = 4x_1 + 5x_2$

$$\text{s.t.} \begin{cases} 3x_1 + 2x_2 \geq 7 \\ x_1 + 4x_2 \geq 5 \\ 3x_1 + x_2 \geq 2 \\ x_1, x_2 \geq 0 \text{ 且为整数} \end{cases}$$

5.6 3年内有5项道路工程考虑施工,每项工程的期望收入和年度费用(千元)见表5-14。假定每项已经批准的工程要在整个3年内完成,目标是选出使总收入达到最大的那些工程。试把该问题表述成一个0-1整数规划模型。

期望收入和年度费用表　　　　　　　　　　　　表5-14

工程	费用(千元)			收入(千元)
	第1年	第2年	第3年	
1	5	1	8	20
2	4	7	10	40
3	3	9	2	20
4	7	4	1	15
5	8	6	10	30
最大的可用资金数(千元)	25	25	25	

5.7 用隐枚举法求解下列 0-1 规划问题。

(1) max $Z = 3x_1 - 2x_2 + 5x_3$

s.t. $\begin{cases} x_1 + 2x_2 - x_3 \leq 2 \\ x_1 + 4x_2 + x_3 \leq 4 \\ x_1 + x_2 \leq 3 \\ 4x_2 + x_3 \leq 6 \\ x_1, x_2, x_3 = 0 \text{ 或 } 1 \end{cases}$

(2) min $Z = 4x_1 - x_2 + x_3 + 3x_4$

s.t. $\begin{cases} -x_1 + x_2 + 4x_3 + 5x_4 \geq 3 \\ 3x_1 - x_2 + 2x_3 - 2x_4 \geq 4 \\ x_1 + 3x_2 + 2x_3 + 4x_4 \leq 7 \\ x_1, x_2, x_3 = 0 \text{ 或 } 1 \end{cases}$

第六章 动态规划

第一节 多阶段决策问题

多阶段决策过程指的是一类特殊的决策过程,它们可以按照时间的顺序分解为若干相互联系的阶段,各决策依赖于当前的状态,又随即引起状态的转移,一个决策序列就是在变化的状态中产生出来的,故有"动态"的含义。当各阶段决策确定后,就组成了一个决策序列,因而也就决定了这个过程的一条活动路线。把一个问题看作一个前后关联、具有链状结构的多阶段过程,称为多阶段决策过程,如图6-1所示。

图6-1 多阶段决策过程

动态规划(dynamic programming)是求多阶段决策问题最优解的一种数学方法,是解决多阶段决策问题的一种思路。

第二节 动态规划的数学模型

1. 基本概念

【例6.1】 最短路问题。如图6-2所示,弧边上的数为两点间的距离,求点v_1到v_{10}的最短路线及最短路长,这是动态规划中一个较为直观的典型例子。

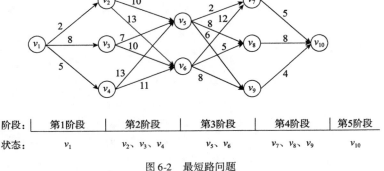

图6-2 最短路问题

通过【例6.1】的最短路问题,以下介绍有关动态规划的基本概念。

动态规划数学模型由阶段、状态、决策与策略、状态转移方程及指标函数等5个要素组成。

(1) **阶段**(stage) 表示决策顺序的时间序列,阶段可以按时间或空间划分,阶段数k可以是确定数、不定数或无限数。

图6-2按空间划分为4个阶段,图中第5个阶段是虚拟的一个边界阶段。

(2) **状态**(state) 表示描述决策过程当前特征并且具有无后效性的量。状态可以是数量,也可以是字符,数量状态可以是连续的,也可以是离散的。每一状态可以取不同值,状态变量记为s_k。各阶段所有状态组成的集合称为状态集。

如图6-2所示,各阶段的状态为上一阶段的结束点或该阶段的起点组成的集合。第1阶段的状态为v_1,第2阶段的状态为v_2、v_3、v_4,第3阶段的状态为v_5、v_6,第4阶段的状态为v_7、v_8、v_9,第5阶段的状态为v_{10},也是问题的结束。

状态的无后效性是指给定某一阶段状态后,决策过程由此阶段开始以后的演变不受此阶段以前历史状态的影响。

(3) **决策**(decision) 表示从某一状态向下一状态过渡时所作的选择。决策变量记为x_k,x_k是所在状态s_k的函数。

在状态s_k下,允许采取决策的全体称为决策允许集合,记为$D_k(s_k)$。各阶段所有决策组成的集合称为决策集。

从第1阶段开始到最后阶段全过程的决策构成的序列称为**策略**(strategy),第k阶段到最后阶段的决策序列称为子策略。

图6-2中,策略就是点v_1到v_{10}的一条路线,共有18个策略(18条路线)。最优策略是点v_1到v_{10}的最短路线。子策略可以是其他点到v_{10}的路线,显然策略也是子策略。

(4) **状态转移方程**(state transformation function) 表示某一状态以及该状态下的决策,与下一状态之间的函数关系记为 $s_{k+1} = T(s_k, x_k)$。

某一阶段的状态与下一阶段的状态有某种对应关系,是状态的转移规律,与所处状态及选择的决策有关。图6-2中,$k+1$阶段的状态等于k阶段某个状态下的决策。

(5) **指标函数或收益函数**(return function)是衡量对决策过程进行控制的效果的数量指标,具体可以是收益、成本、距离等指标,分为k阶段指标函数、k子过程指标函数及最优指标函数。

从k阶段状态s_k出发,选择决策x_k所产生的第k阶段指标,称为k**阶段指标函数**,记为$v_k(s_k, x_k)$。从k阶段状态s_k出发,选择决策$x_k, x_{k+1}, \cdots, x_n$所产生的第$k$阶段指标,称为$k$**子过程指标函数**,记为$v_k(s_k, x_k, x_{k+1}, \cdots, x_n)$或$V_k$,$n$为阶段数。从$k$阶段状态$s_k$出发,对所有的子策略,最优的过程指标函数称为**最优指标函数**,记为$f_k(s_k)$,通常取V_k的最大值或最小值。

在图6-2中,$v_k(s_k, x_k)$的含义是在状态s_k下选择决策x_k时的距离,如当s_2为v_4、x_2为v_5时,$v_2(v_4, v_5) = 13$。V_k的含义是在状态s_k下选择某一条路线到v_{10}(决策序列)的距离,如$v_2(v_3, v_6, v_8, v_{10}) = 10 + 5 + 8 = 23$。最优指标函数是某一点到$v_{10}$的最短距离。

动态规划的基本概念解析

2. 动态规划问题求解

【例6.1】的最短路问题具有以下特征:

(1)问题具有多阶段决策的特征。
(2)每一阶段都有相应的"状态"与之对应。
(3)每一阶段的某个状态都面临有若干个决策,选择不同的决策将会导致下一阶段不同的状态,同时,不同的决策将会导致这一阶段不同的距离。如图6-2的第1阶段状态v_1,其决策是到达下一阶段点的选择。状态v_1有3种选择,决策允许集合为$\{v_2, v_3, v_4\}$,也是第2阶段的状态集合。又如第2阶段状态v_3,到下一阶段的选择有v_5和v_6,决策允许集合为$\{v_5, v_6\}$。同一阶段各状态的决策集合可能相同也可能不同。
(4)每一阶段的最短距离(最优解)问题可以递推归结为下一阶段各可能状态的最优解问题,各子问题与原问题具有完全相同的结构。

动态规划解决问题的关键是将问题归结为一个递推过程,建立一个递推指标函数求最优解。如果不能建立递推函数,则动态规划方法无效。

图6-2的递推指标函数为

$$V_k = V_k(s_k, x_k, x_{k+1}, \cdots, x_n) = v_k(s_k, x_k) + V_{k+1} \tag{6-1}$$

最优指标函数为

$$f_k(s_k) = \min_{x_k \in D_k(s_k)} \{v_k(s_k, x_k) + f_{k+1}(s_{k+1})\} \tag{6-2}$$

式(6-2)是**动态规划的基本方程**或称为**最优性方程**。式中,$f_k(s_k)$为k阶段状态为s_k时到终点v_{10}的最短距离;$f_{k+1}(s_{k+1})$为$k+1$阶段状态为s_{k+1}到终点v_{10}的最短距离;$v_k(s_k, x_k)$是状态为s_k选择决策x_k时,s_k到x_k的距离;$D_k(s_k)$为状态s_k的决策集合。

当求出$k+1$阶段各状态的最优解(到终点的最短距离)后,利用式(6-2)就可以求出第k阶段各状态的最优解,依次类推,最后求出第1阶段状态v_1的最优解(v_1到v_{10}的最短距离)。

式(6-2)的递推关系理解为k阶段状态为s_k到终点v_{10}的最短距离归结为该状态选择决策x_k后的距离$v_k(s_k, x_k)$加上x_k到v_{10}的最短距离求最小值。例如,求v_3到v_{10}的最短距离$f_2(v_3)$为

$$f_2(v_3) = \min_{x_2 \in (v_5, v_6)} \{v_2(v_3, v_5) + f_3(v_5), v_2(v_3, v_6) + f_3(v_6)\} \tag{6-3}$$

动态规划基本原理是将一个问题的最优解转化为求子问题的最优解,研究的对象是决策过程的最优化,其变量是流动的时间或变动的状态,最后达到整体最优。

式(6-2)还描述了动态规划的最优性原理:如果点 x_k 到终点 v_{10} 的最短路线通过点 v_{k+1},则点 v_{k+1} 到终点 v_{10} 的最短路线也在这条路线上。

动态规划求解可分为三个步骤:分解、求解与合并。

动态规划要求子过程指标满足递推关系

$$V_k(s_k,x_k,x_{k+1},\cdots,x_n) = V_k[v(s_k,x_k),V_{k+1}(s_{k+1},x_{k+1},\cdots,x_n)] \tag{6-4}$$

常用的指标函数有连和形式和连乘形式。

连和形式为

$$\begin{aligned}V_k &= V_k(s_k,x_k,x_{k+1},\cdots,x_n)\\ &= v_k(s_k,x_k) + V_k(s_{k+1},x_{k+1},\cdots,x_n)\\ &= \sum_{j=k}^{n-1}v_j(s_j,x_j) + V_n\end{aligned} \tag{6-5}$$

连乘形式为($v_j \neq 0$)

$$\begin{aligned}V_k &= V_k(s_k,x_k,x_{k+1},\cdots,x_n)\\ &= v_k(s_k,x_k) \cdot V_k(s_{k+1},x_{k+1},\cdots,x_n)\\ &= \prod_{j=k}^{n-1}v_j(s_j,x_j) \cdot V_n\end{aligned} \tag{6-6}$$

【例 6.1】的指标函数属于连和形式。

最优指标函数 $f_k(s_k)$ 是取式(6-5)或式(6-6)的最优值。式(6-5)的最优指标函数是

$$f_k(s_k) = \mathop{\text{opt}}_{x_k \in D_k(s_k)}\{v_k(s_k,x_k) + f_{k+1}(s_{k+1})\} \quad (k=1,2,\cdots,n) \tag{6-7}$$

式(6-6)的最优指标函数是

$$f_k(s_k) = \mathop{\text{opt}}_{x_k \in D_k(s_k)}\{v_k(s_k,x_k) \cdot f_{k+1}(s_{k+1})\} \quad (k=1,2,\cdots,n) \tag{6-8}$$

式中,opt = optimization,表示"max"或"min"。式(6-5)~式(6-8)就是动态规划的基本方程。为了使递推方程有递推起点,需要确定最后一个状态 s_n 的最优指标 $f_n(s_n)$ 的值,称 $f_n(s_n)$ 为终端条件。一般地,连和形式 $f_n(s_n)=0$,连乘形式 $f_n(s_n)=1$。但也有例外,如式(6-5)和式(6-6)中的 V_n 不等于 0 或 1。在图 6-2 中,添加一个阶段 5,终端条件是终点 v_{10} 到 v_{10} 的距离,即 $f_5(s_5)=0$。

动态规划数学模型由式(6-7)或式(6-8)、边界条件及状态转移方程构成。如连和形式的数学模型为

$$\begin{cases} f_k(s_k) = \mathop{\text{opt}}_{x_k \in D_k(s_k)}\{v_k(s_k,x_k) + f_{k+1}(s_{k+1})\} & (k=1,2,\cdots,n)\\ f_n(s_n) = 0\\ s_{k+1} = T(s_k,x_k) \end{cases} \tag{6-9}$$

由式(6-7)和式(6-8)的形式可知,计算顺序是从最后一个阶段开始到第一阶段结束,这种方法称为**逆序法**。也可以将基本方程改为向前递推,式(6-2)改为

$$f_k(s_k) = \min_{x_k \in D_k(s_k)}\{v_k(s_k,x_k) + f_{k-1}(s_{k-1})\} \tag{6-10}$$

当计算顺序是从第一阶段开始到最后一个阶段结束时,这种方法称为**顺序法**。

现在用逆序法列表求解【例 6.1】。

$k = n = 5$ 时,$f_5(v_{10}) = 0$

$k = 4$ 时,递推方程为

$$f_4(s_4) = \min_{x_4 \in D_4(s_4)} \{v_4(s_4, x_4) + f_5(s_5)\}$$

$f_5(s_5)$ 到 $f_4(s_4)$ 的递推过程见表 6-1。

$f_5(s_5)$ 到 $f_4(s_4)$ 的递推过程　　　　表 6-1

s_4	$D_4(s_4)$	s_5	$v_4(s_4,x_4)$	$v_4(s_4,x_4)+f_5(s_5)$	$f_4(s_4)$	最优决策 x_4^*
v_7	$v_7 \to v_{10}$	v_{10}	5	$5+0=5^*$	5	$v_7 \to v_{10}$
v_8	$v_8 \to v_{10}$	v_{10}	8	$8+0=8^*$	8	$v_8 \to v_{10}$
v_9	$v_9 \to v_{10}$	v_{10}	4	$4+0=4^*$	4	$v_9 \to v_{10}$

第 4 阶段各状态的决策唯一,最优值等于对应的距离。

$k = 3$ 时,递推方程为

$$f_3(s_3) = \min_{x_3 \in D_3(s_3)} \{v_3(s_3, x_3) + f_4(s_4)\}$$

$f_4(s_4)$ 到 $f_3(s_3)$ 的递推过程见表 6-2。

$f_4(s_4)$ 到 $f_3(s_3)$ 的递推过程　　　　表 6-2

s_3	$D_3(s_3)$	s_4	$v_3(s_3,x_3)$	$v_3(s_3,x_3)+f_4(s_4)$	$f_3(s_3)$	最优决策 x_3^*
v_5	$v_5 \to v_7$	v_7	2	$2+5=7^*$	7	$v_5 \to v_7$
v_5	$v_5 \to v_8$	v_8	8	$8+8=16$		
v_5	$v_5 \to v_9$	v_9	6	$6+4=10$		
v_6	$v_6 \to v_7$	v_7	12	$12+5=17$	12	$v_6 \to v_9$
v_6	$v_6 \to v_8$	v_8	5	$5+8=13$		
v_6	$v_6 \to v_9$	v_9	8	$8+4=12^*$		

$k = 2$ 时,递推方程为

$$f_2(s_2) = \min_{x_2 \in D_2(s_2)} \{v_2(s_2, x_2) + f_3(s_3)\}$$

$f_3(s_3)$ 到 $f_2(s_2)$ 的递推过程见表 6-3。

$f_3(s_3)$ 到 $f_2(s_2)$ 的递推过程　　　　表 6-3

s_2	$D_2(s_2)$	s_3	$v_2(s_2,x_2)$	$v_2(s_2,x_2)+f_3(s_3)$	$f_2(s_2)$	最优决策 x_2^*
v_2	$v_2 \to v_5$	v_5	10	$10+7=17^*$	17	$v_2 \to v_5$
v_2	$v_2 \to v_6$	v_6	13	$13+12=25$		
v_3	$v_3 \to v_5$	v_5	7	$7+7=14^*$	14	$v_3 \to v_5$
v_3	$v_3 \to v_6$	v_6	10	$10+12=22$		
v_4	$v_4 \to v_5$	v_5	13	$13+7=20^*$	20	$v_4 \to v_5$
v_4	$v_4 \to v_6$	v_6	11	$11+12=23$		

$k = 1$ 时,递推方程为

$$f_1(s_1) = \min_{x_1 \in D_1(s_1)} \{v_1(s_1, x_1) + f_2(s_2)\}$$

$f_2(s_2)$ 到 $f_1(s_1)$ 的递推过程见表 6-4。

$f_2(s_2)$ 到 $f_1(s_1)$ 的递推过程　　　　　表6-4

s_1	$D_1(s_1)$	s_2	$v_1(s_1,x_1)$	$v_1(s_1,x_1)+f_2(s_2)$	$f_1(s_1)$	最优决策 x_1^*
v_1	$v_1\to v_2$	v_2	2	$2+17=19^*$	19	$v_1\to v_2$
	$v_1\to v_3$	v_3	8	$8+14=22$		
	$v_1\to v_4$	v_4	5	$5+20=25$		

第1阶段计算结束,表明已得到最优策略,最优值是表6-4中 $f_1(s_1)$ 的值,从 v_1 到 v_{10} 的最短路长为19。最短路线从表6-4到表6-1回溯,查看最后一列最优决策,得到最短路径 $v_1\to v_2\to v_5\to v_7\to v_{10}$。

直接在图上计算更为简单,见图6-3。

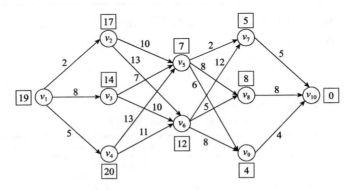

图6-3　逆序法递推过程

应当注意的是:动态规划是一种求解思路,注重决策过程,而不是一种算法。不同的问题得到的模型也不一样。学习动态规划就是要掌握它的这种原理和思路,分析问题的条件,确定模型的5个要素,利用递推关系求最优解。

3. 动态规划模型的分类

根据决策过程的演变是确定性的还是随机性的,动态规划问题可分为确定型动态规划模型和随机型动态规划模型。根据状态变量取值是离散的或是连续的,可分为离散动态规划模型和连续动态规划模型。以上模型组合起来就有离散确定型、离散随机型、连续确定型、连续随机型四种动态规划模型。

对于确定型动态规划,问题中下一阶段的状态由当前阶段的状态及决策完全确定。对于随机型动态规划,问题中下一阶段的状态并不能由当前阶段的状态及决策完全确定,而是按照某种概率分布来决定下一阶段的状态,但是这种概率分布是由当前阶段的状态和决策完全确定的。下面将重点讨论离散确定型动态规划和离散随机型动态规划。

第三节　离散确定型动态规划

在离散确定型动态规划模型中,状态变量取值是离散的,但是决策变量取值可分为离散和连续两种情况。下面将通过两个例子分别探讨决策变量为离散或连续时的求解方法。

1. 资源分配问题

问题:将总量为 a 的资源用于生产 n 种产品,以数量为 x 的资源去生产第 i 种产品可获收益 $g_i(x)(i=1,2,\cdots,n)$。应如何分配资源,可使总收益最大?

设用于生产第 i 种产品的资源数量为 $x_i(i=1,2,\cdots,n)$,可建立静态数学规划模型

$$\max Z = g_1(x_1) + g_2(x_2) + \cdots + g_n(x_n)$$

$$\text{s.t.} \begin{cases} x_1 + x_2 + \cdots + x_n = a \\ x_1, x_2, \cdots, x_n \geq 0 \end{cases}$$

对于此类资源分配问题,我们可以将原本的静态规划问题转化成动态规划问题来求解。

【例6.2】 公司有资金 8 万元,投资 A、B、C 三个项目,单位投资为 2 万元。每个项目的投资收益率与投入该项目的资金有关。三个项目 A、B、C 的投资收益和投入资金的关系见表 6-5。求对三个项目的最优投资分配,使总投资收益最大。

项目投资数据表　　　　　　　　　　　　　　　　　　　　表6-5

投入资金(万元)	投资收益(万元)		
	A	B	C
2	8	9	10
4	15	20	28
6	30	35	35
8	38	40	43

解:设 x_k 为第 k 个项目的投资,该问题的静态规划模型为

$$\max Z = g_1(x_1) + g_2(x_2) + g_3(x_3)$$

$$\text{s.t.} \begin{cases} x_1 + x_2 + x_3 = 8 \\ x_j = 0,2,4,6,8 \end{cases}$$

该问题的动态规划求解过程如下:

阶段 k:每投资一个项目作为一个阶段,$k=1,2,3,4$。$k=4$ 为虚设的阶段。

状态变量 s_k:投资第 k 个项目前的资金数。

决策变量 x_k:第 k 个项目的投资。

决策允许集合:$0 \leq x_k \leq s_k$。

状态转移方程:$s_{k+1} = s_k - a_k x_k$,其中 $a_k = 1$。

阶段指标:$v_k(s_k, x_k)$ 见表 6-5 中的数据。

递推方程:$f_k(x_k) = \max\{v_k(s_k, x_k) + f_{k+1}(s_{k+1})\}$ $(k=3,2,1)$。

终端条件:$f_4(s_4) = 0$。

数学模型为

$$f_k(x_k) = \max\{v_k(s_k, x_k) + f_{k+1}(s_{k+1})\}$$

$$\text{s.t.} \begin{cases} s_{k+1} = s_k - x_k \\ f_4(x_4) = 0 \\ x_k = 0,2,4,6,8 \end{cases} (k=1,2,3)$$

$k=4$,终端条件 $f_4(s_4) = 0$。

$k=3, 0 \leq x_3 \leq s_3, s_4 = s_3 - x_3$。第 3 阶段表示投资项目 A、B 后再投资项目 C，s_3 表示投资完项目 A、B 后能用于投资项目 C 的资金。$f_4(s_4)$ 到 $f_3(s_3)$ 的递推过程见表 6-6。

$f_4(s_4)$ 到 $f_3(s_3)$ 的递推过程　　　　　　表 6-6

状态 s_3	决策 $x_3(s_3)$	状态转移方程 $s_4 = s_3 - x_3$	阶段指标 $v_3(s_3, x_3)$	过程指标 $v_3(s_3,x_3)+f_4(s_4)$	最优指标 $f_3(s_3)$	最优决策	x_3^*
0	0	0	0	0+0=0	0	0	0
2	0	2	0	0+0=0	0	10	2
	2	0	10	10+0=10*	10*		
4	0	4	0	0+0=0	0	28	4
	2	2	10	10+0=10	10		
	4	0	28	28+0=28*	28*		
6	0	6	0	0+0=0	0	35	6
	2	4	10	10+0=10	10		
	4	2	28	28+0=28	28		
	6	0	35	35+0=35*	35*		
8	0	8	0	0+0=0	0	43	8
	2	6	10	10+0=10	10		
	4	4	28	28+0=28	28		
	6	2	35	35+0=35	35		
	8	0	43	43+0=43*	43*		

表 6-6 的最优决策说明将剩余资金全部投入项目 C。

$k=2, 0 \leq x_2 \leq s_2, s_3 = s_2 - x_2, f_3(s_3)$ 到 $f_2(s_2)$ 的递推过程见表 6-7。

$f_3(s_3)$ 到 $f_2(s_2)$ 递推过程　　　　　　表 6-7

s_2	$x_2(s_2)$	s_3	$v_2(s_2, x_2)$	$f_3(s_3)$	$v_2(s_2,x_2)+f_3(s_3)$	$f_2(s_2)$	x_2^*
0	0	0	0	0	0+0=0	0	0
2	0	2	0	10	0+10=10*	10	0
	2	0	9	0	9+0=9		
4	0	4	0	28	0+28=28*	28	0
	2	2	9	10	9+10=19		
	4	0	20	0	20+0=20		
6	0	6	0	35	0+35=35	37	2
	2	4	9	28	9+28=37*		
	4	2	20	10	20+10=30		
	6	0	35	0	35+0=35		
8	0	8	0	43	0+43=43	48	4
	2	6	9	35	9+35=44		

续上表

s_2	$x_2(s_2)$	s_3	$v_2(s_2,x_2)$	$f_3(s_3)$	$v_2(s_2,x_2)+f_3(s_3)$	$f_2(s_2)$	x_2^*
8	4	4	20	28	20+28=48*	48	4
	6	2	35	10	35+10=45		
	8	0	40	0	40+0=40		

$k=1, 0 \leqslant x_1 \leqslant s_1, s_2 = s_1 - x_1$。第1阶段为开始投资项目A,有资金8万元,$f_2(s_2)$到$f_1(s_1)$的递推过程见表6-8。

$f_2(s_2)$到$f_1(s_1)$的递推过程   表6-8

s_1	$x_1(s_1)$	s_2	$v_1(s_1,x_1)$	$f_2(s_2)$	$v_1(s_1,x_1)+f_2(s_2)$	$f_1(s_1)$	x_1^*
8	0	8	0	48	0+48=48*	48	0
	2	6	8	37	8+37=45		
	4	4	15	28	15+28=43		
	6	2	30	10	30+10=40		
	8	0	38	0	38+0=38		

最优解为$s_1=8, x_1^*=0, s_2=s_1-x_1=8, x_2^*=4, s_3=s_2-x_2=4, x_3^*=4, s_4=s_3-x_4=0$。投资的最优策略:项目A不投资,项目B投资4万元,项目C投资4万元,最大收益为48万元。

资源分配问题

2. 连续资源分配问题

问题:拟将总量为c的某种资源投入到方式为A、B的两种生产中去。将数量为$x、y$的资源分别用于生产方式A、B可获收益$g(x)、h(y)$,并可分别以回收率$a、b$回收部分资源用于下一个阶段的再生产,其中$g、h$为已知函数,且$g(0)=h(0)=0$,生产过程分n个阶段连续进行,如何分配资源用于这n个阶段的生产才能使总收益最大?

设在第i个阶段用于方式A的资源的数量为$x_i(i=1,2,\cdots,n)$,可建立数学规划模型

$$\max Z = \sum_{i=1}^{n}[g(x_i)+h(s_i-x_i)]$$

$$\text{s.t.} \begin{cases} s_1 = c \\ s_2 = ax_1 + b(s_1-x_1) \\ \cdots \\ s_n = ax_{n-1} + b(s_{n-1}-x_{n-1}) \\ s_{n+1} = ax_n + b(s_n-x_n) \\ 0 \leqslant x_i \leqslant s_i \quad (i=1,2,\cdots,n) \end{cases}$$

这是一个多阶段决策问题,也可利用动态规划方法来求解。

【例6.3】 某工厂计划将1000台机器分配到A、B两个车间。分配$x、y$台机器到车间A、B的年收益分别为$g(x)=8x, h(y)=5y$,回收率分别为$a=0.7, b=0.9$。试制定该厂5年间总收益最大的机器分配方案。

解:动态规划求解过程如下:

阶段k:运行年份($k=1,2,\cdots,6$),$k=1$表示第1年年初,$k=6$表示第5年年末(即第6年

年初)。

状态变量 s_k:第 k 年年初完好的机器数($k = 1,2,\cdots,6$),也是第 $k-1$ 年年末完好的机器数,其中 s_6 表示第 5 年年末(即第 6 年年初)的完好机器数,$s_1 = 1000$。

决策变量 x_k:第 k 年年初投入 A 车间的机器数。

状态转移方程:$s_{k+1} = 0.7x_k + 0.9(s_k - x_k)$。

决策允许集合:$D_k(s_k) = \{x_k \mid 0 \leq x_k \leq s_k\}$。

阶段指标:$v_k(s_k, x_k) = 8x_k + 5(s_k - x_k)$。

终端条件:$f_6(s_6) = 0$。

递推方程:

$$f_k(s_k) = \max_{x_k \in D_k(s_k)} \{v_k(s_k, x_k) + f_{k+1}(s_{k+1})\}$$
$$= \max_{0 \leq x_k \leq s_k} \{8x_k + 5(s_k - x_k) + f_{k+1}[0.7x_k + 0.9(s_k - x_k)]\}$$

$f_k(s_k)$ 表示第 k 年年初分配 x_k 台设备用于高负荷生产时到第 5 年年末的最大产量,计算过程如下:

$$f_5(s_5) = \max_{0 \leq x_5 \leq s_5} \{8x_5 + 5(s_5 - x_5) + f_6(s_6)\}$$
$$= \max_{0 \leq x_5 \leq s_5} \{8x_5 + 5(s_5 - x_5)\}$$
$$= \max_{0 \leq x_5 \leq s_5} \{5s_5 + 3x_5\} = 8s_5$$

$x_5^* = s_5$ 时最优,则:

$$f_4(s_4) = \max_{0 \leq x_4 \leq s_4} \{8x_4 + 5(s_4 - x_4) + f_5(s_5)\}$$
$$= \max_{0 \leq x_4 \leq s_4} \{8x_4 + 5(s_4 - x_4) + f_5[0.7x_4 + 0.9(s_4 - x_4)]\}$$
$$= \max_{0 \leq x_4 \leq s_4} \{5s_4 + 3x_4 + f_5(0.9s_4 - 0.2x_4)\}$$
$$= \max_{0 \leq x_4 \leq s_4} \{5s_4 + 3x_4 + 8(0.9s_4 - 0.2x_4)\}$$
$$= \max_{0 \leq x_4 \leq s_4} \{12.2s_4 + 1.4x_4\} = 13.6s_4$$

$x_4^* = s_4$ 时最优,则:

$$f_3(s_3) = \max_{0 \leq x_3 \leq s_3} \{8x_3 + 5(s_3 - x_3) + f_4(s_4)\}$$
$$= \max_{0 \leq x_3 \leq s_3} \{8x_3 + 5(s_3 - x_3) + f_4[0.7x_3 + 0.9(s_3 - x_3)]\}$$
$$= \max_{0 \leq x_3 \leq s_3} \{5s_3 + 3x_3 + f_4(0.9s_3 - 0.2x_3)\}$$
$$= \max_{0 \leq x_3 \leq s_3} \{5s_3 + 3x_3 + 13.6(0.9s_3 - 0.2x_3)\}$$
$$= \max_{0 \leq x_3 \leq s_3} \{17.24s_3 + 0.28x_3\} = 17.52s_3$$

$x_3^* = s_3$ 时最优,则:

$$f_2(s_2) = \max_{0 \leq x_2 \leq s_2} \{8x_2 + 5(s_2 - x_2) + f_3(s_3)\}$$
$$= \max_{0 \leq x_2 \leq s_2} \{8x_2 + 5(s_2 - x_2) + f_3[0.7x_2 + 0.9(s_2 - x_2)]\}$$
$$= \max_{0 \leq x_2 \leq s_2} \{5s_2 + 3x_2 + 17.52(0.9s_2 - 0.2x_2)\}$$
$$= \max_{0 \leq x_2 \leq s_2} \{20.768s_2 - 0.504x_2\} = 20.768s_2$$

$x_2^* = 0$ 时最优,则:

$$f_1(s_1) = \max_{0 \leq x_1 \leq s_1} \{8x_1 + 5(s_1 - x_1) + f_2(s_2)\}$$
$$= \max_{0 \leq x_1 \leq s_1} \{8x_1 + 5(s_1 - x_1) + f_2[0.7x_1 + 0.9(s_1 - x_1)]\}$$
$$= \max_{0 \leq x_1 \leq s_1} \{5s_1 + 3x_1 + 20.768(0.9s_1 - 0.2x_1)\}$$
$$= \max_{0 \leq x_1 \leq s_1} \{23.6912s_1 - 1.1536x_1\} = 23.6912s_1$$

$x_1^* = 0$ 时最优,则:

因为 $s_1 = 1000$,5 年的最大总产量为 $f_1(s_1) = 23.6912 \times 1000 = 23691.2$。

由于 $x_1^* = x_2^* = 0, x_3^* = s_3, x_4^* = s_4, x_5^* = s_5$,机器的最优分配策略:前两年将机器全部分配到 B 车间,后三年将机器全部分配到 A 车间。

一般地,设一个周期为 n 年,A 公司生产时设备的完好率为 a,单台产量为 g;B 公司生产时设备的完好率为 b,单台产量为 h。若有 t 满足

$$\sum_{i=0}^{n-t-1} a^i \leq \frac{g-h}{g(b-a)} \leq \sum_{i=0}^{n-t} a^i \quad (6-11)$$

则最优设备分配策略:从 1 至 $t-1$ 年,年初将全部完好设备投入低负荷运行,从 t 至 n 年,年初将全部完好设备投入高负荷运行,总产量达到最大。

第四节 离散随机型动态规划

对于随机型动态规划,它与确定型动态规划的区别在于下一阶段的状态并不能由当前阶段的状态及决策完全确定,而是按某种概率分布来决定下一阶段的状态,但是这种概率分布是由当前阶段的状态和决策完全确定的。

在随机型动态规划问题中,下一阶段到达的状态和决策的收益值不能确定,只能根据各个阶段的期望收益值进行优化。因此,随机型动态规划问题的指标函数值为各阶段收益和时,基本方程可写为

$$f_k(s_k) = \max_{x_k \in D_k(s_k)} E\{v_k(s_k, x_k) + f_{k+1}(s_{k+1})\}$$

其中,$E\{\cdots\}$ 表示括号内数量的期望值。

通过下面【例 6.4】,我们来介绍离散随机型动态规划。

【例 6.4】 某工厂计划四个月生产一台合格的机器,否则将承担损失费 1000 元。已知投产一台机器合格的概率为 25%,投产一批的准备结束费用为 200 元,每台机器投产需消耗成本 100 元。若投产一批后全部不合格,则需再投产一批,每批的投产周期为一个月。试问每批投产台数为多少时,可使总的投产费用期望值最小?

解 动态规划求解过程如下:

阶段 k:投产周期($k = 1, 2, 3, 4$)。

状态变量 s_k:投产是否存在合格产品,若已存在合格产品,则 $s_k = 0$;若未存在合格产品,则 $s_k = 1$。

决策变量 x_k：每个阶段的投产台数。
决策允许集合：当 $s_k=1$ 时，$D_k(s_k)=\{1,2,\cdots,N\}$；当 $s_k=0$ 时，$D_k(s_k)=\{0\}$。
状态转移方程：

$$\begin{cases} p(s_{k+1}=1)=0.75^{x_k} \\ p(s_{k+1}=0)=1-0.75^{x_k} \end{cases}$$

第 k 阶段的费用支出：

$$c(x_k)=\begin{cases} 200+100x_k & (x_k\neq 0) \\ 0 & (x_k=0) \end{cases}$$

$f_k(s_k)$ 为从状态 s_k、决策 x_k 出发的 k 阶段以后的最小期望费用，又 $f_k(0)=0$，则：

$$f_k(1)=\min_{x_k\in D_k(s_k)}\{c(x_k)+0.75^{x_k}f_{k+1}(1)+(1-0.75^{x_k})f_{k+1}(0)\}$$

$$=\min_{x_k\in D_k(s_k)}\{c(x_k)+0.75^{x_k}f_{k+1}(1)\}$$

当 $k=4$ 时，$f_4(0)=0$，且 $f_5(1)=1000$，计算过程见表6-9。

$f_5(s_5)$ 到 $f_4(s_4)$ 的递推过程　　　　　　　　　　　表6-9

状态 s_4	决策 x_4	费用支出 $c(x_4)$	过程指标 $c(x_4)+0.75^{x_4}f_5(1)$	最小期望费用 $f_4(s_4)$	最优决策 x_4^*
0	0	0	—	0	0
1	0	0	1000	916	4
	1	300	1050		
	2	400	963		
	3	500	922		
	4	600	916		
	5	700	937		

当 $k=3$ 时，$f_3(0)=0$，计算过程见表6-10。

$f_4(s_4)$ 到 $f_3(s_3)$ 的递推过程　　　　　　　　　　　表6-10

状态 s_3	决策 x_3	费用支出 $c(x_3)$	过程指标 $c(x_3)+0.75^{x_3}f_4(1)$	最小期望费用 $f_3(s_3)$	最优决策 x_3^*
0	0	0	—	0	0
1	0	0	916	886	3
	1	300	987		
	2	400	915		
	3	500	886		
	4	600	890		
	5	700	917		

当 $k=2$ 时,$f_2(0)=0$,计算过程见表 6-11。

表 6-11 $f_3(s_3)$ 到 $f_2(s_2)$ 的递推过程

状态 s_2	决策 x_2	费用支出 $c(x_2)$	过程指标 $c(x_2)+0.75^{x_2}f_3(1)$	最小期望费用 $f_2(s_2)$	最优决策 x_2^*
0	0	0	—	0	0
1	0	0	886	874	3
1	1	300	965	874	3
1	2	400	898	874	3
1	3	500	874	874	3
1	4	600	880	874	3
1	5	700	910	874	3

当 $k=1$ 时,$f_1(0)=0$,计算过程见表 6-12。

表 6-12 $f_2(s_2)$ 到 $f_1(s_1)$ 的递推过程

状态 s_1	决策 x_1	费用支出 $c(x_1)$	过程指标 $c(x_1)+0.75^{x_1}f_2(1)$	最小期望费用 $f_1(s_1)$	最优决策 x_1^*
0	0	0	—	0	0
1	0	0	874	869	3
1	1	300	956	869	3
1	2	400	892	869	3
1	3	500	869	869	3
1	4	600	877	869	3
1	5	700	907	869	3

即该工厂的最优决策为第一批投产 3 台;如果无合格品,第二批再投产 3 台;如果仍全部不合格,第 3 批投产 3 台;如果仍全部不合格,第 4 批投产 4 台。这样可使总的投产费用期望值最小,为 869 元。

第五节　其他动态规划模型

1. 求解线性规划模型

对于线性规划、整数规划这种静态问题,用动态规划方法求解时,阶段数等于变量数,状态变量是资源限量,阶段指标是目标函数项。

【例 6.5】　用动态规划方法求解线性规划

$$\max Z = 6x_1 + 5x_2 + 8x_3$$
$$\text{s. t.} \begin{cases} 3x_1 + 2x_2 \leq 20 \\ x_1 + 4x_2 + 4x_3 \leq 14 \\ x_1, x_2, x_3 \geq 0 \end{cases}$$

解:首先将问题转化为动态规划模型。

阶段数为3,决策变量为x_k,状态变量为第k阶段初各约束条件右端常数的剩余值,用s_{1k}和s_{2k}表示,状态转移方程为

$$s_{1,k+1} = s_{1k} - a_{1k}x_k, s_{2,k+1} = s_{2k} - a_{2k}x_k$$

阶段指标是$c_k x_k$,递推方程为

$$f_k(s_{1k}, s_{2k}) = \max_{x_k \in D_k(s_{ik})} \{c_k x_k + f_{k+1}(s_{1,k+1}, s_{2,k+1})\}$$

终端条件:$f_4(s_{14}, s_{24}) = 0$。

$k=3$时,决策变量允许集合$D_3(s_{i3}) = \left\{x_3 \mid 0 \leq x_3 \leq \min\left\{\dfrac{s_{13}}{a_{13}}, \dfrac{s_{23}}{a_{23}}\right\}\right\}$。

$a_{13}=0, a_{23}=4$,有:

$$D_3(s_{i3}) = \left\{x_3 \mid 0 \leq x_3 \leq \dfrac{s_{23}}{4}\right\}$$

$$f_3(s_{13}, s_{23}) = \max_{0 \leq x_3 \leq s_{23}/4}\{c_3 x_3\} = \max_{0 \leq x_3 \leq s_{23}/4}\{8x_3\} = 2s_{23} \qquad x_3^* = \dfrac{s_{23}}{4}$$

$k=2$时,决策变量允许集合$D_2(s_{i2}) = \left\{x_2 \mid 0 \leq x_2 \leq \min\left\{\dfrac{s_{12}}{a_{12}}, \dfrac{s_{22}}{a_{22}}\right\}\right\}$。

$a_{12}=2, a_{22}=4$,有:

$$D_2(s_{i2}) = \left\{x_2 \mid 0 \leq x_2 \leq \min\left\{\dfrac{s_{12}}{2}, \dfrac{s_{22}}{4}\right\}\right\}$$

状态转移方程为$s_{13} = s_{12} - 2x_2, s_{23} = s_{22} - 4x_2$。

$$\begin{aligned}
f_2(s_{12}, s_{22}) &= \max_{0 \leq x_2 \leq \min\{\frac{s_{12}}{2}, \frac{s_{22}}{4}\}}\{c_2 x_2 + f_3(s_{13}, s_{23})\} \\
&= \max_{0 \leq x_2 \leq \min\{\frac{s_{12}}{2}, \frac{s_{22}}{4}\}}\{5x_2 + 2s_{23}\} \\
&= \max_{0 \leq x_2 \leq \min\{\frac{s_{12}}{2}, \frac{s_{22}}{4}\}}\{5x_2 + 2(s_{22} - 4x_2)\} \qquad x_2^* = 0 \\
&= \max_{0 \leq x_2 \leq \min\{\frac{s_{12}}{2}, \frac{s_{22}}{4}\}}\{2s_{22} - 3x_2\} \\
&= 2s_{22}
\end{aligned}$$

$k=1$时,决策变量允许集合为

$$D_1(s_{i1}) = \left\{x_1 \mid 0 \leq x_1 \leq \min\left\{\dfrac{s_{11}}{a_{11}}, \dfrac{s_{21}}{a_{21}}\right\}\right\}$$

$$= \left\{x_1 \mid 0 \leq x_1 \leq \min\left\{\dfrac{20}{3}, 14\right\}\right\}$$

状态转移方程为$s_{12} = s_{11} - 3x_1 = 20 - 3x_1, s_{22} = s_{21} - x_1 = 14 - x_1$。

$$\begin{aligned}
f_1(s_{11}, s_{21}) &= \max_{0 \leq x_1 \leq \min\{\frac{20}{3}, 14\}}\{c_1 x_1 + f_2(s_{12}, s_{22})\} \\
&= \max_{0 \leq x_1 \leq \min\{\frac{20}{3}, 14\}}\{6x_1 + 2(14 - x_1)\} \\
&= \max_{0 \leq x_1 \leq \min\{\frac{20}{3}, 14\}}\{4x_1 + 2 \times 14\} \qquad x_1^* = \dfrac{20}{3} \\
&= \dfrac{164}{3}
\end{aligned}$$

$x_1 = \dfrac{20}{3}, s_{12} = 0, s_{22} = 14 - \dfrac{20}{3} = \dfrac{22}{3}, x_2 = 0, s_{13} = 0, s_{23} = \dfrac{22}{3}, x_3 = \dfrac{s_{23}}{4} = \dfrac{11}{6}$,最优解为

$$X = \left(\dfrac{20}{3}, 0, \dfrac{11}{6}\right)^T, Z = \dfrac{164}{3}$$

2. 求解非线性规划模型

用动态规划方法求解非线性规划模型的思路与【例6.5】类似。

【例6.6】 用动态规划方法求解非线性规划

$$\max Z = x_1 x_2 x_3$$
$$\text{s.t.} \begin{cases} x_1 + 5x_2 + 2x_3 \leq 20 \\ x_1, x_2, x_3 \geq 0 \end{cases}$$

解:阶段数为3,决策变量为 x_k,状态变量 s_k 为第 k 阶段初约束条件右端常数的剩余值,状态转移方程为 $s_{k+1} = s_k - a_k x_k$,阶段指标是 x_k,递推方程为

$$f_k(s_k) = \max_{s_{xk} \in D(s_{ik})} \{x_k \cdot f_{k+1}(s_{k+1})\}$$

终端条件:$f_4(s_4) = 1$。

$k = 3$ 时,决策变量允许集合 $D_3(s_3) = \left\{x_3 \mid 0 \leq x_3 \leq \dfrac{s_3}{a_3} = \dfrac{s_3}{2}\right\}$。

$$f_3(s_3) = \max_{0 \leq x_3 \leq s_3/2} \{x_3 f_4(s_4)\} = \max_{0 \leq x_3 \leq s_3/2} \{x_3\} = \dfrac{s_3}{2} \qquad x_3^* = \dfrac{s_3}{2}$$

$k = 2$ 时,决策变量允许集合 $D_2(s_2) = \left\{x_2 \mid 0 \leq x_2 \leq \dfrac{s_2}{a_2} = \dfrac{s_2}{5}\right\}$。

状态转移方程为 $s_3 = s_2 - 5x_2$。

$$f_2(s_2) = \max_{0 \leq x_2 \leq s_2/5} \{x_2 f_3(s_3)\}$$
$$= \max_{0 \leq x_2 \leq s_2/5} \left\{\dfrac{1}{2} x_2 s_3\right\}$$
$$= \max_{0 \leq x_2 \leq s_2/5} \left\{\dfrac{1}{2} x_2 (s_2 - 5x_2)\right\} \qquad x_2^* = \dfrac{s_2}{10}$$
$$= \dfrac{1}{40} s_2^2$$

$k = 1$ 时,决策变量允许集合 $D_1(s_1) = \left\{x_1 \mid 0 \leq x_1 \leq \dfrac{s_1}{a_1} = 20\right\}$。

状态转移方程为 $s_2 = 20 - x_1$。

$$f_1(s_1) = \max_{0 \leq x_1 \leq 20} \{x_1 f_2(s_2)\}$$
$$= \max_{0 \leq x_1 \leq 20} \left\{\dfrac{1}{40} x_1 s_2^2\right\}$$
$$= \max_{0 \leq x_1 \leq 20} \left\{\dfrac{1}{40} x_1 (20 - x_1)^2\right\}$$
$$= \max_{0 \leq x_1 \leq 20} \left\{\dfrac{1}{40} x_1^3 - x_1^2 + 10x_1\right\} \qquad x_1^* = \dfrac{20}{3}$$
$$= \dfrac{800}{27}$$

$x_1 = \frac{20}{3}, s_2 = 20 - x_1 = \frac{40}{3}, x_2 = \frac{s_2}{10} = \frac{4}{3}, s_3 = s_2 - 5x_2 = \frac{20}{3}, x_3 = \frac{s_3}{2} = \frac{10}{3}$,最优解为

$$X = \left(\frac{20}{3}, \frac{4}{3}, \frac{10}{3}\right)^T, Z = \frac{800}{27}$$

这里连乘形式的递推方程的终端条件应等于1。【例6.6】形式的模型可应用于系统可靠性问题。

习题

6.1 计算从A到B、C和D的最短路线,各段路线的长度如图6-4所示。

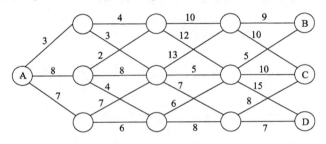

图6-4 路线图

6.2 某企业计划委派10个推销员到4个地区推销产品,每个地区分配1~4个推销员。各地区月收益与推销员人数的关系见表6-13。企业如何分配4个地区的推销人员数,可使总月收益最大?

推销员人数与收益表　　　　　　　　　　表6-13

人数	月收益(万元)			
	A	B	C	D
1	40	50	60	70
2	70	120	200	240
3	180	230	230	260
4	240	240	270	300

6.3 某车队共有车辆100辆,分别送两批货物去A、B两地,运到A地的利润与车辆数x满足关系$100x$,车辆抛锚率为30%;运到B地的利润与车辆数y满足关系$80y$,车辆抛锚率为20%,总共往返3轮。请设计使总利润最高的车辆分配方案。

6.4 现有一面粉加工厂,每星期上5天班,生产成本和需求量见表6-14。面粉加工没有生产准备成本,每袋面粉的储存费为$h_k = 0.5$元,按天交货,比较下列两种方案,求成本最小的方案。

(1)星期一早上和星期五晚的储存量为0,不允许缺货,仓库容量为$S = 40$袋。

(2)其他条件不变,星期一储存量为8。

生产成本和需求量表 表6-14

星期 k	1	2	3	4	5
需求量 d_k(袋)	10	20	25	30	30
每袋生产成本 c_k(元)	8	6	9	12	10

6.5 有一辆最大货运量为10t 的货车,用于装载三种货物,每种货物的单位质量及相应单位价值见表6-15。问:如何装载可使总价值最大?

货物单位质量与单位价值表 表6-15

货物编号	1	2	3
单位质量(t)	3	4	5
单位价值 C_i	4	5	6

6.6 某公司承担一种新产品试制任务,合同要求三个月内交出一台合格的样品,否则公司将负担2000元的赔偿费。据有经验的技术人员估计,试制时每投产一台合格概率为0.35,投产一批的准备结束费用为300元,每台试制费用为150元。若投产一批后全部不合格,可再投一批试制,但每投一批周期需一个月。问:每批投产多少台,可使总试制费用(包括可能发生的赔偿损失)期望值最小?

6.7 用动态规划求解下列线性规划问题。

$$\max Z = 2x_1 + 4x_2$$

$$\text{s. t.} \begin{cases} 2x_1 + x_2 \leqslant 6 \\ x_1 \leqslant 2 \\ x_2 \leqslant 4 \\ x_1, x_2 \geqslant 0 \end{cases}$$

6.8 用动态规划求解下列非线性规划问题。

(1) $\max Z = 4x_1^2 - x_2^2 + 2x_3^2$

$$\text{s. t.} \begin{cases} 3x_1 + 2x_2 + x_3 = 9 \\ x_1, x_2, x_3 \geqslant 0 \end{cases}$$

(2) $\max Z = x_1 x_2 \cdots x_n$

$$\text{s. t.} \begin{cases} x_1 + x_2 + \cdots + x_n = c, \text{其中} c \geqslant 0 \\ x_1, x_2, \cdots, x_n \geqslant 0 \end{cases}$$

第七章 图与网络模型

第一节 基本概念

图与网络理论在系统分析中占有重要的地位。在实际工程中,许多工程系统都可以用图形来描述。因此,可以用一个抽象的图或网络模型来描述一个工程系统的各种物理量之间的关系,利用图与网络的某些性质求解网络模型往往要比求解数学模型简单很多。

运筹学中研究的图具有下列特征:

(1)用点表示研究对象,用边(有方向或无方向)表示对象之间某种关系。

(2)强调点与点之间的关联关系,不讲究图的比例大小、形状以及位置等。

(3)每条边都赋有一个权,其图称为赋权图。实际中权可以代表两点之间的距离、费用、利润、时间、容量等不同的含义。

(4)建立一个网络模型,求最大值或最小值。

1. 图的基本概念

可以用一些点和线来表示研究对象和它们之间的关系,一个**图**是由一些点及这些点之间的连线组成的。把图中的点称为**节点**,连线称为**边**,则图可以定义如下:

【定义7.1】 一个图是由点集 $V = \{v_i\}$ 和 V 中元素的无序对的集合 $E = \{e_k\}$ 所构成的二

元组,记为 $G=(V,E)$,V 中的元素 v_i 叫作顶点,E 中的元素 e_k 叫作边。

当 V、E 为有限集合时,G 为有限图,否则称为无限图。

【例 7.1】 在图 7-1 中,$V=\{v_1,v_2,v_3,v_4\}$,$E=\{e_1,e_2,e_3,e_4,e_5,e_6\}$,其中:$e_1=(v_1,v_1)$,$e_2=(v_1,v_2)$,$e_3=(v_1,v_3)$,$e_4=(v_2,v_3)$,$e_5=(v_2,v_3)$,$e_6=(v_3,v_4)$。

两个点 u、v 属于 V,如果边 (u,v) 属于 E,则称 u、v 两点相邻。u、v 称为边 (u,v) 的端点。

两条边 e_i、e_j 属于 E,如果它们有一个公共端点 u,则称 e_i、e_j 相邻。边 e_i、e_j 称为点 u 的关联边。

对于任一条边 (v_i,v_j) 属于 E,如果边 (v_i,v_j) 端点无序,则它是无向边。此时图为无向图,如图 7-1 所示。如果 (v_i,v_j) 的端点有序,即它表示以 v_i 为始点、v_j 为终点的有向边(或称弧),这个图称为有向图。

一条边的两个端点如果相同,称此边为环(自回路),如图 7-1 中的 e_1。

两个点之间多于一条边的,称为多重边,如图 7-1 中的 e_4、e_5。

【定义 7.2】 不含环和多重边的图简称为简单图,含有多重边的图称为多重图。本教材讨论的图,如不特殊说明,都是简单图。

图 7-2 的 e_6、e_7 是多重边,图 7-2 是多重图,图 7-3 是简单图。

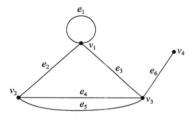
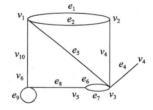
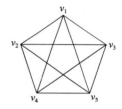

图 7-1　无向图　　　　图 7-2　多重图　　　　图 7-3　简单图

【定义 7.3】 每一对顶点间都有边相连的无向简单图称为完全图。有 n 个顶点的无向完全图记作 K_n。图 7-3 是完全图。

有向完全图是指每一对顶点间有且仅有一条有向边的简单图。

为研究和描述图的性质和结构,引入**子图**的概念。

【定义 7.4】 设图 $G=(V,E)$,如果 $V'\subseteq V$ 且 $E'\subseteq E$,则称 $G'(V',E')$ 为 G 的一个**生成子图**(支撑子图)。

图 7-5、图 7-6 都是图 7-4 的生成子图。

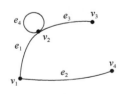

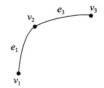

图 7-4　无向图　　　　图 7-5　生成子图①　　　　图 7-6　生成子图②

给定一个图 G,一个点、边交错序列 $(v_{i_1},e_{i_1},v_{i_2},e_{i_2},\cdots,v_{i_{k-1}},e_{i_{k-1}},v_{i_k})$,如果满足 $e_{i_t}=(v_{i_t},v_{i_{t+1}})$ $(t=1,2,\cdots,k-1)$,则称图 G 为一条连接 v_{i_1} 和 v_{i_k} 的链,记为 $(v_{i_1},v_{i_2},\cdots,v_{i_k})$。在链 $(v_{i_1},v_{i_2},\cdots,v_{i_k})$ 中,若 $v_{i_1}=v_{i_k}$,则称之为一个圈,记为 $(v_{i_1},v_{i_2},\cdots,v_{i_{k-1}},v_{i_1})$。

若图 $G=(V,E)$ 中任意两节点间存在至少一条链,则称 G 是**连通图**,否则为**非连通图**。

描述图的特征的一个重要参数是**次**。

【定义 7.5】 与节点 v_i 相关联的边的数目称为节点的次,记为 $d(v_i)$。

在图 7-4 中,$d(v_1)=2,d(v_2)=4$。如果一个自环边与节点相关联,计算次数为 2,次为奇数的点称作**奇点**,次为偶数的点称作**偶点**。

【定理 7.1】 图中所有节点的总次数为图中边数的两倍,即 $\sum_{i=1}^{p}d(v_i)=2q$。

【定理 7.2】 对任何图,奇点个数必为偶数。

2. 图的矩阵表示

用矩阵表示图,对图的性质表达和理解较为直观,接下来介绍权矩阵与邻接矩阵。

对于图 $G=(V,E)$,其中边 (v_i,v_j) 有权 w_{ij},构造矩阵 $A=(a_{ij})_{n\times n}$,其中

$$a_{ij}=\begin{cases}w_{ij} & ((v_i,v_j)\in E)\\ 0 & ((v_i,v_j)\notin E)\end{cases}$$

称矩阵 A 为 G 的权矩阵。

【例 7.2】 写出图 7-7 的权矩阵。

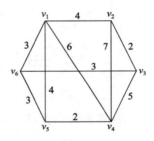

图 7-7 带权重的网络图

解:图 7-7 的权矩阵为

$$A=\begin{array}{c}v_1\\v_2\\v_3\\v_4\\v_5\\v_6\end{array}\begin{bmatrix}0 & 4 & 0 & 6 & 4 & 3\\4 & 0 & 2 & 7 & 0 & 0\\0 & 2 & 0 & 5 & 0 & 3\\6 & 7 & 5 & 0 & 2 & 0\\4 & 0 & 0 & 2 & 0 & 3\\3 & 0 & 3 & 0 & 3 & 0\end{bmatrix}$$
$$\quad\quad v_1\ v_2\ v_3\ v_4\ v_5\ v_6$$

对于图 $G=(V,E)$,$|V|=n$,构造一个矩阵 $A=(a_{ij})_{n\times n}$,若

$$a_{ij}=\begin{cases}1 & ((v_i,v_i)\in E)\\ 0 & (其他)\end{cases}$$

称 A 为 G 的邻接矩阵。

【例 7.3】 写出图 7-7 的邻接矩阵。

解:图 7-7 的邻接矩阵为

$$B = \begin{array}{c} v_1 \\ v_2 \\ v_3 \\ v_4 \\ v_5 \\ v_6 \end{array} \begin{bmatrix} 0 & 1 & 0 & 1 & 1 & 1 \\ 1 & 0 & 1 & 1 & 0 & 0 \\ 0 & 1 & 0 & 1 & 0 & 1 \\ 1 & 1 & 1 & 0 & 1 & 0 \\ 1 & 0 & 0 & 1 & 0 & 1 \\ 1 & 0 & 1 & 0 & 1 & 0 \end{bmatrix}$$
$$\quad\quad v_1 \; v_2 \; v_3 \; v_4 \; v_5 \; v_6$$

当 G 为无向图时,邻接矩阵为对称矩阵。

第二节 最小树问题

1. 树的性质和概念

树是图论中比较活跃的领域,是结构简单但又十分重要的图,在自然科学和社会科学的多个领域都有广泛的应用。通信架线、管理组织和供应网等很多工程决策问题可归结为树,例如某企业的组织机构如图 7-8 所示,可以简单抽象为图 7-9,这就是一棵树。

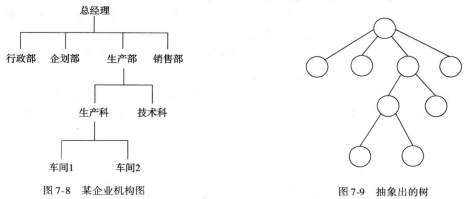

图 7-8 某企业机构图　　　　图 7-9 抽象出的树

【定义 7.6】 连通且不含圈的无向图称为树。图中次为 1 的点称为树叶,次大于 1 的点称为分支点。

树的性质可用下面的定理说明。

【定理 7.3】 图 $T = (V, E)$,$|V| = n$,$|E| = m$,则下面关于树的说法是等价的。

(1) T 是一棵树。
(2) T 无圈,且 $m = n - 1$。
(3) T 连通,且 $m = n - 1$。
(4) T 无圈,但每加一新边即得唯一一个圈。
(5) T 连通,但任意舍去一边就不连通。
(6) T 中任意两点有唯一链相连。

证明:(1)→(2)

由于 T 是树,由定义可知 T 是连通的并且没有圈,只需证明 T 中的边数 m 等于顶点个数减1,即 $m = n-1$。

用归纳法。当 $n=2$ 时,由于 T 是树,所以两点间显然有且仅有一条边,满足 $m=n-1$。

归纳假设 $n=k-1$ 时命题成立,即有 $k-1$ 个顶点时 T 有 $k-2$ 条边。当 $n=k$ 时,因为 T 连通无圈,k 个顶点中至少有一个点次为1。设此点为 u,即 u 为悬挂点,设连接 u 点的悬挂边为 (u,v)。从 T 中去掉边 (u,v) 及点 u 不会影响 T 的连通性,得图 T',T' 为只有 $k-1$ 个顶点的树,所以有 $k-2$ 条边,再把边 (u,v) 及点 u 加上去,可知当 T 有 k 个顶点时有 $k-1$ 条边。

其余的证明请读者自己完成。

【定理7.3】中每一个命题均可作为树的定义,它们对判断和构造树极为方便。

2. 图的生成树

【定义7.7】 若图 G 的生成子图是一棵树,则称该树为 G 的生成树(支撑树),或简称为图 G 的树。

【定理7.4】 图 $G = (V, E)$ 有生成树的充分必要条件为 G 是连通图。

3. 最小生成树问题

【定义7.8】 若图 G 的边带有权重,则称生成树中权的总数和最小的树为最小生成树。

下面介绍如何用避圈法和破圈法求最小生成树。

(1) 避圈法

避圈法,又称 Kruskal 算法,具体步骤如下:

①先从图的起点 v_0 开始,选取与始点相连的各边权值最小的边。

②观察与已选取边的另一端点 v_j 相连的后续各点所形成的边,选取与 v_j 相连的各边中权值最小的边,若发现 v_j 与后续相连点 v_k 所形成的边 e_{jk} 的权值大于前已选取的端点 v_i 与 v_k 所形成的边 e_{ik} 的权值,则选取边 e_{ik},原则是后选取的边与已选取的边不构成圈。

③重复②,直到取足 $m = n-1$ 条边为止。

【例7.4】 图7-10 中的 S、A、B、C、D、E、F、G 分别代表八个村庄,它们之间的连线代表各村庄之间的道路情况,连线旁边的数字代表各村庄之间的距离。现在要铺一条道路连通全部村庄,应如何修路使总路线长度最短?

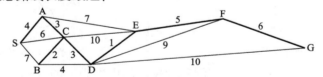

图7-10 村庄间路径图

解:①在图7-10 中,始点是 S,与其相连的后续各点所形成的边分别是 SA、SB、SC,权值最小的边是 $\min\{SA, SB, SC\} = \min\{4,7,6\} = 4$,选取边 SA。

②与 A 相连的后续各点所形成的边分别是 AC、AE,权值最小的边 $\min\{AC, AE\} = \min\{3,7\} = 3$,选取边为 AC。

③与 C 相连的后续各点所形成的边分别为 CB、CD、CE,权值最小的边 $\min\{CB, CD, CE\} = \min\{2,3,10\} = 2$,且 CB 小于 SB,故选取边为 CB。

④与 B 相连的后续点 D 所形成的边为 BD,其权值大于前已选取的端点 C 与 D 所形成的边 CD 的权值,则选取边 CD。

⑤与 D 相连的后续各点所形成的边分别为 DE、DF、DG,权值最小的边 $\min\{DE, DF,$

DG} = min{1,9,10} = 1，DE 的权值小于 CE、AE，故选取边为 DE。

⑥与 E 相连的后续点 F 所形成的边为 EF，其权值小于前已选取的端点 D 与 F 所形成的边 DF 的权值，则选取边 EF。

⑦与 F 相连的后续点 G 所形成的边为 FG，其权值小于前已选取的端点 D 与 G 所形成的边 DG 的权值，则选取边 FG。

所构成的新图，如图 7-10 加粗部分，亦如图 7-11 所示。

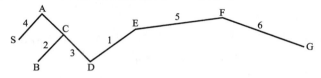

图 7-11　最小部分树

(2) 破圈法

利用"破圈法"生成连通图的支撑树，就是在连通图中任取一个圈，从圈中去掉一边，对余下的图重复此步骤，直至整个图不含圈为止，即可得到一棵支撑树。

【例 7.5】　利用"破圈法"求图 7-10 的一棵最小支撑树。

解：因为要使道路连通全部村庄，所以 S 到 G 的各村庄之间必须连通，此外图中不能存在回路，否则从回路中去掉一条边仍然连通，即含有回路的路径一定不是最短路线。故建设长度最短的道路就是从图 7-10 中寻找一棵最小支撑树，即一棵最小部分树。

用"破圈法"求最小部分树时，从图 7-10 中任取一回路，如 DEFD，去掉最大权边 DF，得到另一个部分图。以此类推，最终得到如图 7-11 所示的最小部分树。

4. 根树及其应用

前面几个部分讨论的树都是无向树。有向树中的根树在计算机科学、决策论中有重要应用。

【定义 7.9】　若一个有向图在不考虑边的方向时是一棵树，则称这个有向图为有向树。

【定义 7.10】　有向树 T 恰有一个节点入次为 0，其余各点入次均为 1，则称 T 为根树（又称外向树）。

根树中入次为 0 的点称为根，出次为 0 的点称为叶，其他顶点称为分支点。由根到某一顶点 v_i 的路径长度（设每边长度为 1），称为 v_i 的层次。

图 7-12 所示的树是根树，其中 v_1 为根，v_1、v_4、v_6 为分支点，其余各点称为叶，顶点 v_2、v_3、v_4、v_5 的层次为 1，顶点 v_6、v_7 的层次为 2，顶点 v_8、v_9 的层次为 3。

在根树中，若每个顶点的出次小于或等于 m，称这棵树为 m 叉树。若每个顶点的出次恰好等于 m 或者 0，则称这棵树为完全 m 叉树。例如，图 7-12 为二叉树，图 7-13 为三叉树。

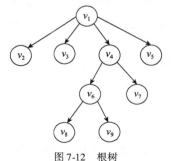

图 7-12　根树

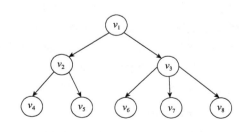

图 7-13　三叉树

在实际问题中,常讨论叶子带权的二叉树。令有 s 个叶子的二叉树 T 各叶子的权分别为 p_i,根到各叶子的距离(层次)为 $l_i (i=1,\cdots,s)$,这样二叉树 T 的总权数为

$$m(T)=\sum_{i=1}^{s}p_i l_i$$

总权最小的二叉树称为最优二叉树,霍夫曼(Huffman)给出了一个求最优二叉树的算法,所以又称为霍夫曼树。

算法步骤如下:

(1)将 s 个叶子按权由小到大排序,不失一般性,设 $p_1 \leqslant p_2 \leqslant \cdots \leqslant p_s$。

【例 7.6】 $s=6$,其权分别为 4、3、3、2、2、1,求最优二叉树。

解:该树构造结果如图 7-14 所示,总权为 $1\times4+2\times4+2\times3+4\times2+3\times2+3\times2=38$。

(2)除了图 7-14 这种形式外,还有如图 7-15、图 7-16 所示等一些其他形式,将两个具有最小权的叶子合并成一个分支点,其权为 p_1+p_2,将新的分支点作为一个叶子。重复此过程,若 $s=1$ 则停止,否则转(1)。可以看出,最优二叉树形式不唯一。

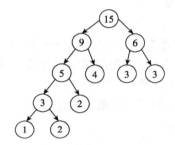

图 7-14　最优二叉树形式①

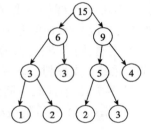

图 7-15　最优二叉树形式②

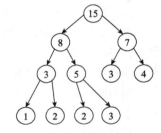

图 7-16　最优二叉树形式③

图 7-15 所示总权为 $1\times3+2\times3+2\times3+3\times3+3\times2+4\times2=38$。

图 7-16 所示总权为 $1\times3+2\times3+2\times3+3\times3+3\times2+4\times2=38$。

可以证明此算法得到的树为最优二叉树,直观意义为叶子的距离依据权的递减而增加,所以总权最小。最优二叉树有广泛的应用。

第三节　最短路问题

设有赋权有向图 $D(V,A)$,对图中的两个指定顶点 v_s、v_t,在从 v_s 到 v_t 上的所有路中若能找到一条路,使得该路所有弧的权数(可以是时间、距离或者费用)之和最小,则称这条路为从 v_s 到 v_t 的最短路。最短路问题是网络理论中应用最广泛的问题之一,它是网络优化中的基本问题,在交通运输、设备更新、线路设计等方面有着广泛应用。

设有网络 $N=(V,A,W)$,用 d_{st} 表示两相邻节点 v_s、v_t 间的距离,它们之间的权记为 $w_{st} \geqslant 0$,求始点 v_s 到其余各点的最短路。

下面介绍两种算法,分别用于求解几种最短路问题。

1. Dijkstra 算法

在 1959 年,Dijkstra 提出本算法可用于求解指定两点 v_s、v_t 间的最短路,或从指定点 v_s 到

其余各点的最短路,目前被认为是求无负权网络最短路的最好方法。算法的基本思路基于以下原理:若序列 $\{v_s, v_1, \cdots, v_{n-1}, v_n\}$ 是从 v_s 到 v_n 的最短路,则序列 $\{v_s, v_1, \cdots, v_{n-1}, v_n\}$ 必为从 v_s 到 v_{n-1} 的最短路。

下面给出 Dijkstra 算法的基本步骤。采用标号法,可用两种符号:T 标号与 P 标号,T 标号为试探性标号(tentative label),P 为永久性标号(permanent label),给 v_i 点一个 P 标号,表示从 v_s 到 v_i 点的最短路权,v_i 点的标号不再改变。给 v_i 点一个 T 标号,表示从 v_s 到 v_i 点的估计最短路权的上界,是一种临时标号,凡没有得到 P 标号的都有 T 标号。算法每一步都把某一点的 T 标号改为 P 标号,当终点 v_t 得到 P 标号时,全部计算结束。对于有 n 个顶点的图,最多经 $n-1$ 步就可以得到从始点到终点的最短路。

(1) 给 v_s 以 P 标号, $P(v_s) = 0$,其余各点均给 T 标号, $T(v_i) = +\infty$。

(2) 若 v_i 点为刚得到 P 标号的点,考虑这样的点 $v_j:(v_i, v_j)$ 属于 E,且 v_j 为 T 标号。对 v_j 的 T 标号进行如下更改:
$$T(v_j) = \min\{T(v_j), P(v_i) + w_{st}\}$$

(3) 比较所有具有 T 标号的点,把最小者改为 P 符号。

当存在两个以上最小者时,可同时改为 P 标号。反复进行(2)(3)步,直到标号都变成永久标号。

【例 7.7】 图 7-17 为某地区七个城镇间的公路交通网,城镇 1 有一批货物需运往城镇 7,网络边上的数据为综合运输费用。问:如何选择路线,才能使总的综合费用最少?

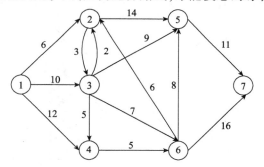

图 7-17 城镇间公路交通网

解:这是一个最短路问题,下面用 Dijkstra 算法来求解这一问题。

首先给起点 v_1 标号 $b(1) = 0$。

第一轮标号:起点已标号、终点未标号的弧集合 $B = \{(1,2), (1,3), (1,4)\}$, $k(1,2) = b(1) + c_{12} = 0 + 6 = 6, k(1,3) = 0 + 10 = 10, k(1,4) = 0 + 12 = 12$,将弧的标号用圆括号填在弧上。

$$\min\{k(1,2), k(1,3), k(1,4)\} = \min\{6, 10, 12\} = 6$$

$k(1,2) = 6$ 最小,在弧 $(1,2)$ 的终点 v_2 处标号 $\boxed{6}$,见图 7-18a)。

第二轮标号:在图 7-18a)中,起点已标号、终点未标号的集合 $B = \{(1,3), (1,4), (2,3), (2,5)\}$, $k(1,3)$ 与 $k(1,4)$ 与在第一轮中已计算, $k(2,3) = 6 + 3 = 9, k(2,5) = 6 + 14 = 20$,对弧 $(2,3)$ 及 $(2,5)$ 标号。

$$\min\{k(1,3), k(1,4), k(2,3), k(2,5)\} = \min\{10, 12, 9, 20\} = 9$$

$k(2,3) = 9$ 最小,在弧 $(2,3)$ 的终点 v_3 处标号 $\boxed{9}$,见图 7-18b)。注意,这里弧 $(3,2)$ 不在集合 B 中。

第三轮标号：在图7-18b)中，起点已标号、终点未标号的集合 $B=\{(1,4),(2,5),(3,4),(3,5),(3,6)\}$，$k(1,4)$ 与 $k(2,5)$ 在前两轮已计算，$k(3,4)=9+5=14$，$k(3,5)=9+9=18$，$k(3,6)=9+7=16$，对弧(3,4)、(3,5)及(3,6)标号。

$$\min\{k(1,4),k(2,5),k(3,4),k(3,5),k(3,6)\}=\min\{12,20,14,18,16\}=12$$

$k(1,4)=12$ 最小，在弧(1,4)的终点 v_4 处标号 $\boxed{12}$，见图7-18c)。

第四轮标号：在图7-18c)中，起点已标号、终点未标号的集合 $B=\{(2,3),(2,5),(3,6),(4,6)\}$，$k(2,5)$、$k(3,5)$、$k(3,6)$ 在前面已计算，$k(4,6)=12+5=17$，$k(3,5)=9+9=18$，对弧(4,6)标号。

$$\min\{k(2,5),k(3,5),k(3,6),k(4,6)\}=\min\{20,18,16,17\}=16$$

$k(3,6)=16$ 最小，在弧(3,6)的终点 v_6 处标号 $\boxed{16}$，见图7-18d)。

第五轮标号：在图7-18d)中，起点已标号、终点未标号的集合 $B=\{(2,5),(3,5),(6,5),(6,7)\}$，$k(2,5)$ 与 $k(3,5)$ 在前面已计算，$k(6,5)=16+8=24$，$k(6,7)=16+16=32$，对弧(6,5)及(6,7)标号。

$$\min\{k(2,5),k(3,5),k(6,5),k(6,7)\}=\min\{20,18,24,32\}=18$$

$k(3,5)=18$ 最小，在弧(3,5)的终点 v_5 处标号 $\boxed{18}$，见图7-18e)。

第六轮标号：在图7-18e)中，起点已标号、终点未标号的集合 $B=\{(6,5),(6,7)\}$，$k(6,7)=32$，$k(5,7)=18+11=29$，对弧(5,7)标号。

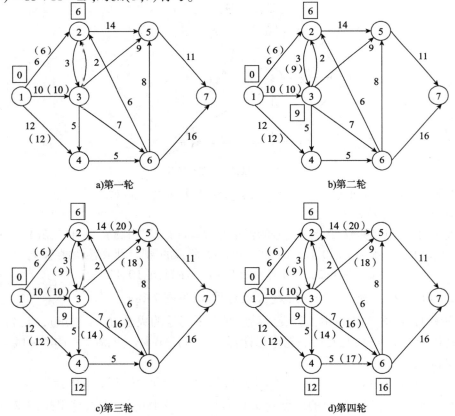

图 7-18

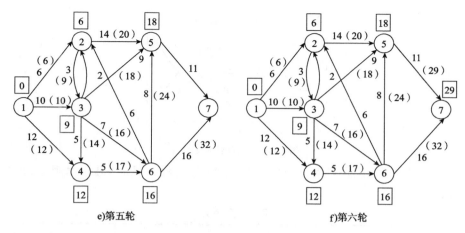

图 7-18 最小树的迭代过程

$$\min\{k(6,7), k(5,7)\} = \min\{32, 29\} = 29$$

$k(5,7) = 29$ 最小,在弧(5,7)的终点 v_7 处标号 $\boxed{29}$,见图 7-17f)。

注意:Dijkstra 算法虽然是一种非常有效的算法,但当网络中弧的权有负数时,Dijkstra 算法却不再适用。下面的 Warshall-Floyd 算法可以解决此类问题。

2. Warshall-Floyd 算法

(1)写出 v_i 一步到达 v_j 的距离矩阵 $L_1 = (L_{ij}^{(1)})$,L_1 也是一步到达的最短距离矩阵。如果 v_i 与 v_j 之间没有边关联,则令 $c_{ij} = +\infty$。

(2)计算两步最短距离矩阵。设 v_i 到 v_j 经过一个中间点 v_r 两步到达 v_j,则 v_i 到 v_j 的最短距离为

$$L_{ij}^{(2)} = \min\{c_{ir} + c_{rj}\} \tag{7-1}$$

最短距离矩阵记为 $L_2 = (L_{ij}^{(2)})$。

(3)计算 k 步最短距离矩阵。设 v_i 经过中间点 v_r 到达 v_j,v_i 经过 $k-1$ 步到达点 v_r 的最短距离为 $L_{ir}^{(k-1)}$,v_r 经过 $k-1$ 步到达点 v_j 的最短距离为 $L_{rj}^{(k-1)}$,则 v_i 经过 k 步到达 v_j 的最短距离为

$$L_{ij}^{(k)} = \min_r\{L_{ir}^{(k-1)} + L_{rj}^{(k-1)}\} \tag{7-2}$$

最短距离矩阵记为 $L_k = (L_{ij}^{(k)})$。

(4)比较矩阵 L_k 与 L_{k-1},当 $L_k = L_{k-1}$ 时,得到任意两点间的最短距离矩阵 L_k。

设图的点数为 n 并且 $c_{ij} \geq 0$,迭代次数 k 由式(7-3)估计得到。

$$2^{k-1} - 1 < n - 2 \leq 2^k - 1$$
$$k - 1 < \frac{\lg(n-1)}{\lg 2} \leq k \tag{7-3}$$

应当注意,这里的 k 是迭代次数,不一定等于 v_i 到达 v_j 最短路中间所经过的点数,中间点最多等于 $2^{k-1} - 1$,经过一条边看作一步,则最多走 2^{k-1} 步。区分公式中的"步"与实际经过的"步"之间的关系,就不难理解式(7-2)的含义。

【例 7.8】 求图 7-19 是一张 8 个城市的铁路交通图,铁路部门要制作一张两两城市间的距离表。这个问题实际就是求任意两点间的最短路问题。

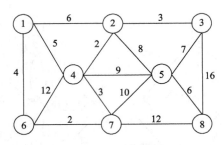

图 7-19 城市间铁路交通图

解：(1) 依据图 7-19，写出任意两点间一步到达距离表 L_1，见表 7-1。本例 $n=8$，$\lg7/\lg2 = 2.807$，因此计算得到 L_3。

最短距离表 L_1 表 7-1

点	v_1	v_2	v_3	v_4	v_5	v_6	v_7	v_8
v_1	0	6	∞	5	∞	4	∞	∞
v_2	6	0	3	2	8	∞	∞	∞
v_3	∞	3	0	∞	7	∞	∞	16
v_4	5	2	∞	0	9	12	3	∞
v_5	∞	8	7	9	0	∞	10	6
v_6	4	∞	∞	12	∞	0	2	∞
v_7	∞	∞	∞	3	10	2	0	12
v_8	∞	∞	16	∞	6	∞	12	0

(2) 由式(7-1)得到矩阵 L_2，见表 7-2。

最短距离表 L_2 表 7-2

点	v_1	v_2	v_3	v_4	v_5	v_6	v_7	v_8
v_1	0	6	9	5	14	4	6	∞
v_2	6	0	3	2	8	10	5	14
v_3	9	3	0	5	7	∞	17	13
v_4	5	2	5	0	9	5	3	15
v_5	14	8	7	9	0	12	10	6
v_6	4	10	∞	5	12	0	2	14
v_7	6	5	17	3	10	2	0	12
v_8	∞	14	13	15	6	14	12	0

$L_{ij}^{(2)}$ 等于表 7-1 中第 i 行与第 j 列对应元素相加取最小值。例如，v_4 经过两步(最多 1 个中间点)到达 v_3 的最短距离是

$$L_{43}^{(2)} = \min\{c_{41}+c_{13},c_{42}+c_{23},c_{43}+c_{33},c_{44}+c_{43},c_{45}+c_{53},c_{46}+c_{63},c_{47}+c_{73},c_{48}+c_{83}\}$$
$$= \min\{5+\infty,2+3,\infty+0,0+\infty,9+7,12+\infty,3+\infty,\infty+16\} = 5$$

(3) 由式(7-2)得到矩阵 L_3，见表 7-3。

$L_{ij}^{(3)}$ 等于表 7-2 中第 i 行与第 j 列对应元素相加取最小值。例如，v_3 经过三步(最多 3 个中间点、4 条边)到达 v_6 的最短距离是

最短距离表 L_3 表 7-3

点	v_1	v_2	v_3	v_4	v_5	v_6	v_7	v_8
v_1	0	6	9	5	14	4	6	18
v_2	6	0	3	2	8	7	5	14
v_3	9	3	0	5	7	10	8	13
v_4	5	2	5	0	9	5	3	15
v_5	14	8	7	9	0	12	10	6
v_6	4	7	10	5	12	0	2	14
v_7	6	5	8	3	10	2	0	12
v_8	18	14	13	15	6	14	12	0

$$L_{36}^{(3)} = \min\{L_{31}^{(2)} + L_{16}^2, L_{32}^{(2)} + L_{26}^2, L_{33}^{(2)} + L_{36}^2, \cdots, L_{38}^{(2)} + L_{86}^2\}$$
$$= \min\{9+4, 3+10, 0+\infty, 5+5, 7+12, \infty+0, 17+2, 13+14\} = 10$$

由表 7-2 及表 7-1 可知,最短距离由 4 条边长之和构成:

$$L_{34}^{(2)} + L_{46}^{(2)} = (L_{32}^{(1)} + L_{24}^{(1)}) + (L_{47}^{(1)} + L_{76}^{(1)}) = c_{32} + c_{24} + c_{47} + c_{76} = 3+2+3+2 = 10$$

v_3 到 v_6 的最短路线是: $v_3 \to v_2 \to v_4 \to v_7 \to v_6$。

表 7-3 就是最优表,即任意两点间的最短距离,取表中下三角即可得到 8 个城市间的铁路交通距离表。

最短路 Warshall-Floyd 算法

第四节 最大流问题

最大流问题是一类极其常见的问题,例如在交通运输系统中的人流、车流、货物流等问题。这类问题通常都受到最大通过能力(容量)的限制,所以可称为容量网络。网络系统最大流问题是图与网络理论中十分重要的优化问题,对于解决生产实际问题具有重要作用。

1. 基本概念

(1)网络与流

图 7-20 所示的网络图中定义了一个发点 v_1,称为**源**(source, supply node),定义了一个收点 v_7,称为**汇**(sink, demand node),其余点 $v_2, v_3, \cdots, v_6$ 为中间点,称为**转运点**(transshipment node)。如果有多个发点和收点,则虚设发点和收点转化成一个发点和收点。图中的权是该弧在单位时间内的最大通过能力,称为弧的**容量**(capacity)。

设 c_{ij} 为弧 (i,j) 的容量,f_{ij} 为弧 (i,j) 的流量。容量是弧 (i,j) 单位时间内的最大通过能力,流量是弧 (i,j) 单位时间内的实际通过量,流量的集合 $f = \{f_{ij}\}$ 称为网络的流。发点到收点的总流量记为 $v = \text{val}(f)$,v 也是网

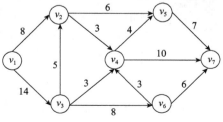

图 7-20 实际交通网络

络的流量。

（2）可行流与最大流

由图 7-20 所示的实际交通网络图可知，对于流有两个明显的要求：一是每个弧上的流量不能超过它的容量；二是中间点的流量为 0，这是因为中间点只起转运作用，流进该中间点的流量应该等于流出的流量。即**可行流**应满足以下条件：

容量限制条件：对于每条弧都有 $0 \leqslant f_{ij} \leqslant c_{ij}$。

流量守恒条件包括：

① 对于所有中间点 v_m，有：
$$\sum_{v_m} f_{im} = \sum_{v_m} f_{km}$$

② 发点 v_s 流出的总流量等于流入收点 v_t 的总流量，即
$$v = \sum_{v_s} f_{sj} = \sum_{v_t} f_{it}$$

如果有流入发点的流和收点流出的流，应从式中减去，条件②变为
$$\sum_{v_s} f_{sj} - \sum_{v_s} f_{is} = \sum_{v_t} f_{it} - \sum_{v_s} f_{tj}$$

综上所述，网络**最大流问题**就是在满足上述条件的基础上寻找一个流 f，使其流量达到最大。

（3）增广链

从发点到收点的一条路线（弧的方向不一定相同）称为**链**，从发点到收点的方向规定为链的方向。与链的方向相同的弧称为**前向弧**，与链的方向相反的弧称为**后向弧**。对于一个可行流 f，使 $f_{ij} = c_{ij}$ 的弧称为**饱和弧**，$f_{ij} < c_{ij}$ 的弧称为**非饱和弧**。

设 f 是一条可行流，如果存在一条从发点 v_s 到收点 v_t 的链，满足：

① 所有前向弧 u^+ 上 $0 \leqslant f_{ij} < c_{ij}$，可简称为"不饱和"；
② 所有后向弧 u^- 上 $0 < f_{ij} \leqslant c_{ij}$，可简称为"有流量"。

则该链称为**增广链**。

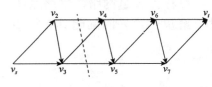

图 7-21 运输网络图

（4）割集与割量

割集是分割网络发点与收点的一组弧集合，从网络中去掉这组弧就断开网络，发点就不能到达收点。图 7-21 中，网络被切成两半，一半包含发点 v_s，一半包含收点 v_t，则弧集 $E_1 = \{(v_2, v_4), (v_3, v_4), (v_3, v_5)\}$ 被称为割集。

一般地，将网络的点集 V 分割成 V_1 及 $\overline{V_1}$ 两部分，其中发点 $v_s \in V_1$，收点 $v_t \in \overline{V_1}$，称箭尾在 V_1 中、箭头在 $\overline{V_1}$ 中弧的集合为分割网络发点与收点的**割集**，记为 $(V_1, \overline{V_1})$。割集中弧的容量之和称为**割量**（割集的容量），记为 $C(V_1, \overline{V_1})$。对点集 V 进行不同分割可得到不同的割量，割量最小的割集称为**最小割集**。

最大流问题的基本概念

2. Ford-Fulkerson 标号算法

寻找最大流的算法是从某个可行流 f 开始，用标号法求关于可行流 f' 的增广链。若增广链存在，则可以经过调整，得到新的可行流 f'，其流量 $\mathrm{val}(f') > \mathrm{val}(f)$；然后再寻找 f' 的增广

链,再调整,依次进行下去直到增广链不存在为止,因此可得到【定理7.5】。

【定理7.5】 可行流 f 是最大流的充分必要条件是不存在发点到收点的增广链。

Ford-Fulkerson 标号算法的步骤如下:

第一步:找出第一个可行流,例如所有弧的流量 $f_{ij}=0$。

第二步:对点进行标号,找一条增广链。

(1)发点标号(∞);

(2)选一个点 v_i 已标号并且另一端未标号的弧沿着某条链向收点检查。

①如果弧的方向向前(前向弧)并且有 $f_{ij} < c_{ij}$,则 v_j 标号 $\theta_j = c_{ij} - f_{ij}$;

②如果弧的方向指向 v_i(后向弧)并且有 $f_{ij} > 0$,则 v_j 标号 $\theta_j = f_{ji}$。

当收点已得到标号时,说明已找到增广链,依据 v_i 的标号反向跟踪得到一条增广链。当收点不能得到标号时,说明不存在增广链,计算结束。

第三步:调整流量。

(1)求增广链上点 v_i 的标号的最小值,得到调整量 $\theta = \min\{\theta_j\}$。

(2)调整流量。

$$f_1 = \begin{cases} f_{ij} & ((i,j) \notin u) \\ f_{ij} + \theta & ((i,j) \in u^+) \\ f_{ij} - \theta & ((i,j) \in u^-) \end{cases} \tag{7-4}$$

得到新的可行流 f_1,去掉所有标号,返回到第二步,从发点重新标号寻找增广链,直到收点不能标号为止。

【例7.9】 求图7-22中发点 v_1 到收点 v_7 的最大流及最大流量。

解:(1)给出一个初始可行流,弧的流量放在括号内,如图7-23所示。

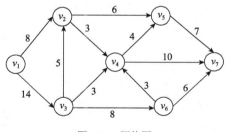
图7-22 网络图

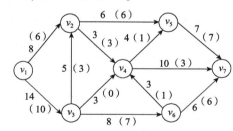
图7-23 初始可行流

(2)标号寻找增广链。

发点标号 ∞,用 □ 表示,标在发点 v_1 处。v_1 已标号,与 v_1 相邻的两个点 v_2 和 v_3 都没有标号,任意选一个点检查,如选 v_2。v_2 能否得到标号要看是否满足上述第二步的条件①或②中的一个(前向弧不饱和,后向弧有流量)。弧(1,2)的箭头指向 v_2,是前向弧,因为 $f_{12}=6<c_{12}=8$,满足条件①,因此 v_2 可以标号,给 v_2 标号 $\theta_2 = c_{12} - f_{12} = 8 - 6 = 2$,见图7-24a)。

选择已标号点 v_2,与 v_2 相邻并且没有标号的点有 v_3、v_4 和 v_5,逐个检查能否标号,如果某个点能标号就一直向前,不必要相邻点都标号,如果点不能标号,再检查下一个点。弧(2,4)和弧(2,5)是向前弧,流量等于容量,不满足条件①,v_4 和 v_5 不能标号。再检查 v_3,弧(3,2)是后向弧,有 $f_{32} = 3 > 0$,满足条件②,给 v_3 标号 $\theta_3 = f_{32} = 3$。

选择已标号点 v_3,由条件①,v_4 和 v_5 都能标号,选择 v_4 标号 $\theta_4 = c_{34} - f_{34} = 3$,接下来给 v_7 标号 $\theta_7 = c_{47} - f_{47} = 10 - 3 = 7$,见图 7-24b)。

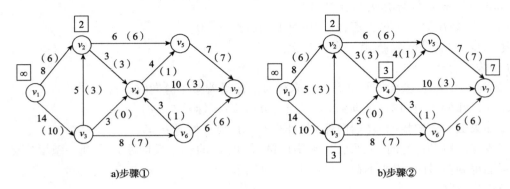

a)步骤①　　　　　　　　　　　　　b)步骤②

图 7-24　标号寻找增广链

v_7 已标号,说明找到一条增广链,沿着标号的路线追踪得到增广链 $u = \{(1,2),(3,2),(3,4),(4,7)\}$,$u^+ = \{(1,2),(3,4),(4,7)\}$,$u^- = \{(3,2)\}$,调整量为增广链上点标号的最小值,即

$$\theta = \min\{\infty,2,3,3,7\} = 2$$

(3)调整增广链上的流量。在图 7-23 中,弧(1,2)、(3,4)及(4,7)上的流量分别加上 2,弧(3,2)上的流量减去 2,其余弧上的流量不变,得到图 7-25。

(4)对图 7-25 标号。发点标号 ∞,v_2 不能标号,v_3 标号 $\theta_3 = c_{13} - f_{13} = 4$。$v_2$、$v_4$ 和 v_6 都可以标号,当选择 v_2 标号 $\theta_2 = c_{32} - f_{32} = 4$ 时,v_4 和 v_5 不能标号,不能说明不存在增广链,这时应回头选择 v_4 和 v_6 标号。这里选择 v_4 标号 $\theta_4 = c_{34} - f_{34} = 1$,继续标号选择 v_7 标号 $\theta_7 = c_{47} - f_{47} = 5$。得到发点到收点的增广链 $u = u^+ = \{(1,3),(3,4),(4,7)\}$,见图 7-26。调整量为

$$\theta = \min\{\infty,4,1,5\} = 1$$

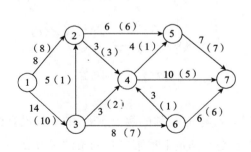　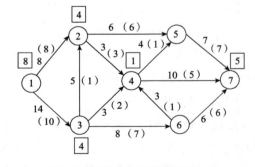

图 7-25　调整流量(1)　　　　　图 7-26　对调整后的增广链标号(1)

对图 7-25 的流量进行调整,增广链上弧的流量加上 1,其余弧的流量不变,得到图 7-26。

(5)对图 7-27 标号,得到一条增广链 $u = \{(1,3),(3,6),(6,4),(4,7)\}$,见图 7-28。调整量为 $\theta = \min\{\infty,3,1,2,4\} = 1$。

对图 7-27 的流量进行调整,增广链上弧的流量加上 1,其余弧的流量不变,得到图 7-28。

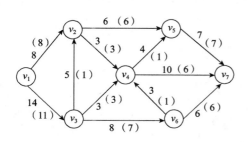

图 7-27 调整流量(2)

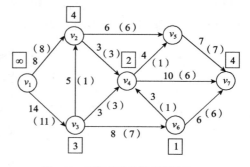

图 7-28 对调整后的增广链标号(2)

(6) 对图 7-29 标号。v_1、v_3 和 v_2 得到标号,其余点都不能标号,说明已不存在发点到收点的增广链,见图 7-30。由【定理 7.5】知图 7-30 所示的流是最大流,网络的最大流量为

$$v = f_{12} + f_{13} = 8 + 12 = 20$$

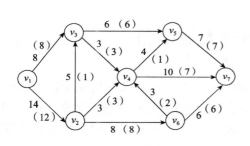

图 7-29 调整流量(3)

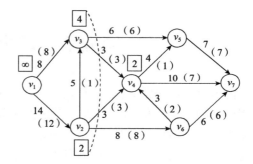

图 7-30 对调整后的增广链标号(3)

标号法计算完成。

对于无向图最大流的计算,将所有弧都理解为是前向弧,对一端 v_i 已标号、另一端 v_j 未标号的边,只要满足 $c_{ij} - f_{ij} > 0$,v_j 就可标号 $c_{ij} - f_{ij}$,调整流量的方法与有向图计算相同。

3. 最大匹配问题

考虑工作分配问题。有 n 个工人、m 项工作,每个工人能力不同,各能胜任其中某几项工作。假设每项工作只需要一个人做,每人只做一项工作。怎样分配才能使尽量多的工作有人做、更多的人有工作?

这个问题可以用图的语言描述,其中 x 表示工人,y 表示工作,边 (x_i, y_j) 表示第 x_i 个人能完成第 y_j 项工作,这样就得到了一个二部图 G,用点集 X 表示 $\{x_1, x_2, \cdots, x_n\}$,点集 Y 表示 $\{y_1, y_2, \cdots, y_m\}$,二部图 $G = (X, Y, E)$。上述的工作分配问题就是要在图 G 中找到一个边集 E 的子集,使得集中任何两条边没有公共端点,最好的方案就是要使此边集的边数尽可能多,这就是匹配问题。

【定义 7.11】 二部图 $G = (X, Y, E)$,M 是边集 E 的子集,若 M 中的任意两条边都没有公共端点,则称 M 为图 G 的一个匹配(也称对集)。

M 中任一条边的端点 v 称为(关于 M 的)饱和点,G 中其他顶点称为非饱和点。若不存在另一匹配 M_1,使得 $|M_1| > |M|$($|M|$ 表示集合 M 中边的个数),则称 M 为最大匹配。

【**例 7.10**】 设有 5 位待业者、5 项工作,他们各自能胜任的工作情况如图 7-31 所示,要求设计一个就业方案,使尽量多的人能就业。

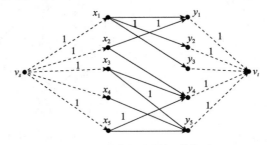

图 7-31　待业者可胜任工作情况

解:增加虚拟的发、收点 v_s、v_t,用求最大流的标号法求解得到图 7-31,在图中略去容量,只标出流量。边 (x_1,y_2)、(x_2,y_1)、(x_3,y_5)、(x_5,y_4) 上的流量都是 1,所以让 x_1、x_2、x_3、x_5 分别做工作 y_2、y_1、y_5、y_4 可得最大就业方案,即最多可以安排 4 个人就业。

第五节　最小费用最大流问题

前节讨论网络最大流时,只描述了流量的大小问题,而未考虑网络流的费用问题。在实际工程中,涉及"流"的问题时,人们考虑的不只是流量,而且还有费用的因素。因此,在一个网络流中求出一条可行流后,满足流量达到一个固定数使总费用最小,就是工程中的最小费用流问题。另一个问题是满足流量到达最大使总费用最小,称为最小费用最大流问题。

与最大流的标号算法相比,最小费用流的标号算法不仅要找增广链,更重要的是寻找所有增广链中费用最小的那条增广链。针对这个问题,当沿着一条关于可行流 f 的增广链 u,以 $\Delta=1$ 调整 f,得到新的可行流 f' 时,费用 $b(f')$ 比 $b(f)$ 增加的量为

$$b(f')-b(f)=\left[\sum_{u^+}b_{ij}(f'_{ij}-f_{ij})-\sum_{u^-}b_{ij}(f'_{ij}-f_{ij})\right]=\sum_{u^+}b_{ij}-\sum_{u^-}b_{ij}$$

$\sum_{u^+}b_{ij}-\sum_{u^-}b_{ij}$ 称为这条增广链 u 的"费用"。

可以证明,对流量为 $v^{(k-1)}$ 的可行流 $f^{(k-1)}$,其最小费用增广链的调整量为 θ,则调整后的可行流 f^k 是流量 $v^{(k)}=v^{(k-1)}+\theta$ 的最小费用流。

最小费用流算法的基本思路是:给定一个初始流量 $v^{(0)}$,找出其最小费用流 $f^{(0)}$,如初始流量为 0 的流量 $f^{(0)}=\{0\}$ 是最小费用流。然后利用 Ford-Fulkerson 标号算法寻找一条从发点到收点的最小费用增广链,调整量为 θ,调整后的流量为 $v^{(0)}+\theta$。不断寻找最小费用增广链和调整流量,直到流量等于事先给定的流量 v 为止。

设给定的流量为 v,则求网络最小费用最大流的算法可归纳如下:

第一步:取初始流量为 0 的可行流 $f^{(0)}=\{0\}$。

第二步:令网络图中所有弧的权等于 d_{ij},得到一个赋权图 D,用 Dijkstra 算法求出最短路,这条最短路就是初始最小费用增广链 u。

第三步:调整流量。前向弧上令 $\theta=c_{ij}-f_{ij}$,后向弧上令 $\theta=f_{ij}$,调整量为 $\theta=\min\{\theta_j\}$。调整后得到的最小费用流 $f^{(k)}$,流量为 $v^{(k)}=v^{(k-1)}+\theta$,当 $v^{(k)}=v$ 时计算结束,否则转到第四步。

第四步:作赋权图 D 并寻找最小费用增广链。

(1)最小费用流 $f^{(k-1)}$ 的流量为 $v^{(k-1)} < v$ 时,将网络的费用转化为权 w_{ij},其含义等价于最短路中的距离。对可行流 $f^{(k-1)}$ 的最小费用增广链上的弧 (i,j) 做如下变动:

$$w_{ij} = \begin{cases} d_{ij} & (f_{ij} < c_{ij}) \\ +\infty & (f_{ij} = c_{ij}) \end{cases}, w_{ij} = \begin{cases} -d_{ij} & (f_{ij} > 0) \\ +\infty & (f_{ij} = 0) \end{cases} \quad (7-5)$$

式(7-5)的使用方法如下:

第一种情形,当弧 (i,j) 上的流量满足 $0 < f_{ij} < c_{ij}$ 时,在点 v_i 与 v_j 之间添加一条方向相反的弧 (j,i),权为 $-d_{ij}$。

第二种情形,当弧 (i,j) 上的流量满足 $f_{ij} = c_{ij}$ 时,将弧 (i,j) 反向变为 (j,i),权为 $-d_{ij}$。不在最小费用增广链上的弧不做任何变动,得到一个赋权网络图 D。

(2)求赋权图 D 从发点到收点的最短路,如果最短路存在,则这条最短路就是 $f^{(k-1)}$ 的最小费用增广链,转第二步。

赋权图 D 的所有权非负时,可用 Dijkstra 算法求最短路,存在负权时,用 Warshall-Floyd 算法。

(3)如果赋权图 D 不存在从发点到收点的最短路,说明 $v^{(k-1)}$ 已是最大流量,不存在流量等于 v 的流,计算结束。

【例 7.11】 图 7-32 是一个运输网络图,弧上的数字为 (c_{ij}, b_{ij}),c_{ij} 表示总运量,b_{ij} 为相应的运输费用。试制定一个通行能力 $v = 15$ 及最小费用最大流的运输方案。

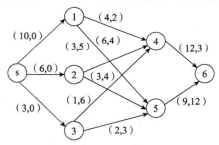

图 7-32 运输网络图

解:(1)令所有弧的流量等于 0,得到初始可行流 $f^{(0)} = \{0\}$,流量 $v^{(0)} = 0$,总运费 $d(f^{(0)}) = 0$。

(2)弧的权数等于费用 b_{ij},用 Warshall-Floyd 算法求出该赋权图的最短路。

最小费用增广链 u_1: s→1→4→6,见图 7-33a)。

(3)调整流量。调整量 $\theta = 4$,对 $f^{(0)} = \{0\}$ 进行调整,得到 $f^{(1)}$,见图 7-33b),括号内的数字为弧的流量,网络流量 $v^{(1)} = 4$,总运费为

$$d(f^{(1)}) = 0 \times 4 + 2 \times 4 + 3 \times 4 = 20$$

(4)$v^{(1)} = 4 < 15$,没有得到最小费用流。在图 7-33b)中,弧(s,1)和(4,6)满足条件 $0 < f_{ij} < c_{ij}$,添加两条边(1,s)和(6,4),权分别为"0"和"-3",边(1,s)可以去掉;弧(1,4)上有 $f_{ij} = c_{ij}$,说明已饱和,将弧(1,4)反向变为(4,1),权为"-2",见图 7-33c)。

(5)继续转到第二步,求出最小费用增广链 u_2: s→2→4→6,调整量 $\theta = 3$,调整后得到的最小费用流 $f^{(2)}$,流量 $v^{(1)} = 4$,见图 7-33d),总运费为

$$d(f^{(2)}) = 2 \times 4 + 3 \times 7 + 5 \times 3 = 44$$

(6) $v^{(2)} = 7 < 15$,需要对最小费用增广链 u_2 上的弧进行调整。在图 7-33c)中,弧(s,2)和(4,6)满足条件 $0 < f_{ij} < c_{ij}$,添加两条边(2,s)和(6,4),权分别为"0"和"-3",边(1,s)可以去掉;弧(6,4)已经存在,弧(2,4)上 $f_{ij} = c_{ij}$,说明已饱和,将弧(2,4)反向变为(4,2),权为"-5",见图 7-33e)。

(7) 继续重复第二步~第四步,得到图 7-33i),最小费用增广链 u_5:s→1→5→6,调整量 $\theta = 6$,取 $\theta = 5$,流量 $v^{(5)} = v = 15$ 得到满足,最小费用流见图 7-33j)。

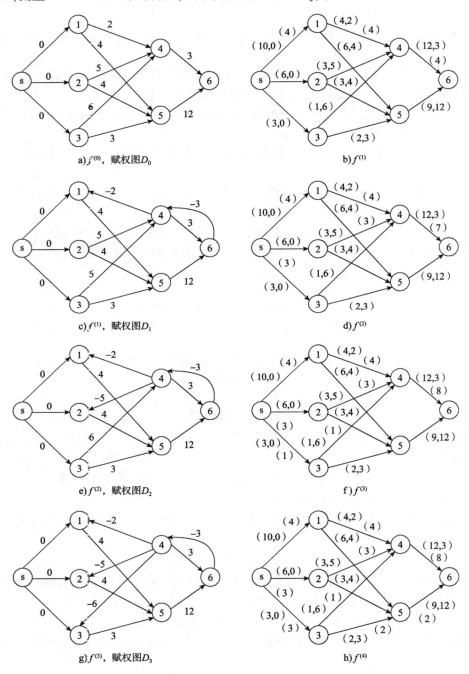

图 7-33

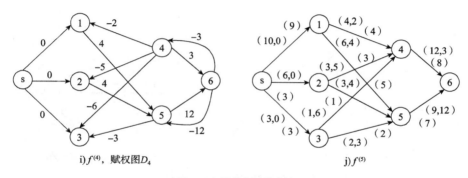

图 7-33 最小费用增广链

(8) 求最小费用最大流。对图 7-33i) 的最小费用增广链 u_5,取调整量 $\theta = 6$ 对流量进行调整,得到图 7-34a) 及赋权图 7-34b)。

(9) 图 7-34b) 的最小费用增广链 u_6:s→2→5→6,调整量 $\theta = 1$,流量 $v^{(6)} = 17$,最小费用流为 $f^{(6)}$ 及赋权图见图 7-34c)、d)。图 7-34d) 不存在从 v_s 发点到 v_6 的最短路,则图 7-34c) 的流量就是最小费用最大流,最大流量 $v = 17$,最小的总运费为

$$d(f) = 2 \times 4 + 4 \times 6 + 5 \times 3 + 4 \times 1 + 6 \times 1 + 3 \times 2 + 3 \times 8 + 12 \times 9 = 195$$

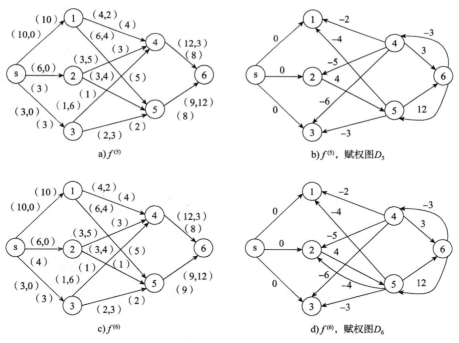

图 7-34 最小费用增广链

习题

7.1 分别求图 7-35 和图 7-36 的最小生成树。

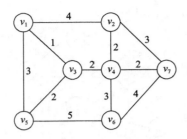

图 7-35 带权重的网络图(1)

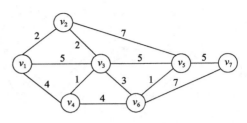

图 7-36 带权重的网络图(2)

7.2 分别用避圈法、破圈法找出图 7-37 的一个生成树。

7.3 试规划一条运输路线(图 7-38),将货源的货物输送到各地点,使得总路线最短(单位:m)。

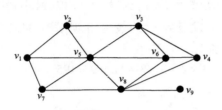

图 7-37 网络图

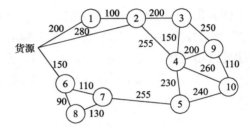

图 7-38 运输网络

7.4 用 Dijkstra 算法求图 7-39 中从节点 s 到各点的最短路,用 Warshall-Floyd 算法求图 7-40 各点间的最短路。

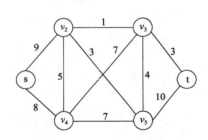

图 7-39 带权重的网络网

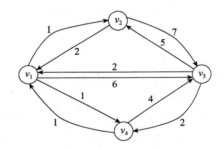

图 7-40 网络图

7.5 在图 7-41 所示的容量网络中,弧边第一个值为弧的容量,第二个值为弧的单位流量费用,需完成的网络流量为 12,求费用最小的网络流。

7.6 求图 7-42 中从节点 v_1 到 v_5 的最小费用最大流。

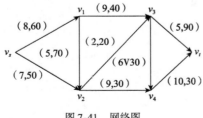

图 7-41 网络图

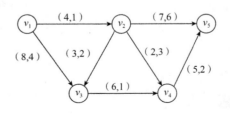

图 7-42 网络图

第八章
排队论

第一节 基本概念

在生产和生活中,人们经常会遇到各种排队现象,诸如汽车在加油站排队等待加油;汽车在十字路口等待允许通行的交通信号;汽车在客(货)运站排队等待旅客(货物)上车;满载货物的汽车在仓库排队等待卸货;旅客在候车室排队等待上车;汽车在修理车间排队等待修理;顾客坐在理发室的长椅上排队等待理发等。

上述诸现象有一个共同的特征,即等待。如果一个个体要求某种服务,另一个体也要求该种服务,在服务能力有限的情况下,就不可避免会出现等待。接受服务的个体数量与服务能力有密切关系,一般说来服务能力弱,则接受该种服务的个体数量也少,相应地,等待接受该种服务的个体数量就多,表现为排队的队伍很长、等待时间很久。例如,在火车票预售处,旅客要购买到达某地的车票,需提前排队购票,若售票窗口数和服务能力有限,旅客就可能要排长队等待。反之,服务能力强,则接受该种服务的个体数量也多,等待接受服务的个体数量就少,然而设备的空闲时间则长,浪费较大。例如,近几年我国公路运输发展较快,一条线路上往往有多个公司和个体车辆相互竞争,旅客不必担心排长队买票和排长队上车,更不必担心上不了车。现在不是人排队等车,而是车排队等人。这样造成设备空闲,即车辆实载率低,浪费严重。

上述两种现象,无论是前者,还是后者,都会造成一定程度的浪费,前者浪费旅客的时间,后者浪费服务设施的时间,现在的问题是如何加强管理,使浪费减少到最低程度。为了解决上述问题,引入排队论(也称随机服务理论)。

1. 排队系统的描述

一般排队系统的基本排队过程如图 8-1 所示。

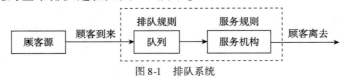

图 8-1 排队系统

从图 8-1 可知,每一个顾客由顾客源按一定方式到达服务系统。首先按一定的排队规则排队,等待接受服务;然后,服务机构按一定的服务规则从队列中选择顾客进行服务,完成服务后,顾客离开服务系统。这里顾客的含义是广义的,可以是人,也可以是物,如顾客可以指等待加油的汽车、等待上车的旅客、等待理发的顾客等。服务机构又称服务台(通道、窗口、站台等)。图 8-1 中虚线所包括的部分就是排队系统。

2. 输入过程

输入过程是指要求服务的顾客按怎样的规律到达排队系统的过程,有时也称为顾客流,包括两部分:输入源和输入方式。

(1) **输入源**。输入源即顾客的总体。它可能是有限的总体,也可能是无限的总体。例如,到某加油站要求加油的汽车显然是有限的总体,而上游河水流入水库可以认为总体是无限的。

(2) **输入方式**。输入方式与输入源的性质有一定的联系,输入源可能是离散的,如等待加油的汽车、等待理发的顾客、等待购票的旅客等;也可能是连续的,如流入水库中的河水等。目前,排队论只局限于讨论离散总体,连续总体很少涉及,本教材暂不讨论连续总体。

输入方式一般与下列因素有关:

①顾客"来到"的方式可能是一个一个的(如加油的汽车、就诊的病人等),也可能是成批的(如会议代表到食堂就餐,团体到影院看电影等)。

②顾客相继到达的间隔时间可以是确定型的(如流水线上的装配件、定期运行的班车等),也可以是随机型的(如到理发店去理发的顾客、待加油的汽车等)。

③顾客的到达可以是相互独立的,即以前的到达情况对以后顾客的到来没有影响。本教材主要讨论这种情况,对于有关联的情况暂不讨论。

④输入过程是平稳的,即描述相继到达的间隔时间分布和所含参数(如期望、方差等)都与时间无关。否则是非平稳的,本教材主要讨论前者。

3. 排队过程

排队过程需考虑队列形式和排队规则。

队列形式主要指队列数目和队列的空间形式。**队列数目**有单列和多列之分。在多列的情形中各列间的顾客有的可以互相转移,有的不能相互转移;有的顾客因排队等候时间过长而中途退出,有的则不能退出,必须坚持到被服务完为止。本教材将只讨论各列间不能相互转移,也不能中途退出的情形。队列的**空间形式**主要是指队列是有形队列还是无形队列,等待购票的旅客队列及等待加油的汽车队列是有形队列,而向电话交换台要求通话的呼唤则为无形队列。

排队规则可以有许多种,其中主要有以下三种基本类型:

(1)**损失制**:当顾客到达时,所有服务设备均被占用,顾客不进入队列而随即离去。

(2)**等待制**:当顾客到达时,所有服务设备均不空闲,顾客进入队列,等待接受服务,一直等到服务完毕以后才离去。

(3)**混合制**:这是损失制与等待制相结合的一种服务规则,一般是指允许排队,但又不允许队列无限长下去。大体有以下三种:

①队长有限。当等待服务的顾客人数超过规定数量时,后来的顾客就自动离去,另求服务,即系统的等待空间是有限的。

②等待时间有限。即顾客在系统中的等待时间不超过某一给定的长度 T,当等待时间超过时间 T 时,顾客将自动离去,并且不再回来。

③逗留时间(等待时间与服务时间之和)有限。

4. 服务过程

服务过程需考虑服务规则和服务机构。

(1)**服务规则**。服务规则有以下几种类型:

先到先服务(First Come First Serve,FCFS),即按顾客到达的先后顺序对顾客进行服务,这是最普遍的情形。

后到先服务(Last Come First Serve,LCFS)。例如,仓库中后叠放上去钢材的先被领走,重大消息优先刊登,都属于这种情形。

随机服务(Service in Random Order,SIRO),即当服务台空闲时,不按排队序列而随意指定某个顾客去接受服务,如电话交换台接通呼叫就是一例。

有优先权的服务(Priority,PR),如在老人、小孩先进车站,急重患者优先就诊,遇到重要数据需要立即中断其他数据的处理等。

(2)**服务机构**。

服务机构主要考虑服务方式、服务设备和服务时间及其分布。

服务方式可以是单个服务也可以是成批服务,如公共汽车对在站台上等候的乘客服务就是成批服务。

服务设备可以是一个或几个,一般描述如下:

①单队-单服务台的服务情况,如图 8-2a)所示;

②多队-多服务台(并列)的服务情况,如图 8-2b)所示;

③单队-多服务台(并列)的服务情况,如图 8-2c)所示;

④单队-多服务台(串列)的服务情况,如图 8-2d)所示;

⑤单队-多服务台(混合)的服务情况,如图 8-2e)所示。

例如,旅客排队进站乘坐到达某地的汽车可能是单队-单服务台的情况,旅客到火车站购买车票(这里指大型火车站,小型火车站可能只设一个售票窗口)则是多队-多服务台的情形,顾客排队等待理发是单队-多服务台的情形,在医院就诊(挂号-诊断-划价-交费-取药)可能是多服务台串列的情形,做身体健康状况检查大多数是多服务台混合的情况。

服务时间及其分布和输入过程一样,也有确定型和随机型之分。自动冲洗汽车的装置对每辆汽车冲洗(服务)的时间就是确定型的,但大多数服务时间是随机型的,服务时间的分布假定是平稳的,分布的期望值、方差等参数都是与时间无关的。

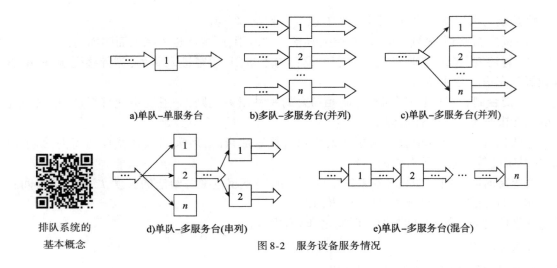

图 8-2　服务设备服务情况

第二节　排队系统的常用分布

排队论中有三种典型的分布来描述顾客到达时间的间隔和服务时间。

1. Poisson 过程

Poisson 过程(又称 Poisson 流、最简单流)是排队论中一种常用来描述顾客到达规律的特殊的随机过程,需要同时满足以下四个条件:

(1)平稳性:指在一定时间区间内,服务系统有 k 个顾客到达的概率 $P_k(t)$ 仅与这段时间区间的长短有关,而与这段时间的起始时刻无关,即在时间区间 $[0,t]$ 或 $[a,a+t]$ 内,$P_k(t)$ 的值是一样的。

(2)无后效性:指在不相交的时间区间内,顾客的到达数是相互独立的,即在时间区间 $[a,a+t]$ 内到达 k 个顾客的概率与时刻 a 之前到达多少个顾客无关。

(3)普通性:指在足够小的时间区间内只能有一个顾客到达,不可能有两个及两个以上的顾客同时到达。用 $\phi(t)$ 表示在 $[0,t]$ 内有两个或两个以上顾客到达的概率,记为 $\phi(t)=O(t)(t\to 0)$。

(4)有限性:指任意有限时间内到达有限个顾客的概率为 1。

只要一个顾客流具有上述四个性质,则在时间区间 $[0,t)$ 内,$N(t)=k$ 个顾客到达服务系统的概率 $P_k(N(t))$ 服从 Poisson 分布,即

$$P_K(N(t))=\frac{(\lambda t)^k}{k!}e^{-\lambda t} \qquad (k=0,1,2,\cdots)$$

其数学期望 $E(N(t))=\lambda t$,方差 $\mathrm{Var}(N(t))=\lambda t$。特别地,当 $t=1$ 时,有 $E(N(1))=\lambda$,因此,λ 可看作单位时间内到达顾客的平均数,也称为到达率。

在实际问题中,顾客到达系统的情况与 Poisson 过程是近似的,因而排队论中大量研究的是 Poisson 输入的情况。

2. 负指数分布

负指数分布常用于描述元件的使用寿命、随机服务系统的服务时间等,若其参数为 λ,则

概率密度函数和分布函数分别为

$$f(t) = \begin{cases} \lambda e^{-\lambda t} & (t \geq 0) \\ 0 & (t < 0) \end{cases} ; F(t) = \begin{cases} 1 - e^{-\lambda t} & (t \geq 0) \\ 0 & (t < 0) \end{cases}$$

负指数分布有如下性质：

(1)当顾客的到达过程为参数 λ 的 Poisson 过程时，顾客相继到达的时间间隔 T 必服从负指数分布。

(2)假设服务设施对每个顾客的服务时间服从负指数分布，密度函数为 $f(t) = \mu e^{-\mu t} (t \geq 0)$，则它对每个顾客的平均服务时间 $E(t) = \frac{1}{\mu}$，方差 $\text{Var}(t) = \frac{1}{\mu^2}$。称 μ 为每个忙碌的服务台的服务率，是单位时间内获得服务后离开系统的顾客数的均值。

(3)当服务设施对顾客的服务时间 t 为参数 μ 的负指数分布时，有：

①在 $[t, t + \Delta t]$ 内没有顾客离去的概率为 $1 - \mu \Delta t$；

②在 $[t, t + \Delta t]$ 内恰好有一个顾客离去的概率为 $\mu \Delta t$；

③若 Δt 足够小，在 $[t, t + \Delta t]$ 内有多于两个以上顾客离去的概率为 $\phi(\Delta t) \to O(\Delta t)$。

(4)负指数分布具有无记忆性，即对任何 $t > 0$、$\Delta t > 0$ 有 $P(T > t + \Delta t | T > \Delta t) = P(T > t)$。在连续性分布函数中，无记忆性是负指数分布独有的特性。

(5)设随机变量 $T_1, T_2, \cdots, T_n$ 相互独立且服从参数分别为 $\mu_1, \mu_2, \cdots, \mu_n$ 的负指数分布，令 $U = \min\{T_1, T_2, \cdots, T_n\}$，则随机变量 U 也服从负指数分布。这个性质说明：若来到服务系统的顾客有 n 类不同类型，每类顾客来到服务台的间隔时间服从参数为 μ_i 的负指数分布，则作为总体来讲，到达服务系统的顾客的间隔时间服从参数为 $\sum_{i=1}^{n} \mu_i$ 的负指数分布；若一个服务系统中有 s 个并联的服务台，且各服务台对顾客的服务时间服从参数为 μ 的负指数分布，则整个服务系统的输出就是一个参数为 $s\mu$ 的负指数分布。

3. 爱尔朗分布

随机变量 ξ 服从 k 阶爱尔朗分布的概率密度函数与分布函数如下：

$$f(t) = \frac{\lambda(\lambda t)^{k-1}}{(k-1)!} e^{-\lambda t} \quad (t \geq 0)$$

$$F(t) = \begin{cases} 1 - \sum_{i=0}^{k-1} \frac{(\lambda t)^i}{i!} & (t \geq 0) \\ 0 & \end{cases}$$

其中，$\lambda > 0$ 为常数。

其数学期望和方差分别为 $E(\xi) = \frac{k}{\lambda}$，$\text{Var}(\xi) = \frac{k}{\lambda^2}$。

在 k 阶爱尔朗分布中，若令 $E(\xi) = \frac{1}{\mu}$，则 $\lambda = k\mu$，此时 k 阶爱尔朗分布的密度函数为

$$f(t) = \frac{k\mu(k\mu t)^{k-1}}{(k-1)!} e^{-k\mu t} \quad (t \geq 0)$$

均值和方差分别是 $E(\xi) = \dfrac{1}{\mu}, \mathrm{Var}(\xi) = \dfrac{1}{k\mu^2}$。

第三节　$M/M/1/\infty/\infty/\mathrm{FCFS}$ 排队模型

1. 系统假设条件

$M/M/1/\infty/\infty/\mathrm{FCFS}$ 排队系统的假设条件如下：

(1) 顾客依次到达的间隔时间 $T_m(m=1,2,\cdots)$ 形成一个随机变量序列 $\{T_m\}$，且每个随机变量 $T_m(m=1,2,\cdots)$ 为独立同分布的负指数分布，其密度函数为

$$f(t) = \begin{cases} \lambda e^{-\lambda t} & (t \geq 0) \\ 0 & (t < 0) \end{cases}$$

其中，λ 为顾客平均到达率。

这是 $M/M/1/\infty/\infty/\mathrm{FCFS}$ 中第一个 M 的含义。

(2) 服务时间 $S_m(m=1,2,\cdots)$ 形成一个随机变量序列 $\{S_m\}$，且每个随机变量 $S_m(m=1,2,\cdots)$ 为独立同分布的负指数分布，其密度函数为

$$g(t) = \begin{cases} \mu e^{-\mu t} & (t \geq 0) \\ 0 & (t < 0) \end{cases}$$

这是 $M/M/1/\infty/\infty/\mathrm{FCFS}$ 中第二个 M 的内容。

(3) 单队单服务台（即 $M/M/1/\infty/\infty/\mathrm{FCFS}$ 中的 1 所表示的内容），采用先到先服务的服务规则（即 $M/M/1/\infty/\infty/\mathrm{FCFS}$ 中 FCFS 的内容）。

(4) 服务时间 S_m 和到达时间间隔 $T_m(m=1,2,\cdots)$ 相互独立。

(5) 顾客源容量无限（即 $M/M/1/\infty/\infty/\mathrm{FCFS}$ 中第二个 ∞ 的含义），队列长度无限（即 $M/M/1/\infty/\infty/\mathrm{FCFS}$ 中第一个 ∞ 的含义）。

2. 系统状态概率分布

为了便于说明问题，这里介绍一种生灭过程。假设有一群细菌，每个细菌在时间 Δt 内分裂成两个的概率为 $\lambda \Delta t + O(\Delta t)$，在 Δt 时间内细菌死亡的概率为 $\mu \Delta t + O(\Delta t)$，各个细菌在任何时间段内分裂和死亡都是独立的，并且把细菌的分裂和死亡都看作一个事件的话，则在 Δt 时间内发生两个或两个以上事件的概率为 $O(\Delta t)$。假设已知初始时刻细菌的个数，问：经过时间 t 后，细菌将变成多少个？如把细菌的分裂看作一个顾客接受完服务后离去，则生灭过程恰好反映了一个排队服务系统的瞬时状态 $N(t)$ 将怎样随时间 t 而变化。

当有一个新顾客到达时，系统将由某一低状态转移到相邻的高状态，如由状态 i 转移到 $i+1$；当有一顾客因接受完服务而立即离去时，系统将由某一高状态转移到相邻的低状态，如由状态 i 转移到状态 $i-1$。系统状态转移可用图 8-3 表示。

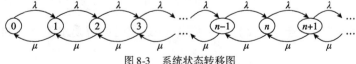

图 8-3　系统状态转移图

其中,节点编号 i 表示系统所处的状态,$i=0,1,2,\cdots$,箭头方向表示状态转移方向。

要求系统瞬时状态 $N(t)$ 的概率分布是十分困难的,下面仅就系统处于稳态时的概率进行讨论。这时,对任意状态 i,到达该状态的顾客平均到达率应该等于离开该状态的顾客平均离去率,即满足流的守恒定律。把所有各节点的状态平衡方程列表,见表 8-1。

生灭过程的状态平衡方程　　表 8-1

状态	平衡方程
0	$\mu P_1 = \lambda P_0$
1	$\lambda P_0 + \mu P_2 = (\lambda+\mu) P_1$
2	$\lambda P_0 + \mu P_2 = (\lambda+\mu) P_1$
…	…
$n-1$	$\lambda P_{n-2} + \mu P_n = (\lambda+\mu) P_{n-1}$
n	$\lambda P_{n-1} + \mu P_{n+1} = (\lambda+\mu) P_n$
…	…

例如,对第 i 个状态,到达该状态有两种可能,一是来自 $i-1$,平均到达率 λP_{i-1},二是来自 $i+1$,平均到达率 μP_{i+1},离开该状态也有两种可能,一是到 $i+1$ 去,平均离开率 λP_i,二是到 $i-1$ 去,平均离开率 $\lambda\mu P_i$,根据守恒定律可得:

$$\lambda P_{i-1} + \mu P_{i+1} = (\lambda+\mu) P_i \quad (i=1,2,\cdots)$$

由表 8-1 可见,第一个方程有两个未知数 P_0 和 P_1,第一个方程和第二个方程有 3 个未知数 P_0、P_1 和 P_2……未知数个数始终比方程个数多 1。因此,不能直接求出所有未知数,只能得到一组递推关系。

$$\begin{cases} P_1 = \dfrac{\lambda}{\mu} P_0 \\ P_2 = \dfrac{\lambda}{\mu} P_1 + \dfrac{1}{\mu}(\mu P_1 - \lambda P_0) = \dfrac{\lambda}{\mu} P_1 = \left(\dfrac{\lambda}{\mu}\right)^2 P_0 \\ P_3 = \dfrac{\lambda}{\mu} P_2 + \dfrac{1}{\mu}(\mu P_2 - \lambda P_1) = \dfrac{\lambda}{\mu} P_2 = \left(\dfrac{\lambda}{\mu}\right)^3 P_0 \\ \cdots \\ P_n = \dfrac{\lambda}{\mu} P_{n-1} + \left[\dfrac{1}{\mu}(\mu P_{n-1} - \lambda P_{n-2})\right] = \left(\dfrac{\lambda}{\mu}\right)^n P_0 \end{cases} \quad (8\text{-}1)$$

$$\sum_{n=0}^{\infty} P_0 = 1$$

$$\sum_{n=0}^{\infty} \left(\dfrac{\lambda}{\mu}\right)^n P_0 = 1$$

$$P_0 = \dfrac{1}{\sum_{n=0}^{\infty}\left(\dfrac{\lambda}{\mu}\right)^n}$$

设 $\rho = \dfrac{\lambda}{\mu} < 1$(否则队列将排至无限远),则等比级数

$$\sum_{n=0}^{\infty} \rho^n = \dfrac{1}{1-\rho}$$

$$P_0 = 1 - \rho \tag{8-2}$$

把式(8-1)和式(8-2)合并,得出系统稳态概率分布为

$$P_n = \begin{cases} 1 - \rho & (n=0) \\ (1-\rho)\rho^2 & (n=1,2,\cdots) \end{cases}$$

3. $M/M/1/\infty/\infty$/FCFS 排队系统的运行指标

(1)平均队长L_s(在系统中的平均顾客数,即队长期望值)

$$L_s = \frac{\lambda}{\mu - \lambda}$$

证明:依L_s的定义知:

$$L_s = \sum_{n=0}^{\infty} n P_n = \sum_{n=0}^{\infty} n(1-\rho)\rho^n$$
$$= \rho(1-\rho) \sum_{n=0}^{\infty} n \rho^{n-1}$$
$$= \rho(1-\rho) \sum_{n=0}^{\infty} \frac{d(\rho^n)}{d\rho} k$$

因为

$$0 < \rho < 1$$

故

$$\sum_{n=0}^{\infty} \rho^n = \frac{1}{1-\rho}$$

于是

$$L_s = \frac{\rho}{1-\rho}$$

因为 $\rho = \frac{\lambda}{\mu}$,代入上式得:

$$L_s = \frac{\lambda}{\mu - \lambda}$$

(2)平均队列长L_q(在队列中等待的顾客平均数,即队列长期望值)

$$L_q = \frac{\rho\lambda}{\mu - \lambda}$$

证明:依L_q的定义知:

$$L_q = \sum_{n=1}^{\infty} (n-1) P_n = \sum_{n=1}^{\infty} n P_n - \sum_{n=1}^{\infty} P_n$$
$$= \sum_{n=0}^{\infty} n P_n - (1 - P_0)$$
$$= L_s - \rho = \frac{\rho\lambda}{\mu - \lambda}$$

(3)平均逗留时间W_s(在系统中顾客逗留时间的期望值)

$$W_s = \frac{1}{\mu - \lambda}$$

证明：顾客在系统中的逗留时间 T_s 是一个随机变量，它服从参数为 $\mu-\lambda$ 的负指数分布。密度函数为

$$f(t) = \begin{cases} (\mu-\lambda)\mathrm{e}^{-(\mu-\lambda)t} & (t \geq 0) \\ 0 & (t < 0) \end{cases}$$

故

$$W_s = E(T_s) = \int_0^\infty tf(t)\mathrm{d}t = \int_0^\infty t(\mu-\lambda)\mathrm{e}^{-(\mu-\lambda)t}\mathrm{d}t = \frac{1}{\mu-\lambda}$$

（4）平均等待时间 W_q（在队列中排队等待时间的期望值）

$$W_q = \frac{\rho}{\mu-\lambda}$$

证明：在队列中排队等待时间的期望值应等于在系统中逗留时间的期望值减去服务时间的期望值，而服务时间的期望值为 $1/\mu$。故可得：

$$W_q = W_s - \frac{1}{\mu} = \frac{1}{\mu-\lambda} - \frac{1}{\mu} = \frac{\rho}{\mu-\lambda}$$

（5）忙期期望值 B_s

$$B_s = \frac{1}{\mu-\lambda}$$

系统处于繁忙状态，就意味着必须等待，而不能立即被服务。系统处于空闲状态的概率 $P_0 = 1-\rho$；系统处于繁忙状态的概率 $P(N>0) = \rho$。

忙期和闲期总是交替出现的，当考虑充分长的时间时，它们的期望个数总是相同的，在相当长的时期内，可以认为忙期和闲期总长之比也是 $\rho(1-\rho)$，于是可以认为各忙期的平均长度 B_s 与各闲期的平均长度 I_s 之比也是 $\rho(1-\rho)$。但各闲期的平均长度 I_s 在到达间隔服从负指数分布的条件下是 $1/\lambda$，故各忙期的平均长度为

$$B_s = \frac{\rho}{1-\rho}I_s = \frac{\rho}{1-\rho}\frac{1}{\lambda} = \frac{1}{\mu-\lambda}$$

而一个忙期所服务的顾客平均数为

$$\frac{1}{\mu-\lambda}\mu = \frac{1}{1-\rho}$$

现将上述几个主要运行指标归纳如下：

（1）$L_s = \dfrac{\lambda}{\mu-\lambda}$

（2）$L_q = \dfrac{\rho\lambda}{\mu-\lambda}$

（3）$W_s = \dfrac{1}{\mu-\lambda}$

（4）$W_q = \dfrac{\rho}{\mu-\lambda}$

它们之间的相互关系为

（1）$L_s = \lambda W_s$

（2）$L_q = \lambda W_q$

(3) $W_s = W_q + \dfrac{1}{\mu}$

(4) $L_s = L_q + \dfrac{\lambda}{\mu}$

【例 8.1】 某一汽车检测站仅有一台机器,前来检测的汽车的到达过程服从泊松分布,平均 4 辆/h;检测时间服从负指数分布,平均检测一辆车需要 6min。试求:

(1) 检测机器空闲的概率。
(2) 检测站有三辆汽车的概率。
(3) 检测站内至少有一辆汽车的概率。
(4) 检测站内的平均汽车数。
(5) 每辆汽车在检测站内的平均逗留时间。
(6) 等待服务的平均车辆数。
(7) 每辆汽车平均等待服务的时间。

解:本题可以看成一个 $M/M/1$ 排队问题,其中 $\lambda = 4$ 辆/h, $\mu = 10$ 辆/h。

(1) 检测机器空闲的概率

$$P_0 = 1 - \frac{\lambda}{\mu} = 1 - \frac{2}{5} = 0.6$$

(2) 检测站有三辆汽车的概率

$$P_3 = \left(\frac{\lambda}{\mu}\right)^3 P_0 = \left(\frac{2}{5}\right)^3 \times 0.6 = 0.038$$

(3) 检测站内至少有一辆汽车的概率即顾客必须等待的概率

$$P_w = 1 - P_0 = \frac{\lambda}{\mu} = \frac{2}{5} = 0.4$$

(4) 检测站内的平均汽车数

$$L_s = L_q + \frac{\lambda}{\mu} = \frac{\lambda^2}{\mu(\mu-\lambda)} + \frac{\lambda}{\mu} = \frac{\lambda}{\mu-\lambda} = \frac{4}{10-4} = 0.67(\text{辆})$$

(5) 每辆汽车在检测站内的平均逗留时间

$$W_s = W_q + \frac{1}{\mu} = \frac{L_q}{\lambda} + \frac{1}{\mu} = \frac{0.268}{4} + \frac{1}{10} = 0.167(\text{h}) = 10(\text{min})$$

(6) 等待服务的平均汽车数

$$L_q = \frac{\lambda^2}{\mu(\mu-\lambda)} = \frac{4^2}{10 \times (10-4)} = 0.267(\text{辆})$$

(7) 每辆汽车平均等待服务的时间

$$W_q = \frac{L_q}{\lambda} = \frac{0.268}{4} = 0.067(\text{h}) = 4(\text{min})$$

【例 8.2】 汽车过境检查,平均到达速率为 100 辆/h,是泊松流;检查一辆车平均需要 15s,为负指数分布,试求稳态概率 P_0、P_1、P_2 和系统中汽车数的期望值 L_s,排队等待汽车数的期望值 L_q,过境检查全部时间的期望值 W_s,等待检查时间的期望值 W_q。

解:本题可以看成一个 $M/M/1$ 排队问题,其中 $\lambda = 100$ 人/h, $\mu = 240$ 人/h。

$$\rho = \frac{\lambda}{\mu} = \frac{100}{240} = 0.417$$

$$P_0 = 1 - \rho = 1 - \frac{5}{12} = 0.583$$

$$P_1 = \rho P_0 = \frac{5}{12} \times \frac{7}{12} = 0.243$$

$$P_2 = \rho P_1 = \frac{5}{12} \times 0.243 = 0.101$$

$$L_s = \frac{\lambda}{\mu - \lambda} = \frac{100}{240 - 100} = 0.714(辆)$$

$$L_q = \frac{\rho \lambda}{\mu - \lambda} = \frac{5}{12} \times 0.714 = 0.298(辆)$$

$$W_s = \frac{1}{\mu - \lambda} = \frac{1}{240 - 100} = 0.00714(h) = 25.7(s)$$

$$W_q = \frac{\rho}{\mu - \lambda} = \frac{5}{12} \times 0.00714 = 0.003(h) = 10.8(s)$$

【例8.3】 有一洗车店,要求冲洗的汽车按平均每小时5辆的泊松分布到来,冲洗一辆汽车所需时间服从均值为10min的负指数分布。

试求:

(1)平均队列长L_q;

(2)按L_q为等候冲洗的汽车准备停留场地是不够的,为什么?为保证每辆到来的汽车能有80%的概率有场地停放,服务站前应准备几个停车位?

解: 由已知条件,$\lambda = 5$ 辆/h,$\mu = 1$ 辆/(10min) $= 6$ 辆/h,$\rho = \frac{\lambda}{\mu} = \frac{5}{6} < 1$。

$$(1) L_q = \frac{\rho \lambda}{\mu - \lambda} = \frac{\frac{5}{6} \times 5}{6 - 5} = 4.17(辆) \approx 4(辆)。$$

(2)仅按L_q做准备是不够的,因为L_q只描述了排队等待的队列中汽车的平均数,不能反映其他信息,如平均队列长的概率、平均等待时间等。

设有S个停车位,能保证汽车到来有80%的概率进入站内,则:

$$P_0 + P_1 + \cdots + P_s + P_{s+1} \geq 0.8$$
$$(1 - \rho) + \rho(1 - \rho) + \rho^2(1 - \rho) + \cdots + \rho^{s+1}(1 - \rho) \geq 0.8$$
$$(1 - \rho)(1 + \rho + \rho^2 + \cdots + \rho^{s+1}) \geq 0.8$$
$$(1 - \rho)\frac{1 - \rho^{s+2}}{1 - \rho} \geq 0.8$$
$$\rho^{s+2} \leq 0.2$$

两边取对数并整理得:

$$S \geq 6.8 \approx 7(辆)$$

可知:

$$S \approx 2 L_q$$

另外,顾客的期望等待时间也是衡量冲洗台是否方便使用的重要因素之一,可计算得:

M/M/1/∞/∞/
FCFS 排队系统

$$W_q = \frac{\lambda}{\mu(\mu-\lambda)} = \frac{5}{6\times(6-5)} = 0.83(\text{h}) = 50(\text{min})$$

$$W_q = \frac{\lambda}{\mu(\mu-\lambda)} = \frac{5}{6\times(6-5)} = 0.83(\text{h}) = 50(\text{min})$$

这显然太长了。

第四节　其他排队系统模型

1. $M/M/1/N/\infty/$FCFS 排队系统

（1）系统假设条件

这一排队系统与第三节讨论的 $M/M/1/\infty/\infty/$FCFS 的不同之处是队列长度有限制，为 $N-1$，其他条件不变。

（2）系统的稳态概率分布

为了便于分析和理解，先画出系统的状态转移图，如图 8-4 所示。

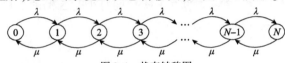

图 8-4　状态转移图

对任一状态，根据流的守恒定律，列出各状态的平衡方程，见表 8-2。

状态平衡方程　　　　表 8-2

状态	平衡方程
0	$\lambda P_0 = \mu P_1$
1	$\lambda P_0 + \mu P_2 = (\lambda+\mu)P_1$
2	$\lambda P_1 + \mu P_3 = (\lambda+\mu)P_2$
…	…
$N-1$	$\lambda P_{N-2} + \mu P_N = (\lambda+\mu)P_{N-1}$
N	$\lambda P_{N-1} = \mu P_N$

稳态概率为

$$P_1 = \frac{\lambda}{\mu}P_0 = \rho P_0$$

$$P_2 = \left(\frac{\lambda}{\mu}\right)^2 P_0$$

$$\cdots$$

$$P_{N-1} = \rho^{N-1} P_0$$

$$P_N = \rho^N P_0$$

又

$$\sum_{n=0}^{N} P_n = 1$$

即
$$P_0 + \rho P_0 + \rho^2 P_0 + \cdots + \rho^N P_0 = 1$$

所以
$$P_0 = \frac{1}{\sum_{n=0}^{N} \rho^n}$$

最后得稳态概率为
$$\begin{cases} P_0 = \dfrac{1-\rho}{1-\rho^{N+1}} & (\rho \neq 1) \\ P_n = \rho^n \dfrac{1-\rho}{1-\rho^{N+1}} & (n \leq N) \\ P_0 = P_N = \dfrac{1}{N+1} & (\rho = 1) \end{cases}$$

(3) 系统稳态运行指标

① 平均队长 L_s

$$L_s = \begin{cases} \dfrac{\rho}{1-\rho} - \dfrac{(N+1)\rho^{N+1}}{1-\rho^{N+1}} & (\rho \neq 1) \\ \dfrac{N}{2} & (\rho = 1) \end{cases}$$

证明：
$$L_s = \sum_{n=0}^{N} n P_n = 0 P_0 + 1 P_1 + 2 P_2 + \cdots + N P_N$$
$$= \rho P_0 + 2\rho^2 P_0 + \cdots + N\rho^N P_0$$
$$= \frac{\rho}{1-\rho} - \frac{(N+1)\rho^{N+1}}{1-\rho^{N+1}} \quad (\rho \neq 1)$$
$$L_s = \frac{N}{2} \quad (\rho = 1)$$

② 平均队列长 L_q

$$L_q = \sum_{n=1}^{N} (n-1) P_n = L_s - (1 - P_0)$$

③ 平均逗留时间 W_s

$$W_s = \frac{L_s}{\mu(1-P_0)} = \frac{L_q}{\lambda(1-P_N)} + \frac{1}{\mu}$$

④ 平均等待时间 W_q

$$W_q = W_s - \frac{1}{\mu}$$

【例8.4】 某汽车加油站内有 1 个加油柱、3 个停车位，当 3 个停车位都停满时，后来的汽车就不再进入而离去，汽车平均到达速率为 8 辆/h，加油时间平均 5min/辆，设汽车到达为泊

松流,服务时间服从负指数分布。试求:

(1)平均队长L_s和平均队列长L_q;

(2)平均逗留时间W_s;

(3)在可能到达的汽车中因客满离去的概率。

解:由已知条件,$\lambda = 8$ 辆/h,$\mu = 1$ 辆/5min $= 12$ 辆/h。

故

$$\rho = \frac{\lambda}{\mu} = \frac{8}{12} = \frac{2}{3} \neq 1$$

总容量

$$N = 3 + 1 = 4$$

$$P_0 = \frac{1-\rho}{1-\rho^{N+1}} = \frac{1-\frac{2}{3}}{1-\left(\frac{2}{3}\right)^5} = 0.384$$

(1)平均队长L_s和平均队列长L_q

$$L_s = \frac{\rho}{1-\rho} - \frac{(N+1)\rho^{N+1}}{1-\rho^{N+1}}$$

$$= \frac{2/3}{1/3} - \frac{5 \times (2/3)^5}{1-(2/3)^5}$$

$$= 1.24(辆)$$

$$L_q = L_S - (1-P_0) = 1.24 - (1-0.384)$$

$$= 0.624(辆)$$

(2)平均逗留时间W_s

$$W_s = \frac{L_q}{\lambda(1-P_N)} + \frac{1}{\mu}$$

$$= \frac{0.624}{8 \times (1-0.076)} + \frac{1}{12}$$

$$= 0.167(h) = 10.06(\min)$$

(3)因客满而离去的概率

$$P_4 = \rho^4 \frac{1-\rho}{1-\rho^5}$$

$$= \left(\frac{2}{3}\right)^4 \times \frac{1-\frac{2}{3}}{1-\left(\frac{2}{3}\right)^5} = 0.076$$

2. M/M/1/N/N/FCFS 排队系统

(1) 系统假设条件

这一排队系统与 M/M/1/N/∞/FCFS 排队系统相比,顾客源由无限变为有限 N。

(2) 系统的稳态概率分布

其余条件相同。

该系统概率分布的分析方法和 M/M/1/∞/∞/FCFS 相类似,这里只给出结果,推导过程请参阅其他文献。

$$\begin{cases} P_0 = \dfrac{1}{\sum\limits_{n=0}^{N}\left(\dfrac{\lambda}{\mu}\right)^n \dfrac{N!}{(N-n)!}} \\ P_n = \left(\dfrac{\lambda}{\mu}\right)^n \dfrac{N!}{(N-n)!} P_0 \end{cases} \quad (0 < n \leqslant N)$$

(3) 运行指标

$$\begin{cases} L_s = N - \dfrac{\mu}{\lambda}(1 - P_0) \\ L_q = N - \dfrac{\mu + \lambda}{\lambda}(1 - P_0) \\ W_s = \dfrac{L_s}{\lambda(N - L_s)} \\ W_q = \dfrac{L_q}{\lambda(N - L_s)} \end{cases}$$

【**例 8.5**】 某车队有 5 台小型客车从事客运,每辆车的连续运转时间服从负指数分布,平均连续运转时间 120d,有 1 名修理工,每次修理客车的时间服从负指数分布,平均每次 3d。求:

(1) 修理工空闲的概率;
(2) 出故障的平均台数;
(3) 等待修理的平均台数;
(4) 平均停工时间;
(5) 平均等待时间。

解:因为 $N = 5, \lambda = 1/120, \mu = \dfrac{1}{3}$,则 $\rho = \lambda/\mu = \dfrac{3}{120} = 0.025$。

(1) 由 $P_0 = \dfrac{1}{\sum\limits_{n=0}^{N}\left(\dfrac{\lambda}{\mu}\right)^n \dfrac{N!}{(N-n)!}}$,因为 $(0.025)^0 \times \dfrac{5!}{5!} + (0.025)^1 \times \dfrac{5!}{4!} + (0.025)^2 \times \dfrac{5!}{3!} +$

$(0.025)^3 \times \dfrac{5!}{2!} + (0.025)^4 \times \dfrac{5!}{1!} + (0.025)^5 \times \dfrac{5!}{0!} = 1.138$,所以 $P_0 = \dfrac{1}{1.138} = 0.878$。

(2) $L_s = N - \dfrac{\mu}{\lambda} + \dfrac{\mu}{\lambda} P_0 = 5 - 40 + 40 \times 0.878 = 0.12$。

(3) $L_q = N - \dfrac{\mu+\lambda}{\lambda}(1-P_0) = 5 - 41(1-P_0) = 0$。

(4) $W_s = \dfrac{L_s}{\lambda(N-L_s)} = \dfrac{120 \times 0.12}{5-0.12} = 2.95$。

(5) $W_q = 0$。

3. $M/M/C/\infty/\infty/FCFS$ 排队系统

(1) 系统假设条件

这是单队-多服务台(并列)的情况,服务台数 $C>1$,其余条件与 $M/M/1/\infty/\infty/FCFS$ 排队系统相同,另外规定各服务台工作相互独立(不搞协作)且平均服务率相同,即 $\mu_1 = \mu_2 = \cdots = \mu_C = \mu$,于是整个服务机构的平均服务率为 $C\mu$,只有当 $\dfrac{\lambda}{C\mu} < 1$ 时才不会排成无限的队列。这里 $\rho = \dfrac{\lambda}{C\mu}$ 被称为服务强度。

(2) 系统状态概率

这里只给出公式,推导过程请参阅其他文献。

$$\begin{cases} P_0 = \left[\sum_{n=0}^{C-1}\dfrac{1}{n!}\left(\dfrac{\lambda}{\mu}\right)^n + \dfrac{1}{C!}\left(\dfrac{\lambda}{\mu}\right)^C\left(\dfrac{1}{1-\rho}\right)\right]^{-1} & (\rho \neq 1) \\ P_n = \begin{cases} \dfrac{1}{n!}\left(\dfrac{\lambda}{\mu}\right)^n P_0 & (1 \leq n < C) \\ \dfrac{1}{C! \, C^{n-1}}\left(\dfrac{\lambda}{\mu}\right)^n P_0 & (n \geq C) \end{cases} \end{cases}$$

(3) 系统运行指标

$$\begin{cases} L_s = L_q + \dfrac{\lambda}{\mu} \\ L_q = \dfrac{(C\rho)^C \rho}{C!(1-\rho)^2} P_0 \\ W_s = \dfrac{L_s}{\lambda} \\ W_q = \dfrac{L_q}{\lambda} \end{cases}$$

【例 8.6】 某汽车性能综合监测站有 3 台检测设备,汽车到达速率为 576 辆/h,每台检测设备的检测速率为 240 辆/h,设到达为泊松流,服务时间服从负指数分布。试求稳态概率 P_0 以及运行指标。

解:由已知条件知,本题可认为是 $M/M/C/\infty/\infty/FCFS$ 排队系统。

$$\lambda = 576, \mu = 240, \rho = \dfrac{\lambda}{C\mu} = \dfrac{576}{3 \times 240} = 0.8$$

$$\frac{\lambda}{\mu} = 2.4$$

$$P_0 = \left(1 + 2.4 + \frac{5.76}{2} + \frac{1}{3!} \times 2.4^3 \times \frac{1}{0.2}\right)^{-1} = 0.056$$

$$L_q = \frac{\lambda^C \rho P_0}{\mu^C C! \ (1-\rho)^2} = \frac{2.4^3 \times 0.8 \times 0.056}{3! \ \times 0.2^2} = 2.58$$

$$L_s = L_q + \frac{\lambda}{\mu} = 2.58 + 2.4 = 4.98$$

$$W_s = \frac{L_s}{\lambda} = 0.00865\text{h} = 31.125\text{s}$$

$$W_q = \frac{L_q}{\lambda} = 0.00448\text{h} = 16.125\text{s}$$

(4) $M/M/C$ 排队系统和 C 个 $M/M/1$ 排队系统的比较

现以【例 8.6】的数据来说明，如果【例 8.6】除排队方式外其他条件不变，但顾客到达后在每个窗口前各排一队且进入队列后坚持不换，结果形成 3 个队列，每个队列平均到达率为

$$\lambda_1 = \lambda_2 = \lambda_3 = \frac{576}{3} = 192(\text{辆/h})$$

这样一来，原来的系统就变成了 3 个 $M/M/1$ 排队系统了。

现按 $M/M/1$ 排队系统解决这个问题，并与 $M/M/C$ 比较，如表 8-3 所示。

$M/M/C$ 与 $M/M/1$ 对比表　　表 8-3

指标	$M/M/C$	$M/M/1$
服务台空闲的概率 P_0	0.056	0.2（每个子系统）
顾客必须等待的概率	$P(N \geq 3) = 0.645$	0.8
平均队列长 L_q	2.58	3.2（每个子系统）
平均队长 L_s	4.98	12（整个系统）
平均逗留时间 W_s(s)	31.125	75
平均等待时间 W_q(s)	16.125	60

表中各指标对比的结果是 $M/M/3$ 比 $M/M/1$ 有显著的优越性。在安排排队方式时，应注意这一点。

4. $M/M/C/N/\infty$/FCFS 排队系统

(1) 系统假设条件

设系统的容量最大限制为 N，且 $N \geq C$，当系统中顾客数 n 已达到 N，即队列中顾客数已达 $N-C$ 时，再来的顾客即被拒绝，其他假设条件与 $M/M/C/\infty/\infty$/FCFS 排队系统相同。

(2) 系统的状态概率

这里只给出结果,不推证。

$$\begin{cases} P_0 = \dfrac{1}{\sum\limits_{k=0}^{C} \dfrac{(C\rho)^k}{k!} + \dfrac{C^C \rho(\rho^C - \rho^N)}{C! \quad 1-\rho}} & \left(\rho = \dfrac{\lambda}{C\mu} \text{且} \rho \neq 1\right) \\ P_n = \begin{cases} \dfrac{(C\rho)^n}{n!} P_0 & (1 \leq n \leq C) \\ \dfrac{C^C}{C!} \rho^n P_0 & (C \leq n \leq N) \end{cases} \end{cases}$$

(3) 系统运行指标

$$\begin{cases} L_q = \dfrac{P_0 \rho (C\rho)^C}{C! \ (1-\rho)^2} [1 - \rho^{N-C} - (N-C)\rho^{N-C}(1-\rho)] \\ L_s = L_q + C\rho(1 - P_N) \\ W_q = \dfrac{L_q}{\lambda(1 - P_N)} \\ W_s = W_q + \dfrac{1}{\mu} \end{cases}$$

5. $M/M/C/\infty/N/FCFS$ 排队系统

(1) 系统假设条件

设顾客总体(顾客源)为有限数 N,且 $N > C$,和单服务台情形一样,顾客到达率 λ 是按每个顾客来考虑的。在机器管理问题中,就是共 N 台机器,有 C 个修理工人,顾客到达就是机器出了故障,而每个顾客的到达率 λ 是指每台机器每单位运转时间出故障的期望次数,系统中的顾客数 n 就是出故障的机器台数,当 $n \leq C$ 时,所有的故障机器都在被修理,有 $C - n$ 个修理工人在空闲;当 $C < n \leq N$ 时,有 $n - C$ 台机器停机等待修理,而修理工人都在繁忙状态,假定这 C 个工人修理技术相同,修理(服务)时间都服从参数为 μ 的负指数分布,并假定故障的修复时间和正在生产的机器是否发生故障是相互独立的。

(2) 系统的状态概率

$$\begin{cases} P_0 = \dfrac{1}{N!} \cdot \dfrac{1}{\sum\limits_{k=0}^{C} \dfrac{1}{k! \ (N-k)!} \left(\dfrac{C\rho}{N}\right)^k + \dfrac{C^C}{C!} \sum\limits_{k=C+1}^{C} \dfrac{1}{(N-k)!} \left(\dfrac{C\rho}{N}\right)^k} & \left(\rho = \dfrac{m\lambda}{C\mu}\right) \\ P_n = \begin{cases} \dfrac{N!}{(N-n)! \ n!} \left(\dfrac{\lambda}{\mu}\right)^n P_0 & (1 \leq n \leq C) \\ \dfrac{N!}{(N-n)! \ C! \ C^{n-C}} \left(\dfrac{\lambda}{\mu}\right)^n P_0 & (C+1 \leq n \leq N) \end{cases} \end{cases}$$

(3) 系统运行指标

平均顾客数(即平均故障台数)为

$$L_s = \sum_{n=1}^{N} n P_n$$

$$L_q = \sum_{n=C+1}^{N}(n-C)P_n$$

有效到达率 λ_e 等于每个顾客的到达率 λ 乘以在系统外(即正常生产的)机器的期望数,即

$$\lambda_e = \lambda(N - L_s)$$

在机器故障问题中,它是每单位时间 N 台机器平均出现故障的次数,有:

$$L_s = L_q + \frac{\lambda_e}{\mu} = L_q + \frac{\lambda}{\mu}(N - L_s)$$

$$W_s = \frac{L_s}{\lambda_e}$$

$$W_q = \frac{L_q}{\lambda_e}$$

由于 P_0、P_n 计算公式过于复杂,一些文献专门将其列成表格以供查阅,这里不再讲述。

习题

8.1 来到一个汽车加油站加油的汽车服从泊松分布,平均每 10min 到达一辆。设加油站对每辆汽车加油时间为 5min。求在这段时间内发生以下情况的概率:

(1) 没有一辆汽车到达;

(2) 有 2 辆汽车到达;

(3) 不少于 5 辆汽车到达。

8.2 某汽车维修站仅有 1 名维修师傅,前来维修的汽车服从泊松分布,平均每小时到达 5 辆,维修时间服从负指数分布,平均维修一辆汽车所用时间为 6min,求:

(1) 前来维修汽车需要等待的概率;

(2) 车辆排队的平均长度;

(3) 汽车在系统中的平均逗留时间及平均等待时间。

8.3 某一公路收费站有 3 个窗口,车辆到达服从泊松分布,平均到达率为 $\lambda = 0.9$ 辆/min,服务时间服从负指数分布,平均服务率为 $\mu = 0.4$ 辆/min,现设汽车到达后排成一队,依次进入空闲的窗口。求:

(1) 整个收费站空闲的概率;

(2) 平均队长 L_s 及排队长 L_q;

(3) 平均等待时间及逗留时间。

8.4 某车间有 5 台机器,每台机器的连续运转时间为 15min,有 1 名修理工,每次修理时间服从负指数分布,每次平均 12min。求:

(1) 修理工空闲的概率;

(2) 出故障的平均台数;

(3) 等待修理的平均台数;

(4) 平均停工时间;

(5)平均等待修理时间;

(6)评价这些结果。

8.5 考虑一个 $M/M/1/k$ 系统,$\lambda=10$ 人/h,$\mu=30$ 人/h,$k=2$。管理者想改进服务机构,方案有两个:方案 A 是增加一个等待时间,即 $k=3$;方案 B 是提高平均服务率到 $\mu=40$ 人/h。设每服务一个顾客的平均收入不变,哪个方案将能获得更大的收入? 当 λ 增加到 30 人/h 时,又将得到什么结果?

8.6 某汽车加油站设有 2 个加油机,汽车按泊松分布流到达,平均每分钟到达 2 辆;汽车加油时间服从负指数分布,平均加油时间为 2min。又知加油站最多只能停放 3 辆等待加油的汽车,汽车到达时若已满员,则必须开到别的加油站,试对该系统进行分析。(系统空闲概率、顾客损失率、加油站内平均等待汽车数、汽车在加油站内平均逗留时间、汽车在加油站内平均等待时间、被占用的加油机的平均数)

8.7 要求在某机场着陆的飞机服从泊松过程,平均每小时 32 架次,每次着陆需占用机场跑道时间为 3min,服从负指数分布。该机场设置多少条跑道,可使要求着陆的飞机须在空中等待的概率不超过 5%? 计算这种情况下的跑道利用率。

8.8 两个技术水平相同的工人共同照管 5 台自动机床,每台机床平均每小时需要照管一次,每次需一个工人照管的平均时间为 15min。每次照管时间及每相继两次照管间隔都相互独立且为负指数分布。求每人平均空闲时间、系统四项主要指标和机床利用率。

8.9 某储蓄所有一个服务窗口,顾客按泊松分布平均每小时到达 10 人,为任一顾客办理存款、取款等业务的时间 T 服从 $N\sim(0.05,0.01^2)$ 的正态分布。求储蓄所空闲的概率及其主要工作指标。

第九章
网络计划技术

网络计划技术是一种以网络图为基础的计划模型,主要利用计划评审技术和关键路线法等数学优化原理对计划项目进行核算、评价,最后选定最优方案,本章主要内容包括网络计划图、网络计划图的时间参数以及网络计划图的优化。

第一节　网络计划图

1. 基本概念

网络计划的重要标志是网络图。网络图由一系列的弧和节点组成,用以表征各种事件和活动之间的逻辑关系,其基本组成要素包括工序、事件和路线。网络图中的有向弧代表各种工序,完成工序需要的时间标在弧上;节点表示事件,表示工序的开始与结束,每个节点有唯一的节点标号。

(1) 工序

工序泛指一切消耗时间或资源的活动,又称为活动、任务、工作或作业。

①虚工序。虚工序是指虚设的工序,用来表达相邻工序之间的邻接关系,不需要消耗时间和资源。

②紧前工序。紧前工序是指紧接某道工序的前道工序。

③紧后工序。紧后工序是指紧接某道工序的后续工序。

例如，工序 d 需要在工序 a、b、c 都完工后才能开工，其网络图如图 9-1a)所示，称工序 a、b、c 为工序 d 的紧前工作，而工序 d 为工序 a、b、c 的紧后工序；对于网络图 9-1b)，工序 d 为工序 a、b、c 的紧前工序，工序 a、b、c 为工序 d 的紧后工序。

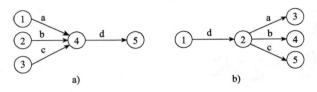

图 9-1　网络图

(2)事件

事件标志一个或若干个工序的开始或结束，它不消耗时间或资源；或相对于工序而言，消耗量可以忽略不计。某个事件的实现标志着在它前面的各道工序(紧前工序)的结束，又标志着它后面的各道工序(紧后工序)的开始。

(3)路线

路线是指在网络图中，从最初事件到最终事件由各道工序连贯组成的一条有向路线。路线的总长度是指路线中各道工序所需时间的总和。

①关键路线。网络图中，总长度最长的路线称为关键路线。

②关键工序。网络图中，关键路线上的各道工序称为关键工序。

2. 网络图的绘制

(1)基本规则

绘制网络图，须遵循如下规则：

①基本表示方法：用弧 (i,j) 表示一道工序，事件 i 是工序的开始，事件 j 是工序的结束，规定 $i < j$，并且节点编号不能重复。

②紧前完工：每项工作开始之前，其所有紧前工序必须已经完工。该规则保证了网络图能够正确表达已经规定的工序之间的逻辑关系。

③添加虚工序：虚工序用虚箭线表示。下列两种情形必须添加虚工序：

a. 紧前工序与紧后工序不是一一对应关系，即多道工序有相同的紧前工序，又有不同的紧前工序。例如，c 的紧前工序是 a，d 的紧前工序是 a 和 b，工序 a 是 c、d 的公共紧前工序，b 是 d 而不是 c 的紧前工序，则图 9-2a)是错误的，图 9-2b)是正确的。

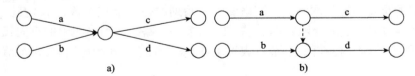

图 9-2　紧前工序与紧后工序

b. "二夹一"：一对节点之间只能有一道工序。该规则保证了一对节点只能表示一项工序。图 9-3a)是错误的。在这种情形下，应添加一道虚拟工序。图 9-3b)是正确的。

④始终点唯一：网络图只有一个起点节点和一个终点节点，起点节点无紧前工作，终点节点无紧后工作。

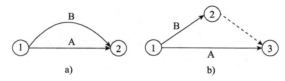

图 9-3 "二夹一"情形处理

⑤工序不重复,网络无回路:一道工序从整个计划的开始到完工,只能被执行一次,因而不能出现回路。图 9-4 是错误的。

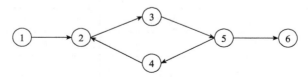

图 9-4 网络无回路情形

⑥网络图的布局:网络图应该清晰醒目,突出重点,尽可能将关键路线布置在中心位置,并尽量将联系紧密的工序布置在相近位置。箭线应尽量画成水平线或具有水平线的折线,尽量避免箭线交叉。

由此,基本规则可以归纳为工序开始事件编号小于结束事件编号、紧前工序与紧后工序是相邻工序、不能有平行工序、网络图只有一个始点和一个终点。

(2)基本步骤

网络计划编制的基本步骤如下:

①编制工序明细表。收集并整理资料,将计划项目分解为若干道工序,确定工序的紧前关系和紧后关系,编制明细表。

②绘制项目网络图。一般从项目的开工工序开始,由左向右画图到项目所有工序完工为止。

③计算网络图的时间参数。计算各工序和事件的有关时间参数。

④优化网络计划。进一步优化计划项目的时间和资源。

绘制项目网络图的具体步骤如下:

①任务分解。将计划项目分解为若干具体的作业。

②确定工序的持续时间。根据工序内容、以往类似工序的资料等确定各工序的持续时间。

常用的方法有确定型方法和概率型方法。确定型方法是指在具备工时定额和劳动定额的任务中,工序的工时可以用这些定额资料来确定;有些工序虽无定额可查,但是存在有关工作的统计资料,也可利用统计资料分析来确定工序的时间。概率型方法是指对于开发试制型的任务,或对工序所需工时难以准确估计时,可以采用三种时间估计法来确定工序的工时。该方法对每道工序先要做出以下三种情况的时间估计:

a. 最乐观时间:指在顺利情况下,完成工序所需的最少时间,用 a 表示。

b. 最可能时间:指在正常情况下,完成工序所需的时间,用 m 表示。

c. 最悲观时间:指在不利情况下,完成工序所需的最长时间,用 b 表示。

利用上述三种时间,每道工序的期望工时可估计为

$$t = \frac{a + 4m + b}{6} \tag{9-1}$$

③确定工序之间的关系。分析各工序之间的紧前、紧后关系。

④绘制网络图。在网络图绘制和网络计划实施过程中,有必要进行监督、控制、调整和修改,以尽可能使整个计划项目达到最优。

(3)算例

【例9.1】 根据表9-1所示的某城市交通规划项目工序绘制项目网络图。

某城市交通规划项目工序　　　　　　　表9-1

工序代号	工序名称	紧前工序	紧后工序	持续时间(d)
A	交通流调查	—	C	20
B	交通设施现状调查	—	C	10
C	交通需求预测	A、B	D、F	20
D	交通规划编制	C	E、F	50
E	交通规划公示	D	—	10
F	交通规划修订	C、D	G	20
G	交通规划审批	F	—	20

解: 交通规划项目网络图如图9-5所示。

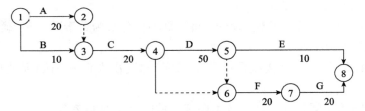

图9-5　交通规划项目网络图

【例9.2】 根据表9-2所示的某项目作业明细表绘制项目网络图。

某项目作业明细表　　　　　　　表9-2

工序	紧前工序	工序时间(d)	工序	紧前工序	工序时间(d)
A	—	2	H	E、G	9
B	A	4	I	C	7
C	B	10	J	F、I	8
D	C	6	K	J	4
E	C	4	L	J	5
F	E	5	M	H	2
G	D	7	N	K、L	6

解: 首先绘制网络图草图,然后对事件从左到右、由小到大顺序依次编号,得到网络图9-6。

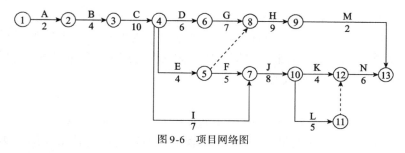

图 9-6 项目网络图

【例 9.3】 某项目资料见表 9-3,要求:

某项目作业明细资料　　　　　　　　　　　　　　　表 9-3

工序	紧前工序	工序的三种时间(d)			工序	紧前工序	工序的三种时间(d)		
		a	m	b			a	m	b
a	—	6	7	9	f	c	18	24	26
b	—	5	8	10	g	e	30	35	42
c	—	11	12	14	h	d	20	26	30
d	a、b、c	15	17	19	i	f	14	17	22
e	a	9	10	12	j	f	28	34	38

(1)计算各工序时间的期望值;
(2)绘制该项目的网络图。

解:(1)由式(9-1)可得工序时间的期望值,计算结果见表 9-4。

某项目工序时间的期望值　　　　　　　　　　　　　　　表 9-4

工序	a	b	c	d	e	f	g	h	i	j
期望值	7.17	7.83	12.17	17	10.17	23.33	35.33	25.67	17.33	33.67

(2)绘制项目的网络图,如图 9-7 所示。

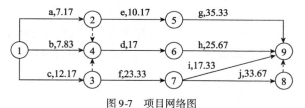

图 9-7 项目网络图

第二节　网络计划图的时间参数

1. 计算方法

网络计划技术旨在优化和控制网络计划,需要计算各种网络图的时间参数,包括事件时间参数、工序时间参数等。

(1)事件时间参数

事件时间参数仅表示项目工序应在某一时刻开始或结束的时间点,事件本身不占用时间。

177

事件时间参数分为最早时间和最迟时间。

①事件最早时间。事件 j 的最早时间 $t_E(j)$ 表示以 j 为始点的各工序的最早可能开始时间，也表示以 j 为终点的各工序的最早可能完成时间，等于从始点事件到该事件的最长路线上所有工序的工时总和，其计算公式为

$$\begin{cases} t_E(1) = 0 \\ t_E(j) = \max\{t_E(i) + t(i,j)\} \quad (j = 2,3,\cdots,n) \end{cases} \tag{9-2}$$

②事件最迟时间。事件 i 的最迟时间 $t_L(i)$ 表示以 i 为始点的各工序的最迟必须开始时间，也表示以 i 为终点的各工序的最迟必须完成时间。一般情况下，工程的最早完工时间可看作项目工程的总工期，因此，按照事件编号从大到小逆序逐个计算，可以得到事件最迟时间计算公式为

$$\begin{cases} t_L(n) = t_E(n) & (n \text{ 为终点事件}) \\ t_L(i) = \min\{t_L(j) - t(i,j)\} & (j = 2,3,\cdots,n) \end{cases} \tag{9-3}$$

(2) 工序时间参数

①工序 (i,j) 的最早开始时间 $t_{ES}(i,j)$。任何一道工序都必须在其紧前工序结束后才能开始，但紧前工序完工后其紧后工序不一定立即开工。紧前工序的最早结束时间即为工序的最早可能开始时间，用 $t_{ES}(i,j)$ 表示。其计算公式为

$$\begin{cases} t_{ES}(1,j) = 0 \\ t_{ES}(i,j) = \max\{t_{ES}(k,i) + t(k,i)\} = t_E(i) \end{cases} \tag{9-4}$$

其中，k 是工序 (i,j) 的紧前工序的开工事件变量；$t(k,i)$ 是工序 (k,i) 的时间。

②工序 (i,j) 的最早结束时间 $t_{EF}(i,j)$。工序的最早结束时间表示工序按最早开始时间开始对应的完工时间，用 $t_{EF}(i,j)$ 表示。其计算公式为

$$t_{EF}(i,j) = t_{ES}(i,j) + t(i,j) \tag{9-5}$$

③工序 (i,j) 的最迟结束时间 $t_{LF}(i,j)$。工序的最迟结束时间表示工序按最迟时间开工对应的完工时间，用 $t_{LF}(i,j)$ 表示。其计算公式为

$$t_{LF}(i,j) = t_L(j) \tag{9-6}$$

④工序 (i,j) 的最迟开始时间 $t_{LS}(i,j)$。工序的最迟开始时间表示工序在不影响整个工程如期完工的前提下，必须开始的最晚时间，用 $t_{LS}(i,j)$ 表示。其计算公式为

$$t_{LS}(i,j) = t_{LF}(i,j) - t(i,j) \tag{9-7}$$

$t_{LS}(i,j)$ 的另一种计算公式为

$$\begin{aligned} t_{LS}(i,j) &= \min_{i<j<\varphi}\{t_{LS}(j,\varphi) - t(i,j)\} \\ &= \min_{i<j<\varphi}\{t_{LS}(j,\varphi)\} - t(i,j) \end{aligned} \tag{9-8}$$

其中，φ 是工序 (i,j) 的紧后工序的结束事件变量，$\min\limits_{i<j<\varphi}\{t_{LS}(j,\varphi)\}$ 是工序 (i,j) 所有紧后工序最迟开始时间的最小值，也是工序 (i,j) 的最迟结束时间。即 $t_{LF}(i,j)$ 的另一种计算公式为

$$t_{LF}(i,j) = \min_{i<j<\varphi} t_{LS}(j,\varphi) \tag{9-9}$$

⑤工序 (i,j) 的总时差 $R(i,j)$。工序的总时差用于表示该工序（作业）可以利用的机动时间。时差越大，机动时间越多，工作的潜力就越大，说明计划安排不紧凑。因此，时差也称为"机动时间"或"松弛时间"。

工序总时差表示在不影响工程总工期的条件下，工序最早开始（或结束）时间可以推迟的

时间。用工序(i,j)的最迟开始(或结束)时间与最早开始(或结束)时间之差表示,其计算公式为

$$R(i,j) = t_{LF}(i,j) - t_{ES}(i,j) - t(i,j) \tag{9-10}$$

总时差$R(i,j)$是工序(i,j)的相对机动时间,不一定就能按总时差拖后开工。

⑥工序(i,j)的单时差$F(i,j)$。工序的单时差是指在不影响紧后工序的最早开始时间的条件下,工序(i,j)的开始时间可以推迟的时间,其计算公式为

$$F(i,j) = \min_{\varphi}\{t_{ES}(j,\varphi)\} - t_{EF}(i,j) \tag{9-11}$$

$F(i,j)$是工序(i,j)真正的机动时间,从最早开始时间起,拖延开工时间只要不超过$F(i,j)$,就不会影响紧后工序的开工和项目的完工时间。

(3)其他时间参数

①关键工序。关键工序是总时差等于0的工序,关键工序的最早开始和最迟开始时间相等,没有推迟时间。工序总时差为0的含义:表明该工序的开工时间没有机动余地,必须准时开工,否则必贻误总工期。这种工序称为关键工序。工序总时差大于0的含义:表明该工序的开工时间有一定的机动余地,这种工序称为非关键工序。

②关键路线。将全部关键工作按顺序连接起来,从起点节点到终点节点如能形成一条线路,则这条线路称为关键路线。由于关键路线上各工序的总时差为0,即没有开工机动时间,因此关键路线上各工序的持续时间之和为总工期。为保证总工期,必须保证关键路线上的各项工序如期开工;欲缩短总工期,必须向关键路线"要工时",即压缩某些关键工序的持续时间。关键工序与非关键工序的区分仅是从总工期的角度考虑,与其在工程中的重要程度没有绝对关系。另外,关键路线可能不止一条。

③项目的完工期。所有工序完工后项目才完工,最后一道工序完工的时间就是项目的完工期,数值上等于关键路线上各关键工序的时间之和。将问题视为最短路问题,项目的完工期等于最长路线的长度。

2. 算例分析

【例9.4】 某项目作业明细表见表9-5,完成如下内容。

某项目作业明细表　　　　　　　表9-5

工序	紧前工序	工序时间(d)	工序	紧前工序	工序时间(d)
A	—	4	G	F	3
B	—	10	H	B、G	2
C	A	3	I	B、G	8
D	A	6	J	H	5
E	D	8	K	G	2
F	C、E	2	L	I、J、K	1

(1)绘制项目网络图;
(2)计算各工序的最早开始时间和最迟开始时间;
(3)计算工序的有关时间参数;
(4)指出项目的关键工序和关键路线,并计算项目的完工时间。

解:(1)项目网络图如图 9-8 所示。

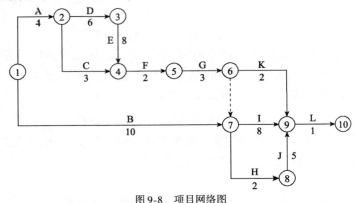

图 9-8 项目网络图

(2)首先计算工序的最早开始时间,开始时间设为"0",网络图的起始标号记作 $\boxed{0}$,由式(9-4)按事件的顺序逐道工序计算至网络的终点。

工序最早开始时间的计算过程如下:

$$t_{ES}(1,2) = t_{ES}(1,7) = 0$$
$$t_{ES}(2,3) = t_{ES}(1,2) + t_{1,2} = 0 + 4 = 4$$
$$t_{ES}(2,4) = t_{ES}(1,2) + t_{1,2} = 0 + 4 = 4$$
$$t_{ES}(3,4) = t_{ES}(2,3) + t_{2,3} = 4 + 6 = 10$$
$$t_{ES}(4,5) = \max\{t_{ES}(3,4) + t_{3,4}, t_{ES}(2,4) + t_{2,4}\} = \max\{10+8, 4+3\} = 18$$
$$t_{ES}(5,6) = t_{ES}(4,5) + t_{4,5} = 18 + 2 = 20$$
$$t_{ES}(6,9) = t_{ES}(5,6) + t_{5,6} = 20 + 3 = 23$$
$$t_{ES}(6,7) = t_{ES}(5,6) + t_{5,6} = 20 + 3 = 23$$
$$t_{ES}(7,9) = \max\{t_{ES}(1,7) + t_{1,7}, t_{ES}(6,7) + t_{6,7}\} = \max\{0+10, 23+0\} = 23$$
$$t_{ES}(7,8) = \max\{t_{ES}(1,7) + t_{1,7}, t_{ES}(6,7) + t_{6,7}\} = \max\{0+10, 23+0\} = 23$$

工序的最早结束时间等于最早开始时间加上工序时间,网络图的终点 10 是项目的结束点,结束工序的最早完工时间为

$$t_{ES}(9,10) = t_{ES}(9,10) + t_{9,10} = 31 + 1 = 32$$

项目的完工期是完成所有工序的最短周期,即

$$T = \max\{t_{ES}(9,10)\} = 32(\text{d})$$

完成项目的最短时间是 32d,在保证项目能于 32d 内完成的前提下,工序的最迟开始时间应从网络的终点向起点逆序计算。

工序的最迟开始时间计算过程如下:

$$t_{LS}(9,10) = T - t_{9,10} = 32 - 1 = 31$$
$$t_{LS}(7,9) = t_{LS}(9,10) - t_{7,9} = 31 - 8 = 23$$
$$t_{LS}(8,9) = t_{LS}(9,10) - t_{8,9} = 31 - 5 = 26$$
$$t_{LS}(7,8) = t_{LS}(8,9) - t_{7,8} = 26 - 2 = 24$$
$$t_{LS}(1,7) = \min\{t_{LS}(7,9), t_{LS}(7,8)\} - t_{1,7} = \min\{23, 24\} - 10 = 13$$

$$t_{LS}(6,9) = t_{LS}(9,10) - t_{6,9} = 31 - 2 = 29$$
$$t_{LS}(6,7) = \min\{t_{LS}(7,9), t_{LS}(7,8)\} - t_{6,7} = \min\{23, 24\} - 0 = 23$$
$$t_{LS}(5,6) = \min\{t_{LS}(6,9), t_{LS}(6,7)\} - t_{5,6} = \min\{29, 23\} - 3 = 20$$
$$t_{LS}(4,5) = t_{LS}(5,6) - t_{4,5} = 20 - 2 = 18$$
$$t_{LS}(3,4) = t_{LS}(4,5) - t_{3,4} = 18 - 8 = 10$$
$$t_{LS}(2,4) = t_{LS}(4,5) - t_{2,4} = 18 - 3 = 15$$
$$t_{LS}(2,3) = t_{LS}(3,4) - t_{2,3} = 10 - 6 = 4$$
$$t_{LS}(1,2) = \min\{t_{LS}(2,3), t_{LS}(2,4)\} - t_{1,2} = \min\{4, 15\} - 4 = 0$$

经计算,优化后的网络图如图9-9所示。

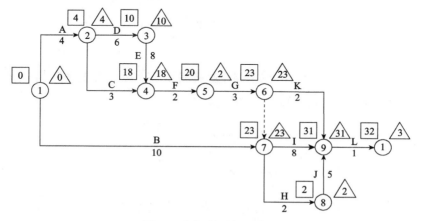

图9-9　优化后的项目网络图

(3) 有关工序时间参数计算过程见表9-6。

工序时间参数计算表　　　　　　　　　　　　　　表9-6

工序	(i,j)	$t_{i,j}$	$t_{ES}(i,j)$	$t_{EF}(i,j)$	$t_{LS}(i,j)$	$t_{LF}(i,j)$	$R_{i,j}$	$F(i,j)$	关键工序
A	(1,2)	4	0	4	0	4	0	0	是
B	(1,7)	10	0	10	13	23	13	13	
C	(2,4)	3	4	7	15	18	11	11	
D	(2,3)	6	4	10	4	10	0	0	是
E	(3,4)	8	10	18	10	18	0	0	是
F	(4,5)	2	18	20	18	20	0	0	是
G	(5,6)	3	20	23	20	23	0	0	是
H	(7,8)	2	23	25	24	26	1	0	
I	(7,9)	8	23	31	23	31	0	0	是
J	(8,9)	5	25	30	26	31	1	1	
K	(6,9)	2	23	25	29	31	6	6	
L	(9,10)	1	31	32	31	32	0	0	是

(4) 关键工序的判断标准是该工序总时差等于0,由表9-6可知,关键工序是A、D、E、F、G、I、L,关键路线只有一条,如图9-10所示。项目的完工期为32d。

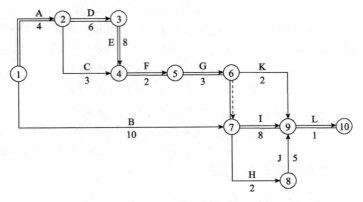

图 9-10 网络图关键路线

3. 项目完工的概率

工序时间是随机变量时,项目的完工期也是随机变量。设关键工序数为 n,X_k 为关键工序 k 所需时间的随机变量,则 X_k 相互独立,期望值和方差为

$$\mu_k = E(X_k) = t(k) = \frac{a_k + 4m_k + b_k}{6}$$

$$\sigma_k^2 = D(X_k) = \left(\frac{b_k - a_k}{6}\right)^2$$

项目的完工期是一随机变量 $X = \sum_{k=1}^{n} X_k$,期望值和方差为

$$\mu_n = \sum_{k=1}^{n} E(X_k) \tag{9-12}$$

$$\sigma_n^2 = \sum_{k=1}^{n} \sigma_k^2$$

令

$$Z_n = \frac{X - \mu_n}{\sigma_n} \tag{9-13}$$

则由李雅普诺夫(Lyapunov)中心极限定理可知:

$$\lim_{n \to \infty} F_n(X) = \lim P\{Z_n \le X\} = \int_{-\infty}^{X} \frac{1}{\sqrt{2\pi}} e^{-\frac{t^2}{2}} dt$$

当 n 很大时,Z_n 近似服从 $N(0,1)$ 分布,则有 $X = \sum X_k = \sigma_n Z_n + \mu_n$ 近似服从 $N(\mu_n, \sigma_n^2)$ 分布,即 $X \sim N(\mu_n, \sigma_n^2)$。

设给定一个时间 X_0,则项目完工时间不超过 X_0 的概率为

$$P\{X \le X_0\} = \int_{-\infty}^{X_0} N(\mu_n, \sigma_n^2) dt$$

$$= \int_{-\infty}^{\frac{X_0 - \mu_n}{\sigma_n}} N(0,1) dt$$

$$= \Phi\left(\frac{X_0 - \mu_n}{\sigma_n}\right) \tag{9-14}$$

使项目完工的概率为 p_0,至少需要时间为 X_0。由

$$P\{X \leqslant X_0\} = \int_{-\infty}^{Z} N(0,1)\mathrm{d}t = p_0 \tag{9-15}$$

查正态分布表求出 Z，又由 $Z = \dfrac{X_0 - \mu_n}{\sigma_n}$，得：

$$X_0 = Z\sigma_n + \mu_n \tag{9-16}$$

【例 9.5】 根据【例 9.3】的资料，计算：
（1）工序的最早开始时间和最迟开始时间；
（2）项目完工期的期望值及其方差；
（3）项目在 72d 内完工的概率；
（4）若要求完工的概率为 0.98，项目完工至少需要多少天。

解：（1）工序的最早开始时间和最迟开始时间如图 9-11 所示。

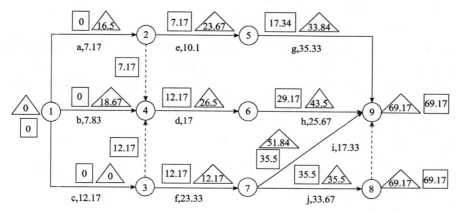

图 9-11 时间参数

（2）关键工序是 c、f 和 j，由表 9-4 及式（9-12）可知，项目完工期的期望值、方差、标准差分别为

$$\mu = 12.17 + 23.33 + 33.67 = 69.17$$

$$\sigma^2 = 0.25 + 1.78 + 2.76 = 4.79$$

$$\sigma = 2.1886$$

（3）$X_0 = 72$，$\dfrac{X_0 - \mu}{\sigma} = \dfrac{72 - 69.17}{2.1886} = 1.293$。

由式（9-14），查正态分布表有：

$$P\{X \leqslant 72\} = \Phi\left(\dfrac{X_0 - \mu}{\sigma}\right) = \Phi(1.293) = 0.9014$$

（4）已知概率 $P_0 = 0.98$，由式（9-16），查正态分布表有：

$$P\{X \leqslant X_0\} = \Phi(Z) = 0.98, Z = 2.05$$

$$X_0 = Z\sigma + \mu = 2.05 \times 2.1886 + 69.17 = 73.65(\mathrm{d})$$

要使项目完工的概率为 0.98，至少需要 73.65d。

第三节 网络计划图的优化

网络计划优化,是指在满足既定约束条件的前提下,按照选定的目标,通过不断改进网络计划来寻求满意方案,包括工期优化、费用优化等。

1. 工期优化

工期优化是指计算工期不满足要求工期时,通过压缩关键工作的持续时间来满足工期要求。工期优化的步骤如下:

(1)确定初始网络计划的计算工期、关键路线及关键工作。
(2)根据要求工期计算应压缩的时间。
(3)确定各关键工作允许压缩的持续时间。
(4)选择关键工作,压缩其持续时间,并重新确定网络计划的计算工期和关键路线。
(5)重复(2)~(4),直至满足工期要求或不能再压缩工期为止。
(6)当所有关键工作的持续时间都已达到其能缩短的极限而仍不能满足要求工期时,应对计划的原技术方案、组织方案进行调整。经反复修改方案和调整计划仍不能达到工期要求时,应重新审定要求工期。

压缩关键工作,须考虑如下因素:
(1)压缩持续时间对质量和安全的影响不大;
(2)压缩持续时间所增加的费用最少;
(3)有充足备用资源。

需要指出的是,压缩关键工作持续时间后,可能改变网络计划的关键路线。因此,必须重新确定改进后的网络计划关键路线及工期。如关键路线不变,则总工期的压缩时间即为关键工作的压缩时间;如关键路线改变,必须重新计算新工期。

【例9.6】 某网络计划如图9-12所示,图中箭线下方括号外的数字为工序的正常持续时间,括号内的数字为工序的最短持续时间,该网络计划的要求工期为100d,注意压缩工作4~6需要增加的劳动力较多。试根据要求工期进行工期优化。

解:(1)计算时间参数,确定关键路线(图9-13)。
(2)计算缩短工期。初始网络计划的计算工期为160d,需要压缩60d。
(3)确定各关键工作允许压缩的持续时间(题目已经给定)。
(4)选择关键工作,压缩其持续时间,并重新确定网络计划的计算工期和关键路线。

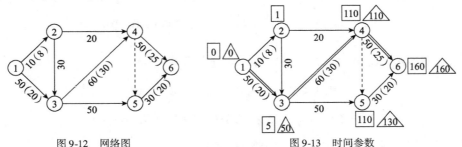

图9-12 网络图　　　　　图9-13 时间参数

根据题目条件,关键工作 1-3、3-4、4-6 分别允许压缩 30d、30d、25d,由于压缩工作 4-6 需要增加的劳动力较多,故仅压缩工作 1-3、3-4,并压缩至最短持续时间。

重新计算时间参数,并确定关键路线(图 9-14)。注意,关键路线有两条,分别为 1-2-3-5-6 和 1-2-3-4-6。

(5)优化后的计算工期为 120d,仍比要求工期长 20d,在两条关键路线上各选一条能够压缩 20d 的关键工作 3-5、4-6,将工作 3-5 压缩至最短持续时间 30d,将工作 4-6 压缩 20d。

重新计算时间参数及关键路线(图 9-15),再次优化后的计算工期为 100d,满足要求。

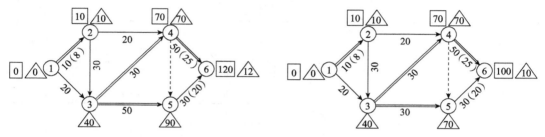

图 9-14　第一次优化后的时间参数　　　　　图 9-15　第二次优化后的时间参数

2. 费用优化

所谓费用优化,即以最低费用为目标来缩短工期。工期优化仅考虑了网络计划的时间因素,若要达到网络计划的整体最优,还必须对工期和费用进行综合优化,即计算总费用最低的工期。

(1)基本概念

①直接费用:直接用来完成工程任务的费用称为直接费用,如直接生产人员的工资、机械设备投资、原材料费、燃料费等。直接费用直接分摊到每一项工序,欲缩短工序的持续时间,则必须为其增加必要的人力、物力等资源,因此将会引起直接费用的增加。

②间接费用:服务于整个工程的费用称为间接费用,如管理人员的工资、办公费、采购费、管理费等。间接费用按照工作的持续时间分摊到每一项工序,因此工序的持续时间越短,分摊到该工序的间接费用就越少。

③工序正常持续时间 $DN_{i\text{-}j}$:初始网络计划所规定的工序持续时间。

④工序最短持续时间 $DC_{i\text{-}j}$:工序持续时间压缩到极限程度时的持续时间。

⑤工序正常时间费用 $CN_{i\text{-}j}$:利用工序正常持续时间完成工序所需的直接费用。

⑥工序最短时间费用 $CC_{i\text{-}j}$:利用工序最短持续时间完成工序所需的直接费用。

⑦直接费用率 $\Delta C_{i\text{-}j}$:将工作压缩单位时间所增加的直接费用,即

$$\Delta C_{i\text{-}j} = \frac{CC_{i\text{-}j} - CN_{i\text{-}j}}{DN_{i\text{-}j} - DC_{i\text{-}j}} \tag{9-17}$$

⑧工程总费用:正常时间的工程总费用 = 正常时间的直接费用 + 正常时间的间接费用;压缩工期后的工程总费用 = 正常时间的直接费用 + 压缩工期后增加的直接费用 + 压缩工期后的间接费用。随着工期缩短,直接费用增加,而间接费用减少,所以总费用为一条上凹的曲线。因此,在正常工期与最短工期之间,必然存在总费用最低的工期。在该工期内完成作业,既能缩短工期,又能使总费用增加最少,甚至可降低总费用。

(2)优化步骤

①从关键工序中选出缩短工时所需直接费用最少的方案,并确定该方案可能缩短的天数。
②按照工序的新工时,重新计算网络计划的关键路线以及关键工序。
③计算由于缩短工时所增加的直接费用。

不断重复上述三个步骤,直到工期不能再缩短为止。

【例9.7】 网络计划各工序的正常工时、最短持续工时以及相应费用见表9-7,网络图如图9-16所示。

网络计划时间参数 表9-7

工序	正常工时		最短持续工时		成本斜率
	时间(d)	费用(元)	时间(d)	费用(元)	
1-2	24	5000	16	7000	250
1-3	30	9000	18	10200	100
2-4	22	4000	18	4800	200
3-4	26	10000	24	10300	150
3-5	24	8000	20	9000	250
4-6	18	5400	18	5400	—
5-6	18	6400	10	6800	50

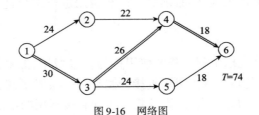

图9-16 网络图

按正常工时从图9-16中计算得到总工期为74d,关键路线为1-3-4-6,由表9-7可以计算出正常工时情况下总直接费用为47800元。

设正常工时下任务总间接费用为18000元,工期每缩短一天,间接费用可以节省330元,求最低成本日程。

解:关键路线上的三道关键工序(1,3)、(3,4)、(4,6)中,工序(1,3)的成本斜率相比之下最小,应选择在工序(1,3)上缩短工时,查表9-7可以知道,最多可缩短12d,即新工时为30 - 12 = 18(d)。重新计算网络图的时间参数,结果如图9-17a)所示,关键路线为1-2-4-6,工期为64d,实际只缩短了10d。也就是说,(1,3)工序没有必要减少12d,(1,3)工时应取30 - 10 = 20(d)。重新计算,结果如图9-17b)所示,总工期为64d,有两条关键路线:1-2-4-6与1-3-4-6,此次调整增加直接费用10 × 100 = 1000(元)。

重复优化步骤,必须注意应同时缩短两条关键路线。可以选择如下几个方案:

(1)在(1,3)与(1,2)上同时缩短一天,需费用100 + 250 = 350(元);
(2)在(1,3)与(2,4)上同时缩短一天,需费用100 + 200 = 300(元);
(3)在(3,4)与(1,2)上同时缩短一天,需费用150 + 250 = 400(元);
(4)在(3,4)与(2,4)上同时缩短一天,需费用150 + 200 = 350(元)。

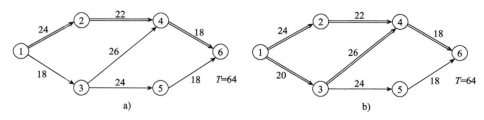

图9-17 第一次优化后的时间参数

费用最小方案为方案(2),(1,3)最多可以缩短2d,(2,4)可以缩短4d,取其中小者,即将(1,3)与(2,4)的工时分别改为20-2=18(d),22-2=20(d)。重新计算网络图时间参数,结果如图9-18所示。总工期为62d,这时关键路线仍为2条:1-2-4-6与1-3-4-6,增加直接费用 $2×300=600(元)$。

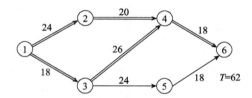

图9-18 第二次优化后的时间参数

继续优化,选择费用最小的方案,在工序(2,4)与(3,4)上各缩短2d,即(2,4)与(3,4)的工时分别改为20-2=18(d),26-2=24(d),重新计算网络图的时间参数,结果如图9-19所示。总工期为60d,关键路线为1-2-4-6、1-3-4-6和1-3-5-6,增加直接费用 $2×350=700(元)$。

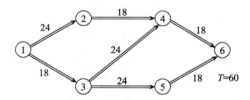

图9-19 第三次优化后的时间参数

由于一条关键路线1-3-4-6上各工序工时已经不能再缩短,所以计算结束。
全部计算过程及相应费用变化见表9-8。

网络计划费用参数　　　　　　　　　　　　　　　表9-8

计算过程	工序名称	可缩短天数(d)	实际缩短天数(d)	总直接费用(元)	总间接费用(元)	总成本(元)	总工期(d)
0				47800	18000	65800	74(正常)
1	(1,3)	12	10	48800	14700	63500	64
2	(1,3)与(2,4)	2,4	2	49400	14040	63440	62
3	(3,4)与(2,4)	2,2	2	50100	13380	63480	60

从表9-8可见,最低成本日程为62d,总成本为63440元。
关于最低成本日程的计算,也可改为计算总费用,并与上一次的总费用进行比较,直到费

187

用不能再降低,停止计算。

习题

9.1 试绘制表9-9的网络图,并为事件编号。

工序时间参数表　　　　　　　　　　　　　表9-9

工序	工时(d)	紧后工序	工序	工时(d)	紧后工序
A	6	C、D	H	6	M
B	2	E、F	I	3	—
C	5	J、K	J	1	L
D	7	G、I、H	K	2	M
E	5	G、I、H	L	5	—
F	9	M、I	M	4	—
G	8	M			

9.2 根据表9-10,试:

(1) 绘制网络图。

(2) 计算工序的最早开始时间、最迟开始时间和总时差。

(3) 确定关键路线和关键工序。

项目工序明细表　　　　　　　　　　　　　表9-10

工序	A	B	C	D	E	F	G
紧前工序	—	A	A	B、C	C	D、E	D、E
工序时间	9	6	12	19	6	7	8

9.3 绘制表9-11的网络图,并用表上计算法计算工序的各项时间参数并确定关键路线。

项目工序明细表　　　　　　　　　　　　　表9-11

工序	工时(d)	紧前工序	工序	工时(d)	紧前工序
A	5	—	F	4	B、C
B	8	A、C	G	8	C
C	3	A	H	2	F、G
D	6	C	I	4	E、H
E	10	B、C	J	5	F、G

9.4 表9-12为某道路修建项目工序明细表,试:

(1) 绘制网络图。

(2) 在网络图上计算工序的最早开始时间、最迟开始时间。

(3) 用表格表示工序的最早最迟开始和完成时间、总时差和自由时差。

(4) 找出所有关键路线以及对应的关键工序。

(5)计算该项目的完工期。

项目工序明细表　　　　　　　　　　　　　　　表9-12

工序	A	B	C	D	E	F	G	H	I	J	K	L	M	N
紧前工序	—	—	—	A、B	B	B、C	E	D、G	E	E	H	F、J	I、K、L	F、J、L
时间(d)	9	6	8	12	8	18	16	9	14	6	10	24	15	12

9.5 某交通工程项目各工序的三种估计时间见表9-13,试:

(1)绘制网络图并计算各工序的期望时间和方差。
(2)找出关键工序和关键路线。
(3)计算项目完工时间的期望值。
(4)假设完工期服从正态分布,求项目在56h内完工的概率。
(5)若完工的概率为0.98,计算项目完工最少需要多长时间。

交通工程项目工序明细表　　　　　　　　　　　表9-13

工序	紧前工序	工序的三种估计时间		
		a	m	b
A	—	9	10	12
B	A	6	8	10
C	A	13	15	16
D	B	8	9	11
E	B、C	15	17	20
F	D、E	9	12	14

9.6 网络图有关数据见表9-14,设间接费用为15元/d,计算最低成本日程。

网络图数据表　　　　　　　　　　　　　　　表9-14

工序号	正常时间		最短持续时间	
	工时(d)	费用(元)	工时(d)	费用(元)
1-2	6	100	4	120
2-3	9	200	5	280
2-4	3	80	2	110
3-4	0	0	0	0
3-5	7	150	5	180
4-6	8	250	3	375
4-7	2	120	1	170
5-8	1	100	1	100
6-8	4	180	3	200
7-8	5	130	2	220

第十章 存储论

第一节 基本概念

存储论是研究物资最优存储策略及存储控制的理论,其研究的主要内容有寻求合理的存储量、订货量和订货时间,因此需要建立定量化的存储系统模型,努力实现最优控制。

1. 存储系统

为保证供给与需求在时空上达到协调,必须在供给与需求之间建立一个存储系统,可简单地用图 10-1 表示。

补充(输入) ——→ 库存 ——→ 需求(输出)

图 10-1 存储系统

存储系统涉及补充、存储、需求。补充和需求改变存储,补充使存储增加,需求使存储减少。

(1)需求

存储是为了满足未来的需求。随着需求被满足,存储量减少。需求量随时间 t 的变化情况如图 10-2、图 10-3 所示。间断变化和连续变化输出量皆为 $S-W$,但二者的输出方式不同,前者是间断的,后者是连续的。

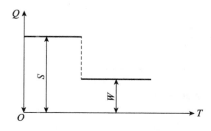
图10-2 需求量随时间的间断变化

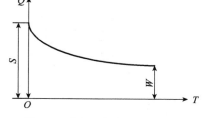
图10-3 需求量随时间的连续变化

需求量可以是确定型的或随机型的,前者如某企业成品车间约定每天向企业内部运输部门请求20辆空车,后者如某日用品批发部每天批发的商品品种和数量都不尽相同,但经大量统计后,可能会发现批发的商品品种和数量呈现出一定的统计规律性,称之为有一定随机分布规律的需求,简称随机需求。

(2)补充

补充相当于存储系统的输入,输入中有些因素是可以控制的,如订货数量和订货时间。补充是通过订货或生产实现的。从发出订单到货物运进仓库,往往需要一段时间,因此这段时间称为滞后时间;从另一个角度看,为了在某一时刻能补充存储,必须提前订货,那么这段时间也可以称为提前时间。滞后时间和提前时间可能是随机型的,也可能是确定型的。

2. 存储控制策略

对输入过程的订货时间和订货数量进行控制,称为存储控制策略,常见的存储控制策略有以下三种:

(1) T 循环策略

存储系统每隔时间 T 补充一次,每次补充一个批量 Q,且补充时间可不考虑,这种存储控制策略称为 T 循环策略,即

$$X_i = \begin{cases} Q & (i = T, 2T, \cdots, nT) \\ 0 & (i \neq T, 2T, \cdots, nT; nT \leq T_0) \end{cases} \tag{10-1}$$

式中: T_0——计划期;

X_i——第 i 次补充量。

已知需求速度(即需求率,它是需求量对时间的变化率)固定不变,当存储量下降为 0 时,正好补充下一批物品。这种类型的存储状态如图10-4所示。

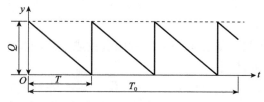

图10-4 T 循环策略存储状态

(2) (T, S) 策略

每隔时间 T 盘点一次,并及时补充到存储水平 S,因此每次补充量 Q_i 为一变量,即 $Q_i = S -$

Y_i,Y_i为存储量。这种类型的存储状态如图 10-5 所示。

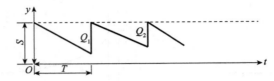

图 10-5　(T,S)策略存储状态

(3)(T,s,S)策略

每隔时间 T 盘点一次,当发现存储量小于保险存储量 s 时,就补充到存储水平 S,即

$$Q_i = \begin{cases} S - Y_i & (Y_i < s) \\ 0 & (Y_i \geq s) \end{cases}$$

其中,Y_i 为存储量。这种类型的存储状态如图 10-6 所示。

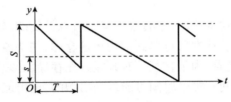

图 10-6　(T,s,S)策略存储状态

(4)费用

费用是确定存储控制策略的关键,评价存储控制策略最直接的标准是计算该策略的平均费用。实际问题不同,所考虑的费用也会有所差别。在存储分析中,一般考虑下列几项费用:

①订货费,指企业向外采购物资的费用。该项费用由两项费用组成:一是仅与订货次数有关,而与订货数量无关的费用,如手续费、交通费、外出采购的固定费用等;二是和订购量有关的可变费用,如货物的成本费用和运输费用等。

②生产费,指企业自行生产存储物品的费用。它包括装备费用(与生产次数有关)和生产消耗性费用(与生产批量有关)。

③存储费,包括仓库的保管费、流动资金占用的利息以及货物损坏变质等费用。这些费用既随存储物品的增加而增加,又与存储物品的性质有关。

④缺货费,指当存储物的数量满足不了需求时引起的有关损失,如停工待料的损失、未完成合同而承担的赔款等。在不允许缺货的情况下,可以认为缺货费为无穷大。

(5)目标函数

在存储问题中,通常把目标函数取为平均费用函数或平均利润函数,选择的策略是应使平均费用达到最小或平均利润达到最大。

存储论的基本研究方法是将实际问题抽象为数学模型,在形成数学模型的过程中,对一些复杂的条件尽量简化,然后对模型用数学的方法加以研究,通过费用分析,求出最佳存储控制策略。

第二节 确定型存储模型

确定型存储模型,即模型中的数据皆为确定的数值,适用于对存储物资的需求率已知的情况。

1. 经济批量模型(第一模型)

(1)模型假设

为使模型简化,易于理解,便于计算,作如下假设:

①需求是连续均匀的,需求速度为常数 R,则 t 时间内的需求量为 Rt。
②当存储量降至 0 时,可立即补充,不会造成缺货。
③每次订购费为 C_3,单位货物存储费为 C_1,都为常数。
④每次订购量相同,均为 Q_0。
⑤缺货费无穷大。

存储状态变化如图 10-7 所示。

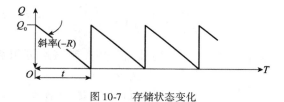

图 10-7 存储状态变化

(2)建立存储模型

由图 10-7 可知,在 t 时间内补充一次存储,订购量 Q_0 必须满足这一时期内的需求,故:

$$Q_0 = Rt$$

若一次订购费为 C_3,货物单价为 K,则订购费为 $C_3 + KRt$。因此单位时间内的订货费为

$$\frac{C_3}{t} + KR$$

由于需求速度为常数 R,故 t 时间内的平均存储量为

$$\frac{1}{t}\int_0^t RT dT = \frac{1}{2}Rt = \frac{Q_0}{2}$$

而单位货物存储费为 C_1,则存储费用为 $\frac{C_1 Rt}{2}$。

由于本模型不存在缺货损失,所以 t 时间内总的平均费用为

$$C(t) = \frac{1}{2}C_1 Rt + \frac{C_3}{t} + KR$$

为使 $C(t)$ 最小,只需对 $C(t)$ 关于 t 求导,得:

$$\frac{dC(t)}{dt} = \frac{1}{2}C_1 R - \frac{C_3}{t^2}$$

令 $\frac{dC(t)}{dt}=0$,即 $\frac{1}{2}C_1 R - \frac{C_3}{t^2}=0$,解得:

$$t_0 = \sqrt{\frac{2C_3}{C_1 R}} \tag{10-2}$$

即每隔 t_0 时间订货一次,可使 $C(t)$ 达到最小,订购量 Q_0 为

$$Q_0 = R t_0 = \sqrt{\frac{2C_3 R}{C_1}} \tag{10-3}$$

由于货物单价 K 与 Q_0、t_0 无关,若无特殊需要,不再考虑 KR 项费用,故得:

$$C(t) = \frac{1}{2}C_1 Rt + \frac{C_3}{t} \tag{10-4}$$

将 t_0 代入式(10-4),得:

$$C(t_0) = C_3 \cdot \sqrt{\frac{C_1 R}{2C_3}} + \frac{1}{2}C_1 R \cdot \sqrt{\frac{2C_3}{C_1 R}} = \sqrt{2C_1 C_3 R} \tag{10-5}$$

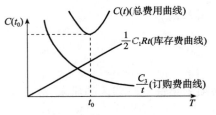

图 10-8 存储控制策略的费用曲线

上述最优存储控制策略可用费用曲线进行几何图形表示,见图 10-8。

如果选订货批量 Q 作为变量,也可以推导出上述公式。

类似于式(10-3)~式(10-5),相应地有:

$$Q_0 = \sqrt{\frac{2C_3 D}{C_1}} \tag{10-6}$$

$$C(Q) = C_1 \cdot \frac{Q}{2} + C_3 \cdot \frac{D}{Q} \tag{10-7}$$

$$C(Q_0) = \min C(Q) = \sqrt{2C_1 C_3 D} \tag{10-8}$$

最佳周期为

$$t_0 = \frac{Q_0}{D} = \sqrt{\frac{2C_3}{C_1 D}} \tag{10-9}$$

其中,D 是每年需提供的产品数,相当于经济批量公式中的 R。

【例 10.1】 某企业对某种材料的全年需求量为 1040t,其单价为 1200 元/t,每次采购该种材料的订货费为 2040 元,每年保管费为 170 元/t。试求企业对该材料的最优订货批量、每年订货次数及全年的费用。

解:根据题意可知 $D=1040, C_1=170, C_3=2040$。

由式(10-6)得最优订货批量 $Q_0 = \sqrt{\frac{2\times2040\times1040}{170}} = 158(\text{t})$。

每年订货次数为 $\frac{1040}{158} \approx 6.58(\text{次})$。

可分别以 6 次和 7 次讨论其总费用,选择最佳次数。

订货次数为 6 次的总费用为 $6 \times 2040 + \frac{1040}{6} \times 6 \times 1200 + \frac{1040 \times 170}{2 \times 6} = 1274973$(元)。

订货次数为 7 次的总费用为 $7 \times 2040 + \frac{1040}{7} \times 7 \times 1200 + \frac{1040 \times 170}{2 \times 7} = 1274908$(元)。

由于 1274973 元 > 1274908 元,所以每年应订货 7 次,每次订货量 $\frac{1040}{7}$ t,每年的总费用为 1274908 元。

2. 其他确定型存储模型

(1)逐渐补充存储,不允许缺货模型(第二模型)

①模型假设。该模型假设存储补充是逐渐进行的,而不是瞬时完成的,其他条件与第一模型相同。

a. 一定时间 t_p 内生产批量 Q,单位时间内的产量以 P 表示,$P = \frac{Q}{t_p}$。

b. 需求速度为 R,由于不允许缺货,故 $P > R$。生产的产品一部分满足需求,剩余部分作为存储。

此模型存储状态变化情况如图 10-9 所示。

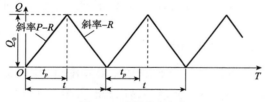

图 10-9 存储状态变化

②建立存储模型。在上述假设下,t_p 时间内每单位时间生产了 P 件产品,提取了 R 件产品以满足需求,故单位时间内净增存储量为 $P - R$。到 t_p 终止时,存储量为 $(P-R)t_p$,由前面模型假定有:

$$P \cdot t_p = Q = Rt$$

可求得:

$$t_p = \frac{Rt}{P}$$

t 时间内平均存储量为 $\frac{1}{2}(P-R)t_p = \frac{P-R}{2P}Rt$。

相应单位时间存储费为 $\frac{1}{2}C_1 \frac{P-R}{P} Rt$。

t 时间内所需装配费为 C_3。

则单位时间平均总费用为 $C(t) = \frac{1}{2}C_1 \frac{P-R}{P} Rt + \frac{C_3}{t}$。

令 $\dfrac{dC(t)}{dt}=0$，可得：

最佳周期

$$t_0 = \sqrt{\dfrac{2C_3}{C_1 R}} \cdot \sqrt{\dfrac{P}{P-R}} \tag{10-10}$$

最佳生产批量

$$Q_0 = R t_0 = \sqrt{\dfrac{2C_3 R}{C_1}} \cdot \sqrt{\dfrac{P}{P-R}} \tag{10-11}$$

最佳生产时间

$$t_p = \dfrac{R t_0}{P} = \sqrt{\dfrac{2C_3 R}{C_1}} \cdot \sqrt{\dfrac{1}{P(P-R)}} \tag{10-12}$$

最小平均总费用

$$C(t) = \sqrt{2C_1 C_3 R} \cdot \sqrt{\dfrac{P-R}{P}} \tag{10-13}$$

将式(10-2)、式(10-3)与式(10-10)、式(10-11)相比较，可知它们相差一个因子 $\sqrt{\dfrac{P}{P-R}}$。当 $P \to \infty$ 时，$\sqrt{\dfrac{P}{P-R}} \to 1$，则两组公式相同。

【例 10.2】 某液晶电视机厂自行生产液晶显示器配件，用以装备本厂生产的液晶电视机。该厂每天生产 100 部液晶电视机，而液晶显示器配件生产车间每天可以生产 5000 个配件。已知该厂每批电视机装配的生产准备费为 5000 元，而每个液晶显示器配件在一天内的存储费为 0.02 元。试确定该厂液晶显示器配件的最佳生产批量、生产时间和液晶电视机的安装周期。

解：根据题意可知 $P=5000$，$R=100$，$C_1=0.02$，$C_3=5000$。

由公式得最佳生产批量 $Q_0 = \sqrt{\dfrac{2 \times 5000 \times 100}{0.02}} \times \sqrt{\dfrac{5000}{5000-100}} = 7143$（个）。

最佳生产时间 $t_p = \sqrt{\dfrac{2 \times 5000 \times 100}{0.02}} \times \sqrt{\dfrac{1}{5000 \times 4900}} = 1.5$（d）（或 $t_p = \dfrac{Q_0}{P} \approx 1.5$ d）。

最佳安装周期 $t_0 = \sqrt{\dfrac{2 \times 5000}{0.02 \times 100}} \times \sqrt{\dfrac{5000}{5000-100}} = 71$（d）（或 $t_0 = \dfrac{Q_0}{R} \approx 71$ d）。

因此，液晶电视机厂每批液晶显示器配件的生产量为 7143 个，只需一天半时间，每隔 71d 装配一批液晶电视机。

(2) 瞬时进货，允许缺货模型(第三模型)

①模型假设。由于允许缺货，所以可以减少订货和存储费用，但缺货会影响生产和销售，造成直接和间接损失。权衡费用的得失，寻找最优存储控制策略，使总费用达到最小，是该模型所要研究的问题。

单位缺货损失费为 C_2，其余假设条件与第一模型相同。

此模型存储状态变化情况如图 10-10 所示。

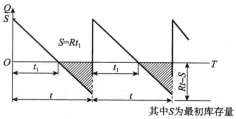

图 10-10　存储状态变化

②建立存储模型。最初存储量为 S，可以满足 t_1 时间内的需求，t_1 时间内的平均存储量为 $1/2S$，而每周期 t 内最大缺货量为 $Rt-S$，平均缺货量为 $1/2(Rt-S)$。由于 S 仅能满足 t_1 时间的需求，即 $S=Rt_1$，所以 $t_1=\dfrac{S}{R}$，则 t 时间内所需存储费为

$$C_1\frac{1}{2}St_1=\frac{1}{2}C_1\cdot\frac{S^2}{R}$$

t 时间内的缺货费为

$$C_2\frac{1}{2}(Rt-S)(t-t_1)=\frac{1}{2}C_2\cdot\frac{(Rt-S)^2}{R}$$

因此，可得出平均总费用函数

$$C(t,S)=\frac{1}{t}\left(\frac{C_1S^2}{2R}+\frac{C_2(Rt-S)^2}{2R}+C_3\right) \tag{10-14}$$

式中有 t 和 S 两个变量，因此为求 $C(t,S)$ 最小值，令

$$\frac{\partial C}{\partial t}=0,\frac{\partial C}{\partial S}=0$$

可求得：

$$t_0=\sqrt{\frac{2C_3}{C_1R}}\cdot\sqrt{\frac{C_1+C_2}{C_2}} \tag{10-15}$$

$$S_0=\sqrt{\frac{2RC_3}{C_1}}\cdot\sqrt{\frac{C_2}{C_1+C_2}} \tag{10-16}$$

而

$$Q_0=Rt_0=\sqrt{\frac{2RC_3}{C_1}}\cdot\sqrt{\frac{C_1+C_2}{C_2}} \tag{10-17}$$

$$C_0=\min C(t,S)=C(t_0,S_0)=\sqrt{2C_1C_3R}\cdot\sqrt{\frac{C_2}{C_1+C_2}} \tag{10-18}$$

显然，当不允许缺货时，即 $C_2\to\infty$，有 $\sqrt{\dfrac{C_2}{C_1+C_2}}\to 1$。则式（10-15）~式（10-18）与式（10-2）~式（10-5）相同。

最大缺货量为

$$S'=Q_0-S_0=\sqrt{\frac{2C_1C_2R}{C_2(C_1+C_2)}} \tag{10-19}$$

综上所述,在允许缺货条件下,得出的最佳存储策略是每隔 t_0 订货一次,订购量为 Q_0,允许缺货最佳周期 t_0 为不允许缺货周期的 $\sqrt{\dfrac{C_1+C_2}{C_2}}$ 倍。

【例 10.3】 某批发站每月需某种产品 100 件,每次订购费为 5 元,若每次货物到达后存入仓库,每件每月要付 0.4 元存储费。假若允许缺货,缺货费每件为 0.15 元,求 S_0 和 $C(t_0,S_0)$。

解:依题知 $R=100$,$C_1=0.4$,$C_2=0.15$,$C_3=5$,代入公式得:

$$t_0 = \sqrt{\dfrac{2\times 5}{0.4\times 100}}\times\sqrt{\dfrac{0.4+0.15}{0.15}}=0.96(月)$$

$$S_0 = \sqrt{\dfrac{2\times 5\times 100}{0.4}}\times\sqrt{\dfrac{0.15}{0.4+0.15}}=26(件)$$

$$C(t_0,S_0)=\sqrt{2\times 0.4\times 5\times 100}\times\sqrt{\dfrac{0.15}{0.4+0.15}}=10.44(元)$$

(3)逐渐补充存储,允许缺货模型

①模型假设。假设条件除允许缺货、生产需一定时间外,其余条件皆与第一模型相同。此模型存储状态变化情况如图 10-11 所示。

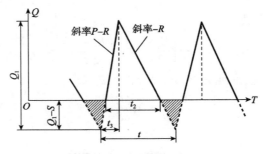

图 10-11 存储状态变化

假设某产品每天生产 P 件,需求速度为 $R(P>R)$。当存储达到 S 时停止生产,循环周期为 t,在周期 t 中,生产的时间为 t_3,存储内有产品的时间是 t_2,最大存储量与最大缺货量之和为 Q_1,最大缺货量为 Q_1-S。

②建立存储模型。设当缺货量达到 Q_1-S 时组织生产,每天生产的 P 件产品中,首先满足每天 R 件的需求,剩余的 $P-R$ 件则补充上期的缺货,多余的产品进入存储,存储量达到 S 件时停止生产。总费用包括装配费用、存储费用和缺货费用。

一个周期 t 内的平均装配费用为 $\dfrac{C_3}{t}$。

在时间 t_2 内有存储产品,最大存储量为 S,则平均存储量为 $\dfrac{S}{2}$,那么平均存储费用为 $\dfrac{C_1 S t_2}{2t}$。

缺货时间是 $t-t_2$,最大缺货量为 $Q_1-S=Rt-S$,那么 t 时间内平均缺货费用为

$$\dfrac{1}{2t}\cdot C_2(Rt-S)(t-t_2)$$

因此,平均总费用函数为

$$C(t,S) = \frac{C_1 t_2 S}{2t} + \frac{C_2(Rt-S)(t-t_2)}{2t} + \frac{C_3}{t} \tag{10-20}$$

又因为 $Pt_3 = Rt$，即

$$t = \frac{Pt_3}{R} \tag{10-21}$$

而在 t_3 时间内生产的 Pt_3 件产品是这样分配的：满足 t_3 时间中的需求 Rt_3 后，补充上期的缺货 $(Q_1 - S)$ 件，使存储达到最大 S 件，所以 $Pt_3 = Rt_3 + (Q_1 - S) + S$，即

$$t_3 = \frac{Q_1}{P-R} \tag{10-22}$$

将式(10-22)代入式(10-21)得：

$$t = \frac{PQ_1}{(P-R)R} \tag{10-23}$$

根据相似三角形的比例关系 $\frac{t_2}{t} = \frac{S}{Q_1}$，可得：

$$t_2 = \frac{PS}{(p-R)R} \tag{10-24}$$

把式(10-24)代入式(10-20)，得：

$$C(t,S) = \frac{C_1 S^2}{2tR} \cdot \frac{P}{P-R} + \frac{C_2(Rt-S)[(P-R)Rt-PS]}{2(P-R)Rt} + \frac{C_3}{t} \tag{10-25}$$

令 $\frac{\partial C}{\partial t} = 0$ 和 $\frac{\partial C}{\partial S} = 0$，可得：

最大存储水平为

$$S_0 = \sqrt{\frac{2RC_3}{C_1}} \cdot \sqrt{\frac{C_2}{C_1 + C_2}} \cdot \sqrt{\frac{P-R}{P}} \tag{10-26}$$

最佳循环周期为

$$t_0 = \sqrt{\frac{2C_3}{C_1 R}} \cdot \sqrt{\frac{C_1 + C_2}{C_2}} \cdot \sqrt{\frac{P}{P-R}} \tag{10-27}$$

最小平均总费用为

$$C(t_0, S_0) = \sqrt{2C_1 C_3 R} \cdot \sqrt{\frac{C_2}{C_1 + C_2}} \cdot \sqrt{\frac{P-R}{P}} \tag{10-28}$$

$$Q_0 = R t_0 = \sqrt{\frac{2RC_3}{C_1}} \cdot \sqrt{\frac{C_1 + C_2}{C_2}} \cdot \sqrt{\frac{P}{P-R}} \tag{10-29}$$

最大缺货量为

$$Q_0 - S_0 = \sqrt{\frac{2C_1 C_3 R}{(C_1 + C_2)C_2}} \cdot \sqrt{\frac{P-R}{P}} \tag{10-30}$$

在此模型中，当生产速度很快($P \to \infty$)并允许缺货时，便得到第三模型；当生产速度有限，不允许缺货 ($C_2 \to \infty$)时，便得到第二模型；而当生产速度很快($P \to \infty$)，且不允许缺货 ($C_2 \to \infty$)时，便得到第一模型。

【例10.4】 企业生产某种产品的速度是每月300件，销售速度是每月200件，存储费用每月每件为4元，每次生产准备费为80元，允许缺货，每件缺货损失为14元，试求 Q_0、S_0、t_0 和 $C(t_0, S_0)$。

解：依题可知 $P=300, R=200, C_1=4, C_2=14, C_3=80$，由公式得：

$$Q_0 = \sqrt{\frac{2\times 200\times 80}{4}} \times \sqrt{\frac{4+14}{14}} \times \sqrt{\frac{300}{300-200}} \approx 175.66(件)$$

$$S_0 = \sqrt{\frac{2\times 80\times 200}{4}} \times \sqrt{\frac{14}{14+4}} \times \sqrt{\frac{300-200}{300}} \approx 45.54(件)$$

$$t_0 = \sqrt{\frac{2\times 80}{4\times 200}} \times \sqrt{\frac{14+4}{14}} \times \sqrt{\frac{300}{300-200}} \approx 0.88(月)$$

$$C(t_0,S_0) = \sqrt{2\times 4\times 80\times 200} \times \sqrt{\frac{14}{4+14}} \times \sqrt{\frac{300-200}{300}} \approx 182.17(元)$$

故企业最小总费用为 182.17 元。

(4) 价格与订货批量有关的存储模型

为扩大市场占有率，供方常对需方实行大批量订货的价格优惠。一般情况下，购买数量越多，单价越低。那么除货物单价随订购数量变化外，其余条件都与第一模型相同，应按如下方法确定相应存储控制策略。

设货物单价与订货量之间有如下关系：

$0 \leq Q \leq K_1$ 单价为 S_0

$K_1 \leq Q \leq K_2$ 单价为 S_1

…   …

$K_n \leq Q$ 单价为 S_n

其中 $K_i(i=1,2,\cdots,n)$ 为价格折扣的分界点，且满足 $S_0 > S_1 > \cdots > S_n$。

该问题的费用函数为

$$C_i = \frac{1}{2}C_1 Rt + \frac{C_3}{t} + RS_i = \frac{1}{2}C_1 Q + \frac{C_3 R}{Q} + RS_i \quad (i=0,1,\cdots,n) \tag{10-31}$$

此问题的求解步骤如下。

① 首先不考虑价格折扣因素，由第一模型求出最佳批量 $Q^* = \sqrt{\dfrac{2C_3 R}{C_1}}$，并确定 Q^* 落在哪个区间。如果落在 $[K_i, K_{i+1}]$ 内，此时总费用为 $\sqrt{2C_3 R C_1} + RS_i = C(Q^*)$。

② 然后由于存在折扣因素，且 $S_{i-1} > S_i$，当 $Q > Q^*$ 时，就有可能使货物成本方面的节省超过存储费用方面的增加。因此分界点 $K_{i+1}, K_{i+2}, \cdots, K_n$ 也是最佳批量的可能值。据以上分析，取 Q 分别为 $K_{i+1}, K_{i+2}, \cdots, K_n$，由式 (10-31) 计算出 $C(K_{i+1}), C(K_{i+2}), \cdots, C(K_n)$，最后取 $\min\{C(Q^*), C(K_{i+1}), C(K_{i+2}), \cdots, C(K_n)\}$ 的订购量为最佳订购量。

【例 10.5】 某医院药房每年需要某种药 1000 瓶，每次订购需要费用 5 元，每瓶药每年的保管费为 0.4 元，每瓶单价 2.5 元，制药厂提出价格折扣条件为：①订购 100 瓶时，价格折扣率为 0.05；②订购 300 瓶时，价格折扣率为 0.1。问：

(1) 该医院是否应接受有折扣率的条件？

(2) 如果医院每年对这种药的需求量为 100 瓶，而其他条件不变，那么医院应采用什么存储策略？

解：(1) 首先不考虑价格折扣，得最佳批量 $Q^* = \sqrt{\dfrac{2\times 5\times 1000}{0.4}} = 158(瓶)$。

总费用为 $\sqrt{2\times1000\times5\times0.4}+1000\times2.5\times0.95=2438(元)$。

取 $Q=300$ 瓶,总费用为 $\frac{1}{2}\times0.4\times300+5\times\frac{1000}{300}+1000\times2.5\times0.9=2327(元)$。

所以应接受每次订购 300 瓶的价格折扣。

(2)同样,先求最佳批量 $Q^*=\sqrt{\dfrac{2\times5\times100}{0.4}}=50(瓶)$。

总费用为 $\sqrt{2\times100\times5\times0.4}+100\times2.5=270(元)$。

取 $Q=100$ 瓶,总费用为 $\frac{1}{2}\times0.4\times100+5\times\frac{100}{100}+100\times2.5\times0.95=262.5(元)$。

所以医院应采用订购 100 瓶的存储策略。

第三节 动态存储模型

动态存储模型的需求随机,其概率分布已知。因此,可利用概率方法研究动态存储模型,依据历史资料分析其统计规律,确定概率分布,以盈利期望值的大小或损失期望值的大小作为衡量标准,确定最优存储控制策略。

1. 单时期存储模型

单时期存储模型是以一个存储周期作为时间的最小单位,而且只在周期开始时刻作一次决策,确定出订货量或生产量,即一次性订货。当货物销售完后,并不补充进货;若货物未销售完,剩余货物对下一周期无用。由于在所考虑的时期内需求量是不确定的,因而形成两难局面:订货过多,将因供大于求而造成损失;订货过少,将因供不应求而失掉销售机会。该存储控制策略需寻找一个合适的订货量。

(1)需求是随机离散的单时期存储模型

报童卖报问题就是一个典型的需求为离散型随机变量的单时期存储模型。有一报童每天售报数量是一个离散型随机变量,假设销售量 r 的概率分布 $P(r)$ 为已知,每张报纸的成本为 μ,售价为 $v(v>\mu)$。如果报纸当天卖不出去,第二天就要降价处理,处理价为 w($w<\mu$)。问:报童每天最好准备多少份报纸?

这个问题就是要确定报童每天报纸的订购量 Q 为何值时,使盈利期望值最大或损失期望值最小。选盈利期望值为目标函数,确定最佳订购量 Q^*。

如果订购量大于需求量($Q\geqslant r$),盈利期望值为

$$\sum_{r=1}^{Q}[(v-\mu)\cdot r-(\mu-w)(Q-r)]\cdot P(r)$$

如果订购量小于需求量($Q<r$),盈利期望值为

$$\sum_{r=Q+1}^{\infty}(v-\mu)\cdot Q\cdot P(r)$$

故总盈利期望值为

$$C(Q)=\sum_{r=0}^{Q}[(v-\mu)\cdot r-(\mu-w)(Q-r)]\cdot P(r)+\sum_{r=Q+1}^{\infty}(v-\mu)\cdot Q\cdot P(r)$$

那么最佳订购数量 Q^* 应满足

$$C(Q^*) \geqslant C(Q^* + 1) \tag{10-32}$$

$$C(Q^*) \geqslant C(Q^* - 1) \tag{10-33}$$

由式(10-32)可推导出：

$$\sum_{r=0}^{Q}[(v-\mu) \cdot r - (\mu-w)(Q-r)] \cdot P(r) + \sum_{r=Q+1}^{\infty}(v-\mu) \cdot Q \cdot P(r) \geqslant$$

$$\sum_{r=0}^{Q+1}[(v-\mu) \cdot r - (\mu-w)(Q+1-r)] \cdot P(r) + \sum_{r=Q+2}^{\infty}(v-\mu)(Q+1) \cdot P(r)$$

经过简化后得：

$$\sum_{r=0}^{Q} P(r) \geqslant \frac{v-\mu}{v-w} \tag{10-34}$$

同理，由式(10-33)可得：

$$\sum_{r=0}^{Q-1} P(r) \leqslant \frac{v-\mu}{v-w} \tag{10-35}$$

综上可得：

$$\sum_{r=0}^{Q-1} P(r) \leqslant \frac{v-\mu}{v-w} \leqslant \sum_{r=0}^{Q} P(r) \tag{10-36}$$

由此可确定最佳订购数量Q^*。

以上是以盈利期望值为目标函数，求得报童每天订购的最佳批量Q^*。当然也可以以损失期望值为目标函数来求报童每天订购的最佳批量Q^*。

需要指出的是，尽管上面讨论的只是报童卖报问题，但是如果把生产需求的某种零件、顾客需求的某种商品等看作报童所卖的报纸，那报童卖报问题及其求解思路就具有广泛意义。

【例10.6】 某商店出售甲商品，已知甲商品每单位成本为50元，售价为70元，如果销售不出去，每单位商品将损失10元。根据以往经验，甲商品销售量r服从参数$\lambda=6$的泊松分布，$P(r)=\frac{e^{-\lambda}\lambda^r}{r!}(r=0,1,2,\cdots)$。问：该店最佳订货量为多少单位？

解：已知$\mu=50, v=70, \mu-w=10$，有$w=40$，于是有：

$$\frac{v-\mu}{v-w} = \frac{70-50}{70-40} = 0.667$$

而

$$F(6) = \sum_{r=0}^{6} \frac{e^{-6}6^r}{r!} = 0.6063$$

$$F(7) = \sum_{r=0}^{7} \frac{e^{-7}7^r}{r!} = 0.7440$$

由于

$$F(6) < 0.667 < F(7)$$

故由式(10-35)可知，$Q^*=7$单位。

（2）需求是随机连续的单时期存储模型

设有某种单时期需求的物资，需求量r为连续型随机变量，已知其概率密度为$\varphi(r)$，每件物品的成本为μ，售价为$v(v>\mu)$。如果当时售不完，下一期就要降价处理，处理价为$w(w<\mu)$，求最佳订货数量Q^*。

如果订货量大于需求量$(Q \geqslant r)$，盈利期望值为

$$\int_0^Q [(v-\mu)r - (\mu-w)(Q-r)]\varphi(r)dr$$

如果订货量小于需求量($Q \leq r$),盈利期望值为

$$\int_Q^\infty [(v-\mu)Q]\varphi(r)dr$$

故总利润的期望值为

$$C(Q) = \int_0^Q [(v-\mu)r - (\mu-w)(Q-r)]\varphi(r)dr + \int_Q^\infty [(v-\mu)Q]\varphi(r)dr$$

$$= (v-\mu)Q + (v-w)\int_0^Q r\varphi(r)dr - (v-w)\int_0^Q Q\varphi(r)dr$$

利用含有参变量积分的求导公式,得:

$$\frac{dC(Q)}{dQ} = (v-\mu) + (v-w)Q\varphi(Q) - (v-w)\left[\int_0^Q \varphi(r)dr + Q\varphi(Q)\right]$$

$$= (v-\mu) - (v-w)\int_0^Q \varphi(r)dr$$

令 $\dfrac{dC(Q)}{dQ} = 0$,得:

$$\int_0^Q \varphi(r)dr = \frac{v-\mu}{v-w} \tag{10-37}$$

再由已知的 $\varphi(r)$,可确定最佳订货批量 Q^*。

又因为 $\dfrac{d^2C(Q)}{dQ^2} = -(v-w)\varphi(Q) < 0$,故 Q^* 是使总利润的期望值最大的最佳经济批量。

【例 10.7】 某书亭经营某种期刊,每册进价 0.8 元,售价 1 元,如过期,处理价为 0.5 元。根据多年统计,需求服从均匀分布,最高需求量 $b = 1000$ 册,最低需求量 $a = 500$ 册。问:应订货多少才能保证期望利润最高?

解: 由概率论可知需求的密度函数为

$$\varphi(r) = \begin{cases} \dfrac{1}{b-a} & (a \leq r \leq b) \\ 0 & (\text{其他}) \end{cases}$$

由式(10-37)得:

$$\frac{v-\mu}{v-w} = \frac{1-0.8}{1-0.5} = 0.4$$

即

$$\int_0^Q \varphi(r)dr = 0.4$$

$$\int_a^b \frac{1}{b-a}dr = 0.4$$

$$\frac{Q-a}{b-a} = \frac{Q-500}{1000-500} = 0.4$$

可求得 $Q^* = 700$(册),故应订货 700 册,才能保证期望值利润最高。

2. 多时期存储模型

多时期存储模型考虑了时间因素,是一种随机动态存储模型,它与单时期存储模型的不同

之处在于，每个周期的期末存储货物在下一周期仍可用。由于多时期随机存储问题更为复杂和更为广泛，在实际应用中，存储系统的管理人员往往需要根据不同物资的需求特点及货源情况，遵循经济的原则采用不同的存储策略，最常用的是(s,S)策略。

(1) 需求是随机离散的多时期(s,S)存储模型

此类模型的特点在于订货的机会是周期出现的。假设在一个阶段的开始时原有存储量为I，若供不应求，则需承担缺货损失费；若供大于求，则多余部分仍需存储起来，供下阶段使用。当本阶段开始时，按订货量Q，使存储水平达到$S=I+Q$，则本阶段的总费用的期望值应是订货费、存储费和缺货费之和，寻找使总费用期望值最小的(s,S)策略。

设货物的单价成本为K，单位存储费为C_1，单位缺货损失费为C_2，每次订货费为C_3，且假定滞后时间为0，需求r是随机离散变量，概率分布列为$P(r=r_i)=P(r_i)$，$i=1,2,3,\cdots,m$且$r_i<r_{i+1}$。

本阶段所需各种费用分别如下：

订货费：C_3+KQ。

存储费：当需求$r<I+Q$时，未能售完的部分存储起来，故应付存储费。当$r \geq I+Q$时，不需付存储费，于是所需存储费期望值为

$$\sum_{r \neq I+Q}(I+Q-r) \cdot C_1 \cdot P(r)$$

缺货损失费：当需求$r>I+Q$时，$r-I-Q$部分需付缺货损失费，其期望值为

$$\sum_{r>I+Q}(r-I-Q) \cdot C_2 \cdot P(r)$$

故所需总费用的期望值为

$$\begin{aligned}C(I+Q)&=C(S)\\&=C_3+K(S-I)+\sum_{r\leq S}(S-r)\cdot C_1\cdot P(r)+\sum_{r>S}(r-S)\cdot C_2\cdot P(r)\end{aligned} \quad (10\text{-}38)$$

使式(10-38)的$C(S)$达到极小值的S就为最优存储水平。

由于r的取值为$r_1,r_2,\cdots,r_m$中的一个，所以从不产生剩余存储的角度出发，认为S的取值范围也在$r_1,r_2,\cdots,r_m$中。当S取值为r_i时，记为S_i，则：

$$\Delta S_i = S_{i+1}-S_i = r_{i+1}-r_i = \Delta r_i \neq 0 \quad (i=1,2,\cdots,m-1)$$

为选出使$C(S_i)$最小的S值，S_i应满足下列不等式：

①$C(S_{i+1})-C(S_i)\geq 0$；

②$C(S_i)-C(S_{i-1})\leq 0$。

其中：

$$C(S_{i+1})=C_3+K(S_{i+1}-I)+\sum_{r\leq S_{i+1}}(S_{i+1}-r)\cdot C_1\cdot P(r)+\sum_{r>S_{i+1}}(r-S_{i+1})\cdot C_2\cdot P(r)$$

$$C(S_i)=C_3+K(S_i-I)+\sum_{i\leq S_i}(S_i-r)\cdot C_1\cdot P(r)+\sum_{r>S_i}(r-S_i)\cdot C_2\cdot P(r)$$

$$C(S_{i-1})=C_3+K(S_{i-1}-I)+\sum_{r=S_{i-1}}(S_{i-1}-r)\cdot C_1\cdot P(r)+\sum_{r>S_{i-1}}(r-S_{i-1})\cdot C_2\cdot P(r)$$

定义$\Delta C(S_i)=C(S_{i+1})-C(S_i)$，$\Delta C(S_{i-1})=C(S_i)-C(S_{i-1})$，由①可推导出：

$$\Delta C(S_i)=K\Delta S_i+(C_1+C_2)\Delta S_i\sum_{r\leq S_i}P(r)-C_2\Delta S_i\geq 0$$

因$\Delta S_i\neq 0$，即$K+(C_1+C_2)\sum_{r\leq S_i}P(r)-C_2\geq 0$，从而有：

$$\sum_{r \leqslant S_i} P(r) \geqslant \frac{C_2 - K}{C_1 + C_2}$$

由②可推导出：

$$\sum_{r \leqslant S_{i-1}} P(r) \leqslant \frac{C_2 - K}{C_1 + C_2}$$

令 $\frac{C_2 - K}{C_1 + C_2} = N$，称其为临界值，综上得：

$$\sum_{r \leqslant S_{i-1}} P(r) \leqslant N \leqslant \sum_{r \leqslant S} P(r) \tag{10-39}$$

取满足式(10-39)的 S_i 为 S，从而得到订货量 $Q = S - I$。

本模型中有订购费 C_3，如果本阶段不订货($I > s$)，就可以节省订购费 C_3，因此设想是否存在一个数 $s(s \leqslant S)$，使下面不等式成立：

$$Ks + \sum_{r \leqslant s} C_1(s-r)P(r) + \sum_{r > s} C_2(r-s)P(r) \leqslant C_3 + KS + \sum_{r \leqslant S} C_1(S-r)P(r) + \sum_{r > S} C_2(r-S)P(r) \tag{10-40}$$

当 $s = S$ 时，不等式显然成立，因为 $C_3 > 0$。

当 $s < S$ 时，左端缺货费用的期望值虽然会增加，但订货费及存储费用期望值都减少，一增一减，使不等式仍有可能成立。因此一定能找到最小的 s，使式(10-39)成立。

【例10.8】 某企业对某种材料每月需求量的概率见表10-1。

某企业对某种材料每月需求量的概率 表10-1

需求量 r_i	50	60	70	80	90	100	110	120
概率 $P(r = r_i)$	0.05	0.10	0.15	0.25	0.20	0.10	0.10	0.05

每次订货费为500元，每月每吨保管费为50元，每月每吨缺货费为1500元，每吨材料的购置费为1000元。该企业欲采用(s, S)存储策略来控制存储量，试求出 S 和 s 之值。

解：由题可知 $C_1 = 50, C_2 = 1500, C_3 = 500, K = 1000$。

那么临界值 $\frac{C_2 - K}{C_1 + C_2} = \frac{1500 - 1000}{50 + 1500} = 0.323$。

由于 $P(50) + P(60) + P(70) = 0.05 + 0.10 + 0.15 = 0.3$，$P(50) + P(60) + P(70) + P(80) = 0.05 + 0.10 + 0.15 + 0.25 = 0.55$，而 $0.3 < 0.323 = \frac{C_2 - K}{C_1 + C_2} < 0.55$，所以 $S = 80t$。

取 $s = 50、60、70、80$，分别代入式(10-39)不等式左端得：

当 $s = 50$ 时，左端 $= 1000 \times 50 + 1500 \times [(60-50) \times 0.1 + (70-50) \times 0.15 + (80-50) \times 0.25 + (90-50) \times 0.20 + (100-50) \times 0.1 + (110-50) \times 0.1 + (120-50) \times 0.05] = 101000$；

把 $S = 80$ 代入右端，右端 $= 500 + 1000 \times 80 + 50 \times [(80-70) \times 0.15 + (80-60) \times 0.1 + (80-50) \times 0.05] + 1500 \times [(90-80) \times 0.2 + (100-80) \times 0.1 + (110-80) \times 0.1 + (120-80) \times 0.05] = 94250$，不满足不等式。

同理，当 $s = 60$ 时，左端 $= 96775 > 94250$，仍不满足不等式。

当 $s = 70$ 时，左端 $= 94100 < 94250$，已满足不等式。

故 $s=70$。

因此,该企业的存储策略为每当存储 $I \leqslant 70$ 时补充存储达到 80,当 $I > 70$ 时不补充。

(2) 需求是随机连续的多时期 (s,S) 模型

设货物的单价成本为 K,单位存储费为 C_1,单位缺货损失费为 C_2,每次订货费为 C_3。假设滞后时间为 0,需求 r 是连续的随机变量,概率密度为 $\varphi(r)$,期初存储量为 I,订货量为 Q。问题是如何确定订货量 Q,可使总费用的期望值最小。

本阶段所需的各种费用如下:

订货费:$C_3 + KQ$。

存储费:当需求 $r < I + Q$ 时,未能售完的部分存储起来,故应付存储费。当 $r \geqslant I + Q$ 时,不需付存储费,于是所需存储费期望值为

$$\int_0^{I-Q} (I + Q - r) C_1 \cdot \varphi(r) \mathrm{d}r = \int_0^S (S - r) C_1 \cdot \varphi(r) \mathrm{d}r$$

其中,S 为最大存储量,$S = I + Q$。

缺货损失费:当需求 $r > I + Q$ 时,$r - S$ 部分需付缺货费,其期望值为

$$\int_S^\infty C_2 \cdot (r - S) \varphi(r) \mathrm{d}r$$

那么所需要总费用的期望值为

$$C(S) = C_3 + KQ + \int_0^S (S - r) C_1 \cdot \varphi(r) \mathrm{d}r + \int_S^\infty C_2 \cdot (r - S) \varphi(r) \mathrm{d}r$$

$$= C_3 + K(S - I) + \int_0^S (S - r) C_1 \cdot \varphi(r) \mathrm{d}r + \int_S^\infty C_2 \cdot (r - S) \varphi(r) \mathrm{d}r$$

利用含参变量积分的求导,得:

$$\frac{\mathrm{d}C(S)}{\mathrm{d}S} = K + C_1 \int_0^S \varphi(r) \mathrm{d}r - C_2 \int_S^\infty \varphi(r) \mathrm{d}r$$

$$= K + C_1 \int_0^S \varphi(r) \mathrm{d}r - C_2 \left[\int_0^\infty \varphi(r) \mathrm{d}r - \int_0^S \varphi(r) \mathrm{d}r \right]$$

$$= K + (C_1 + C_2) \int_0^S \varphi(r) \mathrm{d}r - C_2$$

令 $\dfrac{\mathrm{d}C(S)}{\mathrm{d}S} = 0$,得:

$$\int_0^S \varphi(r) \mathrm{d}r = \frac{C_2 - K}{C_1 + C_2} \tag{10-41}$$

记 $N = \dfrac{C_2 - K}{C_1 + C_2}$,称其为临界值。

由式(10-41)可确定 S 值,再由 $Q^* = S - I$ 确定最佳订货批量。

本模型中有订货费 C_3,如果本阶段不订货,就可以节省订货费 C_3,因此设想是否存在一个数 $s(s \leqslant S)$,使下面不等式成立:

$$Ks + C_1 \int_0^s (s-r)\varphi(r)\,dr + C_2 \int_s^\infty (r-s)\varphi(r)\,dr \leq$$

$$C_3 + KS + C_1 \int_0^S (S-r)\varphi(r)\,dr + C_2 \int_S^\infty (r-S)\varphi(r)\,dr \tag{10-42}$$

【例 10.9】 某企业经销一种电子产品,根据统计资料,这种电子产品的销售量在区间 $[75,100]$ 内服从均匀分布,即

$$\varphi(r) = \begin{cases} \dfrac{1}{25} & (75 \leq r \leq 100) \\ 0 & (其他) \end{cases}$$

每台进货价为 4000 元,单位存储费为 60 元,若缺货,企业为了维护自身信誉,以每台 4300 元向其他企业进货后再卖给顾客,每次订购费为 5000 元,期初无存储,试确定最佳订货量及 s、S 值。

解:由题知 $C_1 = 60, C_2 = 4300, C_3 = 5000, K = 4000, I = 0$。

临界值 $\dfrac{C_2 - K}{C_1 + C_2} = \dfrac{4300 - 4000}{60 + 4300} \approx 0.069$,令:

$$\int_0^S \varphi(r)\,dr = 0.069$$

即

$$\int_{75}^S \frac{1}{25}\,dr = 0.069$$

$$\frac{1}{25}(S - 75) = 0.069$$

$$S \approx 77$$

最佳订货量 $Q^* = S - I = 77 - 0 = 77$(台)。

再求 s 值。

将不等式(10-42)视为等式求解,即

$$4000s + 60\int_{75}^s (s-r)\frac{1}{25}\,dr + 4300\int_s^{100}(r-s)\frac{1}{25}\,dr$$

$$= 5000 + 4000 \times 77 + 60\int_{75}^{77}(77-r)\frac{1}{25}\,dr + 4300\int_{77}^{100}(r-77)\frac{1}{25}\,dr$$

经积分和整理得:

$$87.2s^2 - 13380s + 508258 = 0$$

解得 $s = 84.292$ 台或 $s = 69.147$ 台。由于 84.292 台 > 77 台,不符合模型规定,所以取 $s =$

69.147 台≈70 台。

该企业的最优策略为最佳订购量为 77 台,最大存储量为 77 台,最低存储量为 70 台。

习题

10.1 某产品中有一外购件,年需求量为 40000 件,单价为 100 元,由于该件可在市场采购,故订货提前期为 0、并不允许缺货。已知每组织一次采购需 2000 元,每件每年的存储费为该件单价的 20%。试求经济订货批量及每年的总费用最小值。

10.2 某建筑公司每天需要某种标号的水泥 100t,该公司每次向水泥厂订购须支付订购费 100 元,每吨水泥在该公司仓库内每存放一天需支付 0.08 元的保管费,若不允许缺货,且一订货就可以提货。问:

(1)每批订购时间多长、每次订购多少吨水泥费用最省?最小费用为多少?

(2)从订购之日到水泥入库需 7d 时间,当存储为多少时应发出订货?

10.3 某商店经销电视机,每月可销售 100 台,但若积压一台每月要损失 10 元,缺货一台要损失 40 元,每次订购费为 200 元。问:最多可允许缺货多少台?

10.4 对某产品的需求量为 350 件/年(设一年以 300 工作日计),已知每次订货费为 50 元,该产品的存储费为 13.75 元/(件·年),缺货时的损失为 25 元,订货提前期为 5 天。该产品由于结构特殊,需用专门车辆运送,在向订货单位发货期间每天发货量为 10 件。问:

(1)经济订货批量及最大缺货量。

(2)年最小费用。

10.5 某时装店在某年春季销售一种款式流行时装的数量为一随机变量。据估计,其销售可能情况见表 10-2。

销售数量及概率   表 10-2

销售数量 r	15	16	17	18	19
概率 $P(r)$	0.05	0.1	0.5	0.3	0.05

该款式时装进价 180 元/套,售价 200 元/套。因隔季会过时,故在本季末抛售价为 120 元/套,设本季内仅能进货一次。问:该店本季内进货多少为宜?

10.6 某产品的需求量服从正态分布,已知 $\mu=150, \sigma=25$,又知每个产品的进价为 8 元,售价为 15 元,如销售不完,按每个 4 元退回原单位。问:该产品的订货量为多少个,可使预期利润最大?

10.7 某企业生产需某种部件,该部件外购价为 850 元/件,订货费每次 2825 元,若自产,则每件成本 1250 元,单位存储费为 45 元。该部件的需求量及对应的概率见表 10-3。

部件需求量及概率   表 10-3

r	80	90	100	110	120
$P(r)$	0.1	0.2	0.3	0.3	0.1

在选择外购策略时,若订购数小于实际需求量,则企业将自产差额部分。假定期初存货为 0,求企业的订购策略。

10.8 已知某产品的单位成本 $K=3$ 元,单位存储费为 1 元,缺货费为 5 元,订购费为 5 元,需求量 x 的概率密度函数为

$$f(x) = \begin{cases} \dfrac{1}{5} & (5 \leqslant x \leqslant 10) \\ 0 & (\text{其他}) \end{cases}$$

假设期初存储为 0,试确定存储控制策略 (s, S)。

第十一章 决策论

决策是一种对已知目标和方案的选择过程,是人们已知需要实现的目标,根据一定的决策准则,在供选方案中作出决策的过程。决策是人们日常生活和工作中普遍存在的一种活动。

20世纪以来,随着生产社会化的发展,社会生产、科学研究以及其他社会活动规模越来越大,社会系统结构越来越复杂,涉及因素也更多,从而使得人类决策活动的不确定因素与风险相应增加,稍有不慎就可能酿成重大的决策失误。因此,世界各国越来越重视决策与决策方法的研究,历史上的个人决策也渐渐地被"群体决策"所取代。决策学派的代表人物西蒙曾系统研究决策理论,提出决策是统带管理的一项中心活动,它存在于管理活动的任何一个环节,贯穿于管理的全过程。

第一节 决策分析的基本问题

1. 决策分析的基本概念

(1) 决策的基本要素

决策的基本要素包括以下几个方面:

①决策者,即决策过程的主体。

②方案,即可供选择的行动方案或策略。

③目标或准则,即衡量方案优劣的评价标准。
④自然状态,即不能被决策者所控制的客观存在的环境。
⑤结局,每一种方案选择后所导致的后果,即收益或损失。
⑥决策者的价值观,即人们对各种方案、目标、风险的爱好倾向。

(2) 决策系统的构成

状态空间、策略空间和损益函数共同构成了决策系统。

①状态空间。状态空间是不以人的意志为转移的客观因素,设状态空间表示符号为S_i,有m种不同状态,其集合记为

$$S = \{S_1, S_2, \cdots, S_m\} = \{S_i\} \quad (i = 1, 2, \cdots, m)$$

其中,S称为状态空间;S的元素S_i称为状态变量。

②策略空间。人们根据不同的客观情况,可以作出主观的选择,记一种策略方案为u_j,有n种不同的策略,其集合为

$$U = \{u_1, u_2, \cdots, u_n\} = \{u_j\} \quad (j = 1, 2, \cdots, n)$$

其中,U称为策略空间;U的元素u_j称为决策变量。

③损益函数。状态处在S_i情况下,人们作出u_j决策从而产生的损益值为V_{ij},显然V_{ij}是S_i和u_j的函数,即

$$V_{ij} = V(S_i, u_j) \quad (i = 1, 2, \cdots, m; j = 1, 2, \cdots, n)$$

当状态变量是离散型变量时,损益值构成的矩阵叫作损益矩阵。

上述三个主要因素组成了决策系统,决策系统可以表示为三个主要因素的函数,即

$$D = D(S, U, V)$$

(3) 决策的关键影响因素

决策目标、决策所依据的信息和内外因条件是影响决策质量的三个关键因素。首先,决策目标是决策方案选择的依据。其次,决策的实施是否有效,还必须考虑外部环境条件的变化,考虑各种可能出现的意外情况。有时应付意外情况是否成功将使决策产生截然相反的实际效果。最后,正确的决策必须以信息完全为前提。

2. 决策分析的程序

决策分析大致可分为以下4个步骤:

步骤1:形成决策问题,包括提出各种方案、确定目标及各方案结果的度量等。
步骤2:对各方案出现不同结果的可能性进行判断,这种可能性一般是用概率来描述的。
步骤3:利用各方案结果的度量值(如收益值、效用值、损失值等)给出对各方案的偏好。
步骤4:综合前面得到的信息,选择最为偏好的方案,必要时可做一些灵敏度分析。

3. 决策分析的准则

科学决策就是在科学理论的指导下,通过科学的方法,作出有科学依据的决策,必须遵循以下准则:

(1) 信息准则

决策应以可靠的、高质量的信息为基础。

(2) 预测准则

通过预测为决策提供有关未来的信息,使决策具有远见卓识。

(3) 科学准则

用科学理论作为决策的指导,掌握决策对象发展变化的规律。

(4) 系统准则

要考虑决策涉及的整个系统和相关系统,还应使系统同环境能彼此协调,决策的结果应让系统处于最佳状态,不能顾此失彼。

(5) 可行准则

决策涉及系统的人力、物力、财力资源及技术水平等,要建立在可以办得到的基础上。

(6) 选优准则

决策也是选优的结果,因此必须具有两个以上的方案,并根据一定价值观念和标准从中选定满意的或最佳方案。

(7) 行动准则

决策都是要付诸实施的,有了决策,必须导致某种行动,并且要有行动的结果。

(8) 反馈准则

决策不可能十全十美,应把实践中检验出的不足和变化了的信息及时反馈给决策者,以便据此做出相应调整。

4. 决策分析的分类

(1) 按决策层次分类

①战略决策:涉及某组织发展和生存有关的全局性、长远问题的决策,如企业的产品定位、市场开发等,是最高层的决策。

②战术决策:为完成战略决策所规定的目标而进行的决策,如企业产品规格的选择、工艺的选择和设备的选择等,属于中层决策。

③日常决策:为完成战术决策的要求而对执行行为方案的选择,如生产中的产品合格标准的选择、日常生产调度,属于基层决策。

(2) 按决策结构分类

按决策结构分类,决策可以分为程序化、半程序化和非程序化决策三种。三者之间的区别见表 11-1。

决策类型　　　　　　　　　　　　　　　　　　　　　　　　　　表 11-1

决策类型	传统方法	现代方法
程序化	习惯、标准规程	运筹学、管理信息系统
半程序化	经验、直觉	灰色系统、模糊数学等方法
非程序化	经验、应急创新能力	人工智能、风险应变能力培训

(3) 按决策方法分类

①定性方法。如专家经验、启发式方法、心理学、社会学、行为科学,适用于非结构化的决策问题。

②定量方法。定量决策是指可用数学模型来表示的决策,适用于结构化的决策问题。

(4) 按决策问题分类

①按问题的目标分类,分为单目标决策和多目标决策。

②按自然状态的特性分类。根据自然状态的概率分布是否已知,可以将决策问题分为风险型决策(已知)和不确定型决策(未知)。

③按决策过程的连续性分类,分为单阶段决策(单级)和多阶段(序贯)决策。

④按决策者数量分类,分为个人决策和群决策。

⑤按决策问题大小分类,分为宏观决策和微观决策。

第二节 不确定型决策问题

在不确定的情况下,决策者知道将面对的一些自然状态,并知道将采用的几种行动方案在各个不同自然状态下所获得的相应收益值,但决策者不能预先估计或计算出各种自然状态出现的概率。由于在不确定型决策中,各种决策环境并不确定,所以对于同一个决策问题用不同的方法求解,将会得到不同的结论。决策者根据自己的主观倾向进行决策,根据决策者的主观态度不同,决策准则可分为5种基本类型:悲观准则、乐观准则、折中准则、后悔值准则和等可能准则。现实生活中,在进行不确定型决策的过程中,决策者的主观意志和经验判断居主导地位,对于同一个决策问题,决策者的偏好不同,也会使得处理相同问题的方法或准则不同。

不确定型决策问题具有如下主要特征:

①存在决策者希望达到的一个明确目标(收益最大或损失最小)。

②存在两个或两个以上的自然状态。

③存在可供决策者选择的两个或两个以上的行动方案。

④不同的行动方案在不同自然状态下的收益值(或损失值)可以计算出来。

【例11.1】 某货运中心需贷款修建一座仓库,初步考虑了四种规格的建库方案:①建超大型仓库a_1;②建大型仓库a_2;③建中型仓库a_3;④建小型仓库a_4。由于缺少货运中心需求量的有关背景资料,对所需货物量的多少不能事先确定,只能预先估计大s_1、中s_2、小s_3三种自然状态,而且每种自然状态出现的概率也无法预测。经初步估算,得到每个方案在不同自然状态下的收益值,见表11-2。试求不同决策准则下决策选择方案的结果。

收益值(单位:万元)　　　　　　　　　　　表11-2

方案	自然状态		
	货物量大s_1	货物量中s_2	货物量小s_3
建超大型仓库a_1	700	350	-200
建大型仓库a_2	500	300	-150
建中型仓库a_3	300	150	80
建小型仓库a_4	400	250	100

1. 乐观主义准则

乐观主义准则又称为极大极大决策标准,其主要特征是实现方案选择的乐观主义原则。进行决策时,决策者不放弃任何一个获得好结果的机会,争取大中取大,充满乐观冒险精神。

(1) 决策步骤

① 编制决策收益值表；

② 从每个方案中选择一个最大的收益值，即 $d_i = \max_j \{c_{ij}\}$；

③ 在这些最大的收益值对应的决策方案中，选择一个收益值最大的方案为备选方案，即 $d^* = \max_i \{d_i\}$。

(2) 决策原则

决策原则是大中取大。

(3) 算例求解

在本例中，对于每个方案 $a_i(i=1,2,3,4)$，有：

$$d_1 = \max\{700, 350, -200\} = 700$$
$$d_2 = \max\{500, 300, -150\} = 500$$
$$d_3 = \max\{300, 150, 80\} = 300$$
$$d_4 = \max\{400, 250, 100\} = 400$$

$d^* = \max\{700, 500, 300, 400\} = 700$，故最优方案为 a_1，应建超大型仓库。

2. 悲观主义准则

悲观主义准则又称为极大极小决策标准。当决策者对决策问题不明确时，唯恐由于决策失误带来损失。因而，在作决策时小心谨慎，总是抱着悲观的态度，从最坏的结果中争取最好的结果。

(1) 决策步骤

① 编制决策收益值表；

② 从每个方案中选择一个最小的收益值，即 $d_i = \min_j \{c_{ij}\}$；

③ 在这些最小的收益值对应的决策方案中，选择一个收益值最大的方案为备选方案，即 $d^* = \max_i \{d_i\}$。

(2) 决策原则

决策原则是小中取大。

(3) 算例求解

在本例中，对于每个方案 $a_i(i=1,2,3,4)$，有：

$$d_1 = \min\{700, 350, -200\} = -200$$
$$d_2 = \min\{500, 300, -150\} = -150$$
$$d_3 = \min\{300, 150, 80\} = 80$$
$$d_4 = \min\{400, 250, 100\} = 100$$

$d^* = \max\{-200, -150, 80, 100\} = 100$，故最优方案为 a_4，应建小型仓库。

3. 折中准则

乐观主义准则和悲观主义准则都过于极端，折中准则是介于二者之间的一种决策准则。在进行决策时，要求决策者事先确定一个折中系数 α，$\alpha \in [0,1]$，$\alpha \to 0$ 说明决策者接近悲观，$\alpha \to 1$ 说明决策者接近乐观。

(1) 决策步骤

① 编制决策收益值表；

② 计算每个方案折中决策的收益值，即

$$d_i = \alpha \max_j \{c_{ij}\} + (1-\alpha) \min_j \{c_{ij}\} \tag{11-1}$$

③ 选择最大的折中收益值对应的方案为备选方案，即 $d^* = \max_i \{d_i\}$。

这里，当 $\alpha = 1$ 时，简化为乐观主义（极大极大）准则；当 $\alpha = 0$ 时，简化为悲观主义（极大极小）准则。

(2) 算例求解

在本例中，取折衷系数 $\alpha = 0.6$，则对于每个方案 $a_i (i=1,2,3,4)$，有：

$$d_1 = 700 \times 0.6 + (-200) \times 0.4 = 340$$

$$d_2 = 500 \times 0.6 + (-150) \times 0.4 = 240$$

$$d_3 = 300 \times 0.6 + 80 \times 0.4 = 212$$

$$d_4 = 400 \times 0.6 + 100 \times 0.4 = 280$$

$d^* = \max\{340, 240, 212, 280\} = 340$，故最优方案为 a_1，应建超大型仓库。

4. 后悔值准则或最小机会损失法

该准则是一种使后悔值最小的准则，所谓后悔值是指决策者在某种自然状态下本应选择收益最大的方案时，却选择了其他方案而造成的机会损失值。该准则要求决策者首先计算各方案在不同状态下的后悔值，再分别找出各方案的最大后悔值，最后在这些最大后悔值中找出最小者，其对应的方案，即最小的最大后悔值对应的方案就作为最优决策方案。

(1) 决策步骤

① 编制决策收益值表；

② 找到 c_{ij} 在自然状态下的最大收益值 $\max_i \{c_{ij}\}$；

③ 用每个状态下的最大收益值减去其他方案的收益值，得出每个方案的后悔值，$Q_{ij} = \max_i \{c_{ij}\} - c_{ij}$；

④ 编制机会损失表，找出每个方案的最大后悔值，即 $d_i = \max_j \{Q_{ij}\}$；

⑤ 从每个方案的最大后悔值中找出最小的后悔值，其对应的方案即为备选方案，即 $d^* = \min_i \{d_i\}$。

(2) 算例求解

首先计算并编制后悔值表，见表 11-3。

表 11-3　**后悔值**（单位：万元）

方案	自然状态		
	货物量大 s_1	货物量中 s_2	货物量小 s_3
建超大型仓库 a_1	0	0	300
建大型仓库 a_2	200	50	250
建中型仓库 a_3	400	200	20
建小型仓库 a_4	300	100	0

在本例中,对于每个方案 $a_i(i=1,2,3,4)$,有:

$$d_1 = \max\{0,0,300\} = 300$$
$$d_2 = \max\{200,50,250\} = 250$$
$$d_3 = \max\{400,200,20\} = 400$$
$$d_4 = \max\{300,100,0\} = 300$$

$d^* = \min\{300,250,400,300\} = 250$,故最优方案为 a_2,应建大型仓库。

5. 等可能准则

该准则认为每种情况发生概率相等,均为 $1/n$,取收益的期望值最大者为最优方案,即 $E(d_i) = \dfrac{1}{n}\sum_{j=1}^{n} c_{ij}$, $E(d^*) = \max_i\{E(d_i)\}$。

算例求解如下:

$$E(d_1) = 700 \times \frac{1}{3} + 350 \times \frac{1}{3} + (-200) \times \frac{1}{3} = 283$$

$$E(d_2) = 500 \times \frac{1}{3} + 300 \times \frac{1}{3} + (-150) \times \frac{1}{3} = 217$$

$$E(d_3) = 300 \times \frac{1}{3} + 150 \times \frac{1}{3} + 80 \times \frac{1}{3} = 177$$

$$E(d_4) = 400 \times \frac{1}{3} + 250 \times \frac{1}{3} + 100 \times \frac{1}{3} = 250$$

$E(d^*) = \max\{283,217,177,250\} = 283$,故最优方案为 a_1,应建超大型仓库。

上面讨论了不确定情况下的五种决策准则,具体进行决策时,可以同时使用几个准则,将选中次数最多的方案作为备选方案。

例如,在前面几个例子中,5 个决策准则的决策结果见表 11-4。

不同决策准则下的决策结果　　表 11-4

决策标准	决策方案			
	建超大型仓库	建大型仓库	建中型仓库	建小型仓库
乐观准则	√			
悲观准则				√
折中准则	√			
后悔值准则		√		
等可能准则	√			

由于建超大型仓库的方案被选中的次数最多,故最终应选择建超大型仓库。

第三节　风险型决策问题

风险型决策是指决策者在目标明确的前提下,对客观情况并不完全了解,存在决策者无法控制的两种或两种以上的自然状态,但对于每种自然状态出现的概率大体可以估计,并可计算出在不同状态下的收益值,主要应用于战略决策或非程序化决策。

风险型决策具有如下主要特征:

①存在决策者希望达到的一个明确目标(收益最大或损失最小)。
②存在两个或两个以上的自然状态。
③出现各种自然状态的概率可以预先估计或计算出来。
④存在可供决策者选择的两个或两个以上的行动方案。
⑤不同的行动方案在不同自然状态下的收益值(或损失值)可以计算出来。

1. 期望收益值法

期望值法是应用概率论中计算离散随机变量数学期望的方法,分别计算各种方案在各种自然状态下的期望收益值,再根据期望值的大小选出最优方案。

(1)决策步骤

①编制决策收益值表;
②计算每个方案的期望收益值,即

$$E(d_i) = \sum_{j=1}^{n} c_{ij} p(s_j) \tag{11-2}$$

③选择期望收益值最大的方案为备选方案,即 $d^* = \max_i \{E(d_i)\}$。

(2)算例求解

仍以【例11.1】为例,假定货物量大的可能性是30%,货物量中的可能性是50%,货物量小的可能性是20%,求出最优决策方案。

经计算,得到期望收益值见表11-5。

期望收益值(单位:万元)　　　　　　　　　　　表11-5

方案	自然状态			期望收益值 $E(d_i)$
	货物量大s_1(0.3)	货物量中s_2(0.5)	货物量小s_3(0.2)	
建超大型仓库a_1	700	350	-200	345
建大型仓库a_2	500	300	-150	270
建中型仓库a_3	300	150	80	181
建小型仓库a_4	400	250	100	265

在本例中,对于每个方案a_i($i=1,2,3,4$),有$d^* = \max\{345, 270, 181, 265\} = 345$,故最优方案为$a_1$,应建超大型仓库。

2. 期望损失值法

期望损失值法要求决策者首先计算出各个方案的损失值(后悔值),然后计算每种方案的期望损失值,选择最小期望损失值对应的方案为最优方案。

(1)决策步骤

①编制不同方案在不同自然状态下的损失值表;
②计算不同方案的期望损失值,即

$$E(d_i) = \sum_{j=1}^{n} Q_{ij} p(s_j) \tag{11-3}$$

③选择期望损失值最小的方案为最优方案,即$d^* = \min_i \{E(d_i)\}$。

(2)算例

【例 11.2】 以【例 11.1】为例,用最小期望损失值法进行决策。

经计算,得到期望损失值见表 11-6。

表 11-6 期望损失值(单位:万元)

方案	自然状态			期望损失值 $E(d_i)$
	货物量大s_1(0.3)	货物量中s_2(0.5)	货物量小s_3(0.2)	
建超大型仓库a_1	0	0	300	60
建大型仓库a_2	200	50	250	135
建中型仓库a_3	400	200	20	224
建小型仓库a_4	300	100	0	140

在本例中,对于每个方案a_i($i=1,2,3,4$),有$d^* = \min\{60,135,224,140\} = 60$,故最优方案为$a_1$,应建超大型仓库。

3. 决策树方法

决策树是由决策点、事件点及结果构成的树形图,一般应用于序列决策问题,以最大期望收益值或最低期望成本作为决策准则。决策树通过图解方式求解在不同条件下各方案的收益值,然后通过比较作出决策。

(1)决策树的基本结构

决策树由五个部分组成:

①决策节点。在决策树中用□代表,表示决策者要在此处进行决策。从它引出的每一个分支,都代表决策者可能选取的一个策略(又称方案枝)。

②事件节点。在决策树中用○代表,从它引出的分支代表其后继状态,分支上括号内的数字表示该状态发生的概率(又称概率枝)。

③结果节点。在决策树中用△表示,它表示决策问题在某种可能情况下的结果,它旁边的数字是这种情况下的益损值(又称末梢)。

④分支。在决策树中用连接两个节点的线段代表。根据分支所处的位置不同,又可以分成方案枝和状态枝。连接决策节点和事件节点的分支称为方案枝;连接事件节点和结果节点的分支称为状态枝。

⑤剪枝。在决策树中用//表示,它表示经过比较此种方案被否决。

决策树的基本结构如图 11-1 所示。

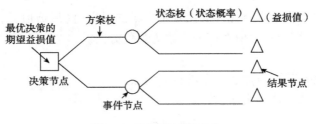

图 11-1 决策树的基本结构

（2）决策树方法的基本步骤

①画决策树。根据题意画出决策树图。

②计算各方案的期望值。按期望值的计算方法，从图的右边向左逐步进行，并将结果表示在方案节点的上方。

③剪枝选择方案。比较各方案的期望值，选取期望收益最大或期望损失最小的方案为最佳方案。将最佳方案的期望值写在决策点的上方，并在其余方案枝上画"//"进行剪枝，表示舍弃该方案。

（3）算例分析

【例11.3】 某公司投入不同数额的资金对道路进行改造，改造有三种方案，分别为修建新道路、大修现有道路和维护现有道路。根据经验，相关投资额及不同运营情况下的收益值见表11-7，请选择最佳方案。

收益值（单位：万元） 表11-7

供选方案	投资额	运营好(0.6)	运营不好(0.4)
建新路	15	25	-20
大修	9	20	-15
维护	5	15	-9

解：(1)画出决策树图，如图11-2所示。

(2)计算各方案的期望收益值：

$$E(2) = [0.6 \times 25 + 0.4 \times (-20)] - 15 = -8$$

$$E(3) = [0.6 \times 20 + 0.4 \times (-15)] - 9 = -3$$

$$E(4) = [0.6 \times 15 + 0.4 \times (-9)] - 5 = 0.4$$

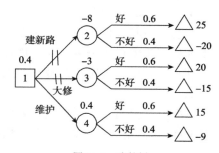

图11-2 决策树

本例中，最大期望收益值是$E(4)$，对应方案为维护现有道路，将最大期望收益值写在节点1上，并将另外两个方案剪枝。

风险型决策问题与不确定型决策问题的本质区别在于：前者利用自然状态出现的概率分布，以期望收益值最大为决策目标，所得到的结果比较符合客观情况；而后者则是对未来的自然状态一无所知，其决策受主观意识的影响很大，带有一定的盲目性。

在风险型决策问题中，确定未来状态出现的概率是非常重要的。各种自然状态出现的概率可以用统计资料、试验结果得出，但大多数情况下要凭经验、知识甚至是预感，对未来的情况进行估计，这样得出的概率值称为主观概率。对同一事件，不同的人做出的主观概率估计是不同的，因此，所得出的决策结果也是不同的。

对于不确定型决策，只要决策者对未来状态出现的可能性不是全然不知，就总可以做出一些估计，即可化成风险型的决策问题。

第四节 贝叶斯决策问题

1. 贝叶斯决策的概念和步骤

(1) 贝叶斯决策的概念

在风险决策问题中,由于自然状态的发生概率大多是根据过去的资料和经验估计的,所以存在可靠性问题。即为了改进决策过程,有必要再做调查或者试验,进一步较为可靠地确定各状态的概率,从而作出较为正确的决策。

先验概率:根据过去经验或者主观判断而形成的对自然状态发生概率的测算值,由此得到的概率分布为先验分布。

后验概率:通过市场调查或者试验等方法补充新信息后对各自然状态发生概率的修正值,由此得到的概率分布为后验分布。

利用贝叶斯定理求得后验概率并据此进行决策的方法,称为贝叶斯决策方法。

(2) 贝叶斯决策的步骤

①先验分析。根据历史经验以及决策者的经验和判断,估算出自然状态下的先验概率,然后计算各可行方案在不同自然状态下的结果值,利用这些信息,按照一定决策准则,评价各个方案,得出最优方案。

②预后验分析。权衡是否值得开展调查或者试验补充资料以及补充资料中可能得到的结果和如何决定最优决策。即权衡补充信息的成本与新信息可能带来的收益,若收益大于成本,则补充信息会增加收益,补充是必要的;若收益小于成本,补充信息不会增加收益,是不必要的。

③后验分析。开展调查或者试验,进一步收集与决策相关的信息,利用贝叶斯公式修正先验概率,得到优化的后验概率,然后依据后验分析进行决策,得到最终最优方案。

2. 贝叶斯定理

$$P(A \mid B) = \frac{P(B \mid A)P(A)}{P(B)} \tag{11-4}$$

式中:$P(A)$——A 的先验概率,因它不考虑任何 B 因素,所以被称为"先验";

$P(A \mid B)$——已知 B 发生后 A 的条件概率,被称作 A 的后验概率;

$P(B \mid A)$——已知 A 发生后 B 的条件概率,被称作 B 的后验概率;

$P(B)$——B 的先验概率,也被称作标准化常量(normalizing constant)。

由此,贝叶斯定理可表述为后验概率 =(相似度×先验概率)/标准化常量。

贝叶斯定理推导过程如下:

根据条件概率,得:

$$P(A \mid B) = \frac{P(A \cap B)}{P(B)} \tag{11-5}$$

$$P(B \mid A) = \frac{P(A \cap B)}{P(A)} \tag{11-6}$$

结合式(11-5)、式(11-6),可得到:
$$P(A\mid B)P(B) = P(A\cap B) = P(B\mid A)P(A)$$
上式两边同除以 $P(B)$,若 $P(B)$ 是非零的,即可得到:
$$P(A\mid B) = \frac{P(B\mid A)P(A)}{P(B)} \tag{11-7}$$

n 个事件的贝叶斯定理:假定存在一个完备的和互斥的事件 $A_1,A_2,\cdots,A_n$,A_i 中的某一个出现是事件 B 发生的必要条件,那么 n 个事件的贝叶斯公式为
$$P(A_i\mid B) = \frac{P(A_i)P(B\mid A_i)}{\sum_{i=1}^{n}P(A_i)P(B\mid A_i)} \quad (i=1,\cdots,n) \tag{11-8}$$

下面将以【例 11.4】具体说明贝叶斯决策过程。

【例 11.4】 为生产某种地铁专用设备,某企业提出两个建厂方案:第一种方案是建大厂,第二种方案是建小厂。这种地铁专用设备投放市场,估计有三种可能:销量好、销量中等、销量差,根据历史资料和决策者经验得到,这三种情况发生的可能性依次估计为 0.15、0.6 和 0.25。两方案下的预期利润见表 11-8。

预期利润　　　　　　　　　　　　　　　　　表 11-8

方案	销量好 θ_1(0.15)	销量中等 θ_2(0.6)	销量差 θ_3(0.25)
建大厂 d_1	120	50	-30
建小厂 d_2	50	15	5

企业可以花费 2000 元委托调查机构调查该产品的销售前景。若实际市场状况为销量好,则调查结果为销量好、销量中等和销量差的概率分别为 0.85、0.1 和 0.05;若实际市场状况为销量中等,则调查结果为销量好、销量中等和销量差的概率分别为 0.06、0.9 和 0.04;若实际市场状况为销量差,则调查结果为销量好、销量中等和销量差的概率分别为 0.1、0.1 和 0.8。问:企业是否应委托调查机构进行调查?

解:采用贝叶斯决策方法分析如下。

(1)先验分析
$$E(d_1) = 0.15\times120 + 0.6\times50 + 0.25\times(-30) = 40.5$$
$$E(d_2) = 0.15\times50 + 0.6\times15 + 0.25\times5 = 17.75$$

先验分析的最大期望收益为 $E(d^*) = \max\{40.5,17.75\} = 40.5$。

所以,先验分析后的最优决策为建大厂。

(2)预后验分析

①假设调查机构调查结果为销量好、销量中等、销量差,分别用 H_1、H_2、H_3 表示。实际市场销售状况为销量好、销量中等、销量差,分别用 θ_1、θ_2、θ_3 表示。

由调查机构调查情况可得知:

实际市场状况为销量好且调查结果也为销量好的概率 $P(H_1\mid\theta_1) = 0.85$;

实际市场状况为销量好而调查结果销量中等的概率 $P(H_2\mid\theta_1) = 0.1$;

实际市场状况为销量好而调查结果销量差的概率 $P(H_3\mid\theta_1) = 0.05$;

实际市场状况为销量中等而调查结果也为销量好的概率 $P(H_1\mid\theta_2) = 0.06$;

实际市场状况为销量中等且调查结果销量中等的概率 $P(H_2\mid\theta_2) = 0.9$;

实际市场状况为销量中等而调查结果销量差的概率 $P(H_3|\theta_2)=0.04$；
实际市场状况为销量差而调查结果也为销量好的概率 $P(H_1|\theta_3)=0.1$；
实际市场状况为销量差而调查结果销量中等的概率 $P(H_2|\theta_3)=0.1$；
实际市场状况为销量差且调查结果销量差的概率 $P(H_3|\theta_3)=0.8$。

②根据贝叶斯公式，计算后验概率分布。

调查机构调查结果为销量好的概率为
$$P(H_1)=P(\theta_1)P(H_1|\theta_1)+P(\theta_2)P(H_1|\theta_2)+P(\theta_3)P(H_1|\theta_3)=0.1885$$
调查机构调查结果为销量中等的概率为
$$P(H_2)=P(\theta_1)P(H_2|\theta_1)+P(\theta_2)P(H_2|\theta_2)+P(\theta_3)P(H_2|\theta_3)=0.58$$
调查机构调查结果为销量差的概率为
$$P(H_3)=P(\theta_1)P(H_3|\theta_1)+P(\theta_2)P(H_3|\theta_2)+P(\theta_3)P(H_3|\theta_3)=0.2315$$
调查机构调查结果为销量好且实际市场状况也为销量好的概率为
$$P(\theta_1|H_1)=\frac{P(\theta_1)P(H_1|\theta_1)}{P(H_1)}=0.15\times0.85\div0.1885=0.676$$
调查机构调查结果为销量好而实际市场状况为销量中等的概率为
$$P(\theta_2|H_1)=\frac{P(\theta_2)P(H_1|\theta_2)}{P(H_1)}=0.6\times0.06\div0.1885=0.191$$
调查机构调查结果为销量好而实际市场状况为销量差的概率为
$$P(\theta_2|H_1)=\frac{P(\theta_3)P(H_1|\theta_3)}{P(H_1)}=0.25\times0.1\div0.1885=0.133$$
调查机构调查结果为销量中等而实际市场状况为销量好的概率为
$$P(\theta_1|H_2)=\frac{P(\theta_1)P(H_2|\theta_1)}{P(H_2)}=0.15\times0.1\div0.58=0.026$$
调查机构调查结果为销量中等且实际市场状况也为销量中等的概率为
$$P(\theta_2|H_2)=\frac{P(\theta_2)P(H_2|\theta_2)}{P(H_2)}=0.6\times0.9\div0.58=0.931$$
调查机构调查结果为销量中等而实际市场状况为销量差的概率为
$$P(\theta_3|H_2)=\frac{P(\theta_3)P(H_2|\theta_3)}{P(H_2)}=0.25\times0.1\div0.58=0.043$$
调查机构调查结果为销量差而实际市场状况为销量好的概率为
$$P(\theta_1|H_3)=\frac{P(\theta_1)P(H_3|\theta_1)}{P(H_3)}=0.15\times0.05\div0.2315=0.032$$
调查机构调查结果为销量差而实际市场状况为销量中等的概率为
$$P(\theta_2|H_3)=\frac{P(\theta_2)P(H_3|\theta_2)}{P(H_3)}=0.6\times0.04\div0.2315=0.104$$
调查机构调查结果为销量差且实际市场状况也为销量差的概率为
$$P(\theta_3|H_3)=\frac{P(\theta_3)P(H_3|\theta_3)}{P(H_3)}=0.25\times0.8\div0.2315=0.864$$

③用后验概率代替先验概率，计算各方案的期望收益值。

若调查机构调查结果为销量好，则每个方案的最大期望收益值为

$$E(d_1|H_1) = 120 \times P(\theta_1|H_1) + 50 \times P(\theta_2|H_1) + (-30) \times P(\theta_3|H_1) = 86.68$$

$$E(d_2|H_1) = 50 \times P(\theta_1|H_1) + 15 \times P(\theta_2|H_1) + 5 \times P(\theta_3|H_1) = 37.33$$

所以,当调查机构调查结果为销量好时,最优方案为d_1,即建大厂。

若调查机构调查结果为销量中等,则每个方案的最大期望收益值为

$$E(d_1|H_2) = 120 \times P(\theta_1|H_2) + 50 \times P(\theta_2|H_2) + (-30) \times P(\theta_3|H_2) = 48.38$$

$$E(d_2|H_2) = 50 \times P(\theta_1|H_2) + 15 \times P(\theta_2|H_2) + 5 \times P(\theta_3|H_2) = 15.48$$

所以,当调查机构调查结果为销量中等时,最优方案为d_1,即建大厂。

若调查机构调查结果为销量差,则每个方案的最大期望收益值为

$$E(d_1|H_3) = 120 \times P(\theta_1|H_3) + 50 \times P(\theta_2|H_3) + (-30) \times P(\theta_3|H_3) = -16.88$$

$$E(d_2|H_3) = 50 \times P(\theta_1|H_3) + 15 \times P(\theta_2|H_3) + 5 \times P(\theta_3|H_3) = 7.48$$

所以,当调查机构调查结果为销量差时,最优方案为d_2,即建小厂。

后验决策的最大期望收益值:

$$E(d^*) = P(H_1) \times E(d_1|H_1) + P(H_2) \times E(d_1|H_2) + P(H_3) \times E(d_2|H_3) = 46.131$$

通过调查机构调查,收益期望值能增加$46.131 - 40.5 = 5.631$(万元)。

所以,在调查费用不超过5.631万元的情况下,可进行市场调查。

(3)后验分析

①本题中调查费用0.2万元<5.631万元,应进行市场调查;

②当调查机构调查结果为销量好时,选择第一种方案,即建大厂;

③当调查机构调查结果为销量中等时,选择第一种方案,即建大厂;

④当调查机构调查结果为销量差时,选择第二种方案,即建小厂。

第五节 决策中的效用度量

1. 效用的概念

首先通过一个例子来说明效用的含义。

【例11.5】 有甲、乙两人,甲提出要请乙掷硬币,并约定:如果出现正面,乙可获得40元;如果出现反面,乙要向甲支付10元。现在,乙有两个选择,接受甲的建议(掷硬币,记为方案A)或不接受甲的建议(不掷硬币,记为方案B)。如果乙不接受甲的建议,其期望收益为$E(B) = 0$;如果接受甲的建议,其期望收益为$E(A) = 0.5 \times 40 - 0.5 \times 10 = 15$。根据期望收益最大化原则,乙应该接受甲的建议。现在假设乙是个穷人,10元钱对其极为重要,而且假定乙手头现在仅有10元钱。这时,乙对甲的建议的态度很可能会发生变化,很可能不会去冒投机的风险。这个例子说明即使对同一个决策者来说,当其所处的地位、环境不同时,对风险的态度一般也是不同的。

上述这个例子还说明,同一笔钱在不同场合下给决策者带来的主观上的满足程度是不同

的,或者说决策者在更多的场合下是根据不同结果或方案对其需求的满足程度来进行决策的,而不仅仅是依据期望收益最大进行决策。为了衡量或比较不同的商品、劳务满足人的主观愿望的程度,经济学家和社会学家提出了效用这个概念,并在此基础上建立了效用理论。

效用是一种相对的指标值,其大小表示决策者对风险的态度、对某事物的倾向等主观因素的强弱程度。在不同程度的风险下,不同的收益值可能具有相同的价值;在相同程度的风险下,不同的决策者的态度可能不同,即相同的收益值在不同决策者心目中的价值也可能不同,这个收益值在人们心目中的价值被称为这个收益值的效用,用于度量决策者对风险的态度。

一般来说,效用值在[0,1]范围内取值,决策者最看好、最愿意的事物的效用值取1,反之效用值取0。当各方案期望值相同时,一般用最大效用值决策准则,选择效用值最大的方案。

2. 效用曲线的绘制

在直角坐标系内,以横坐标 x 表示决策方案的收益值,纵坐标 y 表示效用值,将某决策者对风险的态度变化画成曲线,称为决策者的效用曲线。

确定效用曲线的基本方法有两种:一种是直接提问法,需要决策者回答提问;第二种是对比提问法,此方法使用较多。

假设现有 A_0、A_1 两种方案供选。A_0 表示决策者不需要承担任何风险可获益 x_0,而 A_1 有两种自然状态,一是以概率 p 获得收益 x_1,二是以概率 $1-p$ 获得收益 x_2,且 $x_1 > x_0 > x_2$。

令 y_i 表示收益 x_i 的效用值,则 x_0、x_1、x_2 的效用值分别表示为 y_0、y_1、y_2。若在某条件下,决策者认为 A_0 和 A_1 两个方案等价,则有:

$$p y_1 + (1-p) y_2 = y_0 \tag{11-9}$$

用对比提问法来测定决策者的风险效用曲线,可以提问如下:

(1) x_0、x_1、x_2 不变,改变 p,问"当 p 为何值时,A_0、A_1 等价?";

(2) p、x_1、x_2 不变,改变 x_0,问"当 x_0 为何值时,A_0、A_1 等价?";

(3) p、x_0、x_1/x_2 不变,改变 x_2/x_1,问"当 x_2/x_1 为何值时,A_0、A_1 等价?"。

一般采用改进 V-M(Von Neumann-Morgenstern)方法,固定 $p=0.5$ 和 x_1、x_2,改变 x_0 三次,得出相应的 y 值,确定三点,做效用曲线。

【例 11.6】 假设 $x_1 = -100, x_2 = 400$,取 $y(x_1) = 0, y(x_2) = 1$,绘制效用曲线。

解: 由式(11-9)可得:

$$0.5 y(x_1) + 0.5 y(x_2) = y_0 \tag{11-10}$$

第一次提问:"x_0 为何值时,式(11-10)成立?"答:"0。"0 在 -100 与 400 的中间,由式(11-10)得到:

$$y(0) = 0.5 y(-100) + 0.5 y(400) = 0.5 \times 0 + 0.5 \times 1 = 0.5$$

第二次提问:"x_0 为何值时,式(11-10)成立?"答:"200。"200 在 $x_1 = 0$ 与 $x_2 = 400$ 的中间,则式(11-10)变为

$$y(200) = 0.5 y(0) + 0.5 y(400) = 0.5 \times 0.5 + 0.5 \times 1 = 0.75$$

第三次提问:"x_0 为何值时,式(11-10)成立?"答:"100。"100 在 0 与 200 之间,则式(11-10)变为

$$y(100) = 0.5 y(0) + 0.5 y(200) = 0.5 \times 0.5 + 0.5 \times 0.75 = 0.625$$

由点$(-100,0)$、$(0,0.5)$、$(100,0.625)$、$(200,0.75)$、$(400,1)$可以绘制效用曲线图,如图11-3所示。

3. 效用曲线的类型

不同决策者对待风险的态度不同,因而会得到不同形状的效用曲线。效用曲线一般可分为保守型、中间型和风险型,如图11-4所示。

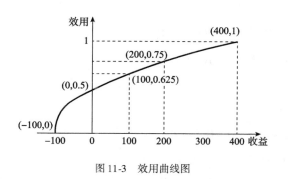

图11-3 效用曲线图　　　　图11-4 效用曲线类型

图11-4中Ⅰ为保守型,其特点是当收益值较小时,效用值增加较快;随收益值增大,效用值增加速度变慢。这表明决策者不求大利,谨慎小心。

图11-4中Ⅱ为中间型,其特点是收益值和效用值成正比,表明决策者完全按机遇办事,心平气和。

图11-4中Ⅲ为风险型,其特点是当收益值较小时,效用值增加较慢;随收益值增大,效用值增加速度变快。这表明决策者对增加收益反应敏感,愿意冒险。

以上是3种具有代表性的曲线类型,实际中的决策者效用曲线可能是3种类型兼而有之,反映出当收益变化时,决策者对风险的态度也在发生变化。

4. 效用曲线的确定及应用

【例11.7】 构造一个函数,已知所有可能收益的区间为$[-100,200]$元,即$y(-100)=0$,$y(200)=1$。现用提问法确定效用曲线上其他3个点。

解:(1)请决策者在"A_1:稳获x元"和"A_2:50%的机会得到200元,50%的机会损失100元"这两个方案间进行比较。假设先取$x=25$,若决策者的回答是偏好A_1,则适量减少x,例如取$x=10$;若决策者的回答还是偏好A_1,则可将x再适量减少,例如取$x=-10$。这时,假设决策者的回答是偏好方案A_2,则适量增加x的值,例如取$x=0$。假设当$x=0$时决策者认为方案A_1和A_2等价,则有:

$$U(0)=0.5\times U(200)+0.5\times U(-100)=0.5\times 1+0.5\times 0=0.5$$

(2)请决策者在"A_1:稳获x元"和"A_2:50%的机会得到0元,50%的机会损失100元"这两个方案间进行比较。假设当$x=-60$时决策者认为方案A_1和A_2等价,则有:

$$U(-60)=0.5\times U(0)+0.5\times U(-100)=0.5\times 0.5+0.5\times 0=0.25$$

(3)请决策者在"A_1:稳获x元"和"A_2:50%的机会得到0元,50%的机会得到200元"这两个方案间进行比较。假设当$x=80$时决策者认为方案A_1和A_2等价,则有:

$$U(80) = 0.5 \times U(0) + 0.5 \times U(200) = 0.5 \times 0.5 + 0.5 \times 1 = 0.75$$

这样就确定了当收益为 -100 元、-60 元、0 元、80 元和 200 元时的效用值分别为 0、0.25、0.5、0.75 和 1，据此可以画出该效用曲线的大致图形。

【例 11.8】 若某决策问题的决策树如图 11-5 所示，其决策者的效用期望值同时附在期望收益值后，请作出决策。

解：(1) 计算期望收益值，分别为

$$E(2) = 0.5 \times 300 + 0.5 \times (-200) = 50$$

$$E(3) = 0.5 \times 200 + 0.5 \times (-100) = 50$$

根据最大期望收益值准则，无法判断优劣。

(2) 计算效用值，分别为

$$y_1 = 0.5 \times 1 + 0.5 \times 0 = 0.5$$

$$y_2 = 0.5 \times 0.9 + 0.5 \times 0.3 = 0.6$$

A_2 方案效用值大于 A_1 方案效用值，因此取 A_2 方案为决策方案。

绘制效用曲线图如图 11-6 所示，由此可知，该决策者偏向于保守型。

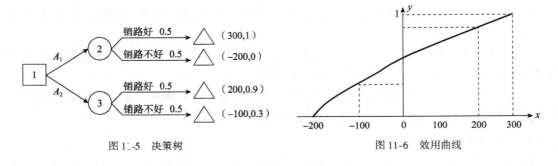

图 11-5 决策树　　　　图 11-6 效用曲线

习题

11.1 面对四种自然状态的三种备选方案，公司收益见表 11-9。

收益值　　　　　　　　　　　　　表 11-9

方案	自然状态			
	N_1	N_2	N_3	N_4
S_1	15	8	0	-6
S_2	4	14	8	3
S_3	1	4	10	12

假定不知道各种自然状态出现的概率,请分别用以下五种准则求最优方案:
(1)乐观主义准则;
(2)悲观主义准则;
(3)折中准则($\alpha = 0.6$);
(4)后悔值准则;
(5)等可能准则。

11.2 某地方书店希望订购最新出版的图书。根据以往经验,新书的销售量可能为50本、100本、150本、200本。假定每本新书的订购价为4元,销售价为6元,剩书的处理价为每本2元。要求:
(1)建立损益矩阵;
(2)分别用悲观法、乐观法及等可能法就该书店应订购的新书数量作出决策;
(3)建立后悔矩阵,并用后悔值法确定书店应订购的新书数;
(4)据以往统计资料,新书销售量的规律见表11-10,分别用期望值法和后悔值法确定订购数量;
(5)如某市场调查部门能帮助书店调查销售量的确切数字,求该书店最多愿意付出多少调查费用。

新书销售量 表11-10

需求数(本)	50	100	150	200
概率(%)	20	40	30	10

11.3 根据以往资料,一家面包店每天所需面包数(当天市场需求量)可能是100、150、200、250或300,但其概率分布不知道。如果一个面包当天没有卖掉,则可在当天结束时以每个0.15元处理掉。新鲜面包每个售价为0.5元,成本为0.25元,假设进货量限制为需求量中的某个值,要求:
(1)建立面包进货问题的决策矩阵;
(2)分别用处理不确定决策问题的各种方法确定最优进货量。

11.4 某物流公司正在考虑是现在还是明年扩大公司经营规模。由于可能出现的市场需求情况不同,故预期利润也不同。市场需求高(E_1)、中(E_2)、低(E_3)的概率及不同方案时的预期利润见表11-11。请根据实际盈利额按期望值方法确定最优决策。

公司利润(单位:万元) 表11-11

方案	$E_1(0.2)$	$E_2(0.5)$	$E_3(0.3)$
现在扩大	10	8	-1
明年扩大	8	6	1

11.5 A和B两家厂商生产同一种日用品。B估计A厂商对该日用品定价为6元、8元和10元的概率分别为0.25、0.50和0.25。若A的定价为P_1,则B预测自己定价为P_2时下一个月的销售额将为$1000+250(P_2-P_1)$元。B生产该日用品的每件成本为4元。求其将每件日用品分别定价为6元、7元、8元、9元时的各自期望收益值。按期望值准则选哪种定价为最优?

11.6 某企业设计某产品,提出两种设计方案:第一种方案是高端定制,第二种方案是普通设计。这种产品投放市场,估计有三种可能:销量好、销量中等、销量差,根据历史资料和决策者经验可知,这三种情况发生的可能性依次估计为 0.2、0.7 和 0.1。两方案下的预期利润见表 11-12。

预期利润(单元:万元) 表 11-12

方案	销量好 $\theta_1(0.2)$	销量中等 $\theta_2(0.7)$	销量差 $\theta_3(0.1)$
高端定制 d_1	100	30	-8
普通设计 d_2	50	12	3

企业可以花费 1000 元委托调查机构调查该产品的销售前景。若实际市场状况为销量好,则调查结果为销量好、销量中等和销量差的概率分别为 0.9、0.06 和 0.04;若实际市场状况为销量中等,则调查结果为销量好、销量中等和销量差的概率分别为 0.15、0.8 和 0.05;若实际市场状况为销量差,则调查结果为销量好、销量中等和销量差的概率分别为 0.05、0.05 和 0.9。问:企业是否应委托调查机构进行调查?

11.7 有一投资者,面临一个带有风险的投资问题。在可供选择的投资方案中,可能出现的最大收益为 20 万元,可能出现的最小收益为 -10 万元。为了确定该投资者在决策问题上的效用函数,对投资者进行了以下一系列询问,归纳如下:

(1)投资者认为"50% 的机会得 20 万元,50% 的机会失去 10 万元"和"稳获 0 元"二者对他来说没有差别;

(2)投资者认为"50% 的机会得 20 万元,50% 的机会失去 0 元"和"稳获 8 万元"二者对他来说没有差别;

(3)投资者认为"50% 的机会得 0 元,50% 的机会失去 10 万元"和"肯定失去 6 万元"二者对他来说没有差别。

要求:

(1)根据上述询问结果,计算该投资者关于 20 万元、8 万元、0 元、-6 万元和 -10 万元的效用值;

(2)画出该投资者的效用曲线,并说明该投资者是追逐风险,还是回避风险的。

第十二章
博弈论

　　博弈也叫作对策,是自古以来政治家和军事家都很注意研究的问题。作为一门正式学科,博弈论是在20世纪40年代形成并发展起来的。博弈论亦称为竞赛论或对策论,是研究具有对抗或竞争性质现象的数学理论和方法。在竞争过程中,各方为了达到自己的目标和利益,必须考虑对手的各种可能的行动方案,并力图选取对自己最为有利且最为合理的方案,也就是说要研究采取对抗其他竞争者的策略,这就是博弈问题。博弈就是决策者在竞争场合下作出的决策。一般认为,它是现代数学的一个新分支,是运筹学的一个重要学科。

　　在我国古代,"田忌赛马"就是一个典型的博弈论研究的例子。战国时期,有一次齐王要与他的大将田忌赛马,双方约定,比赛三局,每局各出赛马一匹,负者要付胜者千金,双方都有上、中、下三个等级的马,已知在同等级的马中,田忌的马不如齐王的马,但如果田忌的马比齐王的马高一等级,则田忌的马就能取胜,如果田忌与齐王的同等级的马比赛,则田忌要连输三局而输掉三千金,当时田忌手下的一位谋士出了一个好对策,每局比赛时先让齐王牵出他的马,然后用下等马对齐王的上等马,用中等马对齐王的下等马,用上等马对齐王的中等马,结果田忌二胜一负,得了千金,这个例子就说明了博弈的重要性。

　　从数学的角度来说,博弈论就是研究博弈行为中竞争的各方是否存在最合理的行动方案,以及如何找到这个合理方案的数学理论和方法。

第一节 基本概念

1. 基本概念

为了对博弈问题进行数学分析,需要建立博弈问题的数学模型,称为博弈模型。根据研究问题的不同性质,可以建立不同的博弈模型。一般博弈模型包含三个基本要素。

(1) 局中人(players)

局中人是指一个对策中有权决定自己行动方案的博弈参加者,通常用 I 表示局中人的集合。如果有 n 个局中人,则 $I=\{1,2,\cdots,n\}$。一般要求一个博弈中至少有两个局中人,如在"田忌赛马"中,局中人是齐王和田忌。

局中人的概念具有广义性。除了可以理解为个人外,还可以理解为一个集体,如企业、交战方等。在博弈中利益完全一致的参加者只能看成是一个局中人,例如桥牌中的东、西方和南、北方各为一个局中人,虽有 4 人参赛,但只能算有两个局中人。

每个局中人都应该是理智的、聪明的,不能存在侥幸心理,不存在利用其他局中人决策的失误来扩大自身利益的行为。

(2) 策略集(strategies)

博弈中,可供局中人选择的一个实际可行的完整的行动方案称为一个策略,参加对策的每一局中人 i 的策略集记为 S_i,一般每一局中人的策略集中至少应包括两个策略。

在"田忌赛马"中,如果用(上,中,下)表示以上等马、中等马、下等马依次参赛,就是一个完整的行动方案,即为一个策略。可见,齐王和田忌各自都有 6 个策略:(上,中,下)、(上,下,中)、(中,上,下)、(中,下,上)、(下,中,上)、(下,上,中)。

(3) 得益函数(payoffs)

在一局博弈中,对应于各参与方每一组可能的决策选择,都应有一个结果表示该策略组合下每个参与方的得益,常用得益函数(或称赢得函数)表示。如果一个策略中有 n 个参与方,则可形成一个策略组

$$s=(s_1,s_2,\cdots,s_n)$$

也就是一个局势。全体局势的集合 S 可用各局中人的策略集的笛卡尔积表示为

$$S=S_1\times S_2\times\cdots\times S_n$$

当局势出现后,博弈的结果也就确定了。即对任意局势,局中人可以得到一个得益函数 $H_i(s)$。每一个局中人 i 都有一个赢得值 $H_i(s)$,它是局势 s 的函数,称为第 i 个局中人的得益函数。一般当三个基本因素确定后,博弈模型就确定了。

在"田忌赛马"中,局中人集合 $I=\{1,2\}$,齐王和田忌的策略集可分别用 $S_1=\{\alpha_1,\cdots,\alpha_6\}$ 和 $S_2=\{\beta_1,\cdots,\beta_6\}$ 表示。这样,齐王的任一策略 α_i 和田忌的任一策略 β_j 就构成了一个局势 s_{ij}。如果 $\alpha_1=(上、中、下)$,$\beta_1=(上、中、下)$,则在局势 s_{11} 下,齐王的赢得值为 $H_1(s_{11})=3$,田忌的赢得值为 $H_2(s_{11})=-3$,其他以此类推。

2. 博弈的结构和分类

博弈结构不同方面的特征都可以作为博弈分类的依据。

（1）根据参与方的数量可以分为单人博弈、两人博弈、多人博弈；

（2）根据博弈中所选择策略的数量可以分为有限博弈和无限博弈；

（3）根据得失函数的情况可以分为零和博弈、常和博弈及变和博弈；

（4）根据博弈双方的理性行为和逻辑差别可以分为完全理性博弈和有限理性博弈，非合作博弈和合作博弈；

（5）根据各局中人之间是否允许合作可以分为合作博弈和非合作博弈；

（6）根据博弈模型的数学特征，可以分为矩阵博弈、连续博弈、微分博弈、阵地博弈、凸博弈、随机博弈等；

（7）根据信息结构可以分为完全信息博弈和不完全信息博弈，以及完美信息博弈和不完美信息博弈；

（8）根据博弈过程可以分为静态博弈、动态博弈和重复博弈。

根据信息结构和博弈过程的组合可构成完全信息静态博弈、完全信息动态博弈、不完全信息静态博弈和不完全信息动态博弈。限于篇幅，本章将只介绍完全信息静态博弈和完全信息动态博弈。

第二节 完全信息静态博弈（一）

完全信息静态博弈是博弈的类型之一。完全信息静态博弈具有的两个特点，分别是完全信息和静态。静态是指所有参与方同时选择行动，或者虽非同时行动但后行者并不知道先行者采取了什么具体行动；完全信息是指每一个参与方的收益函数在所有参与方之间为公共知识，即每个人既知道自己的收益函数，也知道别人的收益函数，别人也知道你知道他的收益函数。

由于在完全信息静态博弈模型中，占有重要地位的是有限二人零和博弈（finite two-person zero-sum game），又称为矩阵博弈，因此本章将在完全信息静态博弈中首先重点介绍有限二人零和博弈，这类博弈也是到目前为止在理论研究和求解方法方面都比较完善的一个博弈分支。

1. 有限二人零和博弈

【例 12.1】 齐王与田忌赛马，双方各有上、中、下三种等级的马。每次双方各出三匹马，一对一比赛三场，当选择不同的策略组合时，所得到的赢得值不同。现将齐王在各个局势中的赢得值计算出来，见表 12-1。

齐王的赢得值　　　　　　　　　表 12-1

S_1	S_2					
	（上,中,下）	（上,下,中）	（中,上,下）	（中,下,上）	（下,上,中）	（下,中,上）
（上,中,下）	3	1	1	1	−1	1
（上,下,中）	1	3	1	1	1	−1
（中,上,下）	1	−1	3	1	1	1
（中,下,上）	−1	1	1	3	1	1
（下,上,中）	1	1	1	−1	3	1
（下,中,上）	1	1	−1	1	1	3

局中人齐王有6个策略,其策略集为
$$S_1 = \{\alpha_1, \alpha_2, \cdots, \alpha_6\}$$
局中人田忌也有6个策略,其策略集为
$$S_2 = \{\beta_1, \beta_2, \cdots, \beta_6\}$$
将表12-1中的数值列为矩阵

$$A = \begin{bmatrix} 3 & 1 & 1 & 1 & -1 & 1 \\ 1 & 3 & 1 & 1 & 1 & -1 \\ 1 & -1 & 3 & 1 & 1 & 1 \\ -1 & 1 & 1 & 3 & 1 & 1 \\ 1 & 1 & 1 & -1 & 3 & 1 \\ 1 & 1 & -1 & 1 & 1 & 3 \end{bmatrix}$$

称 A 为局中人齐王的赢得矩阵。

在这个博弈问题中,局中人有两人:齐王和田忌;齐王和田忌的策略集的策略数目都是有限的,即均有6个策略;每一个局势的对策都有确定的赢得值,如表12-1所示。并且,对于同一个局势而言,两个局中人的赢得值之和都为0,例如当齐王赢得值为3时,田忌损失值为-3,3+(-3)=0。我们将这种博弈问题称为有限二人零和博弈,又称为矩阵博弈。

(1) 矩阵博弈的数学定义

矩阵博弈中只有两个局中人,一局博弈中双方得益和为0,并且所选的策略为有限个。用 Ⅰ、Ⅱ 表示两个局中人,并设局中人 Ⅰ 有 m 个纯策略 $\alpha_1, \alpha_2, \cdots, \alpha_m$,局中人 Ⅱ 有 n 个纯策略 $\beta_1, \beta_2, \cdots, \beta_n$,则按博弈论的相关要素定义,局中人 Ⅰ、Ⅱ 的策略集分别为
$$S_1 = \{\alpha_1, \alpha_2, \cdots, \alpha_m\}$$
$$S_2 = \{\beta_1, \beta_2, \cdots, \beta_n\}$$

局中人 Ⅰ、Ⅱ 所构成的策略组合共有 mn 个,记局中人 Ⅰ 在策略 (α_i, β_j) 下的赢得值为 a_{ij},则局中人 Ⅰ 在每个策略下的赢得值构成一个矩阵

$$A = \begin{bmatrix} a_{11} & a_{12} & \cdots & a_{1n} \\ a_{21} & a_{22} & \cdots & a_{2n} \\ \cdots & \cdots & \cdots & \cdots \\ a_{m1} & a_{m2} & \cdots & a_{mn} \end{bmatrix}$$

称 A 为局中人 Ⅰ 的赢得矩阵(或为局中人 Ⅱ 的损失矩阵),由于博弈为零和的,所以局中人 Ⅱ 的赢得矩阵为 $-A$。

当局中人 Ⅰ、Ⅱ 的策略集 S_1、S_2 及局中人 Ⅰ 的赢得矩阵确定后,一个有限二人零和博弈就给定了。通常将有限二人零和博弈记为
$$G = \{S_1, S_2, A\}$$

(2) 矩阵博弈的纯策略

矩阵博弈模型给定后,对各局中人而言就是如何选取对自己最有利的策略,即求解问题。首先给出求解矩阵博弈最优纯策略的基本假设。

求解矩阵博弈的最优纯策略时,假设如下:

①每个局中人对双方拥有的全部策略及当各自采取某一策略时的相互损失有充分了解;

②对策的双方是理智的,他们参与对策的目的是力图扩大自己的收益,因而总是采取对自

己有利的策略；

③双方在相互保密的情况下选择自己的策略，且允许存在任何协议。

下面用一个例子来分析各局中人应如何选择最有利策略。

【例 12.2】 设有一矩阵博弈 $G = \{S_1, S_2, A\}$，其中：

$$A = \begin{bmatrix} -6 & 1 & 9 \\ 4 & 3 & 6 \\ 12 & -2 & -3 \\ -5 & 0 & 2 \end{bmatrix}$$

由 A 可以看出，局中人 I 的最大赢得是 12，要想得到这个赢得，他就得选择纯策略 α_3。由于假定局中人 II 也是理智的竞争者，他考虑到局中人 I 打算出 α_3 的心理，准备以 β_3 对付之，使局中人 I 不但得不到 12，反而失掉 3。局中人 I 当然也会猜到局中人 II 的心理，故而出 α_1 来对付，使局中人 II 得不到 3，反而失掉 9。所以，如果双方都不想冒险，都不存在侥幸心理，而是考虑到对方必然会设法使自己所得最少这一点，就应该从各自可能出现的最不利的情形中选择一个最有利的情形作为决策的依据，这就是所谓的"理智行为"，也就是双方实际上可以接受的稳妥方案。

在本例中，局中人 I 在纯策略下可能得到的最少赢得分别为 -6、3、-3、-5，其中最好的结果是 3。因此，无论局中人 II 选择什么样的纯策略，局中人 I 只要以 α_2 参加博弈，就能保证其赢得不少于 3。同理，对局中人 II 来说，各纯策略可能带来的最不利的结果的损失值是 12、3、9，其中最好的也是 3，即局中人 II 只要选择纯策略 β_2，无论对方采取什么纯策略，他的损失值都不会超过 3，而选择任何其他的纯策略都有可能使自己的损失值超过 3。上述分析表明，局中人 I 和 II 的"理智行为"分别是选择纯策略 α_2 和 β_2，这时，局中人 I 的赢得值和局中人 II 的损失值的绝对值相等，局中人 I 得到了其预期的最少赢得 3，而局中人 II 也不会给局中人 I 带来比 3 更多的所得，相互的竞争使博弈出现了一个平衡局势 (α_2, β_2)，这个局势就是双方均可接受的并且稳妥的结果。因此，α_2、β_2 应分别是局中人 I 和 II 的最优纯策略。

上述分析中，局中人 I 是按照最小最大原则，而局中人 II 是按照最大最小原则各自选取策略，所得到的 (α_2, β_2) 即为该博弈的解。

【定义 12.1】 设 $G = \{S_1, S_2, A\}$ 为一矩阵博弈，其中：
$$S_1 = \{\alpha_1, \alpha_2, \cdots, \alpha_m\}, S_2 = \{\beta_1, \beta_2, \cdots, \beta_n\}, A = (a_{ij})_{m \times n}$$

若

$$\max_i \min_j a_{ij} = \min_j \max_i a_{ij} = a_{i^* j^*} \tag{12-1}$$

成立，记其值为 V_G，则称 V_G 为该博弈的值，对应的策略组合 $(\alpha_{i^*}, \beta_{j^*})$ 称为纯策略意义下的平衡局势，并称 α_{i^*} 和 β_{j^*} 分别为局中人 I 和 II 的最优纯策略。

从【例 12.2】还可以看出，矩阵 A 中平衡局势 (α_2, β_2) 对应的元素 a_{22} 既是其所在行的最小元素，又是其所在列的最大元素，即

$$a_{i2} \leq a_{22} \leq a_{2j} \quad (i = 1, 2, 3, 4; j = 1, 2, 3)$$

将此结论推广，可以得到如下定理：

【定理 12.1】 矩阵博弈 $G = \{S_1, S_2, A\}$ 在纯策略意义下有解的充要条件是存在策略组合 $(\alpha_{i^*}, \beta_{j^*})$，使得对一切 $i = 1, 2, \cdots, m$ 和 $j = 1, 2, \cdots, n$ 均有：

$$a_{ij^*} \leq a_{i^* j^*} \leq a_{i^* j} \tag{12-2}$$

对任意矩阵 A,使式(12-2)成立的元素 $a_{i^*j^*}$ 称为矩阵 A 的鞍点。

【**定理 12.1**】中式(12-2)的博弈意义是一个平衡局势 $(\alpha_{i^*}, \beta_{j^*})$ 应具有这样的性质:当局中人 I 选择了纯策略 α_{i^*} 后,局中人 II 为了使其所失最少,只能选择纯策略 β_{j^*},否则就可能失去更多;反之,当局中人 II 选择了纯策略 β_{j^*} 后,局中人 I 为了得到最大的赢得也只能选择纯策略 α_{i^*},否则就会赢得更少,双方的竞争在局势 $(\alpha_{i^*}, \beta_{j^*})$ 下达到了一个平衡状态。

【**例 12.3**】 设有矩阵博弈 $G = \{S_1, S_2, A\}$,其中 $S_1 = \{\alpha_1, \alpha_2, \alpha_3, \alpha_4\}$,$S_2 = \{\beta_1, \beta_2, \beta_3, \beta_4\}$,并且

$$A = \begin{bmatrix} 5 & 10 & 5 & 9 \\ 2 & -1 & 3 & 2 \\ 5 & 8 & 5 & 6 \\ 1 & 0 & 4 & 4 \end{bmatrix}$$

求这个矩阵博弈的解。

解:直接在赢得表上计算有:

$$\begin{array}{c cccc c}
 & \beta_1 & \beta_2 & \beta_3 & \beta_4 & \min \\
\alpha_1 & \begin{bmatrix} 5 & 10 & 5 & 9 \end{bmatrix} & & & & 5^* \\
\alpha_2 & \begin{bmatrix} 2 & -1 & 3 & 2 \end{bmatrix} & & & & -1 \\
\alpha_3 & \begin{bmatrix} 5 & 8 & 5 & 6 \end{bmatrix} & & & & 5^* \\
\alpha_4 & \begin{bmatrix} 1 & 0 & 4 & 4 \end{bmatrix} & & & & 0 \\
\max & 5^* & 10 & 5^* & 9 &
\end{array}$$

$\max_i \min_j a_{ij} = \min_j \max_i a_{ij} = a_{i^*j^*} = 5$,所以 (α_1, β_1)、(α_1, β_3)、(α_3, β_1) 和 (α_3, β_3) 为该矩阵博弈在纯策略意义下的解。

【**例 12.4**】 设有矩阵博弈 $G = \{S_1, S_2, A\}$,其中:

$$A = \begin{bmatrix} 6 & 4 & 6 & 4 \\ 1 & 3 & 2 & -1 \\ 0 & 2 & 6 & 2 \\ 8 & 4 & 7 & 4 \end{bmatrix}$$

求这个矩阵博弈的解。

解:直接在赢得表上计算有:

$$\begin{array}{c cccc c}
 & \beta_1 & \beta_2 & \beta_3 & \beta_4 & \min \\
\alpha_1 & \begin{bmatrix} 6 & 4 & 6 & 4 \end{bmatrix} & & & & 4^* \\
\alpha_2 & \begin{bmatrix} 1 & 3 & 2 & -1 \end{bmatrix} & & & & -1 \\
\alpha_3 & \begin{bmatrix} 0 & 2 & 6 & 2 \end{bmatrix} & & & & 0 \\
\alpha_4 & \begin{bmatrix} 8 & 4 & 7 & 4 \end{bmatrix} & & & & 4^* \\
\max & 8 & 4^* & 7 & 4^* &
\end{array}$$

$\max_i \min_j a_{ij} = \min_j \max_i a_{ij} = a_{i^*j^*} = 4$,所以 (α_1, β_2)、(α_1, β_4)、(α_4, β_2) 和 (α_4, β_4) 为该博弈的解。

由【例12.3】和【例12.4】可知,一般博弈的解不一定是唯一的,当解不唯一时,解之间的关系具有下面两条性质:

性质1:无差别性。若$(\alpha_{i_1},\beta_{j_1})$和$(\alpha_{i_2},\beta_{j_2})$是博弈$G$的两个解,则:
$$a_{i_1j_1}=a_{i_2j_2} \tag{12-3}$$

性质2:可交换性。若$(\alpha_{i_1},\beta_{j_1})$和$(\alpha_{i_2},\beta_{j_2})$是博弈$G$的两个解,则$(\alpha_{i_1},\beta_{j_2})$和$(\alpha_{i_2},\beta_{j_1})$也是$G$的两个解。

这两条性质表明,矩阵博弈的值是唯一的,即当一个局中人选择了最优纯策略后,他的赢得值不依赖于对方的纯策略。

【例12.5】 某货运单位采购员在秋天时要决定冬季取暖用煤的采购量。已知在正常气温条件下需要煤15t,在较暖和较冷气温条件下分别需要煤10t和20t。假定冬季的煤价因天气寒冷程度不同而变化,在较暖、正常、较冷气温条件下每吨煤的价格分别为100元、150元和200元,又设秋季时每吨煤的价格为100元。问:在没有关于当年冬季气温情况准确预报的条件下,秋季时应采购多少吨煤能使总支出最少?

在本例中,采购员可以看成一个局中人,其有3个策略:在秋季时购买10t、15t或20t煤,分别记为α_1、α_2和α_3。另一个局中人可以看成环境,也有3种策略:出现较暖、正常或较冷的冬季,分别记为β_1、β_2、β_3。

现将该单位冬季用煤的全部费用(秋季购煤费用与冬季不够时再补购的费用之和)作为采购员的赢得,得到赢得矩阵,见表12-2。

赢得矩阵 表12-2

S_1	S_2		
	β_1(较暖)	β_2(正常)	β_3(较冷)
α_1(10t)	-1000	-1750	-3000
α_2(15t)	-1500	-1500	-2500
α_3(20t)	-2000	-2000	-2000

则赢得矩阵如下:
$$A=\begin{bmatrix} -1000 & -1750 & -3000 \\ -1500 & -1500 & -2500 \\ -2000 & -2000 & -2000 \end{bmatrix}$$

由$\max_i \min_j a_{ij} = \min_j \max_i a_{ij} = a_{33} = -2000$,可知该博弈的解为$(\alpha_3,\beta_3)$,即秋季购煤20t较好。

(3)矩阵博弈的混合策略

【例12.6】 现有如下赢得矩阵:
$$A=\begin{bmatrix} 5 & 9 \\ 8 & 6 \end{bmatrix}$$

对于这个博弈而言,局中人 I 能保证的最少赢得是$\max_i \min_j a_{ij}=6$,而局中人 II 能保证的至多所失是$\min_j \max_i a_{ij}=8$,两者并不相等。

当双方各自根据从最不利情形中选择最有利的原则选择纯策略时,应分别选择α_2和β_1,此时局中人 I 的赢得为8,比其预期的赢得$\max_i \min_j a_{ij}=6$还多。原因在于局中人 II 选择了β_1,使局中人Ⅰ得到了本不该得到的赢得,所以策略β_1对于局中人Ⅱ来说不是最优的,由此他会考虑出β_2策略。这时局中人Ⅰ会采取相应的办法,而局中人Ⅱ又会采取相应的策略来对付局中人Ⅰ的策略。这样,局中人Ⅰ出α_2和β_1的可能性以及局中人Ⅱ出β_1和β_2的可能性都不能排除,对于两个局中人而言,不存在一个双方都可以接受的平衡局势,即不存在纯策略意义下的解。在这种情况下,人们自然而然会想到:既然局中人没有最优策略可出,是否可以给出一个选择不同策略的概率分布。对于局中人Ⅰ,可以制定这样一种策略:分别以概率x和$1-x$选取纯策略α_1和α_2,即为混合策略。同样,局中人Ⅱ也可以制定混合策略:分别以概率y和$1-y$选取纯策略β_1和β_2。解一个混合策略问题实际上就是求解两个局中人各自选取不同策略的概率分布。求解一个最优纯策略问题可以被看成求解混合策略问题的一个特例,其答案是两个局中人都以100%的概率选取其中某一个策略,而其他策略选取的概率皆为0。下面将给出矩阵博弈在混合策略下的定义以及求解方法。

首先介绍矩阵博弈在混合策略下的**数学定义**。

【定义 12.2】 设有矩阵博弈 $G=\{S_1,S_2,A\}$,其中:
$$S_1=\{\alpha_1,\alpha_2,\cdots,\alpha_m\},S_2=\{\beta_1,\beta_2,\cdots,\beta_n\},A=(a_{ij})_{m\times n}$$

记
$$S_1^*=\{x\in E^m\mid x_i\geq 0,i=1,\cdots,m;\sum_{i=1}^m x_i=1\}$$
$$S_2^*=\{y\in E^n\mid y_j\geq 0,j=1,\cdots,n;\sum_{j=1}^n y_j=1\}$$

这里分别称S_1^*和S_2^*为局中人Ⅰ和Ⅱ的混合策略集,记$x=(x_1,x_2,\cdots,x_m)^T,y=(y_1,y_2,\cdots,y_m)^T$,则局中人Ⅰ在选取混合策略$S_1^*$时的赢得函数为

$$E(x,y)=x^T Ay=\sum_i \sum_j a_{ij}x_i y_j \tag{12-4}$$

称$G^*=\{S_1^*,S_2^*,E\}$为矩阵博弈$G=\{S_1,S_2,A\}$的混合扩充。

【定义 12.3】 设$G^*=\{S_1^*,S_2^*,E\}$是矩阵博弈$G=\{S_1,S_2,A\}$的混合扩充。如果

$$\max_{x\in S_1^*}\min_{y\in S_2^*} E(x,y)=\min_{y\in S_2^*}\max_{x\in S_1^*} E(x,y) \tag{12-5}$$

记其值为V_G,即V_G是博弈$G=\{S_1,S_2,A\}$的值,称式(12-5)成立的混合局势(x^*,y^*)为G在混合策略意义下的解,称x^*和y^*分别为局中人Ⅰ和Ⅱ的最优混合策略。

【定理 12.2】 矩阵博弈$G=\{S_1,S_2,A\}$在混合策略意义下有解的充要条件是存在$x^*\in S_1^*,y^*\in S_2^*$,使$(x^*,y^*)$为函数$E(x,y)$的一个鞍点,即对任意$x^*\in S_1^*,y^*\in S_2^*$,有:

$$E(x,y^*)\leq E(x^*,y^*)\leq E(x^*,y) \tag{12-6}$$

证明略。

【例 12.7】 假设矩阵博弈$G=\{S_1,S_2,A\}$,其中:
$$A=\begin{bmatrix}2 & 6\\ 5 & 3\end{bmatrix}$$

求该矩阵博弈的解。

解:该矩阵博弈不存在纯策略意义下的解。因此,设$x=(x_1,x_2)$和$y=(y_1,y_2)$分别为局中人Ⅰ和Ⅱ的混合策略,则:
$$S_1^*=\{(x_1,x_2)\mid x_1,x_2\geq 0,x_1+x_2=1\}$$

$$S_2^* = \{(y_1,y_2) \mid y_1,y_2 \geq 0, y_1+y_2=1\}$$

局中人Ⅰ的期望赢得值为

$$E(x,y) = x^T A y = 2x_1y_1 + 6x_1y_2 + 5x_2y_1 + 3x_2y_2$$
$$= 2x_1y_1 + 6x_1(1-y_1) + 5(1-x_1)y_1 + 3(1-x_1)(1-y_1)$$
$$= -6\left(x_1 - \frac{1}{3}\right)\left(y_1 - \frac{1}{2}\right) + 4$$

因此,取 $x^* = \left(\frac{1}{3}, \frac{2}{3}\right), y^* = \left(\frac{1}{2}, \frac{1}{2}\right), E(x,y^*) = E(x^*,y^*) = E(x^*,y) = 4$,满足 $E(x,y^*) \leq E(x^*,y^*) \leq E(x^*,y), x^* = \left(\frac{1}{3}, \frac{2}{3}\right)$ 和 $y^* = \left(\frac{1}{2}, \frac{1}{2}\right)$ 分别为局中人Ⅰ和Ⅱ的最优混合策略,(x^*,y^*) 为该矩阵博弈的解,并且 $V_G = 4$。

接下来,本节将给出**矩阵博弈在混合策略下的基本定理**及其解的若干重要性质,它们在矩阵博弈的求解中起着重要作用。

记

$$E(i,y) = \sum_j a_{ij} y_j \tag{12-7}$$

$$E(x,j) = \sum_i a_{ij} x_i \tag{12-8}$$

式(12-7)为局中人Ⅰ选取纯策略 α_i 时的赢得值,式(12-8)为局中人Ⅱ选取纯策略 β_j 时的赢得值。由式(12-7)和式(12-8)可以得到:

$$E(x,y) = \sum_i \sum_j a_{ij} x_i y_j = \sum_i \left(\sum_j a_{ij} y_j\right) x_i = \sum_i E(i,y) x_i \tag{12-9}$$

$$E(x,y) = \sum_i \sum_j a_{ij} x_i y_j = \sum_j \left(\sum_i a_{ij} x_i\right) y_j = \sum_j E(x,j) y_j \tag{12-10}$$

根据式(12-9)和式(12-10),可以给出式(12-6)的另一等价形式,具体如下。

【定理 12.3】 设 $x^* \in S_1^*, y^* \in S_2^*$,则 (x^*,y^*) 是博弈 G 的解的充要条件是对任意 $i=1,2,\cdots,m; j=1,2,\cdots,n$,有:

$$E(i,y^*) \leq E(x^*,y^*) \leq E(x^*,j) \tag{12-11}$$

证明略。

【定理 12.3】的等价形式是【定理 12.4】。

【定理 12.4】 设 $x^* \in S_1^*, y^* \in S_2^*$,则 (x^*,y^*) 为博弈 G 的解的充要条件是存在 V,使得 x^* 和 $y^* (i=1,2\cdots,m;j=1,2,\cdots,n)$ 分别为(1)和(2)的解,并且 $V=V_G$。

$$(1) \begin{cases} \sum_i a_{ij} x_i \geq V \\ \sum_i x_i = 1 \\ x_i \geq 0 \end{cases} \tag{12-12}$$

$$(2) \begin{cases} \sum_j a_{ij} y_j \leq V \\ \sum_j y_j = 1 \\ y_j \geq 0 \end{cases} \tag{12-13}$$

证明略。

【定理 12.5】 对任一矩阵博弈 $G = \{S_1, S_2, A\}$，一定存在混合策略意义下的解。

此定理的证明需要构造线性规划并以线性规划的相关知识进行求解,将在后面矩阵博弈的求解方法中进一步讨论。这里证明略。

【定理 12.6】 设 (x^*, y^*) 为矩阵博弈 G 的解，$V = V_G$，则：

$$\begin{aligned}&(1) \text{若} x_i^* > 0, \text{则} \sum_j a_{ij} y_j^* = V \\ &(2) \text{若} y_j^* > 0, \text{则} \sum_i a_{ij} x_i^* = V \\ &(3) \text{若} \sum_j a_{ij} y_j^* < V, \text{则} x_i^* = 0 \\ &(4) \text{若} \sum_i a_{ij} x_i^* > V, \text{则} y_j^* = 0 \end{aligned} \quad (12\text{-}14)$$

若将矩阵博弈 $G_1 = \{S_1, S_2, A_1\}$ 的解集记为 $T(G)$，关于博弈的解集有下列两个性质：

【定理 12.7】 设有两个矩阵博弈 $G_1 = \{S_1, S_2, A_1\}$、$G_2 = \{S_1, S_2, A_2\}$，其中 $A_1 = (a_{ij})$，$A_2 = (a_{ij} + L)$，L 为一任意常数，则有：

$$(1) V_{G_2} = V_{G_1} + L \quad (12\text{-}15)$$
$$(2) T(G_1) = T(G_2) \quad (12\text{-}16)$$

证明略。

【定理 12.8】 设有两个矩阵博弈 $G_1 = \{S_1, S_2, A\}$、$G_2 = \{S_1, S_2, \alpha A\}$，其中 $\alpha > 0$，为一任意常数，则有：

$$(1) V_{G_2} = \alpha V_{G_1} \quad (12\text{-}17)$$
$$(2) T(G_1) = T(G_2) \quad (12\text{-}18)$$

证明略。

最后，本节给出**矩阵博弈的求解方法**。

求解矩阵博弈在混合策略意义下的解的方法主要有图解法、迭代法、线性方程组法和线性规划方法等。线性规划方法具有一般性，并且用这种方法可以求解任意矩阵博弈。其他方法如基于优超原则的方法、线性方程组方法，均有各自适用的范围。在这里我们主要介绍线性规划解法和基于优超原则的方法。

首先介绍线性规划解法。

【定理 12.9】 设矩阵博弈 $G = \{S_1, S_2, A\}$ 的值为 V，则：

$$V = \max_{x \in S_1^*} \min_{y \in S_2^*} E(x, y) = \min_{y \in S_2^*} \max_{x \in S_1^*} E(x, y) \quad (12\text{-}19)$$

证明略。

这里，由【定理 12.4】和【定理 12.5】可知，任意矩阵博弈 $G = \{S_1, S_2, A\}$ 在混合策略意义下都有解，并且博弈 G 的解 x^* 和 y^* 等价于 (12-12) 式 (12-13) 的解。令：

$$x_i' = \frac{x_i}{V} \quad (i = 1, 2, \cdots, m)$$
$$y_j' = \frac{y_j}{V} \quad (j = 1, 2, \cdots, n)$$

式 (12-12) 和式 (12-13) 变为

$$(1) \begin{cases} \sum_i a_{ij} x_i' \geq 1 \\ \sum_i x_i' = \dfrac{1}{V} \\ x_i' \geq 0 \end{cases} \quad (12\text{-}20)$$

$$(2)\begin{cases} \sum_j a_{ij} y'_j \leq 1 \\ \sum_j y'_j = \dfrac{1}{V} \\ y'_j \geq 0 \end{cases} \quad (12\text{-}21)$$

由【定理 12.9】,对局中人 Ⅰ,$V = \max\limits_{x \in S_1^*} \min\limits_{1 \leq i \leq m} \sum_i a_{ij} x_i$ 等价于 $\min 1/V$,式(12-20)变为线性规划问题

$$(\text{P})\begin{cases} \min z = \sum_i x'_i \\ \sum_i a_{ij} x'_i \geq 1 \\ x'_i \geq 0 \end{cases} \quad (12\text{-}22)$$

同理,对于局中人 Ⅱ 有 $V = \min\limits_{y \in S_2^*} \max\limits_{1 \leq j \leq n} \sum_j a_{ij} y_j$,等价的线性规划问题为

$$(\text{D})\begin{cases} \max w = \sum_j y'_j \\ \sum_j a_{ij} y'_j \leq 1 \\ y'_j \geq 0 \end{cases} \quad (12\text{-}23)$$

问题(P)和(D)是互为对偶的线性规划,利用单纯形法求解问题(D)或对偶单纯形法求解问题(P),求出一个问题的最优解后,另一个问题的最优解可以从最优表中得到,再利用变换即可得到原博弈问题的解及博弈的值。

【例 12.8】 两个局中人进行博弈,规则是两人互相独立地各自从 1、2、3 这三个数字中任意选写一个数字,如果两人所写的数字之和为偶数,则局中人 Ⅱ 付给局中人 Ⅰ 数量为此和数的报酬;如果两人所写数字之和为奇数,则局中人 Ⅰ 付给局中人 Ⅱ 数量为此和数的报酬。试求出最优策略。

解:首先计算局中人 Ⅰ 的赢得值,见表 12-3。

局中人 Ⅰ 的赢得值　　表 12-3

Ⅰ	Ⅱ		
	β_1(出1)	β_2(出2)	β_3(出3)
α_1(出1)	2	-3	4
α_2(出2)	-3	4	-5
α_3(出3)	4	-5	6

可以得到局中人 Ⅰ 的赢得矩阵为

$$A = \begin{bmatrix} 2 & -3 & 4 \\ -3 & 4 & -5 \\ 4 & -5 & 6 \end{bmatrix}$$

由于 $\max\limits_i \min\limits_j a_{ij} = -3$,$\min\limits_j \max\limits_i a_{ij} = 4$,两者不相等。所以此博弈问题没有纯策略意义下的解,但可以求其在混合策略意义下的解,即可以求出局中人 Ⅰ 和局中人 Ⅱ 的最优混合策略。

第一步,设局中人 Ⅰ 采用策略 α_1 的概率为 x_1,采用策略 α_2 的概率为 x_2,采用策略 α_3 的概率为 x_3,并设在最不利的情况下,局中人 Ⅰ 的赢得平均值等于 V,以此建立如下数学关系:

(1)局中人 Ⅰ 采用策略 α_1 的概率为 x_1,采用策略 α_2 的概率为 x_2,采用策略 α_3 的概率为 x_3,三

者之和为1,并可知概率值具有非负性,即

$$x_1 + x_2 + x_3 = 1,且有 x_1, x_2, x_3 \geq 0$$

(2)当局中人Ⅱ采用β_1策略时,局中人Ⅰ的平均赢得为$2x_1 - 3x_2 + 4x_3$,此平均赢得应大于或等于V,即

$$2x_1 - 3x_2 + 4x_3 \geq V$$

(3)当局中人Ⅱ采用β_2策略时,局中人Ⅰ的平均赢得为$-3x_1 + 4x_2 - 5x_3$,此平均赢得应大于或等于V,即

$$-3x_1 + 4x_2 - 5x_3 \geq V$$

(4)当局中人Ⅱ采用β_3策略时,局中人Ⅰ的平均赢得为$4x_1 - 5x_2 + 6x_3$,此平均赢得应大于或等于V,即

$$4x_1 - 5x_2 + 6x_3 \geq V$$

第二步,考虑V的值,V的值与赢得矩阵A的各元素的值有关。如果A的各元素的值都大于0,即不管局中人Ⅰ、局中人Ⅱ采用什么策略,局中人Ⅰ的赢得都是正的,这时的V值即在局中人Ⅱ出对其最有利的策略时局中人Ⅰ的平均赢得也都是正的。但是,在更多的实际问题中,V是小于或者等于0的数值,这时我们可以将A中的每一个元素都加上相同的一个足够大的正数K,使得所得到的新的赢得矩阵A'的每一个元素都大于0。有定理能够保证这两个矩阵博弈

$$G = \{S_1, S_2, A\}$$
$$G' = \{S_1, S_2, A'\}$$

的最优混合策略是相同的。因此,当求出了$G' = \{S_1, S_2, A'\}$的最优混合策略时,也就求出了$G = \{S_1, S_2, A\}$的最优混合策略,而且有$V_G = V_{G'} - K$。

由此,为使本例的V值大于0,取K等于6,即A的各元素都加上6,得到新矩阵

$$A' = \begin{bmatrix} 8 & 3 & 10 \\ 3 & 10 & 1 \\ 10 & 1 & 12 \end{bmatrix}$$

第三步,做变量替换,令$x'_i = \dfrac{x_i}{V} (i = 1, 2, 3)$。

将上述关系式做如下变换:

$$x'_1 + x'_2 + x'_3 = \frac{1}{V}$$

$$\text{s.t.} \begin{cases} 8x'_1 + 3x'_2 + 10x'_3 \geq 1 \\ 3x'_1 + 10x'_2 + x'_3 \geq 1 \\ 10x'_1 + x'_2 + 12x'_3 \geq 1 \\ x'_1, x'_2, x'_3 \geq 0 \end{cases}$$

对局中人Ⅰ来说,他希望V值越大越好,也就是希望$1/V$的值越小越好,由此建立起来的

关于局中人Ⅰ的最优混合策略的线性规划模型如下：

$$\min x_1' + x_2' + x_3'$$

$$\text{s. t.} \begin{cases} 8 x_1' + 3 x_2' + 10 x_3' \geq 1 \\ 3 x_1' + 10 x_2' + x_3' \geq 1 \\ 10 x_1' + x_2' + 12 x_3' \geq 1 \\ x_1', x_2', x_3' \geq 0 \end{cases}$$

经计算求得：$x_1' = 0.042, x_2' = 0.083, x_3' = 0.042$。

从 $\frac{1}{V} = x_1' + x_2' + x_3'$，可以求得 $V = 6.0$。

再从 $x_i = V \times x_i'$，可以得到 $x_1 = 0.251, x_2 = 0.498, x_3 = 0.251$。

由此，可以知道局中人Ⅰ的最优混合策略是以 0.251 的概率出 α_1 策略，以 0.498 的概率出 α_2 策略，以 0.251 的概率出 α_3 策略，简记为 $X^* = (0.251, 0.498, 0.251)^\text{T}$，$V = 6.0$ 即为博弈 G' 的值，记为 $V_{G'} = 6.0$，则 $V_G = V_{G'} - K = 0$。

同理可得局中人Ⅱ的最优混合策略。

设 y_1、y_2 和 y_3 分别为局中人Ⅱ采用策略 β_1、β_2 和 β_3 的概率，V 为局中人Ⅰ出对其最有利的策略的情况下，局中人Ⅱ的损失的平均值。因此可以得到：

$$y_1 + y_2 + y_3 = 1$$

$$\text{s. t.} \begin{cases} 8 y_1 + 3 y_2 + 10 y_3 \leq V \\ 3 y_1 + 10 y_2 + y_3 \leq V \\ 10 y_1 + y_2 + 12 y_3 \leq V \\ y_1, y_2, y_3 \geq 0 \end{cases}$$

同样做变量代换，令：

$$y_i' = \frac{y_i} {V} \quad (i = 1, 2, 3)$$

可以得到关系式

$$y_1' + y_2' + y_3' = \frac{1}{V}$$

$$\text{s. t.} \begin{cases} 8 y_1' + 3 y_2' + 10 y_3' \leq 1 \\ 3 y_1' + 10 y_2' + y_3' \leq 1 \\ 10 y_1' + y_2' + 12 y_3' \leq 1 \\ y_1', y_2', y_3' \geq 0 \end{cases}$$

局中人Ⅱ希望损失越少越好，即 V 值越小越好而 $1/V$ 越大越好，这样我们也建立了求局

中人Ⅱ的最优混合策略的线性规划模型,具体如下:

$$\max y_1' + y_2' + y_3'$$
$$\text{s.t.} \begin{cases} 8y_1' + 3y_2' + 10y_3' \leq 1 \\ 3y_1' + 10y_2' + y_3' \leq 1 \\ 10y_1' + y_2' + 12y_3' \leq 1 \\ y_1', y_2', y_3' \geq 0 \end{cases}$$

经单纯形法计算分别求得$y_1' = 0.042, y_2' = 0.083, y_3' = 0.042$。

从$\frac{1}{V} = y_1' + y_2' + y_3'$,可以求得$V = 6.0$。

再从$y_i = V \times y_i'$,可以得到$y_1 = 0.251, y_2 = 0.498, y_3 = 0.251$。

由此,可以知道局中人Ⅱ的最优混合策略是以0.251的概率出β_1策略,以0.498的概率出β_2策略,以0.251的概率出β_3策略,简记为$Y^* = (0.251, 0.498, 0.251)^T$,$V_G = 6.0$,则$V_G = V_{G'} - K = 0$。

【例12.9】 利用线性规划方法求解矩阵博弈,其赢得矩阵为

$$A = \begin{bmatrix} 7 & 2 & 9 \\ 2 & 9 & 0 \\ 9 & 0 & 11 \end{bmatrix}$$

解:由于$\max_i \min_j a_{ij} = 2, \min_j \max_i a_{ij} = 9$,两者不相等,所以此博弈问题没有纯策略意义下的解,但可以求其在混合策略意义下的解,即可以求出局中人Ⅰ和局中人Ⅱ的最优混合策略。

第一步,设局中人Ⅰ出策略α_1的概率为x_1,出策略α_2的概率为x_2,出策略α_3的概率为x_3,并设在最不利的情况下,局中人Ⅰ的赢得的平均值等于V,以此建立如下数学关系:

(1)局中人Ⅰ出策略α_1的概率为x_1,出策略α_2的概率为x_2,出策略α_3的概率为x_3,三者之和为1,并可知概率值具有非负性,即

$$x_1 + x_2 + x_3 = 1, 且有 x_1, x_2, x_3 \geq 0$$

(2)当局中人Ⅱ出β_1策略时,局中人Ⅰ的平均赢得为$7x_1 + 2x_2 + 9x_3$,此平均赢得应大于或等于V,即

$$7x_1 + 2x_2 + 9x_3 \geq V$$

(3)当局中人Ⅱ出β_2策略时,局中人Ⅰ的平均赢得为$2x_1 + 9x_2$,此平均赢得应大于或等于V,即

$$2x_1 + 9x_2 \geq V$$

(4)当局中人Ⅱ出β_3策略时,局中人Ⅰ的平均赢得为$9x_1 + 11x_3$,此平均赢得应大于或等于V,即

$$9x_1 + 11x_3 \geq V$$

第二步,本例中所有元素均为正,所以可知$V > 0$。

第三步,做变量替换,令$x_i' = \frac{x_i}{V} (i = 1, 2, 3)$。

将上述关系式做如下变换:

$$x_1' + x_2' + x_3' = \frac{1}{V}$$

$$\text{s. t.} \begin{cases} 7\ x_1' + 2\ x_2' + 9\ x_3' \geq 1 \\ 2\ x_1' + 9\ x_2' \geq 1 \\ 9\ x_1' + 11\ x_3' \geq 1 \\ x_1', x_2', x_3' \geq 0 \end{cases}$$

对局中人 I 来说,他希望 V 值越大越好,也就是希望 $1/V$ 的值越小越好,由此建立起来的关于局中人 I 的最优混合策略的线性规划模型如下:

$$\min x_1' + x_2' + x_3'$$

$$\text{s. t.} \begin{cases} 7\ x_1' + 2\ x_2' + 9\ x_3' \geq 1 \\ 2\ x_1' + 9\ x_2' \geq 1 \\ 9\ x_1' + 11\ x_3' \geq 1 \\ x_1', x_2', x_3' \geq 0 \end{cases}$$

经计算求得:$x_1' = \frac{1}{20}, x_2' = \frac{1}{10}, x_3' = \frac{1}{20}$。

从 $\frac{1}{V} = x_1' + x_2' + x_3'$,可以求得 $V = 5.0$。

再从 $x_i = V \times x_i'$,可以得到 $x_1 = \frac{1}{4}, x_2 = \frac{1}{2}, x_3 = \frac{1}{4}$。

由此,可以知道局中人 I 的最优混合策略是以 0.25 的概率出 α_1 策略,以 0.5 的概率出 α_2 策略,以 0.25 的概率出 α_3 策略,简记为 $X^* = (0.25, 0.50, 0.25)^T$,$V = 5.0$ 即为博弈 G 的值,记为 $V_G = 5.0$。

同理可得局中人 II 的最优混合策略。

设 y_1、y_2 和 y_3 分别为局中人 II 采用策略 β_1、β_2 和 β_3 的概率,V 为局中人 I 出对其最有利的策略的情况下,局中人 II 的损失的平均值。因此可以得到:

$$\text{s. t.} \begin{cases} y_1 + y_2 + y_3 = 1 \\ 7\ y_1 + 2\ y_2 + 9\ y_3 \leq V \\ 2\ y_1 + 9\ y_2 \leq V \\ 9\ y_1 + 11\ y_3 \leq V \\ y_1, y_2, y_3 \geq 0 \end{cases}$$

同样做变量代换,令:

$$y_i' = \frac{y_i}{V} \quad (i = 1, 2, 3)$$

可以得到关系式

$$y_1' + y_2' + y_3' = \frac{1}{V}$$

$$\text{s. t.} \begin{cases} 7\ y_1' + 2\ y_2' + 9\ y_3' \leq 1 \\ 2\ y_1' + 9\ y_2' \leq 1 \\ 9\ y_1' + 11\ y_3' \leq 1 \\ y_1', y_2', y_3' \geq 0 \end{cases}$$

局中人Ⅱ希望损失越少越好,即 V 值越小越好而 $1/V$ 越大越好,这样我们也建立了求局中人Ⅱ的最优混合策略的线性规划模型,具体如下:

$$\max y_1' + y_2' + y_3'$$

$$\text{s.t.} \begin{cases} 7y_1' + 2y_2' + 9y_3' \leq 1 \\ 2y_1' + 9y_2' \leq 1 \\ 9y_1' + 11y_3' \leq 1 \\ y_1', y_2', y_3' \geq 0 \end{cases}$$

经单纯形法计算分别求得 $y_1' = \dfrac{1}{20}, y_2' = \dfrac{1}{10}, y_3' = \dfrac{1}{20}$。

从 $\dfrac{1}{V} = y_1' + y_2' + y_3'$,可以求得 $V = 5.0$。

再从 $y_i = V \times y_i'$,可以得到 $y_1 = \dfrac{1}{4}, y_2 = \dfrac{1}{2}, y_3 = \dfrac{1}{4}$。

由此,可以知道局中人Ⅱ的最优混合策略是以 0.25 的概率出 β_1 策略,以 0.5 的概率出 β_2 策略,以 0.25 的概率出 β_3 策略,简记为 $Y^* = (0.25, 0.50, 0.25)^T, V_G = 5.0$。

接下来,本节继续介绍矩阵博弈在混合策略意义下的另一求解方法:**基于优超原则的解法**。

设 $A = (a_{ij})_{m \times n}$ 为局中人Ⅰ的赢得矩阵,如果在矩阵 A 中存在两行,即 s 行和 t 行, s 行的元素均不小于 t 行的元素,即对一切 $j = 1, 2, \cdots, n$,都有:

$$a_{tj} \leq a_{sj}$$

称局中人Ⅰ的策略 α_s 优超于 α_t,同样如果在矩阵 A 中存在两列,即 k 列与 l 列, k 列的元素都不小于 l 列的元素,即对一切 $i = 1, 2, \cdots, m$ 都有:

$$a_{il} \leq a_{ik}$$

则称局中人Ⅱ的策略 α_l 优超于 α_k。

优超原则:当局中人Ⅰ的某策略 α_i 被其他策略之一所优超时,可以在 A 中划去第 i 行,同样对局中人Ⅱ来说,可从 A 中划去被其他策略之一所优超的那些列,所得的阶数较小的矩阵 A',它所对应的博弈 G' 与原博弈 G 等价,即它们有相同的矩阵博弈的解。

利用优超原则,可以简化博弈问题,下面举例说明优超原则的应用。

【例 12.10】 求解矩阵博弈 $G = \{S_1, S_2, A\}$,其中 A 为

$$A = \begin{bmatrix} 3 & 4 & 0 & 3 & 0 \\ 5 & 0 & 2 & 5 & 9 \\ 7 & 3 & 9 & 5 & 9 \\ 4 & 6 & 8 & 7 & 6 \\ 6 & 0 & 8 & 8 & 3 \end{bmatrix}$$

解:由于矩阵 A 中第 4 行元素均大于或等于第 1 行元素,所以对局中人Ⅰ而言,策略 α_4 优超于策略 α_1,因此可以从矩阵 A 中将第 1 行划掉;同理,还可以将第 2 行划掉,得到一个新的矩阵 A_1

$$A_1 = \begin{bmatrix} 7 & 3 & 9 & 5 & 9 \\ 4 & 6 & 8 & 7 & 6 \\ 6 & 0 & 8 & 8 & 3 \end{bmatrix}$$

对于A_1,第1列优超于第3列,第2列优超于第4列和第5列,所以可以从A_1中划掉第3列、第4列和第5列,得到矩阵A_2

$$A_2 = \begin{bmatrix} 7 & 3 \\ 4 & 6 \\ 6 & 0 \end{bmatrix}$$

又由于A_2的第1行优超于第3行,所以可以从A_2中划掉第3行,得到新矩阵A_3

$$A_3 = \begin{bmatrix} 7 & 3 \\ 4 & 6 \end{bmatrix}$$

易知A_3没有鞍点,由【定理12.6】可以求出方程组

$$\begin{cases} 7x_3 + 4x_4 = V \\ 3x_3 + 6x_4 = V \\ x_3 + x_4 = 1 \end{cases} \quad 和 \quad \begin{cases} 7y_1 + 3y_2 = V \\ 4y_1 + 6y_2 = V \\ y_1 + y_2 = 1 \end{cases}$$

的非负解,即

$$x_3^* = \frac{1}{3}, x_4^* = \frac{2}{3}$$

$$y_1^* = \frac{1}{2}, y_2^* = \frac{1}{2}$$

$$V = 5$$

因此,该博弈的一个解为

$$x^* = \left(0, 0, \frac{1}{3}, \frac{2}{3}, 0\right)^T$$

$$y^* = \left(\frac{1}{2}, \frac{1}{2}, 0, 0, 0\right)^T$$

$$V_G = 5$$

2. 纳什均衡

由上述二人零和博弈可得到,博弈双方局中人寻求的最优解是一种均衡解,达到这种均衡时,只要其他局中人不改变自己的策略,任意一方单独改变自己的策略只能带来收益减少。纳什均衡是一种策略组合,它是每个局中人的策略对其他局中人策略的最优反应。

博弈标准式$G\{S_1, S_2\cdots, S_n; u_1, u_1, \cdots, u_n\}$,表示局中人为$n$个;各局中人的策略空间分别为$S_1, S_2\cdots, S_n$;各局中人的收益函数为$u_1, u_1, \cdots, u_n$。

设有$s_i' \in S_i, s_i'' \in S_i$,若对其他局中人所有可能策略组成的局势均有$u_i(s_1, \cdots, s_{i-1}, s_i', \cdots, s_n) < u_i(s_1, \cdots, s_{i-1}, s_i'', \cdots, s_n)$,称$s_i'$是对$s_i''$的严格劣策略。

纳什均衡的定义:在n个局中人的标准式博弈$G\{S_1, S_2\cdots, S_n; u_1, u_1, \cdots, u_n\}$中,如果局势$\{s_1^*, \cdots, s_n^*\}$满足对每一个局中人$i$,$s_i^*$是至少不劣于他针对其他$n-1$个局中人所选策略$\{s_1^*, \cdots,$

$s_{i-1}^*, s_{i+1}^*, \cdots, s_n^*\}$的最优反应策略,则称$\{s_1^*, \cdots, s_{i-1}^*, s_i^*, s_{i+1}^*, \cdots, s_n^*\}$是该博弈的一个纳什均衡,即$\forall s_i \in S_i$有:

$$u_i(s_1^*, \cdots, s_{i-1}^*, s_i^*, s_{i+1}^*, \cdots, s_n^*) \geqslant u_i(s_1^*, \cdots, s_{i-1}^*, s_i, s_{i+1}^*, \cdots, s_n^*)$$

或s_i^*是$\max\limits_{s_i \in S_i} u_i(s_1^*, \cdots, s_{i-1}^*, s_i, s_{i+1}^*, \cdots, s_n^*)$的最优解。

纳什证明了在任何非合作的有限博弈中,都存在至少一个纳什均衡。

第三节 完全信息静态博弈(二)

上部分二人零和博弈中两个局中人得益和为 0,那么若两个局中人的得益和不为 0 应如何求解呢?本节将通过【例 12.11】和【例 12.12】来分析这种情况下的求解过程。

1. 纯策略的纳什均衡解

跟上一节中矩阵博弈的纯策略类似,如果一个策略规定参与人在每一个给定的信息情况下只选择一种特定的行动,称为纯策略,简称"策略",即参与人在其策略空间中选取唯一确定的策略。下面将通过【例 12.11】和【例 12.12】重点介绍纯策略的纳什均衡解。

【例 12.11】 囚徒困境。警察抓到两个盗窃嫌疑人,但无实物证据,需要两个人的口供定罪。警察将两人分别关在两个屋子里。如果两人都抗拒,最后无口供,只能按入侵私宅判一年刑罚,如果都坦白,则都判三年。如一人抗拒,一人坦白,坦白从宽者直接释放,抗拒从严者判四年刑罚。

解:局中人有两个:囚徒 1 和囚徒 2。每个囚徒有两个策略,策略空间为{抗拒,坦白}。

策略组合:(抗拒,抗拒)、(抗拒,坦白)、(坦白,抗拒)、(坦白,坦白)。

收益函数:囚徒 1 在策略组合(抗拒,抗拒)的收益为 -1,在策略组合(抗拒,坦白)的收益为 -4,在策略组合(坦白,抗拒)的收益为 0,在策略组合(坦白,坦白)的收益为 -3;囚徒 2 与囚徒 1 的收益相同。收益函数见表 12-4。

收益函数 表 12-4

囚徒 1	囚徒 2	
	抗拒β_1	坦白β_2
抗拒α_1	(-1,-1)	(-4,0)
坦白α_2	(0,-4)	(-3,-3)

用划线法求纳什均衡解:

对于囚徒 1,针对囚徒 2 采取的策略β_1,他的最优反应是采取α_2,收益为 0,在 0 下面划横线;针对囚徒 2 采取的策略β_2,他的最优反应是采取α_2,收益为 -3,在 -3 下面划横线。对于囚徒 2,针对囚徒 1 采取的策略α_1,他的最优反应是采取β_2,收益为 0,在 0 下面划横线;针对囚徒 1 采取的策略α_2,他的最优反应是采取β_2,收益为 -3,在 -3 下面划横线。收益值下面均打横线的组合,记为纳什均衡解,即两个囚徒都选择坦白,纳什均衡解为(-3,-3)。

在表 12-4 中,两个囚徒的最优策略组合是(抗拒,抗拒),但是实际上两个囚徒都会选择利于自己的最优策略,因此导致最后纳什均衡解的策略组合是(坦白,坦白)。

【例 12.12】 古诺产量决策。古诺于 1838 年提出了双寡头垄断模型，令 q_1、q_2 分别表示企业 1 和企业 2 生产同质商品的产量，市场中产品的总供给 $Q = q_1 + q_2$，令 $P = a - Q$ 表示市场出清价格。设企业 i 生产 q_i 的总成本 $C_i(q_i) = c\,q_i$，即企业生产产品的边际成本为常数 c，不存在固定成本。现在我们分析两个企业的产量决策，即 q_1、q_2 的值。

解：

（1）假定两个企业分别独立决策，则参与者 i 的收益函数 $u_i(q_i, q_j)$ 为

$$u_i(q_i, q_j) = q_i[p(q_i, q_j) - c] = q_i[a - (q_i + q_j) - c]$$

根据纳什均衡求解方法，对二人博弈，策略组 (q_i^*, q_j^*) 是纳什均衡的解，等价于对局中人 i，q_i^* 应是下述最优化问题的解，即

$$\max_{q_i} u_i(q_i, q_j^*) = \max_{q_i} q_i[a - (q_i + q_j^*) - c]$$

求解上述最优化问题可得到：

$$q_1^* = \frac{1}{2}(a - q_2^* - c)$$

$$q_2^* = \frac{1}{2}(a - q_1^* - c)$$

将两式联立求解可得：$q_1^* = q_2^* = \dfrac{a-c}{3}$；企业 1 的收益为 $u_1^* = \left(\dfrac{a-c}{3}\right)^2$，企业 2 的收益也为 $u_2^* = \left(\dfrac{a-c}{3}\right)^2$，两个企业的总收益为 $u_1^* + u_2^* = \dfrac{2(a-c)^2}{9}$。

（2）两企业共同决策，假定两个企业作为一个总体考虑，其收益函数为

$$u(Q) = PQ - C(Q) = (a - Q)Q - cQ = -Q^2 + (a - c)Q$$

上式在 $Q^* = \dfrac{a-c}{2}$ 时取得最大值，此时 $u(Q^*) = \dfrac{(a-c)^2}{4}$；相应地，企业 1、企业 2 的产量应为 $q_1^* = q_2^* = \dfrac{a-c}{4}$，收益为 $u_1^* = u_2^* = \dfrac{(a-c)^2}{8}$。

两企业可选择合作，即共同决策；也可选择不合作，即独立决策，由此可列出企业 1 和企业 2 分别选择合作与不合作的收益，见表 12-5。

收益值　　　　　　　　　　　　　　　　　　　　　　　　　　　　表 12-5

企业 1	企业 2	
	合作：$q_2 = (a-c)/4$	不合作：$q_2 = (a-c)/3$
合作：$q_1 = (a-c)/4$	$\left(\dfrac{(a-c)^2}{8}, \dfrac{(a-c)^2}{8}\right)$	$\left(\dfrac{5(a-c)^2}{48}, \dfrac{5(a-c)^2}{36}\right)$
不合作：$q_1 = (a-c)/3$	$\left(\dfrac{5(a-c)^2}{36}, \dfrac{5(a-c)^2}{48}\right)$	$\left(\dfrac{(a-c)^2}{9}, \dfrac{(a-c)^2}{9}\right)$

表中两个企业的各自最优策略为 $q_1^* = q_2^* = \dfrac{a-c}{4}$，但用划线法求得的纳什均衡解为 $q_1^* = q_2^* = \dfrac{a-c}{3}$。因为如果市场价格较高，每家企业都有动机去偏离（增加）这个产量，这样会导致市场价格降低，但是如果其他企业没有偏离产量，那么偏离产量的企业利润就会增加。最终两

家企业的产量会从$q_1^* = q_2^* = \dfrac{a-c}{4}$增加到$q_1^* = q_2^* = \dfrac{a-c}{3}$,此时达到古诺均衡,没有企业有动机偏离这个产量。

关于古诺均衡产量,其还可以推广到 n 个企业的情况,分析过程同上,古诺均衡产量为 $q_i^* = \dfrac{a-c}{n+1}$。

2. 混合策略的纳什均衡解

跟上一节中矩阵博弈的混合策略类似,如果一个策略规定参与人在给定的信息情况下以某种概率分布随机地选择不同的行动,则称为混合策略。参与人采取的不是明确唯一的策略,而是其策略空间上的一种概率分布。

与混合策略相伴随的一个问题,是局中人支付的不确定性。可用期望支付来描述:局中人选择策略有 n 种可能的取值$x_1, x_2, \cdots, x_n$,并且这些取值发生的概率分别为$p_1, p_2, \cdots, p_n$,那么我们将这个数量指标的期望值定义为发生概率作为权重的所有可能取值的加权平均,即 $E(u) = p_1 x_1 + p_2 x_2 + \cdots + p_n x_n$。

本节将通过【例 12.13】重点介绍混合策略纳什均衡的三种求解方法:支付最大值法、支付等值法、反应函数法。

【例 12.13】 政府与流浪汉的博弈:政府想要帮助流浪汉,但流浪汉必须试图找工作,否则不予帮助;而流浪汉如果知道有政府救济,他就不会寻找工作,流浪汉只有在得不到救济时才会找工作。他们的收益函数见表 12-6。

收益函数　　　　　　　　　　　　　　　表 12-6

政府	流浪汉	
	找工作β_1	不找工作β_2
救济α_1	(3,2)	(-1,3)
不救济α_2	(-1,1)	(0,0)

用划线法对表 12-6 求解,发现不存在纯策略的纳什均衡解。

采用混合策略:设政府分别以 p 和 $1-p$ 的概率采用救济和不救济策略,且 $p \geq 0$;流浪汉分别以 r 和 $1-r$ 的概率采用找工作和不找工作策略,且 $r \geq 0$。

(1) **求解方法一:支付最大值法**。

政府的期望支付函数为

$$E(u_1) = p[3r - (1-r)] + (1-p)[-r + 0 \times (1-r)] = p(5r-1) - r$$

流浪汉的期望支付函数为

$$E(u_2) = r[2p + (1-p)] + (1-r)[3p + 0 \times (1-p)] = r(1-2p) + 3p$$

分别对上述期望支付函数求微分,即

$$\dfrac{\partial E(u_1)}{\partial p} = 5r - 1 = 0 \Rightarrow r^* = 0.2$$

$$\dfrac{\partial E(u_2)}{\partial r} = 1 - 2p = 0 \Rightarrow p^* = 0.5$$

从政府的最优化条件找到流浪汉的混合策略:$p(\beta_1, \beta_2) = (0.2, 0.8)$,即流浪汉以 0.2 的概率选择寻找工作,以 0.8 的概率选择不找工作。从流浪汉的最优化条件找到政府的混合策略:$p(\alpha_1,\alpha_2)=(0.5,0.5)$,即政府以0.5的概率选择救济,以0.5的概率选择不救济。

(2) **求解方法二:支付等值法**。

对政府来说:

政府选择纯策略救济α_1的期望支付为$E(\alpha_1)=3r-(1-r)=4r-1$;

政府选择纯策略不救济α_2的期望支付为$E(\alpha_2)=-r+0\times(1-r)=-r$;

如果一个混合策略是流浪汉的最优选择,一定意味着政府在救济与不救济之间是无差异的,即$E(\alpha_1)=E(\alpha_2) \Rightarrow r^*=0.2$。

对流浪汉来说:

流浪汉选择纯策略找工作β_1的期望支付为$E(\beta_1)=2p+(1-p)=p+1$;

流浪汉选择纯策略不找工作β_2的期望支付为$E(\beta_2)=3p+0\times(1-p)=3p$;

如果一个混合策略是政府的最优选择,一定意味着流浪汉在找工作与不找工作之间是无差异的,即$E(\beta_1)=E(\beta_2) \Rightarrow p^*=0.5$。

(3) **求解方法三:反应函数法**。

政府的期望支付为
$$E(u_1)=p[3r-(1-r)]+(1-p)[-r+0\times(1-r)]=p(5r-1)-r$$
流浪汉的期望支付为
$$E(u_2)=r[2p+(1-p)]+(1-r)[3p+0\times(1-p)]=r(1-2p)+3p$$

政府的目标是期望支付越大越好。我们之所以把政府的期望支付整理成含p的一项和不含p的一项,是因为政府只能选择p而不能选择r,因此只能通过选择p来影响含p的一项。

$5r-1>0$,即$r>0.2$时,$p=1$最好;

$5r-1<0$,即$r<0.2$时,$p=0$最好;

$1-5r=0$,即$r=0.2$时,$p\in[0,1]$随意选择均可。

由此可得到政府的反应函数(图12-1实线)为

$$p=\begin{cases}1 & (r>0.2) \\ [0,1] & (r=0.2) \\ 0 & (r<0.2)\end{cases}$$

同理可得到流浪汉的反应函数(图12-1虚线)为

$$r=\begin{cases}1 & (p<0.5) \\ [0,1] & (p=0.5) \\ 0 & (p>0.5)\end{cases}$$

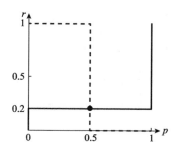

图12-1 反应函数曲线

图12-1中的相交点即为纳什均衡解:

流浪汉的混合策略:$p(\beta_1,\beta_2)=(0.2,0.8)$。

政府的混合策略:$p(\alpha_1,\alpha_2)=(0.5,0.5)$。

3. **多重纳什均衡解**

有些博弈问题具有一个以上的纳什均衡解,这种情况下应如何判断或预期最终结局?下面将通过【例12.14】说明多重纳什均衡解问题。

【例12.14】 **性别战**。一对情侣商量周末的活动安排是看足球还是看电影,不同策略下的收益值见表 12-7。

收益值　　　　　　　　　　　　　表 12-7

男方	女方	
	足球 β_1	电影 β_2
足球 α_1	(3,1)	(-1,-1)
电影 α_2	(-1,-1)	(1,3)

用划线法求解表 12-7,发现存在两个纯策略的纳什均衡解。

采用混合策略:设男方分别以 p 和 $1-p$ 的概率采用看足球和看电影策略,且 $p \geq 0$;女方分别以 r 和 $1-r$ 的概率采用看足球和看电影策略,且 $r \geq 0$。

求解方法:反应函数法。

综合分析,可得期望支付如下:

男方的期望支付为
$$E(u_1) = 3pr - p(1-r) - (1-p)r + (1-p)(1-r) = p(6r-2) + 1 - 2r$$

女方的期望支付为
$$E(u_2) = pr - p(1-r) - (1-p)r + 3(1-p)(1-r) = r(6p-4) + 3 - 4p$$

对男方来说,支付函数越大越好:

$6r - 2 > 0$,即 $r > 1/3$ 时,$p = 1$ 最好;

$6r - 2 < 0$,即 $r < 1/3$ 时,$p = 0$ 最好;

$6r - 2 = 0$,即 $r = 1/3$ 时,$p \in [0,1]$ 随意选择均可。

由此可得到男方的反应函数(图 12-2 实线)为

$$p = \begin{cases} 0 & (r < 1/3) \\ [0,1] & (r = 1/3) \\ 1 & (r > 1/3) \end{cases}$$

同理可得女方的反应函数(图 12-2 虚线)为

$$r = \begin{cases} 1 & (p > 2/3) \\ [0,1] & (p = 2/3) \\ 0 & (p < 2/3) \end{cases}$$

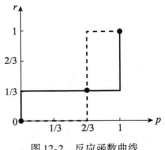

图 12-2　反应函数曲线

由上述分析可得,这场博弈有 3 个纳什均衡解,其中 2 个是纯策略均衡。一般来说,若博弈同时存在纯策略纳什均衡和混合策略纳什均衡,往往需要优先考虑纯策略纳什均衡。在本例中,如果对男女双方的性格或者交往背景等不了解,很难预测最后的结果。但是如果知道男方比较尊重女方爱好,则结果可能会是(电影,电影);然而如果知道这次足球赛对男方很重要,电影比较一般,则结果会是(足球,足球),这就是聚点均衡。

聚点均衡指的是在理论上一个博弈中可能有多个纳什均衡点,这时在现实生活中,局中人往往利用在理论上省略掉的那些信息,找到一个大家根据习惯、文化、经历、相互了解等得到的都感兴趣的点,这个点往往成为现实世界中博弈的最终解,被称为"聚点"。

第四节 完全信息动态博弈

完全信息动态博弈具有的两个特点,分别是完全信息和动态。动态是指在博弈中,参与方的行动有先后顺序,且后行动者能够观察到先行动者所选择的行动;完全信息是指每一个参与方的收益函数在所有参与方之间为公共知识,即每个人既知道自己的收益函数,也知道别人的收益函数,别人也知道你知道他的收益函数。

与静态博弈中局中人同时采取行动或在互相保密的情况下采取行动不同的是,在动态博弈中,局中人的行动有先后,先行动者必须考虑后行动者对自己行动的反应和做出的反馈;而后行动者出于自身利益,可能对先行动者提出希望采取或不采取某种行动的暗示,即所谓的"承诺"或"威胁"。"承诺"或"威胁"将会影响局中人的行动,从而影响博弈结局。但是由于局中人提出的某些"承诺"或"威胁"有可能不会真的要去实施,所以对承诺或威胁可信度的识别是动态博弈中的一个重要问题。

子博弈是动态博弈的另一个重要概念。对完全且完美信息的动态博弈问题的求解建立在子博弈精炼纳什均衡的基础上,因而对子博弈等概念将专门讨论。

1. 承诺、威胁及可信度

承诺或威胁的可信度是影响动态博弈结果的重要问题。下面将以【例 12.15】说明。

【例 12.15】 厂商乙是厂商甲的供货商,厂商乙需每月定期向甲供货。每月甲需对乙提供的货物进行检验,消耗费用 15 万元;而乙为了应付检验需消耗费用 12 万元。由于长期合作,厂商乙取得了甲的信任,两厂商定在厂商乙认真自检的基础上,厂商甲可免检。此时,厂商甲消耗费用减为 0,而乙自检费用减为 8 万元。但是由于厂商甲不检验,厂商乙就渐渐放松自检,使得厂商甲损失 20 万元,而乙自检费用减为 4 万元。

首先,用博弈树表示厂商甲与厂商乙的博弈过程,如图 12-3 所示。

由图 12-3 发现,若厂商乙认真自检,厂商甲继续免检行为,对双方均有利。但是厂商乙从自身利益考虑,往往会放松自检以减少开支,此时当厂商甲发现由于质量下降造成的损失超过检查费用时,自然又会回到了执行检验。由此可见,厂商乙的承诺在缺乏严格法律约束的条件下,不会自觉执行。

厂商甲当然会估计到这种情况可能发生,因此在商定厂商乙认真自检可免检的同时,也明确指出厂商乙若放松自检出现质量问题,厂商甲保留索赔的权利。当厂商甲提出索赔时,除去索赔的开支,厂商甲的损失可减少到 12 万元,而厂商乙的消耗费用将增至 18 万元,如图 12-4 所示。

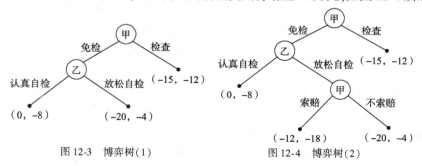

图 12-3 博弈树(1)　　图 12-4 博弈树(2)

如图 12-4 所示,由于厂商甲提出索赔,使厂商乙意识到放松自检会给自己带来更大损失,这样厂商乙又会回到认真自检的行动,从而使厂商甲也回到给予厂商乙免检的决定。

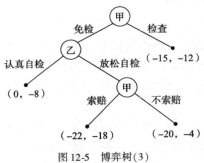

图 12-5 博弈树(3)

厂商甲保留索赔权利对厂商乙来说是一种威胁,这种威胁迫使乙不敢违背认真自检的承诺。实际执行索赔时,由于程序和手续复杂,虽然索赔的结果使乙付出赔偿,但是有时还不足以弥补甲为索赔花费的支付,如图 12-5 所示。图 12-5 中看到,甲索赔后,乙损失 18 万元,但甲的花费也将增至 22 万元,比不索赔时的花费还高。因此甲从自身利益出发,反而采取不索赔的行动,从而使乙可以不兑现承诺,导致甲恢复对乙的检查。

由此可看出,承诺分可信与不可信两种,当履行承诺时的收益低于不履行时的收益时,局中人会选择不履行承诺。同样威胁也分可信与不可置信两种,当威胁方执行威胁确实能给自己带来利益时,威胁是可信的;否则,若威胁的执行反倒会给自己造成不利结局,威胁只能是虚张声势,不可置信。

2. 子博弈精炼纳什均衡

动态博弈可分为若干阶段,子博弈是从博弈的某一阶段开始到博弈过程结束的整个博弈的一部分。子博弈由一个决策结和所有该决策结的后续结组成,它满足下列条件:

①任何一个博弈必须从一个单结的信息集开始。
②子博弈的信息集和收益函数都直接源于原博弈,即子博弈不能切割原博弈的信息集。
图 12-3 存在 1 个子博弈,图 12-4 存在 2 个子博弈,分别用虚线框出,如图 12-6 所示。

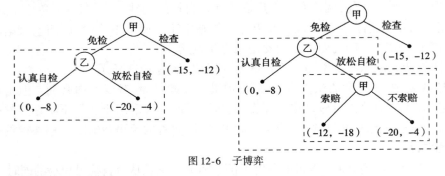

图 12-6 子博弈

(1)子博弈精炼纳什均衡

子博弈精炼纳什均衡将纳什均衡中包含的不可置信的威胁策略剔除出去。它要求参与者的决策在任何时点上都是最优的,决策者要随机应变、向前看,而不是固守旧略。即当参与人的策略在每一个子博弈中都构成纳什均衡时,叫作精炼纳什均衡;或者说,组成精炼纳什均衡的策略必须在每一个子博弈中都是最优的。

下面将以【例 12.16】进行说明。

【例 12.16】 假设有两个厂商:厂商 1 和厂商 2,厂商 1 可以有两个选择,分别为进入或不进入市场;已经在市场中的厂商 2 有两个选择,分别为反应和不反应。其具体收益见图 12-7。

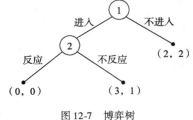

图 12-7 博弈树

图 12-7 中最后一个子博弈为厂商 2 采取行动。当厂商 2 选择不反应时,他的收益为 1,选择反应时,收益为 0,故得到厂商 2 选择不反应。递推到开始阶段,厂商 1 选择进入时,他的收益为 3,选择不进入时,收益为 2,故厂商 1 选择进入,得到纳什均衡解为(3,1)。此博弈可化为收益矩阵的形式,见表 12-8。

表 12-8 收益值

厂商 1	厂商 2	
	反应β_1	不反应β_2
进入α_1	(0,0)	(<u>3</u>,<u>1</u>)
不进入α_2	(<u>2</u>,<u>2</u>)	(<u>2</u>,<u>2</u>)

采用划线法得到的纳什均衡解为(3,1)和(2,2),这同动态博弈递推出的结论不一致。如果把{不进入,反应}这个不可置信策略删除,就同动态博弈递推出的结论一致。

因此子博弈精炼纳什均衡实际上是将动态博弈中那些不保证实现的承诺和不可置信的威胁剔除掉,因为在每个子博弈中,每个局中人都考虑自己的最大利益,因此在所有子博弈中均构成纳什均衡,自然就剔除了不保证实现的承诺与不可置信的威胁。

(2)逆向递归法

【例 12.16】的求解过程可说明逆向递归法的过程。

逆向递归法可以在任何完美信息下的有限次博弈中应用,其中"有限次"表明博弈的阶段数是有限的,同时任一阶段中可行的行动数目也是有限的。这一方法从确定最终阶段 K 在某一历史情况h^K下的最优选择开始,也就是说,在给定历史情况h^K的条件下,通过最大化参与人在面临历史情况h^K的收益确定其最优的行动。从而,我们向后推算到阶段 $K-1$,并确定这一阶段中采取行动的参与人的最优行为,只要给定阶段 K 中采取行动的参与人在历史h^K下将采取我们之前推导出来的最优行动即可。用这一方法不断地"向后推算"下去,就如在解决决策问题时一样,直到初始阶段。这样,我们就可以建立一个策略组合,并且很容易证明这一策略组合是一个纳什均衡,并且它有着良好的性质,即每一个参与人的行为在任何可能的历史情况下都是最优的。

下面将以【例 12.17】具体说明逆向递推法。

【例 12.17】 斯塔克尔伯格(Stackelberg)寡头竞争模型。

产量领导模型条件如下:

①市场上只存在两家厂商。

②行动顺序为第 1 家厂商首先选择产量,第 2 家厂商再选择产量;厂商 2 做选择时知道厂商 1 的选择。

③价格函数 $p = 8 - (q_1 + q_2)$。

④两个厂商的边际成本$c_1 = c_2 = 2$,且没有固定成本。

求厂商 1 和厂商 2 的最优产量。

解:用逆向递归法求解子博弈完美纳什均衡。

收益函数:

厂家 1 的收益$u_1 = pq_1 - c_1q_1 = [8 - (q_1 + q_2)]q_1 - 2q_1 = -q_1^2 - q_1q_2 + 6q_1$;

厂家2的收益 $u_2 = pq_2 - c_1q_2 = [8-(q_1+q_2)]q_2 - 2q_2 = -q_2^2 - q_1q_2 + 6q_2$。

厂家1先决策,然后厂家2再决策,且厂家2知道厂家1的决策。按照逆向递推的思想,厂商2在给定q_1的情况下,求解使u_2最大的q_2,即

$$\frac{\partial u_2}{\partial q_2} = -2q_2 - q_1 + 6 = 0 \Rightarrow q_2^* = 3 - \frac{q_1}{2}$$

厂家1要考虑厂家2的决策反应,然后优化自己的产量q_1,因此将q_2^*代入u_1表达式,得:

$$u_1 = -\frac{q_1^2}{2} + 3q_1$$

求解使u_1最大的q_1,即

$$\frac{\partial u_1}{\partial q_1} = -q_1 + 3 = 0 \Rightarrow q_1^* = 3, q_2^* = 1.5$$

将$q_1^* = 3, q_2^* = 1.5$代入u_1、u_2表达式,得$u_1^* = 4.5, u_2^* = 2.25$。

习题

12.1 甲、乙两人玩剪刀石头布游戏。若甲、乙双方所出相同,甲付给乙10元,例如甲、乙同时出剪刀,则甲需付给乙10元;若甲、乙双方所出不同,则乙需付给甲10元。试列出对甲的赢得矩阵。

12.2 设有矩阵博弈 $G = \{S_1, S_2, A\}$,其中 $S_1 = \{\alpha_1, \alpha_2, \alpha_3, \alpha_4\}$,$S_2 = \{\beta_1, \beta_2, \beta_3, \beta_4\}$,并且

$$A = \begin{bmatrix} 7 & 12 & 7 & 10 \\ 4 & -1 & 5 & 4 \\ 7 & 10 & 4 & 8 \\ 3 & 0 & 6 & 6 \end{bmatrix}$$

求这个矩阵博弈的解。

12.3 甲、乙两人的收益函数见表12-9,试回答以下问题:

收益函数　　　　　　　　　　　　　　　　　　　　　　　　表12-9

乙	甲	
	β_1	β_2
α_1	(2,0)	(5,1)
α_2	(0,1)	(4,2)

(1)找出该博弈的纯策略纳什均衡。

(2)找出该博弈的混合策略纳什均衡。

12.4 甲、乙两人的收益函数见表12-10,用反应函数法求出下列博弈的纳什均衡:

收益函数   表 12-10

乙	甲	
	β_1	β_2
α_1	(-1,1)	(1,-1)
α_2	(1,-1)	(-1,1)

12.5 甲、乙两个企业竞争市场,若两企业都进入市场,各自的收益为(-100,-100);若一个企业进入市场,另外一个企业放弃,则进入一方盈利为80,另一方为0。

(1)若甲企业先采取进入或不进入决定,乙在甲作出决定后再决定,画出博弈树,找出纳什均衡。

(2)将此问题当作静态博弈来看待,甲先行动,但乙不知道甲的决定,列出甲、乙企业各自的策略集及相应的收益函数,找出纳什均衡解并进行必要分析。

12.6 一个工人给一个老板干活,工资标准是150元。工人可以选择是否偷懒,老板则选择是否克扣工资。假设工人不偷懒有相当于80元的负效用,则老板总有借口克扣工人100元工资。工人不偷懒时老板有180元产出,而工人偷懒时老板只有90元产出,但老板在支付工资之前无法知道实际产出,这些情况双方都知道。

(1)如果老板完全能够看出工人是否偷懒,博弈属于哪种类型?用得益矩阵或扩展形表示该博弈并作简单分析。

(2)如果老板无法看出工人是否偷懒,博弈属于哪种类型?用得益矩阵或扩展形表示该博弈并作简单分析。

第十三章
线性规划理论在交通运输系统中的应用

1. 线性规划模型应用

在经济全球化的今天,道路交通扮演着重要角色,是支撑经济全球化的关键因素之一,也是推动我国经济发展的重要动力。近年来,我国大力发展道路交通,在发展道路交通的过程中,如何降低施工、运输成本,增加运输收入等问题成为研究重点。线性规划主要用于解决最优化问题,下面举例说明线性规划在道路交通方面的应用。

【例 13.1】 某筑路工地需 10000m³ 混合集料作为道路基层,拟从附近两个弃土堆取料,从弃土堆 A 取料的装载运输费为 1.0 元/m³,从弃土堆 B 取料的装载运输费为 1.4 元/m³。已知弃土堆 A 的材料成分为砂含量 30%,砾石含量 70%;弃土堆 B 的材料成分为砂含量 60%,砾石含量 30%,黏土含量 10%。混合集料的成分要求为砂含量 ≥50%,砾石含量 ≤60%,黏土含量 ≤80%。问:如何取料可使总的费用最少?

解: 假设从弃土堆 A、B 所取的材料数量分别为 x_1、x_2。工地需要的集料为 1000m³,可表述为 $x_1 + x_2 = 10000$;混合集料中各种成分的含量应满足要求,这是限制条件,可分别表述为 $30\% x_1 + 60\% x_2 \geq 50\% (x_1 + x_2)$,$70\% x_1 + 30\% x_2 \leq 60\% (x_1 + x_2)$,$10\% x_2 < 8\% (x_1 + x_2)$。由于从各个弃土堆所取的材料数量不能小于 0,于是有 $x_1, x_2 \geq 0$。用 Z 表示费用,使总费用最小,则有 $\min Z = 1.0 x_1 + 1.4 x_2$。综合上述,这个问题的数学模型可归纳为

$$\min Z = 1.0x_1 + 1.4x_2$$

$$\text{s.t.} \begin{cases} x_1 + x_2 = 1000 \\ -2x_1 + x_2 \geq 0 \\ -x_1 + 3x_2 \geq 0 \\ 4x_1 - x_2 \geq 0 \\ x_1, x_2 \geq 0 \end{cases}$$

用图解法求解该线性规划问题,可得到最优解 $X = (3333, 6667)^T$,最优值 $Z = 12666$ 元。

【例 13.2】 某桥梁工地要制作 100 套钢桁架,因构造要求,需将角钢截成 3 种不同规格的短料,长度分别为 2.9m、2.1m、1.5m。已知每根原料长 7.4m,问:怎样截料才能使用料最少?

解:经分析,将长 7.4m 的角钢截成上述所需 3 种不同规格的短料的方案有以下 8 种,见表 13-1。

下料方案　　　　　　　　　　　　　　　　　　　　　　　　　表 13-1

项目		方案								需求量
		1	2	3	4	5	6	7	8	
规格 (m/根)	2.9	2	1	1	1	0	0	0	0	100
	2.1	0	2	1	0	3	2	1	0	100
	1.5	1	0	1	3	0	2	3	4	100
余料(m)		0.1	0.3	0.9	0	1.1	0.2	0.8	1.4	

设 $x_j(j=1,2,\cdots,8)$ 为第 j 种下料方案所用角钢的根数,则用料最少的数学模型为

$$\min Z = \sum_{j=1}^{8} x_j$$

$$\text{s.t.} \begin{cases} 2x_1 + x_2 + x_3 + x_4 \geq 100 \\ 2x_2 + x_3 + 3x_5 + 2x_6 + x_7 \geq 100 \\ x_1 + x_3 + 3x_4 + 2x_6 + 3x_7 + 4x_8 \geq 100 \\ x_j \geq 0 \quad (j=1,2,\cdots 8) \end{cases}$$

用单纯形法求解该线性规划问题,可得到最优解 $X = (10,50,0,30,0,0,0,0)^T$,最优值 $Z = 90$ 根。

【例 13.3】 某苹果的运价及产销量见表 13-2,求总运费最省的运输方案。

运输任务　　　　　　　　　　　　　　　　　　　　　　　　　表 13-2

项目		销地			产量
		B_1	B_2	B_3	
产地	A_1	7	4	10	9
	A_2	3	11	3	7
销量		6	5	6	

解:设 x_{ij} 表示产地 A_i 供给销地 B_j 的物资数量。则数学模型为

$$\min Z = 7x_{11} + 4x_{12} + 10x_{13} + 3x_{21} + 11x_{22} + 3x_{23}$$

$$\text{s.t.} \begin{cases} x_{11} + x_{12} + x_{13} = 9 \\ x_{21} + x_{22} + x_{23} = 7 \\ x_{11} + x_{21} \leq 6 \\ x_{12} + x_{22} \leq 5 \\ x_{13} + x_{23} \leq 6 \\ x_{ij} \geq 0 \quad (i=1,2,3; j=1,2) \end{cases}$$

用单纯形法求解该线性规划问题,可得到最优解 $X = \begin{bmatrix} 4 & 5 & 0 \\ 2 & 0 & 5 \end{bmatrix}$,最省的运费为 $\min Z = 69$。

【例 13.4】 某车队有一天要完成如表 13-3 所示的运输任务,各地间的距离见表 13-4。问:应怎样安排汽车去完成这些任务才能做到最省?

运输任务　　　　　　　　　　　　　　　　　　表 13-3

货物	装货点	卸货点	车数
木材	火车站	建筑工地	4
煤	火车站	钢厂	2
纸张	文具公司	学校	2
面粉	粮店	学校	2

运输距离　　　　　　　　　　　　　　　　　　表 13-4

起点	终点		
	建筑工地	钢厂	学校
火车站	9	5	8
文具公司	3	7	4
粮店	7	10	13

分析:满车路线和方向显然是固定的,但空车的路程、方向却没有固定。如把木材从火车站运到建筑工地卸下后,空车既可去火车站装煤,也可去文具公司装纸张。空车的走法不同,空驶的吨公里数当然也不同,这就产生了车辆调度问题。车辆调度问题主要解决的是"怎样安排车辆去完成所有的运输任务并使空驶的吨公里数最小";物资调运问题是"怎样才能使物资运输的吨公里数最小"。这就是说把空车看作一批货物(卸几吨货物就看成几吨空车),则把车辆调度问题转化为物资调运问题。把空车看作货物,其发、收(产、销)点及发、收(产、销)量按如下的方法确定:

(1)若某点的卸货总量大于装货总量,则该点是空车的发点,其发量等于卸货总量与装货总量之差。如学校的卸货总量为4,装货为0,故学校是发点,发量为4。

(2)若某点装货总量大于卸货总量,则该点是空车的收点,其收量也是二者之差。

(3)如果某点的卸货总量等于装货总量,则此点不存在空车,不予考虑。

为此,车辆调度问题可作为物资调运问题来处理。问题转换为空车的流向应怎样才能使车辆调度合理?

其主要求解步骤如下:

(1)确定空车的收发点和收发量,并列表(表13-5);
(2)确定空车调运的数学模型,并求解;
(3)根据所得解并结合具体情况合理调派车辆。

空车收发运距 表13-5

项目		空车收点			空车发量(t)
		火车站	文具公司	粮店	
空车发点	建筑工地	9	3	7	4
	钢厂	5	2	10	2
	学校	8	4	13	4
空车收量(t)		6	2	2	

解:
$$\min Z = 9x_{11} + 3x_{12} + 7x_{13} + 5x_{21} + 2x_{22} + 10x_{23} + 8x_{31} + 4x_{32} + 13x_{33}$$

$$\text{s.t.} \begin{cases} x_{11} + x_{12} + x_{13} = 4 \\ x_{21} + x_{22} + x_{23} = 2 \\ x_{31} + x_{32} + x_{33} = 4 \\ x_{11} + x_{21} + x_{31} = 6 \\ x_{12} + x_{22} + x_{32} = 2 \\ x_{ij} \geq 0 \quad (i=1,2,3; j=1,2,3,4) \end{cases}$$

用单纯形法求解可得:钢厂、学校分别向火车站发2t空车,建筑工地向文具公司和粮店发2t空车。空车吨公里数最小为 $\min Z = 3 \times 2 + 7 \times 2 + 2 \times 2 + 8 \times 4 = 56$。

2.运输问题模型应用

【例13.5】 现有 A_1、A_2、A_3 三个道路桥梁公司,可供应砂分别为20t、20t 和40t。现将砂运往 B_1、B_2、B_3 和 B_4 四个地区,需求量分别为30t、25t、10t 和15t。运价见表13-6,试求使总运输费用最小的运输方案。

运价与供需表 表13-6

A_j	B_j				a_i
	B_1	B_2	B_3	B_4	
A_1	2	7	3	11	20
A_2	8	4	6	9	20
A_3	4	3	10	5	40
b_j	30	25	10	15	80

解:用最小元素法求得初始基本可行解,见表 13-7。

最小元素法求初始基本可行解(1)　　　　表 13-7

A_j	B_j				a_i
	B_1	B_2	B_3	B_4	
A_1	2 20	7 ×	3 ×	11 ×	20
A_2	8 ×	4 ×	6 10	9 10	20
A_3	4 10	3 25	10 ×	5 5	40
b_j	30	25	10	15	80

用闭回路法求非基变量的检验数为

$$\lambda_{12} = 7 - 3 + 4 - 2 = 6$$
$$\lambda_{13} = 3 - 6 + 9 - 5 + 4 - 2 = 3$$
$$\lambda_{14} = 11 - 5 + 4 - 2 = 8$$
$$\lambda_{21} = 8 - 4 + 5 - 9 = 0$$
$$\lambda_{22} = 4 - 3 + 5 - 9 = -3$$
$$\lambda_{33} = 10 - 5 + 9 - 6 = 8$$

因为 $\lambda_{22} = -3 < 0$ 且为最小者,故选 x_{22} 进基,调整运量。x_{22} 的闭回路是 $\{x_{22}, x_{24}, x_{34}, x_{32}\}$,标负号的变量是 x_{24} 和 x_{32},取最小运量

$$\theta = \min\{x_{24}, x_{32}\} = \min\{10, 25\} = 10$$

故 x_{24} 出基,x_{22} 和 x_{34} 加上 10,x_{24} 和 x_{32} 减去 10,并在 x_{24} 处打上"×"作为非基变量,其余变量的值不变,调整后的方案见表 13-8。

最小元素法求初始基本可行解(2)　　　　表 13-8

A_j	B_j				a_i
	B_1	B_2	B_3	B_4	
A_1	2 20	7 ×	3 ×	11 ×	20
A_2	8 ×	4 10	6 10	9 ×	20
A_3	4 10	3 15	10 ×	5 15	40
b_j	30	25	10	15	80

重新求所有非基变量的检验数为

$$\lambda_{12} = 6, \lambda_{13} = 0, \lambda_{14} = 8, \lambda_{21} = 3, \lambda_{24} = 3, \lambda_{33} = 5$$

所有检验数 $\lambda_{ij} \geq 0$，所以得到最优解为

$$X = \begin{bmatrix} 20 & & & \\ & 10 & 10 & \\ 10 & 15 & & 15 \end{bmatrix}$$

最小运费 $Z = 2 \times 20 + 4 \times 10 + 6 \times 10 + 4 \times 10 + 3 \times 15 + 5 \times 15 = 300$。

由 $\lambda_{13} = 0$ 知，该问题具有多重最优解，求另一最优解的方法是令 x_{13} 进基，并在 x_{13} 的闭回路 $\{x_{13}, x_{23}, x_{22}, x_{32}, x_{31}, x_{11}\}$ 上按上述方法调整运量，便得到另一个最优解

$$X^{(1)} = \begin{bmatrix} 10 & & 10 & \\ & & 20 & \\ 20 & 5 & 10 & 15 \end{bmatrix}$$

【例 13.6】 假设某交通分配问题有三个始点 $O_i(i = 1,2,3)$ 和四个终点 $D_j(j = 1,2,3,4)$，始点 O_i 发生的出行交通量 a_i、终点 D_j 吸引的出行交通量 b_j 及各始终点之间的出行时耗 t_{ij} 见表 13-9，出行总量为

$$N = \sum_{i=1}^{3} a_i = \sum_{j=1}^{4} b_j = 30$$

试求系统总时耗最小的出行量分配 $f_{ij}(i = 1,2,3; j = 1,2,3,4)$。

OD 出行及时耗表　　　　　　　　　　　　　　　　　　表 13-9

始点	终点				a_i
	D_1	D_2	D_3	D_4	
O_1	8	2	6	7	12
O_2	4	9	1	10	10
O_3	2	8	12	5	8
b_j	6	8	7	9	$N = 30$

解：用最小元素法求得初始可行解，得到表 13-10。

最小元素法求初始可行解　　　　　　　　　　　　　　表 13-10

A_j	B_j				a_i
	B_1	B_2	B_3	B_4	
A_1	8　×	2　8	6　×	7　4	12
A_2	4　×	9　×	1　7	10　3	10
A_3	2　6	8　×	12　×	5　2	8
b_j	6	8	7	9	$N = 30$

用闭回路法计算各非基变量的检验数为

$$\lambda_{11}=4, \lambda_{13}=8, \lambda_{21}=-3, \lambda_{22}=4, \lambda_{32}=8, \lambda_{33}=16$$

由于 $\lambda_{21}=-3<0$，所以要对上述问题进行调整，结果见表13-11。

闭回路法调整 表13-11

A_j	B_j				a_i
	B_1	B_2	B_3	B_4	
A_1	8 ×	2 8	6 ×	7 4	12
A_2	4 3	9 ×	1 7	10 ×	10
A_3	2 3	8 ×	12 ×	5 5	8
b_j	6	8	7	9	$N=30$

计算各非基变量的检验数为

$$\lambda_{11}=4, \lambda_{13}=5, \lambda_{22}=7, \lambda_{24}=3, \lambda_{32}=8, \lambda_{33}=13$$

此时所有的检验数均大于0，说明表13-9给出的出行量分配 f_{ij} 是唯一的，即从 O_1 到 D_2 的出行量为8，到 D_4 的出行量为4；从 O_2 到 D_1 的出行量为3，到 D_3 为7；从 O_3 到 D_1 的出行量为3，到 D_4 为5；其余始点到终点的出行量均为0。相应的系统总时耗为

$$C=\sum_{i=1}^{3}\sum_{j=1}^{4}t_{ij}f_{ij}=8\times2+4\times7+3\times4+7\times1+3\times2+5\times5=94$$

【例13.7】 设有3个水泥厂要用货车往4个施工地运送水泥，每个水泥厂向每个施工地运送水泥的单价数据见表13-12，请安排调运方案使总费用最小。

运送单价 表13-12

A_j	B_j				a_i
	B_1	B_2	B_3	B_4	
A_1	50	20	50	25	120
A_2	35	50	30	100	130
A_3	40	60	50	45	150
b_j	100	100	100	100	$N=400$

解：用元素差额法给出初始调度表，见表13-13。

元素差额法得到初始调度表　　　　　　　　　　　　　　　　表 13-13

A_j	B_j				a_i
	B_1	B_2	B_3	B_4	
A_1	50	20 100	50 20	25	120
A_2	35 30	50 100	30	100	130
A_3	40 70	60	50 80	45	150
b_j	100	100	100	100	$N=400$

用位势法求得非基变量检验数。求位势 u_1、u_2、u_3 及 v_1、v_2、v_3、v_4，其中 c_{ij} 是基变量对应的运价，基变量共有 6 个，因此有 6 个等式方程：

$$u_1 + v_2 = c_{12} = 20$$
$$u_1 + v_4 = c_{14} = 25$$
$$u_2 + v_1 = c_{21} = 35$$
$$u_2 + v_3 = c_{23} = 30$$
$$u_3 + v_1 = c_{31} = 40$$
$$u_3 + v_4 = c_{34} = 45$$

令 $u_1 = 0$，得到位势的解为

$$\begin{cases} u_1 = 0 \\ u_2 = 15 \\ u_3 = 20 \end{cases}, \begin{cases} v_1 = 20 \\ v_2 = 20 \\ v_3 = 15 \\ v_4 = 25 \end{cases}$$

求得非基变量的检验数为 $\lambda_{11} = 30$，$\lambda_{13} = 35$，$\lambda_{22} = 15$，$\lambda_{24} = 60$，$\lambda_{32} = 20$，$\lambda_{33} = 15$。所有的检验数都非负，因此所得的初始调度方案为最优方案，最小运费为

$$30 \times 35 + 70 \times 40 + 20 \times 100 + 30 \times 100 + 20 \times 25 + 80 \times 45 = 12950$$

【例 13.8】 某公司承担 4 条航线的运输任务，已知：
（1）各条航线的起点城市和终点城市及每天的航班数（表 13-14）；
（2）各城市间的航行时间（表 13-15）；
（3）所有航线都使用同一种船只，每次装船和卸船时间均为 1d。
问：该公司至少应配备多少条船才能满足所有航线运输的需要？

航线分布表　　　　　　　　　　　　　　　　　　　　　　　表 13-14

航线	起点城市	终点城市	每天航班数量
1	E	D	3
2	B	C	2
3	A	F	1
4	D	B	1

航行时间表　　　　　　　　　　　　　　　　　　　　　　　　表 13-15

起点	终点					
	A	B	C	D	E	F
A	0	1	2	14	7	7
B	1	0	3	13	8	8
C	2	3	0	15	5	5
D	14	13	15	0	17	20
E	7	8	5	17	0	3
F	7	8	5	20	3	0

解：所需船只可分为两部分，即

（1）各航线航行、装船、卸船所占用的船只。对各航线逐一分析，所需船只数列入表 13-16 中，累计共需 91 条船。

各航线所需船只表　　　　　　　　　　　　　　　　　　　　表 13-16

航线	装船时间(d)	卸船时间(d)	航行时间(d)	小计(d)	航班数量	所需船只(条)
1	1	1	17	19	3	57
2	1	1	3	5	2	10
3	1	1	7	9	1	9
4	1	1	13	15	1	15

（2）各港口之间调度所需船只数量。这由每天到达某一港口的船只数量与它所需发出的船只数量不相等而产生。各港口城市每天到达船只、需求船只数量及其差额见表 13-17。

船只数量机器差额表　　　　　　　　　　　　　　　　　　　表 13-17

城市	A	B	C	D	E	F
每天到达	0	1	2	3	0	1
每天需求	1	2	0	1	3	0
差额	-1	-1	2	2	-3	1

将船由有多余船只的港口调往需用船只的港口为空船行驶，应采用合理的调度方案，以使"调运量"最小，为此，建立如表 13-18 所示的运输问题，其单位运价取为相应一对港口城市间的航行时间(d)。

运输表　　　　　　　　　　　　　　　　　　　　　　　　　表 13-18

起点	终点			多余船只(条)
	A	B	E	
C	2	3	5	2
D	14	13	17	2
F	7	8	3	1
缺少船只	1	1	3	

用表上作业法求解这一运输问题,可得如下两个最优解:
$$x_{CE}=2, x_{DA}=1, x_{DB}=1, x_{FE}=1 \text{ 和 } x_{CA}=1, x_{CE}=1, x_{DB}=1, x_{DE}=1, x_{FE}=1$$

按这两个调度方案调运多余船只,其目标函数值等于40,说明各港口之间调度所需船只至少为40艘。综合以上两个方面的需求,在不考虑维修、储备等情况下,该公司至少要配备131条船,才能满足4条航线正常运输的需要。

3. 目标规划模型应用

【例13.9】 要修建一条L形的道路,总用地面积约为$8528m^2$,材料费、人工费、机械使用费、其他的计划费用分别为$1.5×10^8$元、$3.0×10^7$元、$1.2×10^7$元、$8.0×10^6$元。问:该如何对使用成本进行控制?(备注:对于一个大型道路工程而言,优先因子P_1应赋予材料费,P_2赋予人工费,P_3赋予机械使用费,P_4赋予其他费用。)

解:设x_1、x_2、x_3、x_4分别为每平方米实际耗用的材料费、人工费、机械使用费以及其他费用,为了进行成本控制,需使得成本最少,则有:

$$\min Z = P_1 d_1^+ + P_2 d_2^+ + P_3 d_3^+ + P_4 d_4^+$$

$$\text{s.t.} \begin{cases} 8528x_1 + d_1^- - d_1^+ = 1.5 \times 10^8 \\ 8528x_2 + d_2^- - d_2^+ = 3.0 \times 10^7 \\ 8528x_3 + d_3^- - d_3^+ = 1.2 \times 10^7 \\ 8528x_4 + d_4^- - d_4^+ = 8.0 \times 10^6 \\ x_i, d_i^-, d_i^+ \geq 0 \quad (i=1,2,3,4) \end{cases}$$

用目标规划的单纯形法求解该目标规划问题,可得到满意解$x_1=17589$,$x_2=3518$,$x_3=1407$,$x_4=938$,即应将每平方米实际耗用的材料费、人工费、机械使用费以及其他费用分别控制为17589元、3518元、1407元以及938元,从而在施工过程中有效控制该工程的成本。

【例13.10】某市准备用下一年度预算购置一批救护车,已知每辆救护车购置价为18万元。救护车用于该市的两个县A和B,各分配x_A和x_B台,A县救护站从接到求救电话到救护车出动的响应时间为$40-3x_A$(单位为min),B县救护站相应的响应时间为$50-4x_B$(单位为min),该市考虑了以下三项目标,并对其相应的优先等级做了如下规定:

(1)救护车购置费用不超过380万。
(2)A县的响应时间不超过5min。
(3)B县的响应时间不超过4min。

试建立目标规划模型并求解购置与分配方案。

解:考虑各项目标建立的目标规划模型为

$$\min Z = P_1 d_1^+ + P_2 d_2^+ + P_3 d_3^+$$

$$\text{s.t.} \begin{cases} 18x_A + 18x_B + d_1^- - d_1^+ = 380 \\ 40 - 3x_A + d_2^- - d_2^+ = 5 \\ 50 - 4x_B + d_3^- - d_3^+ = 4 \\ x_A, x_B \geq 0 \\ d_i^-, d_i^+ \geq 0 \quad (i=1,2,3) \end{cases}$$

用目标规划的单纯形法求解该目标规划问题,可得到满意解 $x_A = 12, x_B = 9$,即为 A 县救护站分配 12 台救护车,为 B 县救护站分配 9 台救护车,共购置 21 台救护车。

【**例 13.11**】 已知有三个产地给四个销地供应某种产品,产销地之间的供需量和单位运价见表 13-19。有关部门在研究调运方案时一次考虑了以下 7 项目标,并规定了其相应的优先等级:

(1) B_4 是重点保证单位,必须全部满足其需要;
(2) A_3 向 B_1 提供的产量不小于 100;
(3) 每个销地的供应量不小于其需要量的 80%;
(4) 所定调运方案的总运费不超过最小运费调运方案的 10%;
(5) 因为路段问题,尽量避免安排将 A_2 的产品运往 B_4;
(6) 给 B_1 和 B_3 的供应率要相同;
(7) 力求总运费最省。

试求满意的调运方案。

单位运价和供需表　　　　　　　　　　　　　　　表 13-19

项目		销地				产量
		B_1	B_2	B_3	B_4	
产地	A_1	5	3	6	7	300
	A_2	3	5	4	6	200
	A_3	4	5	2	3	400
销量		200	100	450	250	900/1000

解:用表上作业法求得最小运费为 2950 元,最小运费调运方案见表 13-20。

最小运费调运方案表　　　　　　　　　　　　　　表 13-20

项目		销地				产量
		B_1	B_2	B_3	B_4	
产地	A_1	200	100			300
	A_2	0		200		200
	A_3			250	150	400
虚设点					100	100
销量		200	100	450	250	1000/1000

设 x_{ij} 为由第 i 个产地调运给第 j 个销地的产品数,根据提出的各项目标要求,建立的目标规划模型为

$$\min Z = P_1 d_4^- + P_2 d_5^- + P_3(d_6^- + d_7^- + d_8^- + d_9^-) + P_4 d_{10}^+ + P_5 d_{11}^+ + P_6(d_{12}^- + d_{12}^+) + P_7 d_{13}^+$$

$$\text{s.t.} \begin{cases} x_{11} + x_{12} + x_{13} + x_{14} \leqslant 300 \\ x_{21} + x_{22} + x_{23} + x_{24} \leqslant 200 \\ x_{31} + x_{32} + x_{33} + x_{34} \leqslant 400 \\ x_{11} + x_{21} + x_{31} + d_1^- - d_1^+ = 200 \\ x_{12} + x_{22} + x_{32} + d_2^- - d_2^+ = 100 \\ x_{13} + x_{23} + x_{33} + d_3^- - d_3^+ = 450 \\ x_{14} + x_{24} + x_{34} + d_4^- - d_4^+ = 250 \\ x_{31} + d_5^- - d_5^+ = 100 \\ x_{11} + x_{21} + x_{31} + d_6^- - d_6^+ = 200 \times 0.8 \\ x_{12} + x_{22} + x_{32} + d_7^- - d_7^+ = 100 \times 0.8 \\ x_{13} + x_{23} + x_{33} + d_8^- - d_8^+ = 450 \times 0.8 \\ x_{14} + x_{24} + x_{34} + d_9^- - d_9^+ = 250 \times 0.8 \\ \sum_{i=1}^{3}\sum_{j=1}^{4} c_{ij} x_{ij} + d_{10}^- - d_{10}^+ = 2950 \times (1 + 10\%) \\ x_{24} + d_{11}^- - d_{11}^+ = 0 \\ (x_{11} + x_{21} + x_{31}) - \dfrac{200}{450}(x_{13} + x_{23} + x_{33}) + d_{12}^- - d_{12}^+ = 0 \\ \sum_{i=1}^{3}\sum_{j=1}^{4} c_{ij} x_{ij} + d_{13}^- - d_{13}^+ = 2950 \\ x_{ij} \geqslant 0 \quad (i=1,2,3; j=1,2,3,4) \\ d_k^-, d_k^+ \geqslant 0 \quad (k=1,2,\cdots,13) \end{cases}$$

按照单纯形法求解目标规划问题的步骤,计算得到满意调运方案,见表 13-21。

调运方案表　　　　　　　　　　　　　　　表 13-21

项目		销地				产量
		B_1	B_2	B_3	B_4	
产地	A_1		100		200	300
	A_2	90		110		200
	A_3	100		250	50	400
虚设点		10		90		100
销量		200	100	450	250	1000/1000

总运费为 $C = 3 \times 90 + 4 \times 100 + 3 \times 100 + 4 \times 110 + 2 \times 250 + 7 \times 200 + 3 \times 50 = 3460$(元)。

【例 13.12】 某公司生产两种小型摩托车,其中甲型完全由本公司制造,而乙型由本公司用进口零件装配而成,这两种产品每辆所需的制造、装配及校验时间等见表 13-22。

产品明细表　　　　　　　　　　　　　　　表 13-22

项目		工序			销售价格(元/辆)
		制造	装配	校验	
产品	甲型(h/辆)	20	5	3	650
	乙型(h/辆)	0	7	6	725
每周最大生产能力(h)		120	80	40	
每小时生产成本(元)		12	8	10	

公司经营目标的期望值和优先等级如下：

P_1：每周的总利润至少为3000元。

P_2：每周甲型车至少生产5辆。

P_3：尽量减少各道工序的空余时间，三道工序的权系数和它们的每小时生产成本成比例，且不允许加班。

试建立这个问题的运筹学模型（不用求解）。

解：设每周生产甲型车x_1辆，由本公司装配和校验的乙型车x_2辆，目标规划模型为

$$\min Z = P_1 d_1^- + P_2 d_2^- + P_3 \times 12(d_3^- + d_3^+) + P_3 \times 8(d_4^- + d_4^+) + P_3 \times 10(d_5^- + d_5^+)$$

$$\text{s.t.} \begin{cases} 340 x_1 + 609 x_2 + d_1^- - d_1^+ = 3000 \\ x_1 + d_2^- - d_2^+ = 5 \\ 20 x_1 + d_3^- - d_3^+ = 120 \\ 5 x_1 + 7 x_2 + d_4^- - d_4^+ = 80 \\ 3 x_1 + 6 x_2 + d_5^- - d_5^+ = 40 \\ x_1, x_2 \geq 0 \\ d_i^-, d_i^+ \geq 0 \quad (i = 1, 2, \cdots, 5) \end{cases}$$

4. 整数规划模型应用

【例13.13】 某公交公司现有两种公交车型，每年公司能提供9个单位维修费、35个单位燃料费。Ⅰ型车需2个单位维修费、5个单位燃料费；Ⅱ型车需要1个单位维修费、7个单位燃料费。Ⅰ型车收益6单位，Ⅱ型车收益5单位，由于每种车型数量为整数，如何安排两种车型数量可使收益最大？

解：根据问题建立整数规划模型

$$\max Z = 6 x_1 + 5 x_2$$

$$\text{s.t.} \begin{cases} 2 x_1 + x_2 \leq 9 \\ 5 x_1 + 7 x_2 \leq 35 \\ x_1, x_2 \geq 0 \text{ 且为整数} \end{cases}$$

不考虑变量的整数约束，求相应线性规划的最优解为$x_1 = \dfrac{28}{9}, x_2 = \dfrac{25}{9}, Z = \dfrac{293}{9}$。采用分支定界算法，不断迭代，最终确定最优解为$x_1 = 4, x_2 = 1, Z^* = 29$。分支定界的过程如图13-1所示。

【例13.14】 现有两条轨道交通需要开辟，但目前所拥有的转向架和受电弓材料数量一定。开通每条轨道所需的两种材料不同，且每种材料都为整数。轨道1需要2个单位转向架、1单位受电弓；轨道2需要4单位转向架、15单位受电弓，两个轨道收益均为1个单位。目前，共有转向架6个单位、受电弓20个单位，如何安排材料才能保证收益最大？

解：根据问题建立整数规划模型

$$\max Z = x_1 + x_2$$

$$\text{s.t.} \begin{cases} 2 x_1 + x_2 \leq 6 \\ 4 x_1 + 5 x_2 \leq 20 \\ x_1, x_2 \geq 0 \text{ 且为整数} \end{cases}$$

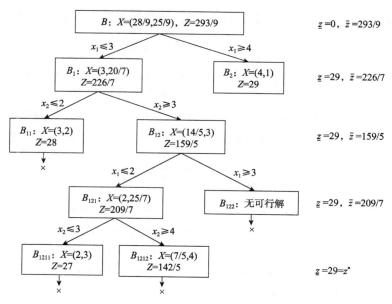

图 13-1 分支定界的过程

放宽约束变量，求松弛问题

$$\max Z = x_1 + x_2$$

$$\text{s. t.} \begin{cases} 2x_1 + x_2 + x_3 = 6 \\ 4x_1 + 5x_2 + x_4 = 20 \\ x_1, x_2, x_3, x_4 \geq 0 \end{cases}$$

得到最优单纯形表见表 13-23。

最优单纯形表 表 13-23

c_j		1	1	0	0	b
C_B	X_B	x_1	x_2	x_3	x_4	
1	x_1	1	0	5/6	-1/6	5/3
1	x_2	0	1	-2/3	1/3	8/3
λ_j		0	0	-1/6	-1/6	-13/3

添加高莫雷约束方程

$$-x_3 - x_4 + s_1 = -2$$

迭代后的最优单纯形表见表 13-24。

迭代后的最优单纯形表 表 13-24

c_j		1	1	0	0	0	b
C_B	X_B	x_1	x_2	x_3	x_4	s_1	
1	x_1	1	0	0	-1	5/6	0
1	x_2	0	1	0	1	-2/3	4
0	x_3	0	0	1	1	-1	2
λ_j		0	0	0	0	-1/6	

得到整数最优解,即为整数规划的最优解,而且此整数规划有两个最优解：
$$X^* = (0,4), Z = 4 \text{ 或 } X^* = (2,2), Z = 4$$

【例 13.15】 一家制造公司要确定工厂的选址问题,该公司可以在 A、B 两地考虑建设一个新工厂,或者同时在两地分别建一个新工厂。还要考虑是否建设一个(且最多只能建设一个)仓库,但仓库只能选在要建新工厂的城市。有关数据见表 13-25,资金上限为 1000 万元。请确定一个投资方案,使得总的净现值最大。

数据表　　　　　　　　　　　　　　　　　表 13-25

是否建厂或仓库的判断	决策变量	净现值(百万元)	资金需要量(百万元)
是否在 A 地建厂？	x_1	9	6
是否在 B 地建厂？	x_2	5	3
是否在 A 地建仓库？	x_3	6	5
是否在 B 地建仓库？	x_4	4	2

解：设 $x_1 = 1$,在 A 地建厂；否则,$x_1 = 0$。

$x_2 = 1$,在 B 地建厂；否则,$x_2 = 0$。

$x_3 = 1$,在 A 地建仓库；否则,$x_3 = 0$。

$x_4 = 1$,在 B 地建仓库；否则,$x_4 = 0$。

线性规划模型为

$$\max Z = 9x_1 + 5x_2 + 6x_3 + 4x_4$$

$$\text{s.t.} \begin{cases} 6x_1 + 3x_2 + 5x_3 + 2x_4 \leq 10 \\ x_1 + x_2 \geq 1 \\ x_3 + x_4 \leq 1 \\ x_3 \leq x_1 \\ x_4 \leq x_2 \\ x_i \text{ 为 0-1 变量} \quad (i = 1,2,3,4) \end{cases}$$

【例 13.16】 某公交公司在某一营运工作时段要安排 5 组司乘员 $A_i(i=1,2,\cdots,5)$ 与 5 辆各路在线公交车 $B_j(j=1,2,\cdots,5)$ 的司乘员进行交接班,每组司乘员到各在线公交车辆交接班的时间为 $t_{ij}(i,j=1,2,\cdots,5)$,见如下矩阵,单位为 min：

$$\begin{bmatrix} 20 & 15 & 17 & 15 & 17 \\ 16 & 22 & 12 & 6 & 10 \\ 15 & 32 & 24 & 22 & 18 \\ 30 & 21 & 12 & 13 & 20 \\ 8 & 11 & 17 & 27 & 19 \end{bmatrix}$$

解：

$$x_{ij} = \begin{cases} 1 & (A_i\text{组司乘员被安排去交接在线公交车辆}B_j, i,j=1,2,\cdots,5) \\ 0 & (\text{其他}) \end{cases}$$

则使交接班总时间最少的最优交接班方案的数学规划模型为

$$\min Z = \sum_{i=1}^{5}\sum_{j=1}^{5} t_{ij} x_{ij}$$

$$\text{s.t.} \begin{cases} \sum_{j=1}^{5} x_{ij} = 1 & (i=1,2,\cdots,5) \\ \sum_{i=1}^{5} x_{ij} = 1 & (j=1,2,\cdots,5) \\ x_{ij} = 0 \text{ 或 } 1 \end{cases}$$

从效率矩阵的每行元素减去该行的最小元素，得矩阵

$$\begin{bmatrix} 20 & 15 & 17 & 15 & 17 \\ 16 & 22 & 12 & 6 & 10 \\ 15 & 32 & 24 & 22 & 18 \\ 30 & 21 & 12 & 13 & 20 \\ 8 & 11 & 17 & 27 & 19 \end{bmatrix} \begin{matrix} \min \\ 15 \\ 6 \\ 15 \\ 12 \\ 8 \end{matrix} \Rightarrow \begin{bmatrix} 5 & 0 & 2 & 0 & 2 \\ 10 & 16 & 6 & 0 & 4 \\ 0 & 17 & 9 & 7 & 3 \\ 18 & 9 & 0 & 1 & 8 \\ 0 & 3 & 9 & 19 & 11 \end{bmatrix}$$

再将该矩阵的每列元素减去该列的最小元素，得矩阵

$$\begin{bmatrix} 5 & 0 & 2 & 0 & 2 \\ 10 & 16 & 6 & 0 & 4 \\ 0 & 17 & 9 & 7 & 3 \\ 18 & 9 & 0 & 1 & 8 \\ 0 & 3 & 9 & 19 & 11 \end{bmatrix} \Rightarrow \begin{bmatrix} 5 & 0 & 2 & 0 & 0 \\ 10 & 16 & 6 & 0 & 2 \\ 0 & 17 & 9 & 7 & 1 \\ 18 & 9 & 0 & 1 & 6 \\ 0 & 3 & 9 & 19 & 9 \end{bmatrix}$$

$$\min \quad 0 \quad 0 \quad 0 \quad 0 \quad 2$$

找出上述矩阵中的零元素，得到能够覆盖所有零元素的最小直线数量，结果为

$$\begin{bmatrix} 5 & 0 & 2 & 0 & 0 \\ 10 & 16 & 6 & 0 & 2 \\ 0 & 17 & 9 & 7 & 1 \\ 18 & 9 & 0 & 1 & 6 \\ 0 & 3 & 9 & 19 & 9 \end{bmatrix}$$

此时最多零元素的个数是4，不足5，在未被直线覆盖的元素中找到最小元素为1，将未被直线覆盖的元素减去1，在直线相交处的元素加上1，再用最少直线数覆盖所有零元素得到矩阵

$$\begin{bmatrix} 6 & 0 & 2 & 0 & 0 \\ 11 & 16 & 6 & 0 & 2 \\ 0 & 16 & 8 & 6 & 0 \\ 19 & 9 & 0 & 1 & 6 \\ 0 & 2 & 8 & 18 & 8 \end{bmatrix}$$

相应的最优解为

$$X = \begin{bmatrix} & 1 & & & \\ & & & 1 & \\ & & & & 1 \\ & & 1 & & \\ 1 & & & & \end{bmatrix}$$

从上述最优解可知司乘员交接班的最优匹配方案为 A_1 组司乘员去交接在线公交车辆 B_2，A_2 组去交接 B_4，A_3 组去交接 B_5，A_4 组去交接 B_3，A_5 组去交接 B_1，此方案下各在线公交车辆所有交接班完成所需的总时间为

$$T = 15 + 6 + 18 + 12 + 8 = 59(\min)$$

第十四章

动态规划模型在交通运输系统中的应用

第一节 离散确定型动态规划模型应用

1. 生产与存储问题

问题:在一项具有 n 个时期的生产计划中,企业如何制定生产策略以确定不同时期的生产量和存储量,在满足产品需求量的条件下,使得总成本(生产成本 + 存储成本)最小。

设第 k 时期产品的生产量为 x_k,生产限量为 X_k;第 k 时期的需求量为 d_k;第 k 时期生产 x_k 件产品的成本为 $C_k(x_k)$;第 k 时期开始有存储量 s_k,所需的存储成本为 $H_k(s_k)$;M 为各期产品量存储上限,不允许缺货,存量下限非负,有时也设定一个下限(安全存量),则此问题的数学模型为

$$\min Z = \sum_{k=1}^{n} [C_k(x_k) + H_k(s_k)]$$

$$\text{s.t.} \begin{cases} s_1 = 0, s_{n+1} = 0 \\ 0 \leq s_k = \sum_{j=1}^{k-1} x_j - \sum_{j=1}^{k-1} d_j \leq M & (k=2,3,\cdots,n) \\ 0 \leq x_k \leq X_k & (k=1,2,\cdots,n) \\ x_k \geq 0 \text{ 且为整数} \end{cases}$$

下面用动态规划方法求解此问题。将问题看作是一个 n 阶段决策问题,决策变量 x_k 表示第 k 阶段的生产量,状态变量 s_k 表示第 k 阶段开始的存储量。最优指标函数 $f_k(s_k)$ 为第 k 阶段初存储量为 s_k 时,从第 k 阶段到第 n 阶段的最小总成本。动态规划的数学模型为

$$f_k(s_k) = \min_{x_k} \{C_k(x_k) + H_k(s_k) + f_{k+1}(s_{k+1})\} \quad (k=1,2,\cdots,n)$$

$$\text{s.t.} \begin{cases} f_{n+1}(s_{n+1}) = 0 \\ s_{k+1} = s_k + x_k - d_k \end{cases}$$

最后求出 $f_1(s_1)$ 就是最小总成本。

【例 14.1】 某交通设备零配件厂商生产某种交通零配件,1—6 月生产成本和产品需求量的变化情况见表 14-1。如果没有生产准备成本,单位产品一个月的存储费为 $h_k = 0.6$ 元,月底交货,分别求下列两种情形 6 个月总成本最小的生产方案。

(1) 1 月初与 6 月底存储量为 0,不允许缺货,仓库容量为 $S=50$ 件,生产能力无限制;
(2) 其他条件不变,1 月初存量为 10。

生产数据   表 14-1

月份 k	1	2	3	4	5	6
需求量 d_k	20	30	35	40	25	45
单位产品成本 c_k	15	12	16	19	18	16

解:动态规划求解过程如下:

阶段 k:月份,$k=1,2,\cdots,7$。
状态变量 s_k:第 k 个月初的存储量。
决策变量 x_k:第 k 个月的生产量。
状态转移方程:$s_{k+1} = s_k + x_k - d_k$。
决策允许集合:$D_k(s_k) = \{x_k \mid x_k \geq 0, 0 \leq s_k + x_k - d_k \leq 50\}$。
阶段指标:$v_k(s_k, x_k) = c_k x_k + h_k s_k = c_k x_k + 0.6 s_k$。
终端条件:$f_7(s_7) = 0, s_7 = 0$。
递推方程:

$$f_k(x_k) = \min_{x_k \in D_k(s_k)} \{v_k(s_k, x_k) + f_{k+1}(s_{k+1})\}$$

$$= \min_{x_k \in D_k(s_k)} \{v_k(s_k, x_k) + f_{k+1}(s_k + x_k - d_k)\}$$

$k=6$ 时,因为 $s_7=0$,有 $s_7 = s_6 + x_6 - d_6 = s_6 + x_6 - 45 = 0, x_6 = 45 - s_6, s_6 \leq 45$,所以:

$$f_6(s_6) = \min_{x_6 = 45 - s_6} \{16 x_6 + 0.6 s_6 + f_7(s_7)\}$$

$$= \min_{x_6 = 45 - s_6} \{16 x_6 + 0.6 s_6\} \quad x_6^* = 45 - s_6$$

$$= -15.4 s_6 + 720$$

$k=5$ 时,由 $0 \leq s_6 \leq 45, 0 \leq s_5 + x_5 - d_5 = s_5 + x_5 - 25 \leq 45$,得 $25 - s_5 \leq x_5 \leq 70 - s_5$,由于 $s_5 \leq 50$,则当 $25 - s_5 < 0$ 时,x_5 的值取 0,决策允许集合为

$$D_5(s_5) = \{x_5 \mid \max\{0, 25 - s_5\} \leq x_5 \leq 70 - s_5\}$$

则有:

$$f_5(s_5) = \min_{x_5 \in D_5(s_5)} \{18 x_5 + 0.6 s_5 + f_6(s_6)\}$$

$$= \min_{x_5 \in D_5(s_5)} \{18 x_5 + 0.6 s_5 - 15.4 s_6 + 720\}$$

$$= \min_{x_5 \in D_5(s_5)} \{2.6 x_5 - 14.8 s_5 + 1105\}$$

$$= \begin{cases} -17.4 s_5 + 1170 & (s_5 \leq 25) \\ -14.8 s_5 + 1105 & (s_5 > 25) \end{cases}$$

其中，$s_6 = s_5 + x_5 - 25$。$s_5 \leq 25$ 时，取下界：$x_5^* = 25 - s_5$；$s_5 > 25$ 时，取下界：$x_5^* = 0$。

$k = 4$ 时，$0 \leq s_5 \leq 25, 0 \leq s_4 + x_4 - 40 \leq 25$，有 $40 - s_4 \leq x_4 \leq 65 - s_4$，决策允许集合为

$$D_4(s_4) = \{x_4 \mid \max\{0, 40 - s_4\} \leq x_4 \leq 65 - s_4\}$$

$$f_4(s_4) = \min_{x_4 \in D_4(s_4)} \{19 x_4 + 0.6 s_4 + f_5(s_5)\}$$

$$= \min_{x_4 \in D_4(s_4)} \{19 x_4 + 0.6 s_4 - 17.4 s_5 + 1170\}$$

$$= \min_{x_4 \in D_4(s_4)} \{1.6 x_4 - 16.8 s_4 + 1866\}$$

$$= \begin{cases} -18.4 s_4 + 1930 & (s_4 \leq 40) \\ -16.8 s_4 + 1866 & (s_4 > 40) \end{cases}$$

$s_4 \leq 40$ 时，$x_4^* = 40 - s_4$；$40 \leq s_4 \leq 50$ 时，$x_4^* = 0$。

当 $25 < s_5 \leq 50$ 时，$x_5 = 0, 25 \leq s_4 + x_4 - 40 \leq 50$，有：

$$D_4(s_4) = \{x_4 \mid 65 - s_4 \leq x_4 \leq 90 - s_4\}$$

$$f_4(s_4) = \min_{x_4 \in D_4(s_4)} \{19 x_4 + 0.6 s_4 + f_5(s_5)\}$$

$$= \min_{x_4 \in D_4(s_4)} \{19 x_4 + 0.6 s_4 - 14.8 s_5 + 1105\}$$

$$= \min_{x_4 \in D_4(s_4)} \{4.2 x_4 - 14.2 s_4 + 1697\}$$

$$= -18.4 s_4 + 1970$$

取下界：$x_4^* = 45 - s_4$。

显然该决策不可行，$x_5 = 0, s_4 + x_4 = 65 = d_4 + d_5, s_5 = s_4 + x_4 - d_4 = 25$，与 $s_5 > 25$ 矛盾，因此有：

$$f_4(s_4) = \begin{cases} -18.4 s_4 + 1930 & (0 \leq s_4 \leq 40, x_4^* = 40 - s_4 \text{ 且 } 0 \leq s_5 \leq 25, x_5 = 25 - s_5) \\ -16.8 s_4 + 1866 & (40 < s_4 \leq 50, x_4^* = 0 \text{ 且 } 0 \leq s_5 \leq 25, x_5 = 25 - s_5) \end{cases}$$

$k = 3$ 时，$0 \leq s_4 \leq 40, 0 \leq s_3 + x_3 - 35 \leq 40$，有：

$$D_3(s_3) = \{x_3 \mid \max\{0, 35 - s_3\} \leq x_3 \leq 75 - s_3\}$$

$$f_3(s_3) = \min_{x_3 \in D_3(s_3)} \{16 x_3 + 0.6 s_3 + f_4(s_4)\}$$

$$= \min_{x_3 \in D_3(s_3)} \{16 x_3 + 0.6 s_3 - 18.4 s_4 + 1930\}$$

$$= \min_{x_3 \in D_3(s_3)} \{-2.4 x_3 - 17.8 s_3 + 2574\}$$

$$= -15.4 s_3 + 2394$$

取上界：$x_3^* = 75 - s_3$。

当 $40 \leq s_4 \leq 50$ 时，$40 \leq s_3 + x_3 - 35 \leq 50$，有：

$$D_3(s_3) = \{x_3 \mid 75 - s_3 \leq x_3 \leq 85 - s_3\}$$

$$f_3(s_3) = \min_{x_3 \in D_3(s_3)} \{16 x_3 + 0.6 s_3 + f_4(s_4)\}$$

$$= \min_{x_3 \in D_3(s_3)} \{16 x_3 + 0.6 s_3 - 16.8 s_4 + 1866\}$$
$$= \min_{x_3 \in D_3(s_3)} \{-0.8 x_3 - 16.2 s_3 + 2454\}$$
$$= -15.4 s_3 + 2386$$

取上界：$x_3^* = 85 - s_3$。

取决策 $x_3^* = 85 - s_3, f_3(s_3) = -15.4 s_3 + 2386$。

$k=2$ 时，由 $40 \leq s_4 \leq 50, 0 \leq s_3 \leq 50, 0 \leq s_2 + x_2 - 30 \leq 50$，有 $30 - s_2 \leq x_2 \leq 80 - s_2$，$x_2$ 的决策允许集合为

$$D_2(s_2) = \{x_2 \mid \max\{0, 30 - s_2\} \leq x_2 \leq 80 - s_2\}$$
$$f_2(s_2) = \min_{x_2 \in D_2(s_2)} \{12 x_2 + 0.6 s_2 + f_3(s_3)\}$$
$$= \min_{x_2 \in D_2(s_2)} \{12 x_2 + 0.6 s_2 - 15.4 s_3 + 2386\}$$
$$= \min_{x_2 \in D_2(s_2)} \{-3.4 x_2 - 14.8 s_2 + 2848\}$$
$$= -11.4 s_2 + 2576$$

取上界：$x_2^* = 80 - s_2$。

$k=1$ 时，由 $0 \leq s_2 \leq 50, 0 \leq s_1 + x_1 - 20 \leq 50, 20 - s_1 \leq x_1 \leq 70 - s_1$，只要期初存储量 $s_1 \leq 20$，则 x_1 的决策允许集合为

$$D_1(s_1) = \{x_1 \mid 20 - s_1 \leq x_1 \leq 70 - s_1\}$$
$$f_1(s_1) = \min_{x_1 \in D_1(s_1)} \{15 x_1 + 0.6 s_1 + f_2(s_2)\}$$
$$= \min_{x_1 \in D_1(s_1)} \{15 x_1 + 0.6 s_1 - 11.4 s_2 + 2576\}$$
$$= \min_{x_1 \in D_1(s_1)} \{3.6 x_1 - 10.8 s_1 + 2804\}$$
$$= -14.4 s_1 + 2876$$

取下界：$x_1^* = 20 - s_1$。

（1）期初存储量 $s_1 = 0$，由各阶段的最优决策 x_j^* 及状态转移方程，回溯可求出最优策略。$x_1 = 20, s_2 = s_1 + x_1 - d_1 = 0 + 20 - 20 = 0, x_2 = 80, s_3 = s_2 + x_2 - d_2 = 0 + 80 - 30 = 50, x_3 = 85 - 50 = 35, s_4 = s_3 + x_3 - d_3 = 50 + 35 - 35 = 50 > 40, x_4 = 0, s_5 = 50 - 0 - 40 = 10 < 25, x_5 = 25 - s_5 = 15, s_6 = 10 + 15 - 25 = 0, x_6 = 45$。总成本为 2876。1—6 月生产与存储详细计划表见表 14-2。

1—6 月生产与存储计划　　　　　　　　　表 14-2

月份 k	1	2	3	4	5	6	合计
需求量 d_k	20	30	35	40	25	45	195
单位产品成本 c_k	15	12	16	19	18	16	
单位存储费 h_k	0.6	0.6	0.6	0.6	0.6	0.6	
产量 x_k	20	80	35	0	15	45	195
期初存量 s_k	0	0	50	50	10	0	110
生产成本 $C_k(x_k)$	300	960	560	0	270	720	2810
存储成本 $H_k(s_k)$	0	0	30	30	6	0	66
合计							2876

(2)期初存储量 $s_1 = 10$,与前面计算类似,得到 $x_1 = 10, x_2 = 80, x_3 = 35, x_4 = 0, x_5 = 15$, $x_6 = 45$。

在实际生产过程中,问题可能比【例14.1】复杂得多。例如,各期的变动成本和存储成本是一个函数式,甚至是非线性函数,各期有不同的生产量和存储量限制,允许延期交货但要支付缺货费用等。

2. 背包问题

这里用动态规划方法求解只有一个约束条件(一维背包问题)的整数规划最优解,即背包只有重量或体积限制。

问题:今有 n 种物品各若干,待装入容积(容重)为 W 的背包中。第 i 种物品的单件体积(质量)为 w_i,单件价值为 $c_i (i = 1, 2, \cdots, n)$,应如何确定装入背包的各种物品的数量,才能使所装入物品的总体积(质量)不超过背包的容积(容重)且总价值最大?

设 x_i 为将第 i 件物品装入背包的件数,则可建立整数规划数学模型

$$\max Z = c_1 x_1 + c_2 x_2 + \cdots + c_n x_n$$

$$\text{s. t.} \begin{cases} w_1 x_1 + w_2 x_2 + \cdots + w_n x_n \leqslant W \\ x_i \geqslant 0 \text{ 且为整数} \end{cases} \quad (i = 1, 2, \cdots, n)$$

动态规划的有关要素如下:

阶段 k:第 k 次装载第 k 种物品($k = 1, 2, \cdots, n$)。

状态变量 s_k:第 k 次装载时背包还可以装载的质量(体积)。

决策变量 x_k:第 k 次装载第 k 种物品的件数。

决策允许集合:$D_k(s_k) = \{d_k \mid 0 \leqslant x_k \leqslant s_k / w_k, x_k \text{ 为整数}\}$。

状态转移方程:$s_{k+1} = s_k - w_k x_k$。

阶段指标:$v_k = c_k x_k$。

终端条件:$f_{n+1}(s_{n+1}) = 0$。

递推方程:

$$\begin{aligned} f_k(s_k) &= \max\{c_k x_k + f_{k+1}(s_{k+1})\} \\ &= \max\{c_k x_k + f_{k+1}(s_k - w_k x_k)\} \end{aligned}$$

【例14.2】 有一辆最大货运量为 10t 的卡车,用于装载 3 种货物,每种货物的单位质量及相应单位价值见表14-3。问:如何装载可使总价值最大?

货物数据 表14-3

货物编号	1	2	3
单位质量(t)	3	2	5
单位价值 C_i	60	40	60

解:设第 i 种货物装载的件数为 x_i,则该问题可表示为

$$\max Z = 60 x_1 + 40 x_2 + 60 x_3$$

$$\text{s. t.} \begin{cases} 3 x_1 + 2 x_2 + 5 x_3 \leqslant 10 \\ x_1, x_2, x_3 \geqslant 0 \text{ 且为整数} \end{cases}$$

终端条件:$f_4(s_4) = 0$。

$k = 3$ 时,递推方程为

$$f_3(s_3) = \max_{0 \leq x_3 \leq s_3/w_3}\{c_3 x_3 + f_4(s_4)\} = \max_{0 \leq x_3 \leq s_3/w_3}\{60 x_3\}$$

计算过程见表 14-4。

递推过程(1)　　　　　　　　　　　　　　　　　　　　表 14-4

s_3	$D_2(s_3)$	s_4	$60 x_3 + f_4(s_4)$	$f_3(s_3)$	x_3^*
0	0	0	0 + 0 = 0	0	0
1	0	1	0 + 0 = 0	0	0
⋮	⋮	⋮	⋮	⋮	0
5	0 1	5 0	0 + 0 = 0 60 + 0 = 60 *	0 60	1
⋮	⋮	⋮	⋮	⋮	1
10	0 1 2	10 5 0	0 + 0 = 0 60 + 0 = 60 120 + 0 = 120 *	120	2

表 14-4 省略了部分内容，最优决策是 s_3 为 0~4 时，$x_3 = 0$；s_3 为 5~9 时，$x_3 = 1$；$s_3 = 10$ 时，$x_3 = 2$。
$k = 2$ 时，递推方程为

$$f_2(s_2) = \max_{0 \leq x_2 \leq s_2/w_2}\{c_2 x_2 + f_3(s_3)\} = \max_{0 \leq x_2 \leq s_2/2}\{40 x_2 + f_3(s_2 - 2 x_2)\}$$

$w_2 = 2$, $D_2(s_2) = \left\{x_2 \mid 0 \leq x_2 \leq \left[\dfrac{s_2}{2}\right]\right\}$，决策集为 $\{0,1,2,3,4,5\}$。计算过程见表 14-5。

递推过程(2)　　　　　　　　　　　　　　　　　　　　表 14-5

s_2	$D_2(s_2)$	s_3	$40 x_2 + f_3(s_3)$	$f_2(s_2)$	x_2^*
0	0	0	$0 + f_3(0) = 0 + 0 = 0$ *	0	0
1	0	1	0 + 0 = 0	0	0
2	0 1	2 0	0 + 0 = 0 40 + 0 = 40 *	40	1
3	0 1	3 1	0 + 0 = 0 40 + 0 = 40 *	40	1
4	0 1 2	4 2 0	0 + 0 = 0 40 + 0 = 40 80 + 0 = 80 *	80	2
5	0 1 2	5 3 1	0 + 60 = 60 40 + 0 = 40 80 + 0 = 80 *	80	2
⋮	⋮	⋮	⋮	⋮	
10	0 1 2 3 4 5	10 8 6 4 2 0	0 + 120 = 120 40 + 60 = 100 80 + 60 = 140 120 + 0 = 120 160 + 0 = 160 200 + 0 = 200	200	5

第 2 阶段最优决策见表 14-6。

第 2 阶段最优决策 表 14-6

s_2	0	1	2	3	4	5	6	7	8	9	10
$f_2(s_2)$	0	0	40	40	80	80	120	120	160	160	200
x_2	0	0	1	1	2	2	3	3	4	4	5

$k=1$ 时,递推方程为

$$f_1(s_1) = \max_{0 \leq x_1 \leq s_1/w_1} \{c_1 x_1 + f_2(s_2)\} = \max_{0 \leq x_1 \leq s_1/3} \{60 x_1 + f_2(s_1 - 3 x_1)\}$$

$s_1 = 10, w_1 = 3, D_1(s_1) = \{0, 1, 2, 3\}$,计算结果见表 14-7。

递推过程(3) 表 14-7

s_1	$D_1(s_1)$	s_2	$60 x_1 + f_2(s_2)$	$f_1(s_1)$	x_1^*
10	0	10	$0 + f_2(10) = 0 + 200 = 200^*$	200	0,2
	1	7	$60 + 120 = 180$		
	2	4	$120 + 80 = 200^*$		
	3	1	$180 + 0 = 180$		

第二节 离散随机型动态规划模型应用

【例 14.3】 某交通建筑工程企业打算在 5 周内采购一批建筑原料,未来 5 周内原料的价格有 3 种,这些价格出现的概率可以估计,见表 14-8。由于生产需要,必须在 5 周内采购这批原料。如果第 1 周价格很高,可以等到第 2 周;第 2 周如果仍对价格不满意,可以等到第 3 周;类似地,未来几周都可能选择购买或者等待,但必须保证第 5 周时采购了该原料。问:该选择哪种采购方案,才能使得采购费用最小?

原料价格及其概率 表 14-8

价格(元)	概率
500	0.3
550	0.3
600	0.4

解:动态规划求解过程如下:

阶段 k:采购周期($k=1,2,3,4,5$),$k=1$ 表示第 1 周。
状态变量 s_k:第 k 周的实际价格数($k=1,2,3,4,5$)。
状态集 $s_k = \{500, 550, 600\}$。
决策变量 x_k:第 k 周是否采购原料。若选择采购,$x_k = 1$;若选择等待,$x_k = 0$。
状态转移方程:

$$\begin{cases} p(s_{k+1} = 500) = 0.3 \\ p(s_{k+1} = 550) = 0.3 \\ p(s_{k+1} = 600) = 0.4 \end{cases}$$

$f_k(s_k)$ 表示第 k 周实际价格为 s_k 时，从第 k 周至第 5 周采取最优策略的采购价格最小期望值，即

$$f_k(s_k) = \min\{s_k, s_{kE}\}$$
$$= \min\{s_k, 0.3 f_{k+1}(500) + 0.3 f_{k+1}(550) + 0.4 f_{k+1}(600)\}$$

当 $k=5$ 时，必须购买材料，则：

$$x_5 = 1, f_5(s_5) = s_5$$

$$f_5(s_5) = \begin{cases} 500 & (s_5 = 500) \\ 550 & (s_5 = 550) \\ 600 & (s_5 = 600) \end{cases}$$

当 $k=4$ 时：

$$f_4(s_4) = \min\{s_4, 0.3 f_5(500) + 0.3 f_5(550) + 0.4 f_5(600)\}$$
$$= \min\{s_4, 555\}$$
$$= \begin{cases} 500 & (s_4 = 500) \\ 550 & (s_4 = 550) \\ 555 & (s_4 = 600) \end{cases}$$

最优策略为

$$x_4 = \begin{cases} 1 & (s_4 = 500 \text{ 或 } 550) \\ 0 & (s_4 = 600) \end{cases}$$

当 $k=3$ 时：

$$f_3(s_3) = \min\{s_3, 0.3 f_4(500) + 0.3 f_4(550) + 0.4 f_4(600)\}$$
$$= \min\{s_3, 0.3 \times 500 + 0.3 \times 550 + 0.4 \times 555\}$$
$$= \min\{s_3, 537\}$$
$$= \begin{cases} 500 & (s_3 = 500) \\ 537 & (s_3 = 550 \text{ 或 } 600) \end{cases}$$

最优策略为

$$x_3 = \begin{cases} 1 & (s_3 = 500) \\ 0 & (s_3 = 550 \text{ 或 } 600) \end{cases}$$

当 $k=2$ 时：

$$f_2(s_2) = \min\{s_2, 0.3 f_3(500) + 0.3 f_3(550) + 0.4 f_3(600)\}$$

$$= \min\{s_2, 0.3 \times 500 + 0.3 \times 537 + 0.4 \times 537\}$$

$$= \min\{s_2, 525.9\}$$

$$= \begin{cases} 500 & (s_2 = 500) \\ 525.9 & (s_2 = 550 \text{ 或 } 600) \end{cases}$$

最优策略为

$$x_2 = \begin{cases} 1 & (s_2 = 500) \\ 0 & (s_2 = 550 \text{ 或 } 600) \end{cases}$$

当 $k=1$ 时：

$$f_1(s_1) = \min\{s_1, 0.3 f_2(500) + 0.3 f_2(550) + 0.4 f_2(600)\}$$

$$= \min\{s_1, 0.3 \times 500 + 0.3 \times 525.9 + 0.4 \times 525.9\}$$

$$= \min\{s_1, 518.13\}$$

$$= \begin{cases} 500 & (s_1 = 500) \\ 518.13 & (s_1 = 550 \text{ 或 } 600) \end{cases}$$

最优策略为

$$x_1 = \begin{cases} 1 & (s_1 = 500) \\ 0 & (s_1 = 550 \text{ 或 } 600) \end{cases}$$

由上述计算可知，最优的采购策略序列为 $\{x_1, x_2, x_3, x_4, x_5\}$。根据 x_1、x_2、x_3 的表达式可知，在第 1、2、3 周时，若价格为 500 元，就应该采购；而价格为 550 元或 600 元时，应采取等待策略。在第 4 周时，若价格为 500 元或 550 元，就应该采购；而价格为 600 元时，应选择等待。若在前 4 周都采取了等待，则在第 5 周，无论什么价格都得采购。

【例 14.4】 某投资公司计划对一个交通设备项目进行投资。若投资成功，公司可获得与投资数额相同的利润；若投资失败，公司非但得不到利润，连投资也完全不能收回。公司对此交通设备进行调查得到投资成功的概率为 0.7，失败的概率为 0.3。已知该公司计划投入的总资金有 300 万元，但是为了有效控制投资风险，公司计划分三次投入。问：该公司每次应投入多少资金（单位为百万元），才能使三次投资结束后公司最终获得 200 万元利润的概率最大？

解：动态规划求解过程如下：

阶段 k：投资次数（$k=1,2,3$）。
状态变量 s_k：第 k 次投资时公司拥有的可用于投资的资金。
决策变量 x_k：每个阶段的投入资金数。
决策允许集合：$D_k(s_k) = \{x_k \mid x_k = 1, 2, \cdots, s_k\}$。
状态转移方程：

$$s_{k+1} = \begin{cases} s_k + x_k & （第~k~次投资成功） \\ s_k - x_k & （第~k~次投资失败） \end{cases}$$

阶段指标值:成功概率为 0.7,失败概率为 0.3。

随机动态方程为

$$\begin{cases} f_k(s_k) = \max_{x_k \in D_k(s_k)} \{0.7 f_{k+1}(s_k + x_k) + 0.3 f_{k+1}(s_k - x_k)\} \\ f_4(s_4) = \begin{cases} 0 & (s_4 < 5) \\ 1 & (s_4 \geq 5) \end{cases} \end{cases}$$

当 $k = 3$ 时,$s_3 = 0,1,2,\cdots,12$,计算过程见表 14-9。

计算过程(1)   表 14-9

s_3	0	1	2	3	4	≥ 5
$f_3(s_3)$	0	0	0	0.7	0.7	1
x_3^*	—	—	—	2,3	1,2,3,4	$0, \leq s_3 - 5$

当 $k = 2$ 时,$s_2 = 0,1,2,\cdots,6$,计算过程见表 14-10。

计算过程(2)   表 14-10

s_2	x_2					$f_2(s_2)$	x_2^*
	0	1	2	3	4		
0	0					0	
1	0	0				0	
2	0	0.49	0.49			0.49	1,2
3	0.7	0.49	0.7	0.7		0.7	0,2,3
4	0.7	0.91	0.7	0.7	0.7	0.91	1
≥ 5	1					1	$0, \leq s_2 - 5$

当 $k = 1$ 时,$s_1 = 3$,计算过程见表 14-11。

计算过程(3)   表 14-11

s_1	x_1				$f_1(s_1)$	x_1^*
	0	1	2	3		
3	0.7	0.784	0.7	0.7	0.784	1

最优策略为

$$s_1 = 3, x_1^* = 1 \begin{cases} 成功 s_2 = 4, x_2^* = 1 \begin{cases} 成功 & (s_3 = 5, x_3^* = 0) \\ 失败 & (s_3 = 3, x_3^* = 2~或~3) \end{cases} \\ 失败 s_2 = 2, x_2^* = 1~或~x_2^* = 2 \begin{cases} 成功 & (s_3 = 3, x_3^* = 2,3~或~s_3 = 4, x_3^* = 1, \cdots, 4) \\ 失败 & (s_3 = 1~或~0,投资失败) \end{cases} \end{cases}$$

第十五章

图论模型与网络计划图在交通运输系统中的应用

第一节　图论模型应用

【例15.1】 最小树在交通运输的应用。如图15-1所示,假设某地区高速公路一侧坐落着24个行政县、乡、村,高速公路设计时考虑到城乡一体化,通过连接线或匝道与农村公路相连。目前需解决的问题是如何合理安排农村客运线路,保证村镇间的密切联系,使得总线路最短。

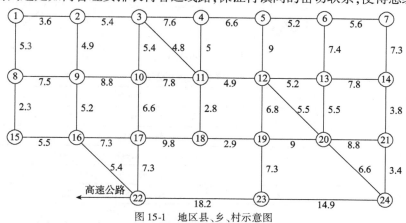

图15-1　地区县、乡、村示意图

解:由前面学习的最小树 Kruskal 算法原则,将上图各路径的权按从小到大排列,见表 15-1。

客运路线路径按权大小排列　　　　　　　　　　　　　表 15-1

节点	权值	节点	权值	节点	权值
$D_{8,15}$	2.3	$D_{11,18}$	2.8	$D_{18,19}$	29
$D_{21,24}$	3.4	$D_{1,2}$	3.6	$D_{14,21}$	3.8
$D_{3,11}$	4.8	$D_{2,9}$	4.9	$D_{11,12}$	4.9
$D_{4,11}$	5.0	$D_{5,6}$	5.2	$D_{9,16}$	5.2
$D_{12,13}$	5.2	$D_{1,8}$	5.3	$D_{2,3}$	5.4
$D_{3,10}$	5.4	$D_{16,22}$	5.4	$D_{15,16}$	5.5
$D_{12,20}$	5.5	$D_{13,20}$	5.5	$D_{6,7}$	5.6
$D_{4,5}$	5.6	$D_{10,17}$	6.6	$D_{20,24}$	6.6
$D_{12,19}$	5.8	$D_{7,14}$	7.3	$D_{16,17}$	7.3
$D_{17,22}$	7.3	$D_{6,13}$	7.4	$D_{8,9}$	7.5
$D_{3,4}$	7.6	$D_{10,11}$	7.8	$D_{13,14}$	7.8
$D_{23,24}$	8.2	$D_{20,21}$	8.8	$D_{9,10}$	8.8
$D_{5,12}$	9.0	$D_{19,20}$	9.0	$D_{17,18}$	9.8
$D_{15,1}$	14.9	$D_{22,23}$	18.2		

将以上 24 节点连接,如果出现回路则排除此边,就得到了 24 个节点、23 条边的最短树。假设以中心节点 3 为始发点,路线图如图 15-2、表 15-2 所示。

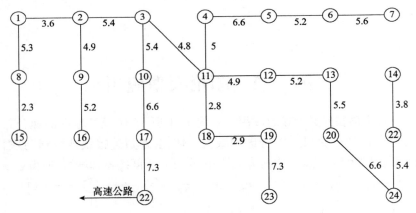

图 15-2　路线图

以节点 3 为始发点的路线　　　　　　　　　　　　　表 15-2

路线	所经节点
A	3→11→12→13→20→24
B	3→11→18→19→23
C	3→4→5→6→7→14→21→24
D	3→2→9→16→22
E	3→2→1→8→15→16→22
F	3→10→17→22

上述 A~F 线路,返程亦然。各线路之间可以重新组合。若以 $A^{-1}, B^{-1}, \cdots$ 表示回程,则 A 与 C^{-1}、D 与 E^{-1} 均可组合从而构成多条线路。

【例 15.2】 综合运输中交通运输方式的确定问题。如图 15-3 所示,将货物从 A 城市运送至 E 城市,途经 B、C、D 三个城市,而且每两个城市之间有三种运输方式可以选择:铁路、公路及航空。现假设运量为 10 个单位,图中数字 1、2 和 3 分别代表三种不同的运输方式,即铁路、公路和航空,每条边上的数字表示费用,如 B2 到 C3 边上的数字为 22 表示 B 城市到 C 城市采用航空运输方式的费用为 22。试求使总的运输费用最小的运输方式。

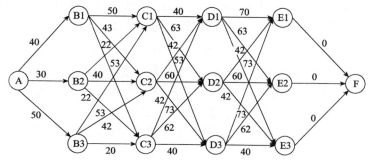

图 15-3 运输路况图

解:由前面介绍的求解最短路的方法可求得 A 城市到 E 城市的最短路径为 A→B2→C3→D1→E3→F,由此可计算得到其最小总费用为 30 + 22 + 53 + 42 = 147,即从城市 A 到城市 B 选择公路,从城市 B 到城市 C 选择航空,从城市 C 到城市 D 选择铁路,从城市 D 到城市 E 选择航空。

【例 15.3】 路面更新问题。某新建公路设计年限为 20 年,道路使用若干年后,路面需更新。现把设计年限分成 4 个时期,每个时期为 5 年。由于各时期路面的损坏情况不同,故各时期的路面更新费用不一样,如图 15-4 所示,v_i 表示"第 i 个时期末路面更新一次"的状态,v_0 表示道路刚建成的状态,v_4 表示道路到达设计年限的状态(这时路面不再更新)。节点间连线上的数字表示各状态之间的路面更新费用、养护费及附加费用的总数,单位千元/km。如 $v_1 \rightarrow v_3$ 连线上的数据为 98,表示路面在第 5 年末更新后从第 6 年初到第 15 年末路面再更新一次这段时间内的总费用为 98 千元/km。

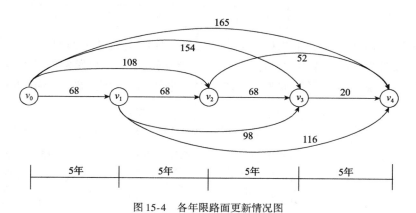

图 15-4 各年限路面更新情况图

解:可用前面介绍的求解最短路的方法求解该问题,但由于该图所示网络比较简单,用枚举法即可求出最短路,其最短路为 $v_0 \to v_2 \to v_4$,最小总费用为

$$108 + 52 = 160(千元/km)$$

即在该道路的使用年限内,第 10 年末更新一次路面,其总的费用为最少。

【**例 15.4**】 **服务网点设置**。现提出这样一个问题:在交通网络中建立一个快速反应中心,应选择哪一个城市最好?

解:针对两点间的距离,可以"使最大服务距离达到最小"为标准,计算步骤如下。

第一步:利用 Warshall-Floyd 算法求出任意两点之间的最短距离表,见表 15-3。

第二步:计算最短距离表中每行的最大距离的最小值,即

$$L = \min_i \max_j \{L_{ij}\}$$

其中,L 所在行对应的点就是最佳服务点,也称为网络的中心。

表 15-3 中倒数第 2 列最小值为 12,位于第 7 行,则 v_7 为网络的中心,最佳服务点应设置在 v_7。

如果每个点还有一个权数,例如需考虑一个网点的人数、需要运送的物资数量、产量等,这时以"使总运量最小"为标准,计算方法是将上述第二步的最大距离改为总运量,总运量的最小值对应的点就是最佳服务点。

表 15-3 中最后一行是点 v_j 的产量,将各行的最小距离分别乘以产量求和得到总运量,见表 15-3 最后一列,最小运量为 2450,最佳服务点应设置在 v_4。

最短距离表   表 15-3

点	v_1	v_2	v_3	v_4	v_5	v_6	v_7	v_8	$\max_j\{L_{ij}\}$	总运量
v_1	0	6	9	5	14	4	6	18	18	3220
v_2	6	0	3	2	8	7	5	14	14	2465
v_3	9	3	0	5	7	10	8	13	13	2955
v_4	5	2	5	0	9	5	3	15	15	**2450**
v_5	14	8	7	9	0	12	10	6	14	3780
v_6	4	7	10	5	12	0	2	14	14	2960
v_7	6	5	8	3	10	2	0	12	**12**	2560
v_8	18	14	13	15	6	14	12	0	18	5040
产量	80	50	70	40	30	35	60	65		

【**例 15.5**】 **路网最大通行能力确定问题**。已知某实际交通网络如图 15-5 所示,弧旁的数据 (c_{ij}, f_{ij}) 表示该路段的通行能力和可行流,单位为 1000 辆/d,试求该路网的最大通行能力。

(1)用 Ford-Fulkerson 标号法的第二步求出另一个初始可行流,如图 15-6 所示。

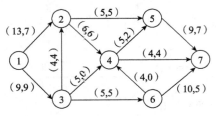

图 15-5 某实际交通网络图

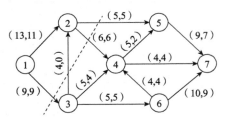

图 15-6 初始可行流

(2) 标号寻找增广链。

发点标号 $(0,\infty)$，v_1 和 v_3 点不满足标号条件，v_2 满足标号条件，给 v_2 标上 $(v_1,2)$。

检查 v_2，因为在前向弧 (v_2,v_5)、(v_2,v_4) 上，$f_{24}=c_{24}$，$f_{25}=c_{25}$。在后向弧 (v_2,v_3) 上，$f_{32}=0$，均不满足标号条件，因此标号过程无法继续下去，即已经不存在增广链，算法结束，这时的可行流就是最大流。最大流量为

$$V(f) = f_{12} + f_{13} = f_{5t} + f_{4t} + f_{6t} = 20$$

即该交通网络的最大通行能力为 $20 \times 1000 = 20000$（辆/d）。

与此同时，还可以找到最小割集，如图 15-6 中的虚线所示。与之对应的最小割量为 $(9+6+5) \times 1000 = 20000$（辆/d）。

由上述可见，用标号法找增广链以寻求最大流，不仅能求得从发点到收点的最大流，而且同时可以找到最小割集。最小割集是影响网络流量的咽喉，在这里的弧的容量最小，因此它决定了整个网络的最大通行能力，若要提高网络的通行能力，必须从改造这个咽喉部位入手。

第二节 网络计划图应用

网络计划技术是工程管理中的重要方法，能够实现对项目时间的合理安排，对资源进行合理配置，从而达到提高工作效率和经济效益的目的。现以某道路改建工程为例，基于网络计划技术的双代号网络图法，计算网络中的时间参数，依据提出的逐步优化、考虑极限时间及适当增加劳动力和机具等优化原则，合理优化道路施工工期。

1. 工程概况

某道路改建工程，K0+000~K5+000，全长 5km。施工范围包括路基、路面、排水涵洞及防护，计划工期 160d。主要施工顺序为：①修筑临时工程；②复核测量数据；③回填路基；④机械挖掘排水管涵，安装排水设施；⑤杂物清理；⑥路面工程；⑦土路肩及边坡修筑；⑧修理完善现场。

劳动力和施工机具情况如表 15-4 所示。

劳动力和施工机具情况　　　　　表 15-4

劳动力		机具		
工种	数量	名称	性能规格	数量
水电工	3	路拌机	YWCB-300	2
钢筋工	20	装载机	ZLB-50	3
混凝土工	40	挖掘机	1mm	3
驾驶员	10	履带式推土机	75kW	2
特种机械驾驶员	10	压路机	18~21t	3
土方工	80	自卸汽车	5t	10
杂工	20	振动压路机	12~15t	1
		洒水车	4000L	1

2. 初始网络计划方案

对该道路改建工程进行分析，得到的结果见表 15-5；依此绘制基础工程的初始网络图，如图 15-7 所示。

基础工程各工作进程编号　　　　　　　表 15-5

工作代号	A	B	C	D	E	F	G	H
工作名称	施工准备（测量、搭建临时设施）	土方工程	路基工程	机械挖掘，安装排水设施	杂物清理	路面工程	土路肩及边坡修护	后期清理及完善至通车
紧前工作	—	A	B	B	C	C、D	C、E	F、G
持续时间(d)	30	20	30	20	10	40	30	40
工作过程 i-j	1~2	2~3	3~4	3~5	4~6	5~7	6~7	7~8

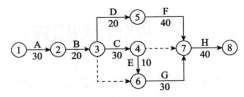

图 15-7　基础工程初始网络

3. 时间参数计算与优化

根据表 15-4、表 15-5 所示的数据,利用第九章时间参数计算方法,结合工程实际和网络图计算得到的各时间参数见表 15-6。

时间参数计算结果（单位:d）　　　　　　　表 15-6

工序代号	作业时间	节点最早时间 ET	节点最迟时间 LT	最早可能开始时间 ES	最早可能结束时间 EF	最迟必须结束时间 LF	最迟必须开始时间 LS	总时差 TF	局部时差 FF
A	30	0	0	0	30	30	0	0	0
B	20	30	30	30	50	50	30	0	0
C	30	50	50	50	80	80	50	0	0
D	20	80	80	50	70	80	60	10	0
E	10	70	80	80	90	90	80	0	0
F	40	90	90	70	110	120	80	10	10
G	30	120	120	90	120	120	90	0	0
H	40	160	160	120	160	160	120	0	0

按工程原计划所需工时为关键路线 1-2-3-4-5-6-7-8 上的工作持续时间,累加为 30 + 20 + 30 + 10 + 30 + 40 = 160(d)。现由于某些原因,需在 120d 内完成道路的改建施工,保证通车。因此,需对关键路线上的关键工序进行时间优化。

根据工程实际提出以下原则：

(1)对各工序时间逐步压缩；
(2)各工序时间不能小于极限时间；
(3)现有条件下,时间无法再压缩时,根据需要适当增加机具或劳动力。

关键路线上 A、B、C、E、G、H 为网络计划中的关键工作,含义参见表 15-5。根据优化原则对网络图中的时间参数进行第一次优化调整,优化主要依据原则(1)和(2),压缩时间如图 15-8 所示。

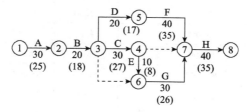

图 15-8 第一次优化后的网络

可见,网络图中关键路线没有发生变化,工期可优化为 25 + 18 + 27 + 8 + 26 + 35 = 139(d),但还没有达到目标工期。根据优化原则进行第二次时间优化,优化仍依据原则(1)和(2),结果如图 15-9 所示。

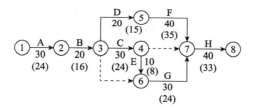

图 15-9 第二次优化后的网络

经过第二次优化,网络图的关键路线仍与原路线保持一致,采取加快措施后,工期优化为 24 + 16 + 24 + 8 + 24 + 33 = 129(d),仍大于目标工期 120d,因此需要进一步优化。此时,在现有条件下,各工序几乎已无可压缩时间,参照原则(2)和(3)进行第三次优化,结果如图 15-10 所示。

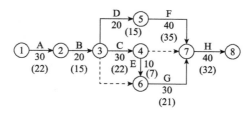

图 15-10 第三次优化后的网络

经过第三次优化后,网络图的关键路线发生了变化,关键路线由原来的 A、B、C、E、G、H 改为 A、B、D、F、H,此时关键路线上的工期优化为 22 + 15 + 15 + 35 + 32 = 119(d),达到工期要求。

4. 工期优化后成本评估

为了使工期达到预期目标,在第三次优化中延长日劳动时间,增加劳动力和机具,各工序的工作成本及总成本均发生了变化。因此,需对工程成本进行评估,对各工序的费用及总成本进行计算,见表 15-7。

优化前后成本计算 表 15-7

工序代号	优化前(160d)			优化后(119d)			节约成本（元）	节约成本（%）
	工期(d)	日均费用(元)	总费用(元)	工期(d)	日均费用(元)	总费用(元)		
A	30	13260	397800	22	15280	336160	61640	15.50
B	20	14520	290400	15	16830	252450	37950	13.07
C	30	19400	582000	21	22200	466200	115800	19.90
D	20	12500	250000	15	14620	219300	30700	12.28
E	10	5200	52500	7	6610	46270	6230	11.87
F	40	21800	872000	35	25310	885850	-13850	-1.59
G	30	15320	459600	21	17750	372750	86850	18.90
H	40	21120	844800	32	24140	772480	72320	8.56
合计			3749100			3351460	397640	10.61

由表 15-7 可知,各工序的日均成本均有不同程度增加,但由于工期缩短,各工序的总成本除工序 F 外,均大幅下降。通过计算可得优化前工程总成本为 3749100 元,优化后工程总成本为 3351460 元,比优化前节约成本 10.61%,达到 397640 元。可见,通过网络计划技术不但缩短了工期,而且降低了工程成本,提高了工程的经济效益和社会效益,取得了良好效果。

第十六章 存储模型和排队模型在交通运输系统中的应用

第一节 存储模型应用

回收类票卡管理是城市轨道交通运营管理的重要组成部分,回收类票卡存储管理旨在使各车站的票卡存储量维持在合理的范围内。现以某城市位于商业中心的一地铁站点为例,利用自回归移动平均(ARIMA)模型预测车站回收类票卡使用量和流动量,基于存储论计算车站回收类票卡安全存储量警戒值,为车站提供合理有效的存储管理方案,为实现回收类票卡的高效化管理提供依据。

1. 基本概念

回收类票卡是指正常情况下乘客出站时需经出站闸机自动回收的单程票卡。

2. 存储管理流程

单线运营的城市轨道交通系统一般采用二级票务管理模式,其管理级划分为线路中心(LC)级和车站中心(SC)级,且由LC统筹回收类票卡的站间流通管理工作。多线路联网运营的城市轨道交通系统一般采用三级票务管理模式,其管理级划分为清分中心(ACC)级、线路中心(LC)级和车站中心(SC)级。

在三级票务管理模式下，ACC 采购的票卡全部进入票库进行统一管理。LC 在存储不足时提交调配指令，由 ACC 进行票卡调配；当 LC 存储溢出时，由 ACC 回收多余的票卡。SC-LC 存储管理与 LC-ACC 存储管理类似，回收类票卡在 ACC、LC 及 SC 之间流通。SC 还会进行站内存储补充，即将出站闸机中的回收类票卡根据需求直接送入自动售票机中。由于配送票卡的工作相对独立，故设定专门的配送部门，其配送交通工具为地铁或专用配送车。

3. 回收类票卡存储管理模型

(1) 车站回收类票卡存储策略

城市轨道交通线路车站数量多，其站间客流流向的不平衡导致回收类票卡站间流动不均。为维持车站回收类票卡的合理存储量，保证自动售检票(AFC)系统正常运营，需定期进行票卡调配。在 1 个调配周期内，某车站的回收类票卡使用量 u 即为该站发售的总票卡数量 N_1；由该站回收的总票卡数量 N_2 和 N_1，可计算得到流动量 $f = N_2 - N_1$。

城市轨道交通系统中，若站点出站回收的票卡数量大于该站点售出的票卡数量，则流动量为正，相应站点称为"存储型车站"；若站点售出的回收类票卡数量大于出站回收的票卡数量，则流动量为负，相应站点称为"支出型车站"。为使车站回收类票卡存储量最优，车站范围内采用 (t, s_1, s_2) 存储策略开展回收类票卡存储管理工作。其中，t 为存储检查周期，s_1 为存储下限阈值，s_2 为存储上限阈值。当车站存储的票卡数量介于上下限阈值之间时，为安全存储量。

车站回收类票卡存储变化情况如图 16-1 所示。由于存储型车站的票卡不断累积，故需设定其 s_2，并周期性检查存储状态。当存储量高于 s_2 时，应回收票卡，并使该站票卡数量满足最低存储需求(即 s_1)。由于支出型车站的票卡不断消耗，故需设定 s_1，以防止供应不足，影响票卡正常流转，并周期性检查存储状态。当存储量不足 s_1 时，应及时补充票卡，使得票卡数量达到安全存储量。具体的票卡调配数量应视实际情况而定。

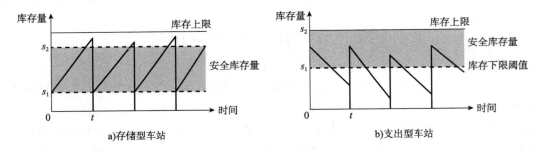

图 16-1　车站回收类票卡存储变化示意图

注：t 为调配周期。

(2) 票卡的使用量和流动量预测

由于车站回收类票卡的使用量和流动量直接受客流量影响，而每个调配周期的客流量大小不一，是典型的非平稳时间序列。因此，可采用时间序列模型来预测下一调配周期的回收类票卡的使用量和流动量。自回归移动平均(ARIMA)模型是一种广泛应用的线性时间序列预测模型，通常写作 ARIMA (p, d, q)。其中，p 为自回归阶数，d 为差分次数，q 为移动平均阶数。任何非平稳序列可经差分后转换为平稳序列，之后即可利用 ARIMA 模型预测。

设 $Z_t = (Z_1, Z_2, \cdots, Z_{n-1}, Z_n)$ 是一组时间序列,则 ARIMA 模型可表示为

$$\varphi_p (1-B)^d Z_t = \theta_q(B) \alpha_t \tag{16-1}$$

式中:Z_t——原序列;

φ_p——自回归算子,$\varphi_p(B) = 1 - \varphi_1 B - \cdots - \varphi_p B^p$;

B——后移算子,$BZ_t = Z_{t-1}$;

θ_q——移动平均算子,$\theta_q(B) = 1 - \theta_1 B - \cdots - \theta_q B^q$;

α_t——零均值白噪声序列。

(3)安全存储量

假设调配周期 t 包含 N 个单位时段,第 i 个单位时段的回收类票卡使用量为 $u_i(i=1,2,3,\cdots,N)$,流动量为 $f_i(i=1,2,3,\cdots,N)$。设 t 内的车站安全存储量为 C,为确保各站存储量处于安全范围内,需满足如下约束条件:

$$\begin{cases} C \geqslant u_1 \\ C + \sum_{i=1}^{m} f_i \geqslant u_{m+1} \quad (m=1,2,\cdots,N-1) \end{cases} \tag{16-2}$$

式中:$\sum_{i=1}^{m} f_i$——调配周期内车站回收类票卡的流动量总和。

存储型车站的回收类票卡流动量应满足 $\sum_{i=1}^{m} f_i > 0$。存储型车站的安全存储上限阈值 s_2 由该车站现场设备与流动量之和决定,如设定了比较合理的 t,则不用考虑 s_2。由于存储型车站内不断有回收类票卡积累,只需要保证 t 内每个单位时段的存储量满足使用量需求即可。

支出型车站的回收类票卡流动量应满足 $\sum_{i=1}^{m} f_i < 0$。由于车站内不断有回收类票卡消耗,故需保证 t 内每个单位时段的存储量满足使用量需求,不低于 s_1。

4. 实例分析

(1)历史数据统计

以某城市位于商业中心的一地铁站点为例进行分析,选取 2021 年 1 月 12 日—2022 年 9 月 18 日的回收类票卡数据。由于节假日对客流影响较大,故在选取的时间范围内将受特殊节假日影响的数据剔除,最终得到该时间范围内 476 个平常日(共计 68 个完整周)的每日回收类票卡数据。该站点每日回收类票卡使用量和流动量变化情况如图 16-2 所示。

根据图 16-2b),在统计时间范围内,该站点每日票卡流动量大多为负值,需申请补充票卡,故该站应为支出型车站。

(2)使用量和流动量预测

将该案例站点回收类票卡数据分为工作日数据和周末数据。以 68 周工作日的 340 个数据为例,对回收类票卡使用量和流动量进行分析,发现该时间序列基本呈上升趋势,需对其进行平稳化处理。经 1 阶差分转换后,序列在 95% 的置信度下是显著平稳的。通过构建 ARIMA(5,1,5)模型,可预测出该站点 2022 年 9 月 19—23 日的回收类票卡使用量和流动量。同理也可预测出该周期内周末回收类票卡的使用量和流动量值。该站点 2022 年 9 月 19—25 日回收类票卡使用量和流动量预测值见表 16-1,回收类票卡使用量和流动量的预测值与实际值比较见图 16-3。

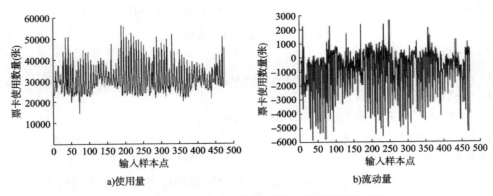

图 16-2 某地铁站每日回收类票卡使用量及流动量变化情况

某地铁站回收类票卡使用量、流动量预测值 表 16-1

日期	使用量	流动量
9月19日	26983	−20
9月20日	26968	−180
9月21日	27950	−134
9月22日	26953	−295
9月23日	34804	369
9月24日	48254	−2610
9月25日	40474	−4720

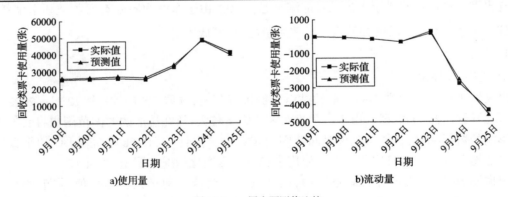

图 16-3 一周内预测值比较

经分析,预测精度的相对误差在 −4% 左右,预测结果较准确。

(3) 存储管理分析

根据城市轨道交通客流规律及回收类票卡历史数据,假定最短调配周期为 7 个单位时段,即每隔 7d 检查一次车站回收类票卡存储状态。案例车站为支出型车站,故需确定其 s_1 即下限阈值,将下一调配周期内回收类票卡的使用量和流动量预测值,代入约束条件公式(16-2),可得 9 月 19—25 日调配周期的安全存储量 $C \geqslant 49194$ 张,即该车站在 9 月 19—25 日期间,其库存量应不低于 49194 张,否则应及时补充。

第二节　排队模型应用

排队论在道路交通工程中的应用主要是公路运输有关系统的最优化,即决定系统在何种参数下运行性能更好一些。排队系统优化的控制变量常见的是服务速率和服务台个数,优化的目标函数通常使系统的总费用最小。欲使顾客等待的队伍长度缩短,排队等待的时间减少,就要增加服务人员和服务设施,相应地增加服务机构的费用。如果等待时间太长,顾客等待服务所消耗的费用就会增加,将会使一些顾客嫌等待时间太长而离去,也将减少服务机构的收入,这就出现了互相矛盾的费用关系。优化的目标是使服务机构的费用与顾客等待服务所消耗的费用之和为最小。

1. 以服务率 μ 为控制变量的排队系统优化

假定所考虑的排队系统为 $M/M/1/\infty/\infty/FCFS$ 系统,服务速率是可变的,且在 λ 与 $+\infty$ 之间连续变化,即 $\lambda < \mu < +\infty$。该系统中 μ 与费用的关系如下:

(1) 服务机构的费用。显然,较高的 μ 值将花费较高的费用。设 μ 值与费用呈线性关系,即

$$\text{服务机构的费用} = c_1\mu$$

其中,c_1 为单位时间单位速率的费用,它可以理解为服务机构在不同的速率上服务,而对于单位速率,服务机构要付出价值为 c_1 的费用。改变服务速率可增加或减少服务人员,增加或减少服务设施。c_1 值应当是综合以上两种费用后所考虑的费用。

(2) 顾客等待所消耗的费用。队长越长,等待的顾客越多,顾客等待所消耗的费用也就越大,即

$$\text{顾客等待所消耗的费用} = c_2 L_s$$

其中,c_2 为每个顾客在排队系统中停留单位时间所消耗的费用。如果顾客就是本单位的工作人员,可以理解为就是本单位工作人员的平均工资,对其他顾客也可以理解为这些顾客的平均工资。

(3) 目标函数 z。系统单位时间的总费用为

$$z = c_1\mu + c_2 L_s = c_1\mu + c_2 \frac{\lambda}{\mu - \lambda}$$

(4) 求最优服务率 μ。因为 μ 是连续变化的,利用高等数学中求极值的方法,就可求费用 z 的极小值点,令:

$$\frac{dz}{d\mu} = c_1 - \frac{c_2\lambda}{(\mu - \lambda)^2} = 0$$

所以

$$(\mu - \lambda)^2 = \frac{c_2}{c_1}\lambda$$

又因为 $\lambda < \mu < +\infty$,所以 $\mu - \lambda > 0$,则:

$$\mu - \lambda = \sqrt{\frac{c_2}{c_1}\lambda}$$

得驻点为 $\mu^* = \lambda + \sqrt{\dfrac{c_2}{c_1}\lambda}$。

在该点求 z 对 μ 的二阶导数：

$$\frac{d^2 z}{d\mu^2} = 2c_2\lambda(\mu-\lambda)^{-3}$$

$$\left.\frac{d^2 z}{d\mu^2}\right|_{\mu^*} = 2c_2\lambda\left(\sqrt{\frac{c_2}{c_1}\lambda}\right)^{-\frac{3}{2}}$$

因为 $c_1 > 0, c_2 > 0, \lambda > 0$，故 $\left.\dfrac{d^2 z}{d\mu^2}\right|_{\mu^*} > 0$。故 μ^* 点为极小值点。

2. 客运站确定合理的售票率

以服务率为控制变量的排队系统的优化代表了一类排队系统的优化问题。凡是能归结为这种排队系统模型的均可用此法优化，例如售票率、货物装卸率、设备维修率，这里以确定合理的售票率为例，说明此方法的应用。

对大型客运站，售票分窗口按线路进行，可视为单队-单服务台排队系统，其他条件假设符合 $M/M/1/\infty/\infty/$FCFS 排队系统，平均到达率 λ 一般是客观存在的，很难人为改变。要改善这一系统的服务水平，最直接、最容易的是改变售票率 μ，于是可设 c_1 为单位时间单位服务率客运站的费用，c_2 为每个顾客在系统中等待单位时间的费用，根据前述方法，可得到最优服务率和如图16-4所示的关系图。

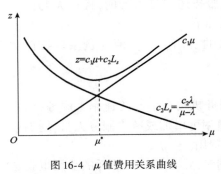

图 16-4 μ 值费用关系曲线

$$\mu^* = \lambda + \sqrt{\frac{c_2}{c_1}\lambda}$$

【例 16.1】 某客运站售票只设一个窗口，顾客平均到达率为 2 人/min，服从泊松分布。售票速率为每张票平均 25s，服从负指数分布，其他条件均符合 $M/M/1/\infty/\infty/$FCFS 排队系统的要求。当 $\mu = 1$ 时，售票机构单位时间的费用为 0.6 元，每个顾客在系统中停留单位时间的费用为 8 元（按平均中等收入计）。试求：

(1) 平均队长 L_s；
(2) 平均等待时间 W_q；
(3) 最优服务率 μ^*；
(4) 最优成本 z^*；
(5) 最优平均队长 L_s^*；
(6) 最优平均等待时间 W_q^*。

解：本题目是 $M/M/1/\infty/\infty/$FCFS 排队系统。根据题目所给的条件有 $\lambda = 2$ 人/min $= 120$ 人/h，$\mu = 1$ 人/25s $= 144$ 人/h，$\rho = \dfrac{\lambda}{\mu} = \dfrac{120}{144} < 1$。则：

(1) $L_s = \dfrac{\lambda}{\mu - \lambda} = \dfrac{120}{144 - 120} = 5$（人）。

(2) $W_q = \dfrac{\rho}{\mu - \lambda} = \dfrac{\frac{120}{144}}{144 - 120} = 0.0347(\text{h}) = 2.08(\text{min})$。

(3) $\mu^* = \lambda + \sqrt{\dfrac{c_w}{c_s}\lambda} = 120 + \sqrt{\dfrac{8}{0.6} \times 120} = 160(\text{人/h})$。

(4) $z^* = 0.6 \times 160 + 8 \times 3 = 120(\text{元})$。

(5) $L_s^* = \dfrac{\lambda}{\mu^* - \lambda} = \dfrac{120}{160 - 120} = 3(\text{人})$。

(6) $W_q^* = \dfrac{\rho^*}{\mu^* - \lambda} = \dfrac{\frac{120}{160}}{40} = \dfrac{3}{160} = 0.01857(\text{h}) = 1.125(\text{min})$。

由此可见,售票率比正常情况下增加,平均每人服务时间由原来的 25s 缩短为 22.5s,在实际售票过程中,经过一番努力,还是可以做到的,这时,平均队长由原来的 5 人降低到 3 人,平均等待时间由 2.08min 降低为 1.125min,总成本由原来的 126.4 元(0.6 元 ×144 + 8 元 ×5)降低为 120 元。

3. 以服务台数为控制变量的排队系统的优化

排队系统优化除了服务率之外,还有服务台数 C。事实上,当服务率提高到一定程度时,就不可能再无限制地提高,这时,改善排队系统服务效率的方法则应转向考虑改变服务台数。仅考虑 $M/M/C/\infty/\infty/FCFS$ 的排队系统,其费用关系如下:

(1) 服务机构的费用

对于多服务台的服务系统,服务机构的费用是每个服务台的单位时间费用和服务台的个数的乘积,即

$$\text{服务机构的费用} = c_1 C$$

其中,C 表示服务台数;c_1 表示每个服务台单位时间的费用。

(2) 顾客等待所消耗的费用

顾客等待所消耗的费用与前相同。

(3) 目标函数 z

对一个完整的排队系统来说,应考虑其单位时间的费用,即服务机构的费用与顾客等待所消耗的费用之和,即

$$z = c_1 C + c_2 L_s \tag{16-3}$$

现在求 $z(C)$ 的最小值。

(4) 求解 $z(C)$ 的最小值

因为 C 只取整数,无法使用经典的微分法,根据最小值的定义有:

$$z(C^*) \leq z(C^* - 1)$$
$$z(C^*) \leq z(C^* + 1)$$

将式(16-3)中的 z 代入上式得:

$$c_1 C^* + c_2 L_s(C^*) \leq c_1(C^* - 1) + c_2 L_s(C^* - 1)$$

$$c_1 C^* + c_2 L_s(C^*) \leq c_1(C^*+1) + c_2 L_s(C^*+1)$$

化简后可得：

$$L_s(C^*) - L_s(C^*+1) \leq \frac{c_1}{c_2} \leq L_s(C^*-1) - L_s(C^*)$$

依上式所示,按顺序求 $C = 1,2,3,\cdots$ 时的 L_s,并计算相邻两个 L_s 之差,因 c_1/c_2 是已知数,根据 c_1/c_2 落在哪个区间,就可定出 C^*。

(5) 公路运输管理中的应用

以服务台数为控制变量的排队系统优化在公路运输中也是较常见的,如客运站售票窗口的设置、维修工人的定编等。这里以客运站售票窗口的设置为例,说明优化方法。

【例 16.2】 某客运站的旅客到达服从泊松流,平均到达率 $\lambda = 48$ 人/h,每位旅客因排队等待而损失的费用为 6 元/h,售票服务时间服从负指数分布,平均服务率为 25 人/h,每设置 1 个售票窗口增加的费用为 4 元/h(窗口早已存在,只是增加售票员需增加补贴费用),其他条件符合 $M/M/C/\infty/\infty/FCFS$ 模型。问:应设几个售票窗口?

解: $c_1 = 4$ 元/h, $c_2 = 6$ 元/h, $\lambda = 48$ 人/h, $\mu = 25$ 人/h, $\frac{\lambda}{\mu} = 1.92$。

设售票窗口为 C 个,则:

$$P_0 = \left(\sum_{n=0}^{C-1} \frac{1.92^n}{n!} + \frac{1}{C!} \times \frac{1}{1-1.92} \times 1.92^C \right)^{-1}$$

$$L_s = \frac{C^C 1.92^{C+1}}{C!(1-1.92)^2} P_0 + 1.92$$

将 $C = 1,2,3,4$ 依次代入第八章中的公式,得到如表 16-2 所示的计算结果。

因为 $C_1/c_2 = 0.667$ 落在区间 $(0.612, 18.930)$ 内,所以 $C^* = 3$,即设 3 个售票窗口最为合理。

计算结果表 表 16-2

窗口数	平均队长 $L_s(C)$	$[L_s(C) - L_s(C+1)] - [L_s(C-1) - L_s(C)]$	单位时间总费用 $z(C)$
1	∞		∞
2	2.9200	−2.0035	20.168
3	4.7632	−1.2822	22.676
4	5.9428	0.1877	63.643
5	6.5091	0.1594	247.642

4. 运用排队论确定合理的停车场面积

在公路运输管理中,无论是货运站、客运站、加油站、修理厂还是冲洗台,都要确定合理的停车场面积。停车场面积若超过实际需求,则会引起一定的浪费而造成企业的经济损失;反之,若停车场面积满足不了实际需求,则会丧失一定的盈利机会,同样会造成企业的经济损失。需要在停车场中停靠的汽车到来是随机的,确定合理的停车场面积就显得既重要又困难,而排队论为解决这一难题提供了一种方法,现通过一例来说明。

【例 16.3】 有一汽车货运站,要求装货的汽车按平均每小时 5 辆的泊松分布到来,装一车货所需要时间服从均值为 10min 的负指数分布。问:应怎样测算停车场地?

解:解决这一问题应分两步,具体如下。

(1) 求 L_s。

由已知条件,$\lambda = 5$ 辆/h,$\mu = 1$ 辆/10min $= 6$ 辆/h,则:

$$\rho = \frac{\lambda}{\mu} = \frac{5}{6} < 1$$

$$L_q = \frac{\rho\lambda}{\mu - \lambda} = \frac{\frac{5}{6} \times 5}{6 - 5} = 4.17 \approx 4$$

即平均只要有 4 辆汽车的停放面积就可以了。但仅仅依此确定停车场地参数是不够的,不仅要考虑这一平均数,更要考虑它出现的概率,即平均队列长的概率。

(2) 设有 S 个停车位,能有 80% 的把握保证汽车到来时能进入站内。

$$P_0 + P_1 + \cdots + P_s + P_{s+1} \geq 0.8$$
$$(1-\rho) + \rho(1-\rho) + \rho^2(1-\rho) + \cdots + \rho^{s+1}(1-\rho) \geq 0.8$$
$$(1-\rho)(1 + \rho + \rho^2 + \cdots + \rho^{s+1}) \geq 0.8$$
$$(1-\rho)\frac{1-\rho^{s+2}}{1-\rho} \geq 0.8$$
$$\rho^{s+2} \leq 0.2$$

两边取对数,并整理得:

$$S \geq 6.8 \approx 7$$

由此可见,以 7 辆为依据设计停车场的面积是较为科学的。

第十七章

决策模型和博弈模型在交通运输系统中的应用

第一节 决策模型应用

【例 17.1】 为生产某种地铁专用设备,某企业提出三个建厂方案:第一种方案为投资 300 万元建大厂;第二种方案为投资 150 万元建小厂;第三种方案为新建一个小厂,3 年后若产品销路好再考虑扩建,扩建需追加 100 万元,后 4 年收益与新建大工厂相同。这三种方案均考虑 7 年经营期。据预测,在这 7 年经营期内,前 3 年该产品销路好的概率为 0.7,销路差的概率是 0.3;而若前 3 年销路好,则后 4 年销路好的概率为 0.8,销路差的概率为 0.2;若前 3 年销路差,则后 4 年销路肯定差。另外,估计每年不同建厂方案的收益值见表 17-1,要求用决策树法确定应采用哪种建厂方案。

收益值(单位:万元) 表 17-1

方案	自然状态	
	销路好	销路差
建大厂	120	−30
建小厂	50	5

解:(1)画出多级决策树,如图 17-1 所示。

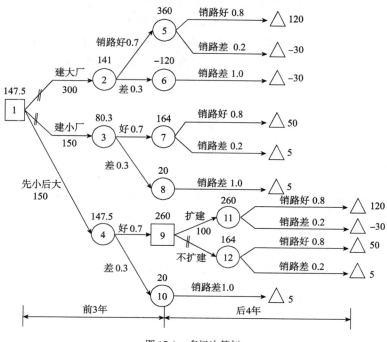

图 17-1 多级决策树

(2)计算事件节点的期望收益值如下:

$E(5) = [0.8 \times 120 + 0.2 \times (-30)] \times 4 = 360$;

$E(6) = [1.0 \times (-30)] \times 4 = -120$;

$E(7) = (50 \times 0.8 + 5 \times 0.2) \times 4 = 164$;

$E(8) = (5 \times 1.0) \times 4 = 20$;

$E(2) = [0.7 \times 120 \times 3 + 0.3 \times (-30) \times 3] + [0.7 \times 360 + 0.3 \times (-120)] - 300 = 141$;

$E(3) = (0.7 \times 50 \times 3 + 0.3 \times 5 \times 3) + (0.7 \times 164 + 0.3 \times 20) - 150 = 80.3$。

由于存在二级决策点 9,则应首先计算得出节点 11 和节点 12 的期望收益值,决定是否扩建。

$E(11) = [120 \times 0.8 + (-30) \times 0.2] \times 4 - 100 = 260$;

$E(12) = (50 \times 0.8 + 5 \times 0.2) \times 4 = 164$。

由于节点 11 的期望值大于节点 12,因此取最大值对应的方案,即在决策点 9 上删去不扩建方案,选择扩建方案。

接下来,分别求得:

$E(9) = 260$;

$E(10) = (5 \times 1.0) \times 4 = 20$;

$E(4) = (0.7 \times 50 \times 3 + 0.3 \times 5 \times 3) + (0.7 \times 260 + 0.3 \times 20) - 150 = 147.5$。

比较各方案,节点 4 的期望值最大,故节点 1 取最大值 147.5,即以先建小厂,当前 3 年销路好后再扩建为大厂的方案作为最终选定方案。

【**例 17.2**】 某企业货物运输项目按合同应在 7d 内完成,其运输费用与项目完成工期有关。假定路况是影响能否按期送达的决定因素,如果路况良好,货物能在工期内按时送达,获利 6 万元;若路况不好,不能在工期内按时送达,运输企业则被罚款 1.5 万元;若不运输,就要付出窝工费 3000 元。根据以往经验,运输中路况良好的可能性为 35%。为了更好掌握道路情况,可以申请在线地图平台进行路况预报,并提供同一时期路况预报资料,但需要支付资料费 1000 元。由提供的资料可知,地图平台对良好路况预报准确性 85%,对糟糕路况预报准确性为 90%。应如何进行决策?

解:采用贝叶斯决策,方案下的利润见表 17-2。

预期利润   表 17-2

方案	路况良好 θ_1(0.35)	路况不好 θ_2(0.65)
运输 d_1	6	-1.5
不运输 d_2	-0.3	-0.3

(1)步骤 1:先验分析。

$$E(d_1) = 0.35 \times 6 + 0.65 \times (-1.5) = 1.125$$

$$E(d_2) = 0.35 \times (-0.3) + 0.65 \times (-0.3) = -0.3$$

先验分析的最大期望收益为

$$E(d^*) = \max\{1.125, -0.3\} = 1.125$$

因此,先验分析后的决策为 d_1,即运输。

(2)步骤 2:预后验分析。

①假设在线地图平台预报路况结果为良好、不好分别用 x_1、x_2 表示。
由在线地图平台提供的同期路况资料可得知:
路况良好且预报路况也良好的概率 $P(x_1|\theta_1) = 0.85$;
路况良好而预报路况不好的概率 $P(x_2|\theta_1) = 0.15$;
路况不好而预报路况良好的概率 $P(x_1|\theta_2) = 0.1$;
路况不好且预报路况也不好的概率 $P(x_2|\theta_2) = 0.9$。

②计算后验概率分布。
在线地图平台预报路况良好的概率为

$$P(x_1) = P(\theta_1)P(x_1|\theta_1) + P(\theta_2)P(x_1|\theta_2) = 0.35 \times 0.85 + 0.65 \times 0.1 = 0.3625$$

在线地图平台预报路况不好的概率为

$$P(x_2) = P(\theta_1)P(x_2|\theta_1) + P(\theta_2)P(x_2|\theta_2) = 0.35 \times 0.15 + 0.65 \times 0.9 = 0.6375$$

在线地图平台预报路况好且路况实际也好的概率为

$$P(\theta_1|x_1) = \frac{P(\theta_1)P(x_1|\theta_1)}{P(x_1)} = 0.35 \times 0.85 \div 0.3625 = 0.821$$

在线地图平台预报路况好而实际路况糟糕的概率为

$$P(\theta_2|x_1) = \frac{P(\theta_2)P(x_1|\theta_2)}{P(x_1)} = 0.65 \times 0.1 \div 0.3625 = 0.179$$

在线地图平台预报路况糟糕而实际路况良好的概率为

$$P(\theta_1|x_2) = \frac{P(\theta_1)P(x_2|\theta_1)}{P(x_2)} = 0.35 \times 0.15 \div 0.6375 = 0.082$$

在线地图平台预报路况糟糕且实际路况也糟糕的概率为

$$P(\theta_2|x_2) = \frac{P(\theta_2)P(x_2|\theta_2)}{P(x_2)} = 0.65 \times 0.9 \div 0.6375 = 0.918$$

③用后验概率代替先验概率,计算各方案下的期望收益值。

若地图平台预报路况良好,则每个方案的最大期望收益值为

$$E(d_1|x_1) = 0.821 \times 6 + 0.179 \times (-1.5) = 4.6575$$
$$E(d_2|x_1) = 0.821 \times (-0.3) + 0.179 \times (-0.3) = -0.3$$

所以,当地图平台预报路况良好时,最优方案是 d_1,即选择运输。

若地图平台预报路况不好,则每个方案的最大期望收益值为

$$E(d_1|x_2) = 0.082 \times 6 + 0.918 \times (-1.5) = -0.885$$
$$E(d_2|x_2) = 0.082 \times (-0.3) + 0.918 \times (-0.3) = -0.3$$

所以,当地图平台预报路况不好时,最优方案是 d_2,即选择不运输。

后验决策的最大期望收益值:

$$\begin{aligned}E(d^*) &= P(x_1) \times E(d_1|x_1) + P(x_2) \times E(d_2|x_2) \\ &= 0.3625 \times 4.6575 + 0.6375 \times (-0.3) = 1.497\end{aligned}$$

通过地图平台预报,期望收益值能增加 $1.497 - 1.125 = 0.372$。

因此,在地图平台费用不超过0.372万元的情况下,可申请在线地图平台进行预报。

(3)步骤3:后验分析。

①本题中调查费用0.1万元<0.372万元,应申请在线地图平台进行预报。

②当在线地图平台预报路况为良好时,选择第一种方案,即选择运输。

③当在线地图平台预报路况为不好时,选择第二种方案,即选择不运输。

第二节　博弈模型应用

【**例17.3**】 **交叉口人车博弈**。在无信号交叉口,行人与垂直方向机动车即将相遇。行人存在两种决策:让行和不让行;机动车也存在两种决策:让行和不让行。假设双方抢行,双方所得效用均为5;一方礼让而另一方抢行,礼让方所得效用为3,抢行方所得效用为9;双方都礼让,双方的效用均为7。收益值见表17-3。

收益值　　　　　　　　　　　　　　　表17-3

行人	机动车	
	让行β_1	不让行β_2
让行α_1	(7,7)	(3,$\underline{9}$)
不让行α_2	($\underline{9}$,3)	($\underline{5}$,$\underline{5}$)

用划线法求纳什均衡解:

对于行人,针对机动车采取的让行策略β_1,他的最优反应是采取不让行策略α_2,收益为9,在9下面划横线;针对机动车采取的不让行策略β_2,他的最优反应是采取不让行策略α_2,收益为5,在5下面划横线。对于机动车,针对行人采取的让行策略α_1,他的最优反应是采取不让

行策略β_2,收益为9,在9下面划横线;针对行人采取的不让行策略α_2,他的最优反应是采取不让行策略β_2,收益为5,在5下面划横线。收益值下面均打横线的组合为纳什均衡解,即行人和机动车均会不让行,纳什均衡解为(5,5)。

表17-3中行人和机动车的最优策略组合是(让行,让行),但是实际上两者都会选择利于自己的最优策略,因此导致最后纳什均衡解的策略组合是(不让行,不让行)。但是这种结果是不利于交通运行的。因此,假定交通管理者对不让行行为将进行一定的处罚c,则构成新的收益函数,见表17-4。

收益函数表　　　　　　　　　　　　　表17-4

行人	机动车	
	让行β_1	不让行β_2
让行α_1	(7,7)	(3,9-c)
不让行α_2	(9-c,3)	(5-c,5-c)

要使策略组合(让行,让行)成为唯一的纳什均衡,需要满足以下条件:

$$\begin{cases} 7 > 9-c \\ 3 > 5-c \end{cases}$$

解不等式可得$c > 2$,即对抢行行为的交通处罚力度达到使抢行者的效用减少至少2个单位,策略组合(让行,让行)才会成为纳什均衡,双方都会选择礼让的策略。

【例17.4】 交通管理方与交通参与者博弈。交通管理方进行检查管理需消耗一定的管理成本c;交通参与者若违章被发现,则会被罚款f;假设违章与不违章的收益分别为r_1、r_2,这里$r_1 > r_2$,$r_1 - f < r_2$,且$c < f$。交通管理方与交通参与者构成的博弈收益函数见表17-5。

收益函数表　　　　　　　　　　　　　表17-5

参与者	管理方	
	检查β_1	不检查β_2
违章α_1	$(r_1-f, -c+f)$	$(r_1, 0)$
不违章α_2	$(r_2, -c)$	$(r_2, 0)$

用划线法求此问题的纯策略纳什均衡解,发现不存在纯策略纳什均衡解。

采用混合策略:设交通参与方分别以p和$1-p$的概率选择违章和不违章策略,且$p \geq 0$;交通管理方分别以q和$1-q$的概率选择检查与不检查策略,且$q \geq 0$。

使用反应函数法求解如下。

由表17-5,可得期望支付:

交通参与者的期望支付为

$$E(u_1) = (r_1-f)pq + r_1 p(1-q) + r_2(1-p)q + r_2(1-p)(1-q) = p(r_1 - r_2 - fq) + r_2$$

交通管理方的期望支付为

$$E(u_2) = (-c+f)pq - c(1-p)q = q(fp-c)$$

对交通参与者来说,支付函数越大越好。

$r_1 - r_2 - fq > 0$,即$q < (r_1 - r_2)/f$时,$p = 1$最好;

$r_1 - r_2 - fq < 0$,即$q > (r_1 - r_2)/f$时,$p = 0$最好;

$r_1 - r_2 - fq = 0$,即$q = (r_1 - r_2)/f$时,$p \in [0,1]$随意选择均可。

由此可得到交通参与者的反应函数(图17-2 实线)为

$$p = \begin{cases} 0 & (q > (r_1 - r_2)/f) \\ [0,1] & (q = (r_1 - r_2)/f) \\ 1 & (q < (r_1 - r_2)/f) \end{cases}$$

对交通管理者来说,支付函数越大越好。

$fp - c > 0$,即 $p > c/f$ 时,$q = 1$ 最好;

$fp - c < 0$,即 $p < c/f$ 时,$q = 0$ 最好;

$fp - c = 0$,即 $p = c/f$ 时,$q \in [0,1]$ 随意选择均可。

由此可得到交通管理方的反应函数(图17-2 虚线)为

$$q = \begin{cases} 0 & (p < c/f) \\ [0,1] & (p = c/f) \\ 1 & (p > c/f) \end{cases}$$

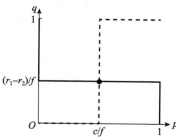

图17-2　反应函数曲线

图17-2 中的相交点即为纳什均衡解:

交通管理方的混合策略 $p(\beta_1, \beta_2) = (c/f, 1 - c/f)$。

交通参与者的混合策略 $p(\alpha_1, \alpha_2) = ((r_1 - r_2)/f, 1 - (r_1 - r_2)/f)$。

参 考 文 献

[1] 胡运权,等.运筹学基础及应用[M].7版.北京:高等教育出版社,2021.
[2] 胡运权.运筹学教程[M].5版.北京:清华大学出版社,2018.
[3] 《运筹学》教材编写组.运筹学[M].5版.北京:清华大学出版社,2021.
[4] 肖会敏,臧振春,崔春生.运筹学及其应用[M].3版.北京:清华大学出版社,2022.
[5] 秦必瑜.实用运筹学[M].北京:知识产权出版社,2022.
[6] 左小德,薛声家.管理运筹学[M].6版.广州:暨南大学出版社,2021.
[7] 党耀国,朱建军,关叶青.运筹学[M].4版.北京:科学出版社,2021.
[8] 宋志华,周中良.运筹学基础[M].西安:西安电子科技大学出版社,2020.
[9] 张丽,李程,邓世果.高级运筹学[M].南京:南京大学出版社,2021.
[10] 马建华.运筹学[M].2版.北京:清华大学出版社,2018.
[11] 徐大勇.运筹学[M].北京:清华大学出版社,2018.
[12] 郝海,熊德国.物流运筹学[M].2版.北京:北京大学出版社,2017.
[13] 徐玖平,胡知能.运筹学[M].4版.北京:科学出版社,2018.
[14] 贾贞.运筹学原理与实验教程[M].武汉:华中师范大学出版社,2016.
[15] 吴振奎,钱智华,于亚秀.运筹学概论[M].哈尔滨:哈尔滨工业大学出版社,2015.
[16] 熊义杰,曹龙.运筹学教程[M].北京:机械工业出版社,2015.
[17] 李小光.运筹学基础[M].西安:西北大学出版社,2015.
[18] 卡拉菲奥,加豪伊.最优化模型[M].薄立军,译.北京:机械工业出版社,2022.
[19] 肖特尔,汤普森,格罗斯,等.排队论基础[M].闫煦,邓博文,译.北京:人民邮电出版社,2022.
[20] 朱灿,周和平.运筹学[M].北京:人民交通出版社股份有限公司,2021.
[21] 周世爽,赵圣娜,张宁,等.基于存储论的城市轨道交通车站回收类票卡库存管理[J].城市轨道交通研究,2018,21(3):37-39+43.
[22] 王杰,杨坤,郭永青,等.基于网络计划技术的道路施工组织优化[J].交通科技与经济,2019,21(6):37-41.
[23] 廖云华,刘建刚,谢小良.图的邻接矩阵的教学设计[J].现代商贸工业,2021,42(6):145-146.
[24] 李钦.运筹学教学中对影子价格和对偶问题最优解关系的讨论[J].高师理科学刊,2020,40(10):57-63.
[25] 孙杰宝,吴勃英,张达治.最优化方法课程教学法研究与实践[J].大学数学,2017,33(3):120-124.
[26] 姜锋雷.运筹学在我国公路、铁路运输系统中的运用[J].中国水运(理论版),2007(10):152-153.
[27] 卢厚清,蔡志强,贾林枫,等.软运筹学研究的回顾与展望[J].运筹与管理,2003,12(4):68-72.